Margherita Zander · Luise Hartwig · Irma Jansen (Hrsg.)

Geschlecht Nebensache?

W0179175

Margherita Zander · Luise Hartwig
Irma Jansen (Hrsg.)

Geschlecht Nebensache?

Zur Aktualität einer
Gender-Perspektive
in der Sozialen Arbeit

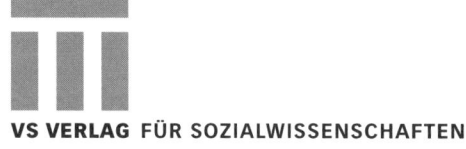

VS VERLAG FÜR SOZIALWISSENSCHAFTEN

Bibliografische Information Der Deutschen Nationalbibliothek
Die Deutsche Nationalbibliothek verzeichnet diese Publikation in der
Deutschen Nationalbibliografie; detaillierte bibliografische Daten sind im Internet über
<http://dnb.d-nb.de> abrufbar.

1. Auflage August 2006

Alle Rechte vorbehalten
© VS Verlag für Sozialwissenschaften | GWV Fachverlage GmbH, Wiesbaden 2006

Lektorat: Stefanie Laux

Der VS Verlag für Sozialwissenschaften ist ein Unternehmen von Springer Science+Business Media.
www.vs-verlag.de

Das Werk einschließlich aller seiner Teile ist urheberrechtlich geschützt. Jede
Verwertung außerhalb der engen Grenzen des Urheberrechtsgesetzes ist
ohne Zustimmung des Verlags unzulässig und strafbar. Das gilt insbesondere
für Vervielfältigungen, Übersetzungen, Mikroverfilmungen und die Einspei-
cherung und Verarbeitung in elektronischen Systemen.

Die Wiedergabe von Gebrauchsnamen, Handelsnamen, Warenbezeichnungen usw. in diesem
Werk berechtigt auch ohne besondere Kennzeichnung nicht zu der Annahme, dass solche
Namen im Sinne der Warenzeichen- und Markenschutz-Gesetzgebung als frei zu betrachten
wären und daher von jedermann benutzt werden dürften.

Umschlaggestaltung: KünkelLopka Medienentwicklung, Heidelberg
Druck und buchbinderische Verarbeitung: Krips b.v., Meppel
Gedruckt auf säurefreiem und chlorfrei gebleichtem Papier
Printed in in the Netherlands

ISBN-10 3-531-14947-4
ISBN-13 978-3-531-14947-9

Inhalt

Einleitung

„Geschlecht und Soziale Arbeit" ist bisher als ein Themenfeld unter vielen in den Strukturbeschreibungen Sozialer Arbeit aufgegriffen, nur vereinzelt jedoch ist Soziale Arbeit aus der Perspektive aktueller Geschlechterforschung betrachtet worden. Nach wie vor kommt die Geschlechterfrage im Fachdiskurs der Sozialen Arbeit selten vor.

Dabei liegt die Relevanz einer geschlechterdifferenzierenden Sichtweise in einem gesellschaftspolitisch so bedeutsamen Bereich wie der Sozialen Arbeit gleich mehrfach auf der Hand: Die Analyse der Lebenswirklichkeiten, Problemlagen und Bedarfe ihrer Adressatinnen und Adressaten erfordert eine solche ebenso wie die daraus abzuleitenden Konzepte für Hilfeangebote und Interventionen. Theoriebildung und Konzeptentwicklung setzen damit einen geschärften Blick auf die Dynamik gesellschaftlicher Geschlechterverhältnisse voraus, ebenso erfordern die Interaktionen zwischen Professionellen und ihrer Klientel in der Praxis eine geschlechterreflektierende Herangehensweise. Demzufolge sollte die Geschlechterperspektive in der Ausbildung wie in Fort- und Weiterbildungen der Sozialen Arbeit einen entsprechenden Stellenwert einnehmen.[1] Auch die Geschlechterrelationen und tradierten Rollenverständnisse im Berufsfeld der Sozialen Arbeit legen eine Auseinandersetzung mit der Kategorie Geschlecht nahe. Nicht zuletzt dürfte das im öffentlichen Bereich der EU-Staaten eingeführte Gender Mainstreaming (Amsterdamer Vertrag 1999) derartige Diskussionen in Gang gesetzt haben bzw. erforderlich machen.

Die Idee zu dieser Publikation ist im Rahmen einer Ringvorlesung zu „Gender und Soziale Arbeit" an der Fachhochschule Münster in Kooperation mit der KFH Münster und verschiedenen Praxiseinrichtungen – darunter das Gleichstellungsbüro der Stadt Münster – entstanden. Mit der nun vorliegenden Publikation soll ein Beitrag zur Sensibilisierung für diese Thematik im Berufsfeld der Sozialen Arbeit geleistet und ein Impuls für weiterführende Diskurse – in der Praxis wie an den Hochschulen – gegeben werden. Um dieses Anliegen möglichst praxisrelevant zu realisie-

---

1 Vgl. dazu: Standpunkt: sozial, 2/2004 (Themenheft: XY ungelöst? Geschlechterfragen und Soziale Arbeit)

ren, sollen hier einzelne Arbeitsfelder in der Gender-Perspektive durchleuchtet und jeweils entsprechende Handlungskonzepte erörtert werden. Angesichts der breiten Ausdifferenzierung von Sozialer Arbeit kann dies jedoch nur selektiv und exemplarisch erfolgen. Wir konnten dafür – über die an der Ringvorlesung Beteiligten hinaus – namhafte Autorinnen und Autoren aus dem Hochschulbereich und aus der sozialen Praxis gewinnen. Insgesamt liefern die Beiträge – gerade auch in der Unterschiedlichkeit ihrer Akzentuierungen – einen fundierten Überblick über den aktuellen Stand der theoretischen und konzeptionellen Auseinandersetzung mit der Genderperspektive in den vorgestellten Arbeitsfeldern und einige setzen sich auch mit Aspekten der Umsetzung auseinander.

Im ersten Teil der Publikation wird die Geschlechterfrage mit Blick auf die Profession selbst erörtert: Wenn Soziale Arbeit in der öffentlichen Wahrnehmung als vorwiegend weiblich besetzte Profession mit männlicher Führung (Frauenberuf in Männerregie) gilt, so entspricht dem zweifellos ein zahlenmäßiges Übergewicht von Frauen in den meisten Arbeitsfeldern dieses Bereichs. Dennoch wäre es eine unzulässige Verkürzung, Soziale Arbeit als weiblich dominierte Profession zu betrachten und dies nicht nur, weil bekanntlich männliche wie weibliche Kinder, Jugendliche und Erwachsene ihre Adressatinnen und Adressaten sind.

Zu den Beiträgen dieses Bandes: *Sabine Hering* arbeitet in ihrem Aufsatz *„Differenz oder Vielfalt? Frauen und Männer in der Geschichte der Sozialen Arbeit"* weibliche wie männliche Prägungen dieses Berufsfeldes heraus und nimmt dabei unterschiedliche Dimensionen in den Blick: Sie rekurriert zum einen auf die Entstehungsgeschichte des Wohlfahrtssystems, das sich zunächst außerhalb des staatlichen Zuständigkeitsbereiches etabliert hat. Die Tatsache, dass Soziale Arbeit „im Einflussbereich der ‚civil society', d. h. der nicht-staatlichen, freien Wohlfahrt und der Sozialen Bewegungen" entstanden ist, hat die Präsenz von Frauen in diesem Bereich von Anfang an ermöglicht. Der Beitrag zeichnet nach wie dies dazu geführt hat, dass beide Geschlechter den Wohlfahrtssektor von Anfang an – wenn auch in je unterschiedlicher Weise – strukturell und konzeptionell geprägt haben. Die Analyse gesellschaftlicher Leit- und Rollenbilder sowie der tatsächlichen Rollen, die Frauen und Männer in der Sozialen Arbeit einnehmen, lassen eine Asymmetrie der Geschlechterpräsenz erkennen. Dies gilt – so das Ergebnis des von Sabine Hering durchgeführten Vergleichs – auch für die soziale Situation und den sozialen Status der in diesem Berufsfeld tätigen Frauen und Männer. Darin sieht die Autorin einerseits sehr wohl eine aus der Geschichte erwachsene Hypothek; sie plädiert jedoch gleichzeitig dafür, in den gewachsenen Formen von

Geschlechterpluralität Anhaltspunkte für die Entwicklung einer auf Geschlechterdemokratie hinführenden Perspektive zu sehen.

Daran anschließend greift *Kerstin Feldhoff* die Thematik von „*Sozialer Arbeit als Frauenberuf?!*" in aktueller Sicht auf und erörtert die gesellschaftlichen, berufspolitischen und ökonomischen Folgen für die Beschäftigten in diesem Bereich. Dabei geht sie zunächst der Frage nach, welche Begründungen für die Identifikation von Sozialer Arbeit als „Frauenberuf" herangezogen werden. Die Prägung als „Frauenberuf" und das untrennbar mit der Entstehungsgeschichte – vom Ehrenamt zum Beruf – verknüpfte Image der mangelnden Professionalisierung wirken sich immer noch auf das Selbst- und Fremdbild der Sozialen Arbeit und ihren gesellschaftlichen Status aus, so das Resümee einer vertiefenden diesbezüglichen Erörterung. Wie sich dies wiederum auf die Bezahlung niederschlägt, analysiert Feldhoff, indem sie sich auf die „Grundlagen der Arbeitsbewertung nach dem BAT" bezieht und einen Vergleich mit der Eingruppierung von FH-Ingenieurinnen – einer Berufsgruppe mit vergleichbarem Hochschulabschluss – vornimmt. Ihr Fazit formuliert sie gewissermaßen als Aufforderung an die in der Sozialen Arbeit beschäftigten Frauen, sich stärker um Leitungspositionen zu bemühen und aktiv in Berufsverbänden wie Gewerkschaften mitzuwirken, um sich so „die Definitionsmacht über Kompetenzanforderungen, Inhalte und Organisation der Sozialen Arbeit anzueignen." Perspektivisch gehe es vor allem darum, die „geschlechtstypisch konstruierten Gegensätze von ‚weiblicher Sorge' versus ‚männlichem' Management aufzulösen."

Der dritte Beitrag dieses Teils behandelt ebenfalls ein arbeitsfeldübergreifendes Thema, indem er eine aktuelle Verortung von Sozialer Arbeit in der bundesrepublikanischen Einwanderungsgesellschaft vornimmt. *Brigitte Hasenjürgen* betrachtet „*Frauen und Männer als Akteurinnen und Akteure in einer pluralen (Einwanderungs-)Gesellschaft*" und thematisiert so die Geschlechterfrage im Kontext von Migration und Transkulturalität. Im Fokus des Interesses steht die Frage von gesellschaftlicher Integration und wie eine solche in einer sich abgrenzenden Mehrheitsgesellschaft gelingen kann. Dabei wird die Genderfrage von der Autorin als beispielhaft für solche Abgrenzungsversuche erörtert: In der aktuell stark kulturalistisch geprägten öffentlichen Migrationsdebatte spielen Geschlechterfragen eine zentrale Rolle. Dabei würden kulturelle Differenzen zwischen Einheimischen und Zugewanderten in antagonistischen Kategorien von Modernität versus Traditionalität interpretiert, „Geschlecht wird instrumentalisiert um das eigene Verständnis von Gesellschaft zu beschreiben," dem die „Anderen", die Zugewanderten, nicht entsprechen. Beispielhaft führt die Autorin die öffentlichen Auseinandersetzungen um Phänomene wie „Kopftuch", Ehrenmord und ähnliche Geschlechtercodes an. Auch die Soziale Arbeit sei nicht frei von derartigen kollektiven Zuschreibungen und tendiere zu einer kulturalistischen Sichtweise der Migrantenpopulation. So beteilige sie sich an der sozialen Konstruktion von Migrantinnen und Migranten als „kulturell fremd", und implizit als „problematisch" und „nicht zugehörig." Demgegenüber plädiert *Hasenjürgen* für eine Soziale Arbeit, die Transkulturalität als eine Strategie begreift, bei der es um die Durchsetzung von gleichen Teilhaberechten für alle gehe, bei der diskriminierende oder demütigende Praktiken vermieden und soziale Probleme im Kontext ungleicher Machtverhältnisse kritisch beleuchtet werden. Perspektivisch sieht sie die Notwendigkeit einer konzeptionellen Weiterentwicklung von Sozialer Arbeit in einer postnationalen und transkulturellen Gesellschaft.

Im zweiten Teil des Buches werden die Entwicklungslinien einer geschlechterdifferenzierenden Jugendhilfe in den Blick genommen. Ausgehend von den gesetzlichen Vorgaben des Kinder- und Jugendhilfegesetzes, die den Bezug auf die geschlechtsspezifischen Lebensbedingungen vorsehen, um Benachteiligungen abzubauen, gilt es Angebote der Sozialen Arbeit neu zu konkretisieren. Dazu fragen die Autorinnen und Autoren sowohl nach den spezifischen Sozialisationsanforderungen von Mädchen und Jungen als auch nach den Begründungszusammenhängen für Mädchenarbeit und Jungenarbeit. Anhand ausgewählter Handlungsfelder stehen sozialpädagogische Fragestellungen für die Arbeit mit Mädchen und Jungen im Leistungsspektrum Jugendhilfe im Vordergrund. Dazu gehören eine geschlechtergerechte Hilfeplanung, Hilfen für drogengebrauchende Jungen und Angebote für Mädchen und Jungen mit rechten Orientierungen.

In ihrem einführenden Beitrag gehen *Luise Hartwig und Kirsten Muhlak* auf die Entwicklungslinien der Mädchenarbeit ein, um sie mit der Kategorie Geschlecht in pädagogischen Kontexten in Bezug zu setzten. Sie fragen nach den geschlechtsbezogenen Implikationen für ausgewählte Handlungsfelder der Jugendhilfe. Die Gestaltung sozialpädagogischer Settings und die Konzeptentwicklung in der Jugendhilfe sind bedeutsame Voraussetzungen für eine geschlechtergerechte Soziale Arbeit. Dabei ist ein Rückbezug auf die aktuelle Geschlechterforschung unverzichtbar. Hier stehen die theoretischen Konzepte zum Genderdiskurs zwischen (Gender-) Konstruktion und (Gender-) Differenz. Demgemäß agieren die sozialen Fachkräfte der Jugendhilfe mit oder ohne Rückbezug auf die Kategorie Geschlecht in der Arbeit. Der Auftrag des Gender Mainstreaming erfordert eine Berücksichtigung der Lebenslagen von Mädchen und Jungen in den Strukturen der Jugendhilfe. So kommen die Autorinnen zu dem Ergebnis, dass geschlechterdifferenzierende Jugendhilfe ein zentraler Handlungsauftrag für soziale Fachkräfte darstellt.

Martina Kriener und Luise Hartwig lenken den Blick auf die Hilfeplanung als Steuerungsinstrument für geschlechtergerechte Settings und Unterstützungsleistungen in der Erziehungshilfe. Sie stellen die zentralen Ergebnisse einer Expertise im Auftrag des Bundes vor. Hierbei fragen die Autorinnen nach der notwendigen Berücksichtigung der Kategorie Geschlecht in der Fallberatung, dem Hilfeplanverfahren und in der Ausgestaltung der Angebote und Maßnahmen. Dabei stehen sowohl die familialen Bedingungsgefüge wie die Perspektive sozialer Fachkräfte im Fokus des Interesses. Schließlich lässt sich aus den Expertinnen- und Experteninterviews ein differenziertes Bild von der Fallwahrnehmung, Deutung und der Auswahl der Dienstleistungen in der Erziehungshilfe zeichnen. Die Kategorie Geschlecht hat für die Ausgestaltung von Hilfen eine zentrale Bedeutung. Sie ist aber auch handlungsleitend bei der Analyse der Lebensgeschichten von Mädchen und Jungen und legt den Grundstein für die Angemessenheit sozialpädagogischer Intervention.

Andrea Reckfort diskutiert am Beispiel der Arbeit des Frauenbüros der Stadt Münster die Herausforderung des Gender Mainstreaming für Konzepte der Mädchenarbeit. Zunächst zeigt sie den Unterschied von Gleichstellungsarbeit und Gender Mainstreaming auf. Sie präsentiert die strukturelle Verankerung der Mädchen- und Frauenpolitik in den Gremien der Kommunalpolitik und -verwaltung, um die Chancen für Projektarbeit auf kommunaler Ebene herauszustellen. Hierbei zeigt sie die Bedeutung von kommunalen Leitlinien zur Förderung der Mädchenarbeit und ihre Bedeutung für die Organisation von Maßnahmen wie dem „Girls day" auf. Sie plädiert für eine Doppelstrategie in der Sozialen Arbeit: Die Verbindlichkeit von Konzepten der Mädchenarbeit kann über eine konsequente Umsetzung des Gender Mainstreaming gesichert werden, indem Jungen ebenfalls geschlechtsbezogene Angebote erhalten.

Alexander Bentheim und Bennedikt Sturzenhecker nehmen in ihrem Beitrag *„Entwicklung und Stand der Jungenarbeit in Deutschland"* das Thema geschlechtsbezogene Jugendarbeit auf und stellen die theoretisch-konzeptionellen Ansätze in ihrer zeitgeschichtlichen Entwicklung vor. Dabei stehen zunächst die theoretische Verortung der Praxisentwürfe und damit die Wurzeln der Jungenarbeit im Vordergrund des Interesses. Die Autoren würdigen die Kategorie „Geschlecht" als Instrument für die Analyse bestehender Arbeitsansätze. Konkrete Beispiele aus der Praxis der Jungenarbeit vervollständigen das Bild sowohl in Bezug auf die thematische Vielfalt als auch in Bezug auf die Methoden und Arbeitsformen. Der Beitrag schließt mit anstehenden Arbeitsaufträgen für die Weiterentwicklung der Jungenarbeit: die Evaluation, die drohende Funktionalisierung der Jungenarbeit, die Einbindung in Gender Mainstreaming und die Qualitätskriterien zur Einschätzung der Jungenarbeit.

Mit *„Nutzen und Risiken des Konsums von Drogen für die Konstruktion von Männlichkeit"* beschäftigt sich *Jürgen Friedrichs* in seinem Beitrag. Er geht von den zentralen Entwicklungsaufgaben für die Identitätsbildung im Jugendalter aus und konstatiert für Jungen im Verhältnis zu Mädchen besondere gesellschaftliche Risiken wie riskante Verhaltensweisen, die zur Abweichung führen können. Insbesondere die riskante Aneignung des öffentlichen Raums und das Risikoverhalten „Gebrauch von Drogen" haben eine grundlegende Funktion für die Alltagsbewältigung von Jungen. Die Herausbildung von Männlichkeit erfolgt über Abgrenzung vom eigenen und vom anderen Geschlecht mit dem Ziel des Machterwerbs. Dabei ist Drogengebrauch ein, wenn auch temporär eingegrenztes, konstitutives Element. Die Mechanismen des soziokulturellen Drogen-Submilieus knüpfen an männlichen Sozialisationserfahrungen (Abgrenzung, Gruppenorganisation, öffentlicher Raum etc.) an und leisten einen Beitrag zur Selbstverortung als Mann. Insoweit sind die Perspektiven für die Soziale Arbeit offenkundig: Geschlechtsspezifizierung der Arbeitsansätze, abweichendes Verhalten als Ausdruck der Überforderung in der Herausbildung der Männlichkeit ernst nehmen und Lebensperspektiven jenseits des Scheiterns an Männlichkeit anbieten.

In ihrer Auseinandersetzung über Sozialer Arbeit mit rechtsorientierten Mädchen und Jungen beschäftigt sich *Margherita Zander* mit dem Phänomen Rechtsextremismus in seiner quantitativen und qualitativen Tragweite. Damit folgt ein weiterer Beitrag zur Reflexion von Norm und Abweichung bei Mädchen und Jungen. Rechtsextremismus wurde sozialpolitisch lange als reines Männerproblem angesehen. Ein aktueller Blick auf die Statistik zeigt aber, dass der Anteil junger Frauen und Mädchen steigt und dass sie darüber hinaus vielfach aus der zweiten Reihe agieren und Gewalttätigkeit an Jungen delegieren. Bei der Übereinstimmung mit rechtsextremen Kernaussagen unterscheiden sich Mädchen und Jungen quantitativ nicht; d. h. die Haltung zum Rechtsextremismus ist geschlechtsunspezifisch, die Ausprägung in den Verhaltensweisen ist jedoch je nach Geschlecht verschieden. Zur Erklärung der Attraktivität von Rechtsextremismus bei Jungendlichen führt die Autorin die Hoffnung von Mädchen und Jungen auf Teilhabe an der Dominanzkultur an; für Jungen ist dies in extremer Weise an die traditionelle männliche Geschlechtsrolle gebunden, für Mädchen verspricht sie die Teilhabe an der Macht nach erfahrener weiblicher Unterlegenheit. Demgemäß, so folgert die Autorin, sollten Handlungsansätze und Konzepte der Sozialen Arbeit deutlich geschlechtsspezifisch ausgerichtet sein.

Soziale Arbeit mit Erwachsenen (dritter Teil) erfordert die Konfrontation mit Identitätskonstruktionen der Klientel im Kontext unterschiedlicher lebensweltlicher Verankerung. Einen unhintergehbaren Bezugspunkt bildet dabei die Kategorie Geschlecht, die für Männer und Frauen identitätsbildende Denk-, Fühl- und Handlungsmuster vorhält. Gender erscheint biografisch und kulturell überformt und impliziert tradierte Einordnungen in machtvolle oder eher ohnmächtigere soziale Konstellationen. So kann in unterschiedlichen Feldern der Sozialen Arbeit das soziale Geschlecht sowohl Identitätsstütze wie personale Ressource sein. Sie kann aber auch zur Autonomie verhindernden sozialen Fessel werden, wenn sie als soziale Zuschreibung alternative, entwicklungsfördernde Identitätsentwürfe verhindert.

Die in diesem Band vorgestellten Aufsätze zur Arbeit mit Erwachsenen thematisieren geschlechtsspezifische Problemlagen unter der Frage nach den Verwerfungen und Turbulenzen, die sichtbar werden, wenn Menschen Geschlechterrollen überschreiten, wenn Menschen durch Geschlechterrollen in Ohnmachtsverhältnisse fixiert erscheinen, wenn tradierte Geschlechtsrollen unter dem Druck von Modernisierung und Individualisierung nicht mehr tragen.

So thematisiert *Norbert Wieland* in seinem Beitrag *„Männlichkeit in prekären Lebenslagen"* den Aneignungsprozess männlicher Identität im Kontext von Körper, Kultur, Selbstreflexion und Alltag männlicher Klientel. Im Rückbezug auf Identität als Aspekt von Handlungsregulation des Subjektes, erscheint Gender dabei als lebensgeschichtlich verankertes „inneres Arbeitsmodell" von Geschlecht unter einer Bewältigungsperspektive. Wieland schärft, konsequent subjektorientiert, den Blick für die geschlechtsspezifischen Problemlagen von Jungen und Männern, Identität in schwierigen Lebenslagen zu gewinnen. Soziale Arbeit erscheint aus dieser Perspektive herausgefordert, die Geschlechtsidentität ihrer Adressaten als Strategie von Handlungssicherheit verstehend zu analysieren. Dies erfordert von den Professionellen auch eine Distanz zu überwinden, die sich möglicherweise als ohnmächtige Antwort auf die Interaktionsmuster von Männern in prekären Lebenslagen ergeben hat. Auf dieser Grundlage wird es Sozialer Arbeit möglich, sich einerseits mit konflikthaften Interaktionen zu beschäftigen an denen Männer beteiligt sind und andererseits den Kern zu berühren, der die Problematik dieser Männer ausmacht: Die Sicherung der Integrität gegen das Scheitern als Mann.

Dass das Verhältnis von Gewalt und Geschlecht widersprüchlich ist, entwickelt auch *Mechthild Bereswill* in ihrem Beitrag *„Weiblichkeit und Gewalt" – grundsätzliche Überlegungen zu einer undurchsichtigen Beziehung"*. Ausgehend vom Film der niederländischen Filmemacherin Marlen Gorris „Die Stille um Christine M." entfaltet Bereswill die Diskussion der Frauen- und Geschlechterforschung zum Thema Weiblichkeit und Gewalt. Die Differenz zwischen den Geschlechtern manifestiert sich im Filmbeispiel weniger im Verhältnis zur Gewalt als vielmehr in den unterschiedlichen gesellschaftlichen Chancen, autonome Lebensentwürfe zu verwirklichen. Damit stellen sich im Blick auf Frauen als Täterinnen Fragen zur Handlungsautonomie und zur Bedeutung von Geschlechtsidentität und sozialen Handlungsmustern. Die systematisch entfaltete Analyse der Kategorie Geschlecht bietet im Blick auf die Weiblichkeitszuschreibungen einerseits und die konkrete Lebenslage von Frauen andererseits, Perspektiven der Reflexion für die Handlungsorientierungen im Umgang mit gewalttätigen und gewaltbereiten Frauen.

Um Wut und Aggression geht es auch in dem Beitrag von *Brigitte Bauer „Sanftmütige Männer – dominante Frauen. Wut und Aggression unter der Geschlechterperspektive"*. Brigitte Bauer geht es nicht darum abschließende Antworten zu liefern, sondern sie möchte vielmehr die Vielfältigkeit im gegenwärtigen Stand der theoretischen Diskussion zu diesem Thema deutlich machen: unabgeschlossen und widersprüchlich. Die essayistisch eingewobenen Theorien zum Thema Wut und Aggression bewegen sich im Kontext entwicklungspsychologischer, geschlechtsdynamischer, philosophischer und kommunikationsanalytischer Modelle. Der Text regt dazu an, sich in professionellen Arbeitsfeldern mit eigenen subjektiven Konzepten von Geschlecht in Bezug auf Wut und Aggression auseinander zu setzen.

Die Realität von „Täterinnen" im Frauenstrafvollzug beinhaltet alles andere als eine medienwirksame Mischung aus Sexualität, Verlockung und Hilflosigkeit, behauptet *Irma Jansen* in ihrem Beitrag *„Der Frauenknast – Entmystifizierung einer Organisation"*. Sie nimmt Bezug auf die geschlechtstypischen Benachteiligungsstrukturen, denen Mädchen und Frauen in Strafanstalten ausgesetzt sind, thematisiert die weibliche Klientel Sozialer Arbeit in ihren psycho-sozialen Belastungssituationen und als Täterinnen vor dem Hintergrund widersprüchlicher Anforderungen an weibliche Identität. Die resozialisierende Kraft der Interventionen pädagogischer Arbeit wird hier insbesondere bezogen auf eine frauenspezi-

fische und ressourcenorientierte Bildungsarbeit, die sich an den Lebens-
themen und Lebenslagen dieser Klientel orientiert.

Auf Soziale Arbeit mit Familien fokussiert der Beitrag von *Christiane
Rohleder „Familie, Geschlechterkonstruktion und Soziale Arbeit"* und stellt
damit einen Arbeitsfeldbezug her, in dem Geschlechterverhältnisse und
Geschlechterkonstruktionen eine zentrale Rolle spielen. Die vorgenom-
mene Analyse verdeutlicht die familiale Strukturbildung bei Familiengründung, in dem Mütter und Väter im Kontext geschlechtsspezifischer
Arbeitsteilung Geschlechterkonstruktionen in individuellen Arrangements aktiv produzieren und reproduzieren. Die Autorin weist darauf
hin, dass familiäre Geschlechterverhältnisse allerdings häufig erst dann
in den Fokus der Sozialen Arbeit kommen, wenn Geschlechterstrukturen
bereits ihr destruktives Potenzial entwickelt haben. Dabei könnte eine
präventive Arbeit mit Familien insbesondere auch die Väter frühzeitig in
die Übernahme von Erziehungsverantwortung und Fürsorge einbinden
und damit „Geschlechterfallen" vermeiden. Rohleder plädiert für eine
geschlechtsbewusste Soziale Arbeit mit Familien, die einerseits die Interaktionen zwischen Partnern, Eltern und Kindern vor dem Hintergrund
kultureller Zweigeschlechtlichkeit deuten kann und andererseits die eigenen verfestigten Mütter- und Väterkonstrukte kritisch reflektiert.

Soziale Arbeit-Gesundheit-Geschlecht zusammen zu denken ist das
Ziel von *Monika Weber*, die in ihrem Beitrag *„Soziale Arbeit und Gesundheit.
Innovationspotenziale einer genderbezogenen Betrachtungsweise"* darauf hinweist, dass ein systematischer Einbezug von Genderperspektiven in der
Fachdiskussion zum Thema Soziale Arbeit und Gesundheit kaum vorhanden ist. Vor diesem Hintergrund skizziert die Autorin zentrale Diskussionslinien einer geschlechterdifferenten Gesundheitsforschung und
entwickelt daraus interessante Perspektiven für eine gendersensible Soziale Arbeit im Gesundheitsbereich. So fragt sie z.B. nach Chancengleichheit von Frauen und Männern beim Zugang zum Gesundheitssystem,
nach einer erforderlichen Geschlechterdifferenzierung zur Sicherung von
Qualität im Gesundheitswesen und nach gesellschaftlichen Strukturen,
die möglicherweise Reformen im Gesundheitssystem auf eine traditionelle Arbeitsteilung zwischen den Geschlechtern ausrichten.

Abschließend thematisiert *Christel Zenker* in ihrem Beitrag *„Gender
und Suchtkrankenhilfe"*, dass die Erscheinungsformen von Gesundheit und
Krankheit wesentlich durch die Kategorie Geschlecht geprägt sind. Sie
macht deutlich, dass sich in der Medizin ein „genderfreies" Verständnis von Gesundheit und Krankheit durchgesetzt hat, dessen Ausgangspunkt jedoch die männliche Norm ist. Dabei ist Wissen über den Einfluss

soziokultureller Bedingungen auf die Entstehung und den Verlauf von Gesundheitsstörungen in der Medizin zwar vorhanden, hat aber viel zu selten Einfluss auf die Handlungsstrategien der beteiligten Professionen. Vor diesem Hintergrund entfaltet die Autorin einen geschlechtstypischen Blick auf das Phänomen Sucht und macht deutlich, dass zur Qualitätssteigerung in der Suchtarbeit die Berücksichtigung von Gender in Prävention, Beratung und Therapie unumgänglich ist.

Wie jedes Gemeinschaftsprojekt ist auch das vorliegende durch enge Kooperation und regen Austausch mit allen Beteiligten entstanden. Nur so konnte aus den verschiedenen Teilen ein Ganzes entstehen. Dafür möchten wir an dieser Stellen allen danken, die dabei mitgewirkt haben, den Autorinnen und Autoren, die ja namentlich bekannt sind, aber auch allen denjenigen, die uns bei der Erstellung des Manuskripts und der Korrektur der Texte behilflich waren. Ein besonderer Dank geht an Magdalena Megler, die die mühsame Arbeit des Korrekturlesens übernommen hat.

Münster, 15. Mai 2006

Margherita Zander   Luise Hartwig   Irma Jansen

Teil 1

Geschlechterfrage in der Profession

Sabine Hering
**Differenz oder Vielfalt? –
Frauen und Männer in der Geschichte der Sozialen Arbeit**

Kerstin Feldhoff
**Soziale Arbeit als Frauenberuf –
Folgen für sozialen Status und Bezahlung?!**

Brigitte Hasenjürgen
**Transkulturalität als Strategie –
Frauen und Männer als Akteurinnen und Akteure
in einer pluralen (Einwanderungs-) Gesellschaft**

Differenz oder Vielfalt? –
Frauen und Männer in der Geschichte der Sozialen Arbeit

Sabine Hering

1. Weibliche und männliche Prägungen
des öffentlichen und des privaten Sektors

Im Gegensatz zu fast allen anderen gesellschaftlichen Bereichen wie Justiz, Militär oder Wirtschaft ist das im 19. und frühen 20. Jahrhundert entstandene und heute noch vorherrschende Wohlfahrtssystem von Frauen und Männern aufgebaut worden. Es ist deshalb, wenn auch in je spezifischer Weise, gleichermaßen weiblich wie männlich geprägt. Der Grund für diese Ausnahmesituation ist nicht zuletzt darin zu suchen, dass die Wurzeln der Sozialen Arbeit weitgehend im Einflussbereich der ‚civil society‘, d.h. der nicht-staatlichen, freien Wohlfahrt und der Sozialen Bewegungen gelegen haben. Gegenüber der großen Bedeutung der Vereine, Verbände und Stiftungen, die sich später – in der Phase der Institutionalisierung Sozialer Arbeit – u.a. im Subsidiaritätsprinzip niedergeschlagen hat, waren die Zuständigkeiten des Staates bis ins Ende des 19. Jahrhunderts hinein eher eingeschränkt.

Zur Beantwortung der Frage, was diese unterschiedlichen Einflüsse staatlicher und nichtstaatlicher Strukturen auf die Entstehung des Wohlfahrtssystems mit den weiblichen und männlichen Partizipationschancen zu tun haben, sind die Normen und Gepflogenheiten in Betracht zu ziehen, die in den Sektoren jeweils vorherrschend waren. Die staatlichen Rahmenbedingungen waren für die Beteiligung von Frauen damals denkbar schlecht: Bis 1908 gab es keinen Zugang zum Studium und keine Rechte zu politischer Betätigung, bis 1918 kein Wahlrecht für Frauen. Der Zugang zu öffentlichen Ämtern war Frauen ebenso verschlossen wie die Ausübung von Berufen (z.B. als Ärztin oder Juristin) in öffentlichen Einrichtungen. Entsprechend war auch der Bereich staatlich oder kommunal organisierter sozialer Tätigkeiten grundsätzlich den durch das öffentliche Recht sanktionierten Prinzipien der Segregation der Geschlechter unterworfen – und das hieß: Ausgrenzung von Frauen. Dieser Grundsatz hat sich ebenso in der Praxis des Elberfelder Systems niedergeschlagen, dessen Durchführung nur in Händen von Männern lag, wie im Abwehrkampf der kommunalen Armenfürsorge und der Berufsvormundschaft gegen die Option weiblicher Mitarbeit. Dass Frauen beim Aufbau des staatlichen Sozialversicherungssystems und des Ministeriums für Volkswohlfahrt (vgl. Hering 2003) keine Rolle gespielt haben, bedarf keiner Erwähnung.

In den zivilgesellschaftlichen, also nicht-staatlichen Organisationen der Philanthropie ebenso wie in den freien und konfessionellen Verbänden gab es im 19. Jahrhundert zwar auch Vorurteile gegenüber Frauen, und es gab sehr wohl dort, wo sie mitwirken durften, nur allzu häufig die typisch geschlechtsspezifische Arbeitsteilung, aber Helferinnen und Organisatorinnen waren grundsätzlich zugelassen und teilweise sogar hoch geschätzt. In Ausnahmefällen gab es sogar Organisationen, in denen Frauen in Führungspositionen aufrücken konnten – wie zum Beispiel in der Heilsarmee (vgl. Gnewekow/Hermsen 1993). Außerdem ist darauf zu verweisen, dass es im Bereich der katholischen und der evangelischen Kirche schon Ausbildung und Berufstätigkeit für Frauen in sozialen Tätigkeitsfeldern gab, als von dem mit dem Namen Alice Salomons verbundenen ,sozialen Frauenberuf' noch gar keine Rede war (vgl. Fix/Fix 2004; Sieger 2005). Vor allem die Kindergartenbewegung ist zwar von Friedrich Fröbel initiiert, aber fast ausschließlich von Frauen realisiert und verbreitet worden. Bis in die 1970er Jahre hinein bestand hier mit der Kindergärtnerin, der Erzieherin und der Jugendleiterin ein Berufsfeld, das ausschließlich weiblich geprägt war (vgl. Konrad 2004).

Auch wenn die freien und konfessionellen Träger mehrheitlich eher konservativ waren und die Zusammenarbeit von Frauen und Männern nicht egalitär, sondern ihrer Vorstellung der „Geschlechtscharaktere" entsprechend gestaltet war, gab es hier für Frauen ein Tätigkeitsfeld und auch Einflussmöglichkeiten, die sich ihnen damals in keinem anderen Bereich der Gesellschaft boten.

2. Die Geschlechterfrage in den Sozialen Bewegungen

Die Bedeutung der Sozialen Bewegungen liegt – neben der bereits erwähnten historisch herausragenden Chance der sozialen und politischen Partizipation von Frauen außerhalb ihrer angestammten Wirkungsbereiche – in dem innovativen Potenzial begründet, das Sozialen Bewegungen innewohnt.

Bei aller Unterschiedlichkeit ist es das gemeinsame Merkmal Sozialer Bewegungen, dass sie Veränderungen anstoßen wollen – und dass sie, wenn sie erfolgreich sind, nachhaltige Erneuerungen von erheblichem Ausmaß zu bewirken vermögen. Das Bemerkenswerte an diesem Vorgang ist der Umstand, dass diese Veränderungsprozesse nicht aus dem Zentrum gesellschaftlicher Macht kommen, also ‚von oben‘, sondern aus den gesellschaftlichen Randbereichen, in denen sich die Sozialen Bewegungen gebildet haben: Sowohl ‚die Arbeiter‘ als auch ‚die Frauen‘ waren im 19. Jahrhundert gesellschaftlich bedeutungslose Gruppen, welche von den politischen Entscheidungsprozessen abgeschnitten waren, bis sie durch die aus ihrer Mitte heraus geschaffenen Strukturen Einfluss gewonnen und einschneidende Umbrüche initiiert haben. Jugendlichen wurde ebenfalls keinerlei politischer Einfluss zugestanden. Sie galten bis zum Beginn des 20. Jahrhunderts als Erwachsene im Wartestand – ohne eigenes Profil und Stimme. Die Jugendbewegung aber hat nicht nur ‚der Jugend‘ zu eigenen Rechten und einem eigenen Status verholfen, sondern ein Lebensgefühl geschaffen, das für ein ganzes Jahrhundert prägend wurde.

Der Einfluss der Sozialen Bewegungen – allen voran der Arbeiterbewegung, der Frauenbewegung (einschließlich der konfessionellen Frauenbewegung) und der Jugendbewegung – auf die Gestaltung sozialpolitischer Rahmenbedingungen und die Praxis der Wohlfahrtspflege erstreckt sich von wesentlichen Impulsen zur sozialen Sicherung (Arbeiterbewegung) über die entscheidenden Schritte zur Professionalisierung des sozialen Berufs (Frauenbewegung) bis hin zur Reform der Jugendpflege und der Ausformung neuer gruppenpädagogischer Ansätze und Methoden (Jugendbewegung).

Dass durch den starken Einfluss der Frauenbewegung auf die Entwicklung des Wohlfahrtssystems zwischen 1860 und 1920 die weiblichen Spuren in den damals entstandenen Strukturen und Interventionsformen deutlich nachweisbar sind, liegt auf der Hand. Aber auch die Impulse, die aus der Arbeiterbewegung und der Jugendbewegung in die Soziale Arbeit eingeflossen sind, verraten neben der männlichen auch die weibliche Handschrift.

Die Impulse der Frauenbewegung leiteten sich damals sowohl aus den Erfordernissen der gesellschaftlichen Rahmenbedingungen als auch aus den subjektiven Bedürfnissen der bürgerlichen Frauen nach Ausbildung und Berufstätigkeit ab: Auf der einen Seite hatten sich durch die Industrialisierung und die damit verbundene Steigerung der Not großer Bevölkerungsgruppen in den Ballungsgebieten der dynamisch wachsenden Großstädte die Anforderungen an die Soziale Arbeit seit den 1880er

Jahren grundlegend verändert. Auf der anderen Seite gab es eine Vielzahl bürgerlicher Frauen, denen die Beschränkung auf Haus und Familie nicht mehr ausreichten, um ein vollwertiges Leben zu führen, zumal fast ein Drittel aller Frauen unverheiratet blieb und damit den so genannten Daseinszweck verfehlt hat.

Die durch die geschilderten erhöhten Anforderungen ausgelöste Krise der damals noch weitgehend ehrenamtlich und laienhaft durchgeführten Wohlfahrtspflege bot der Frauenbewegung deshalb die Möglichkeit, nicht in männlich besetzte Felder einzurücken, sondern eine nachhaltige Ausweitung und Umstrukturierung des gesamten Sektors voranzutreiben bzw. selbst zu initiieren. Das ist in erster Linie durch die Professionalisierung der Sozialen Arbeit durch Initiativen der Frauenbewegung gelungen, d.h. durch den Aufbau von Kursen und Ausbildungsstätten, durch welche der ‚soziale Frauenberuf‘ geschaffen wurde. Aufgrund dieses Qualifikationsvorsprungs gelang es ab 1910 auch, in den bisher auf die männliche ehrenamtliche Tätigkeit beschränkten Bereich der kommunalen Armenpflege und der Berufsvormundschaft einzudringen. In der freien Wohlfahrtspflege, in der – wie anfangs bereits erwähnt – Frauen ohnehin von Anbeginn an tätig waren, ging es darum, mit Hilfe der erworbenen Qualifikationen neue Wege der planvolleren und gezielteren Arbeit einzuschlagen. Darüber hinaus kam es aber auch zur Gründung von zahlreichen sozialen Vereinen, die sich der Frauenbewegung zugehörig fühlten, und, unabhängig von der kommunalen und verbandlichen Arbeit, eigene Projekte ins Leben riefen wie z.B. Wohnheime für junge Arbeiterinnen oder Wöchnerinnen-Asyle für ledige Mütter.

Die Arbeiterbewegung hat der Wohlfahrtspflege lange Zeit grundsätzlich ablehnend gegenüber gestanden, weil sie auf eine gesellschaftliche Neuordnung abzielte und nicht auf soziale Reformen. Eine Veränderung dieser Haltung trat erst ein, als mit dem Gothaer Programm der sozialdemokratischen Partei aus dem Jahr 1875 zwar das Deutsche Reich als ‚Junkerstaat‘, aber nicht mehr der Staat schlechthin abgelehnt wurde. Die Partei ging nun von dem Verständnis aus, dass auch auf sozialpolitischem Gebiet der Fortschritt auf politischem Wege durch staatliches Handeln (bzw. parlamentarische Machtausübung der Partei) zu erreichen sei. Damit war der Weg geebnet, durch sozialpolitische Maßnahmen zu einer Befriedungsstrategie gegenüber der Arbeiterklasse zu gelangen. Bei diesen Wandlungen des politischen Bewusstseins haben Frauen keine unerhebliche Rolle gespielt. Durch die vielbeachteten Veröffentlichungen von Lily Braun über die soziale Not von Arbeiterinnen und proletarischen Familien (vgl. Lily Braun Reprint 1979) und die zahlreichen Enqueten und

Sozialberichte anderer Vertreterinnen der proletarischen Frauenbewegung[1] rückte neben allgemeinen sozialpolitischen Forderungen der Arbeiterbewegung der Kampf um den Mutterschutz, die Säuglingsfürsorge und die Arbeitschutzverordnungen für Frauen in den Vordergrund der Bemühungen und machte damit die ,weibliche Seite' der Arbeiterschaft sichtbar.

Die Jugendbewegung hat vor allem der Jugendfürsorge und Jugendpflege entscheidende Impulse gegeben. Die Jugendbewegung speiste sich in den Anfangsjahren aus der Sehnsucht nach der Natur, nach neuen Liedern, Ritualen und Symbolen, vor allem nach einem Gruppenleben, das auf dem Gefühl tiefer Gemeinschaft beruht und auf Selbsterziehung abzielt. Diese Vorstellungen haben eine große Bedeutung für die Entwicklung der Jugendkultur in den darauf folgenden Jahrzehnten gehabt. Viele Fürsorgerinnen und Fürsorger der Weimarer Republik ebenso wie viele pädagogische Impulse sind aus der Jugendbewegung hervorgegangen und haben aus dieser ihre Konzepte der Sozial- und Reformpädagogik geschöpft. Die Betonung von Autonomie (in Form eines eigenständigen ,Jugendreichs') und die Idee der ,Selbsterziehungsgemeinschaft' brachte die Jugendbewegung allerdings in ein gewisses Spannungsverhältnis zu der damals gleichzeitig entstehenden Jugendpflege, die vor allem darauf abzielte, für die männlichen proletarischen Jugendlichen die „Kontrolllücke zwischen Schulbank und Kasernentor" (vgl. Peukert 1986) zu schließen.

Die 1911 und 1913 entstandenen Preußischen Erlasse zur Jugendpflege erklärten aus diesem Grunde zwar die Ertüchtigung von Körper, Seele und Geist zur „nationalen Aufgabe ersten Ranges", eröffneten aber unter dem Einfluss der Jugendbewegung auch neue Räume für freie und eigenständige Formen der Jugendarbeit – für Jungen und Mädchen.

Obwohl die Anfänge der Jugendbewegung mehrheitlich männlich geprägt waren, gab es durchaus auch weibliche Strömungen, aus denen Protagonistinnen hervor gingen, die sich in diese Reformprozesse der Jugendpflege eingemischt haben: Unter anderem haben sie bewirkt, dass der 1911 erlassene, ursprünglich auf die männliche Jugend beschränkte

---

1   Hier sind vor allem Henriette Fürth und Helene Simon zu nennen: Henriette Fürth war
     ,Sprecherin' der Soziademokratischen Partei im Bereich Mutterschutz, Bevölkerungspolitik und Rechtsschutz für Frauen; Helene Simon war als Mitglied des ,Deutschen
     Vereins für Armenpflege und Wohlthätigkeit' vor allem für die Durchsetzung der Fabrikinspektion tätig und nach dem Ersten Weltkrieg maßgeblich am Aufbau der Arbeiterwohlfahrt beteiligt.

Preußische Jugendpflegeerlass 1913 durch einen Erlass ergänzt wurde, der auch die Mädchen mit einbezog.

Es ist deshalb wichtig festzuhalten, dass ohne Frauen wie Frieda Duensing und Hertha Siemering,[2] die diesen wichtigen rechtlichen Schritt nicht nur durchgesetzt, sondern auch die entsprechende finanzielle Aufstockung erfochten haben, diese für die zukünftige Entwicklung der Gleichberechtigung der Geschlechter in der Sozialen Arbeit so entscheidende ,Ergänzung' nicht denkbar gewesen wäre.

3. Geschlechtsspezifische Leitbilder in der Sozialen Arbeit

Für die Ausgestaltung der spezifischen Rollen, welche Frauen und Männer in der Sozialen Arbeit inne gehabt haben, kommt den Leitbildern eine entscheidende Bedeutung zu. Einige der wichtigsten ,Ikonen' sollen im Folgenden vorgestellt und die strukturellen Bedingungen ihrer Wirkungsweise diskutiert werden.

Die Mutter

Dass das Bild der Mutter eines der frühesten und nachhaltigsten Leitbilder in der Sozialen Arbeit seit Beginn der bürgerlichen Gesellschaft ist, ist kaum zu bezweifeln. Die Mutter, so wie Schiller sie in der „Glocke" geschildert und wie Pestalozzi sie als Gertrud portraitiert hat, ist der Mittelpunkt des sozialen Lebens. Auch ohne Ausbildung ist sie die Wissende, die das Richtige tut. Sie hat als Mutter ganz selbstverständlich einen Mann und Kinder, kümmert sich zusätzlich aber auch noch um die alternden Eltern, andere Not leidende Verwandte und das Gesinde. Sie arbeitet unentgeltlich, aber instinktiv kompetent. Sie ist nur denen gegenüber verantwortlich, für die sie sorgt. Institutionell ist sie ungebunden.

Die Schwester

Neben dem Leitbild der Mutter ist vor allem das Bild der konfessionell geprägten Schwester, die selbstverständlich unverheiratet ist und für ihre Tätigkeit teilweise eine Ausbildung, auf jeden Fall aber eine Anleitung bekommen hat, von Bedeutung gewesen. Die Schwester beginnt ihre Tä-

---

2   Frieda Duensing war damals Geschäftsführerin der Zentralstelle für Jugendfürsorge, Hertha Siemering war Leiterin der Abteilung für weibliche Jugendpflege in der Zentralstelle für Volkswohlfahrt.

tigkeit jung und übt sie als Brotberuf bis ins hohe Alter hinein aus. Sie ist nicht nur konfessionell, sondern auch institutionell gebunden. Sie arbeitet auf Anweisung – untergeordnet in einer hierarchisch streng organisierten Formation, an deren Spitze die Oberin steht. Ihr Wirkungsfeld sind in der Regel Einrichtungen, deren fachliche Führung Ärzten oder Pfarrern/Priestern obliegt.

Die ‚geistige Mutter'

Um 1860 hat Henriette Schrader-Breymann den Begriff der ‚geistigen Mütterlichkeit' erfunden, um damit die Transformation der mit der realen Mütterlichkeit verbundenen Gefühle und Tätigkeiten in die außerfamiliäre Sphäre zu beschreiben. Diese Transformation war nötig, weil zunehmend Aufgaben aus dem Bereich der Erziehung, der Pflege und der Fürsorge als öffentliche Aufgaben deklariert aus den Familien heraus verlagert wurden. Die Frauen mussten also ihren Aktionsradius von Heim und Herd verlassen, um außer Haus erzieherisch, pflegerisch und fürsorgerisch tätig zu werden. Konkret hieß das, dass die mit dem Leitbild der Mutter verbundenen Eigenschaften zwar inhaltlich erhalten bleiben sollten, dass die Voraussetzungen dafür (verheiratet, ohne Lohn unausgebildet und institutionell ungebunden arbeitend) sich aber ändern, fast in ihr Gegenteil verkehren mussten: Die beruflich arbeitende Erzieherin, Pflegerin oder Fürsorgerin sollte unverheiratet sein, eine Ausbildung vorweisen können und sich den Regeln der Institutionen, in der sie tätig war, unterordnen.

Die Hausfrau

Ganz anders gelagert als die Leitbilder der Mutter und der Schwester ist das der Hausfrau. Das Bild der Hausfrau ist meines Wissens niemals im Sinne einer positiven Selbstidentifikation benutzt worden. Die Hausfrau ist kein Leitbild der Praktikerinnen, sondern eines der Theoretikerinnen. Vor allem von Ilka Riemann ist die Hausarbeit als – kritisch gemeinte – analytische Kategorie in die Beschreibung der Sozialen Arbeit eingeführt worden. Sie schreibt: „Hausarbeit umfasst in der Hauptsache die physische und psychische Wiederherstellung und Sozialisation der Arbeitskraft, das heißt die leibliche Versorgung von Mann und Kindern (materielle Hausarbeit) und die Befriedigung ihrer emotionalen Bedürfnisse (Gefühlsarbeit). Wenn Soziale Arbeit subsidiär Arbeitsaufgaben der Familie erfüllen soll, muss sie notwendigerweise Elemente der Hausarbeit enthalten" (Riemann 1985: 5). Die Hausfrau, die ähnlich wie die Mutter „ohn' Ende die fleißigen Hände rührt", lädt aber nicht zur positiven Identifikation ein, sondern ist vielmehr so etwas wie deren Schattenseite: Der Vergleich mit ihrer Arbeit soll das Undankbare, Unsichtbare, Bodenlose und letztendlich Zwecklose der Sozialen Arbeit deutlich machen, vor allem der Sozialen Arbeit von Frauen. Der neudeutsche Begriff der ‚Hausfrauisierung' der Sozialen Arbeit kommt deshalb immer dann zum Zuge, wenn die mit ehrenamtlicher weiblicher Fürsorge verbundene Ausbeutung kritisiert werden soll.

Die neue Schwester

Im Zuge der Frauenbewegung der 1970er und 1980er Jahre hat sich die Schwester wieder als ein Leitbild im Rahmen Sozialer Arbeit herausgebildet, das ganz anders akzentuiert ist als das Bild der im konfessionellen Rahmen pflegerisch arbeitenden Schwester. Das Leitbild dieser Schwester entstammt dem Wir-Gefühl der so genannten neuen Frauenbewegung: ‚sisterhood is good!' Die jungen Frauen, die in den 1970er Jahren damit begonnen haben, Frauenhäuser, Notrufgruppen und Beratungsstellen zu gründen, wollten keinesfalls dem Mütterlichkeitsmythos vorausgegangener Generationen verfallen. Sie wollten auch in keiner Weise still und unauffällig den gesellschaftlichen Müll wegräumen, wie es die Hausfrauen zu tun pflegen. Und sie wollten nicht untergeordnet in hierarchischen Strukturen unter männlicher Fachaufsicht arbeiten. Der Begriff der Schwesterlichkeit steht bei ihnen für die Nähe zwischen der Helferin und den in Not geratenen Frauen, für die Solidarität, die zwischen ihnen hergestellt werden soll und – interessanterweise – für eine Fortführung der zölibatären Traditionen der Ordensschwester und sozialen Frauenpersönlichkeiten à là Alice Salomon und Gertrud Bäumer.

Die männlichen Leitbilder

Es gibt wenige Arbeiten über die männlichen Rollenbilder in der Sozialen Arbeit. Herman Nohl hat einmal ‚den Ritter' vorgeschlagen, bzw. die Idee entwickelt, die Ritterlichkeit zum Leitbild zu erheben:

> *„Wie die geistige Mütterlichkeit vermag auch die Ritterlichkeit in jedes Lebensverhältnis mit einzugehen und den ganzen Kampf des Lebens zu durchwirken, im großen wie im kleinsten. Solche Ritterlichkeit enthält eine Fülle von Momenten: das aktive Einsetzen der Person für das ganze, die Bereitschaft zur Führung, und vor allem eine ganz bestimmte helfende und sorgende Haltung gegenüber dem Schwachen." (Nohl 1926: 17)*
> *Von Paul Frank gibt es den Vorschlag, der Mütterlichkeit die Väterlichkeit zur Seite zu stellen; Gertrud Bäumer hat die Idee vertreten, den Begriff der Brüderlichkeit als Leitbild für die Haltung der Sozialarbeiter zu verwenden (vgl. Dudek 1988: 143). Von Jürgen Zinnecker stammt die Zuschreibung der Leitbilder des ‚großen Bruders', des ‚Anwalts' und des ‚Feuerwehrmanns'.*

Wenn man die geschlechtsspezifischen Leitbilder einander gegenüberstellt, fallen interessante Ähnlichkeiten, aber auch Unterschiede auf. Der Feuerwehrmann ähnelt auf eine ganz eigene Weise der Hausfrau – beides sind Personen, die vorwiegend reagieren und deren Ziel hauptsächlich darin besteht, Schaden zu begrenzen. Der große Bruder, ganz offensichtlich die Leitfigur der Jugendarbeit, ähnelt, wenn überhaupt, der modernen ‚profanen' Schwester aus der Gründerzeit der Frauenhäuser, keinesfalls jedoch der pflegenden, selbstvergessenen Frauengestalt, die sich der Alten und Kranken annimmt.

Der ‚Anwalt' bleibt auf der Ebene der Leitbilder ohne weibliches Pendant, ebenso wie sich der ‚Mutter' kein ‚Vater' zugesellen mag, obwohl der ‚geistigen Mütterlichkeit' in einem – wenn auch wenig beachteten Vorschlag – die ‚Väterlichkeit' zur Seite gestellt worden ist.

Wenn die aus der Betrachtung der weiblichen Leitbilder entwickelten Kategorien (verheiratet/unverheiratet, ausgebildet/nicht ausgebildet, bezahlt/unbezahlt und institutionell eingebunden/bzw. ungebunden) auf die männlichen Leitbilder übertragen werden, so zeigt sich, dass es auch hier – vor allem bezüglich des Status (‚Anwalt' versus ‚Hausfrau') – signifikante Unterschiede gibt, dass sich aber ganz grundsätzlich in den weiblichen wie den männlichen Leitbildern eher die Vielfalt und die Diffusität des Berufsfeldes widerspiegeln, als eine eindeutige geschlechtsspezifische Segregation.

4. Die soziale Situation der Helferinnen und Helfer

Die Frage wie die Lebens- und Arbeitssituation im Bereich der Wohlfahrtspflege für Frauen und Männer jenseits der Leitbilder ausgesehen hat, ist angesichts einer eher dürftigen Forschungslage nur mit gewissen Vorbehalten zu beantworten. Trotzdem lässt sich für den Zeitraum der Weimarer Republik und die Nachkriegszeit mit einiger Sicherheit sagen, dass die überwiegende Mehrheit der Sozialarbeiterinnen und Sozialpädagoginnen bis in die 1960er Jahre hinein unverheiratet war und mehr oder weniger ausschließlich ihrem Beruf und ihrer Mission gelebt hat. Gewerkschaftliche Organisation war nur für eine ganz kleine Minderheit denkbar, weil der ‚Dienst am Volksganzen' schließlich kein Klassenkampf war und sein durfte (vgl. Paulini 2001).

Ein Zitat von Helene Weber, einer der Schlüsselfiguren der Wohlfahrtspflege in der Weimarer Republik, schildert anschaulich die Schwierigkeiten, unter denen die damaligen Fürsorgerinnen zu leiden hatten:

„Mir scheint die zu große Aktivität im Leben der Fürsorgerin viele Gefahren in sich zu bergen. Die Wohlfahrtspflegerin braucht viel mehr als
andere Berufsgruppen die Stunden der besinnlichen Ruhe und der starken Freude. Sie sollte sich bewusst den Gruppen der Jugendbewegung
anschließen und im frohen Kinderlachen, in der Natur und Kunst und in
der Besinnung auf die letzten Werte des Lebens und der Arbeit, sich selbst
und die Ziele ihres Schaffens wieder finden. Wer täglich der Not des Lebens begegnen muss, braucht die stärksten Quellen der Kraft, der Freude
und der inneren Ruhe." (Weber 1926: 2)

Viele der damaligen Fürsorgerinnen waren (als Aufsteigerinnen oder
Absteigerinnen) ihrer Familie entfremdet. Sie waren rund um die Uhr im
Einsatz, nicht wenige waren sozial isoliert, allzu oft wurden sie von jüngeren Frauen und ihren männlichen Kollegen als ‚Fürsorgetanten' ver-
spottet. Sie waren Relikte eines zölibatären Lebens, als dies offiziell schon
längst abgeschafft war.

Mit relativer Sicherheit kann man auch sagen, dass die modernen Sozialarbeiterinnen bzw. Sozialpädagoginnen von heute in ihrer Mehrheit
gut ausgebildet, dass sie verheiratet (oder geschieden) sind und dass sie
eigene Kinder haben. Sie sind keine geistigen Mütter, die – ohne eigene Familie – nur aus ihrem Beruf schöpfen und auch bereit sind, diesem
alles hinzugeben. Auch der Oberschichtsdünkel der Gründergeneration
der Wohlfahrtspflegerinnen ist ihnen fremd – ebenso wie die Selbstge-
nügsamkeit der Ordensschwester und die Selbstausbeutungsbereitschaft
der frauenbewegten Sisters. Ihre übergeordnete Motivation beziehen sie
weniger aus ihrer Geschlechtszugehörigkeit, als aus ihrem politischen
Standort. Sie sind normale Arbeitnehmerinnen und wollen dies auch
sein.

Hausfrauen sind sie auch – zu Hause wie im Beruf. Zu Hause, weil
sie sich keine Angestellten leisten können wie etwa Alice Salomon, die
erst im US-Exil das Kochen lernen musste. Im Beruf, weil sich trotz aller
entgegengesetzten Bemühungen (Prävention, Selbsthilfe, Empowerment
etc.) bislang keine Alternative zu der vorwiegend auf Intervention ausgerichteten Funktion Sozialer Arbeit abzeichnet (vgl. Schumann 2005: 11).

Wie ihre männlichen Pendants sind sie tagaus tagein damit beschäftigt, Ordnung in ein System zu bringen, das immer unübersichtlicher und
beliebiger wird. Und sie helfen, Brände zu löschen, die durch systematische Ungerechtigkeit oder Anomie und Unachtsamkeit verursacht wurden.

Blicken wir zurück auf die Anfänge der Ausübung Sozialer Arbeit
durch Männer, so sind unterschiedliche Bewegungen der Konvergenz

und Divergenz zu der Entwicklung der Frauen festzustellen: Zu Beginn
haben Männer, welche die Bürgerrechte besaßen und in bescheidenem
Wohlstand lebten, soziale Ehrenämter ausgeübt. Das heißt sie haben ohne
Ausbildung und ohne Bezahlung mehr oder weniger individuell und zu-
fällig einzelnen, in Not geratenen Menschen geholfen. Die gleichzeitig
tätigen Philanthropen, die durch Stiftungen für Krankenhäuser, Wohnheime u. ä. Wohltätigkeit gegenüber bestimmten Zielgruppen ermöglicht
haben, sind in der Regel niemals selber im Sinne der Ausübung Sozialer
Arbeit aktiv geworden.

Auch die ‚Kathedersozialisten‘, in der Regel Professoren, Juristen und
Ärzte, die sich gegen Ende des 19. Jahrhunderts etwa im ‚Verein für Social-
politik‘ oder in der ‚Zentralstelle für Volkswohlfahrt‘ zusammengeschlossen haben, sind nie praktisch tätig geworden, haben sich aber große Verdienste um die Verbesserung der sozialen Hilfen für Notleidende durch
strukturelle Maßnahmen erworben.

In der Praxis arbeitende Männer gab es neben den ehrenamtlich Tätigen erst seit Beginn der 1920er Jahre, als an der Hochschule für Politik in
Berlin das erste Seminar für Jugendwohlfahrt gegründet wurde. Die jungen Männer, die hier ihre Ausbildung erhielten und danach in der Regel
in der Jugendpflege tätig waren, dürften unter ähnlichen Bedingungen
gearbeitet und gelebt haben wie ihre von Helene Weber beschriebenen
weiblichen Pendants. Sie sind allerdings niemals die ‚Fürsorgeonkel‘ geworden: Sie waren in der Regel jung, verheiratet und waren vom Auf-
bruchsgeist der Jugendbewegung getragen.

In der Nachkriegszeit haben sich dann die Strukturen herausgebildet, die für lange Zeit das Bild der an der Basis arbeitenden Frauen und
Männer in Führungspositionen geprägt haben. Auch nachdem 1972 in
den kommunalen Sozialdiensten Innendienst und Außendienst zusammen gelegt worden sind, eine Struktur, die nachhaltig für die Hierarchisierung weiblicher und männlicher Sozialarbeit gesorgt hatte, hat es lange
gedauert, bis sich Selbstverständnis und Tätigkeitsbereiche von Frauen
und Männern in der Sozialen Arbeit aneinander angenähert haben.

5. Differenz, Vielfalt und die Folgen

Auf der Grundlage der Betrachtung der vier Ebenen, die diskutiert worden sind, lässt sich mit Fug und Recht sagen, dass das Feld der Sozialen
Arbeit aus dem Blickwinkel der Geschlechterfrage eine Sonderstellung
einnimmt, die sich bis in die Gegenwart hinein erhalten hat. Die Frage,

was diese Sonderstellung für Auswirkungen hat, lässt sich unter unterschiedlichen Aspekten diskutieren, die abschließend kurz skizziert werden sollen.

Die weiblichen Einflüsse, die zumindest Teile des Berufsfelds entscheidend geprägt haben, hatten – im positiven wie im negativen Sinne – spürbare Auswirkungen sowohl auf das Image als auch das Selbstverständnis der Sozialen Arbeit. Die einzelnen Impulse zusammenfassend, lassen sich die positiven Auswirkungen der weiblichen Prägungen des Berufsfelds tendenziell als deutliche Hinwendung zu bedürfnisgeleitetem integrativem Handeln beschreiben. Die negativen Auswirkungen liegen in der ständigen potenziellen Durchmischung eigener und fremder Interessen.

Bedürfnisorientierung und Integration

Betrachten wir Entwicklungen der Sozialen Arbeit im Einzelnen, die auf weibliche Protagonisten zurück gehen oder weiblichen Einflüssen zuzuschreiben sind, so sind die ideengeschichtlichen Impulse (d.h. Theorie und Postulate) von den Grundhaltungen (d.h. den Problemanalysen und methodischen Zugängen) zu unterscheiden, die aus den spezifischen Lebenszusammenhängen von Frauen abzuleiten sind. Beide stehen aber – so meine ich zeigen zu können – in Beziehung zueinander.

Auf der Seite der ideengeschichtlichen Impulse fallen drei konstruktive Elemente ins Auge, die hauptsächlich von Frauen in die Soziale Arbeit hinein getragen wurden und die auf die ‚Gestaltung des Sozialen‘ einen nicht unmaßgeblichen Einfluss gehabt haben: Die ‚klassenversöhnende Mission der Sozialen Arbeit‘ (Alice Salomon), die Unabweisbarkeit der sozialen Grundbedürfnisse (Ilse Arlt) und das Postulat der Sozialen Arbeit als ‚Menschenrechtsprofession‘ (Staub-Bernasconi).

Diese drei Leitideen haben ihren Ursprung nicht in abstrakten naturrechtlichen oder ethischen Weltkonstruktionen, sondern resultieren aus bestimmten historisch konkret beschreibbaren Erfahrungen, die bestimmte Grundhaltungen erzeugt und dezidierten Forderungen Vorschub geleistet haben. Die beiden Grundelemente dieser Erfahrungen sind die mangelnden Rechte und die über Jahrhunderte währende Ausgrenzung von Frauen, die zu einem spezifischen Rechtsempfinden und zu einer stark ausgebildeten Exklusionssensibilität geführt haben.

Der Umstand, dass sich in Europa (mit Ausnahme der Perioden totalitärer Herrschaft) ein allgemeines soziales Bewusstsein entwickelt hat, das ein Verständnis für die Notwendigkeit der Integration von Schwachen und Benachteiligten, ein Bewusstsein des Rechtsanspruchs auf Hilfe und den Respekt gegenüber Hilfe suchenden Menschen impliziert, geht nicht nur mit der Entwicklung rechtsstaatlicher Strukturen, sondern auch mit der Entfaltung der ‚civil society' einher.

Dass bei diesem Prozess der Bewusstseinsbildung Frauen eine erhebliche Rolle gespielt haben und spielen, hängt nicht zuletzt damit zusammen, dass der Grundmechanismus, welcher einerseits die Tendenz zu sozialer Benachteiligung, andererseits die Tendenz zu sozialer Gerechtigkeit steuert, ein Mechanismus der Inklusion und Exklusion ist, welcher auch die Partizipationschancen von Frauen determiniert. Auch wenn sich die Prozesse der Exklusion heute vorwiegend auf ethnische Gesichtspunkte beziehen, sind sie in der Entwicklungsgeschichte der Wohlfahrtspflege gleichermaßen im Blick auf die Geschlechterfrage (auf der Seite der Akteure) wie auf die soziale Segregation (auf der Seite der Klientel) thematisiert worden – Diskurse, die in den Hintergrund getreten sind, sich aber keineswegs erledigt haben.

Die Frauen, die um die politische Gleichberechtigung und gesellschaftliche Integration des weiblichen Teils der Bevölkerung kämpfen mussten, weisen deshalb ebenso wie die Männer, welche sie in diesem Prozess unterstützt haben, eine besondere Sensibilität gegenüber Ausgrenzungsmechanismen auf – und sie verfügen auch über besondere Potenziale, Strategien gegen Ausgrenzung zu entwickeln und zu implementieren.

Durchmischung eigener und fremder Interessen

Die Beschäftigung mit den spezifisch weiblichen Leitbildern der Sozialen Arbeit hat bereits gezeigt, dass die zahlreich ausgeprägten Parallelen zu Familie und Haushalt eine Trennung der Interessenlagen durch die Handelnden sehr schwierig macht. Die Mutter ist ein Teil der Familie – wie soll sie ihre Interessen von denen ihrer Angehörigen trennen? Wo liegt die Privatsphäre der Hausfrau? Wie unterscheidet sich bei praktizierter ‚Sisterhood' Eigenes und Fremdes? Auch dort, wo Frauen bereits frühzeitig Ausbildung und Berufstätigkeit in Anspruch nehmen konnten, haben Prinzipien wie ‚Nächstenliebe' und ‚Hingabe' das Eintreten für eigene Interessen blockiert, teilweise sogar das Erkennen der eigenen Interessen verhindert: ‚Mir geht es gut, solange ich anderen helfen kann.'

So sind Berufsfelder entstanden, in denen das ‚Für-Andere-Da-Sein' zur Grundlage des Handelns und zur Hypothek für das eigene (mangelnde) Selbstbewusstsein geworden ist. Dass es sich dabei um ein spezifisch weibliches Erbe handelt, ist leider nicht von der Hand zu weisen. Auch der Pfarrer und der Arzt sind ‚für andere da', dennoch hat sich dieser Umstand weder auf ihr Image, noch auf ihre berufspolitische Durchsetzungsfähigkeit negativ ausgewirkt. Genau dies ist aber in der Sozialen Arbeit der Fall: Status und Bezahlung sind dort noch immer ‚weiblich'. Das Paradoxon, dass durch die Initiative von Frauen die Verberuflichung der Sozialen Arbeit eingeleitet worden ist, der damit entstandene Beruf aber – eben wegen seiner weiblichen Überformung – bis heute nicht den Status erlangt hat wie vergleichbare Professionen, scheint nicht auflösbar zu sein.

Modelle für das Geschlechterverhältnis

Die Beschäftigung mit einem gesellschaftlichen Sektor, dessen Merkmale in nicht unerheblichem Ausmaß durch Geschlechterpluralität geprägt sind, birgt nicht nur die Chance der Aufhellung historiographisch wenig erforschter Bereiche, sondern auch die Perspektive der Fortschreibung der aus der Geschichte gewonnenen Einsichten: In einer Gesellschaft, die gegenwärtig den Anspruch erhebt, sich den Herausforderungen des Gender Mainstreaming stellen zu wollen, ist es von besonderer Bedeutung, die weiblichen und männlichen Einflüsse auf gesellschaftliche Strukturen und Prozesse nicht per se als antagonistische oder als den ‚Normalfall' zu begreifen, sondern die produktiven Aspekte der Pluralität beschreibbar und analysierbar zu machen – ebenso wie die Ursachen der darin enthaltenen Konflikte.

Dabei geht es nicht um Formen des Zusammenwirkens der Geschlechter, die den noch häufig anzutreffenden patriarchalen, hierarchisch angeordneten Strukturen der Arbeitsteilung entsprechen. Es geht auch nicht um ein Zusammenwirken im Sinne einer biologistisch gedachten Symbiose sich ergänzender gegensätzlicher Geschlechtscharaktere. In der Geschichte der Sozialen Arbeit finden sich vielmehr Formen der Geschlechterpluralität, welche durchaus Bezüge zu den gegenwärtig diskutierten Kriterien einer Geschlechterdemokratie aufweisen – und deren Wurzeln wir in den Handlungsfeldern vermuten, die bereits auf eine lange Geschichte weiblichen und männlichen Zusammenwirkens zurückblicken: die Sozialen Bewegungen und die Soziale Arbeit, in denen sich die Vielfalt der Geschlechterkonstruktionen in besonderer Weise widerspiegelt.

Literatur

Arlt, Ilse (1921): Die Grundlagen der Fürsorge, Wien

Braun, Lily (1979): Die Frauenfrage, ihre geschichtliche Entwicklung und wirtschaftliche Seite (Reprint). Berlin/Bonn

Dudek, Peter (1988): Leitbild: Kamerad und Helfer. Sozialpädagogische Bewegung in der Weimarer Republik am Beispiel der „Gilde Soziale Arbeit". Frankfurt

Duensing, Frieda (Hg.) (1913): Handbuch für Jugendpflege. Langensalza

Fix, Birgit/Fix, Elisabeth (2005): Kirche und Wohlfahrtsstaat. Soziale Arbeit kirchlicher Wohlfahrtsorganisationen im westeuropäischen Vergleich. Freiburg

Fürth, Henriette (1907): Mutterschutz und Mutterschaftsversicherung. Mannheim

Gnewekow, Dirk/Hermsen, Thomas (Hg.) (1993): Die Geschichte der Heilsarmee. Das Abenteuer der Seelenrettung. Eine sozialgeschichtliche Darstellung. Opladen

Hering, Sabine (2003): Die Zentralstelle für Volkswohlfahrt. Zur staatliche Organisation der Sozialen Arbeit in Preußen. In: Soziale Arbeit, 52. Jg. Heft März 2003, S. 82–88

Konrad, Franz-Michael (2004): Der Kindergarten. Seine Geschichte von den Anfängen bis in die Gegenwart. Freiburg

Nohl, Herman (1926): Jugendwohlfahrt. Leipzig

Paulini, Christa (2001): „Der Dienst am Volksganzen ist kein Klassenkampf". Die Berufsverbände der Sozialarbeiterinnen im Wandel der Sozialen Arbeit. Opladen

Peukert, Detlev (1986): Grenzen der Sozialdisziplinierung. Aufstieg und Krise der deutschen Jugendfürsorge 1878 bis 1932. Köln

Riemann, Ilka (1985): Soziale Arbeit als Hausarbeit. Von der Suppendame zur Sozialpädagogin. Frankfurt

Sachße, Christoph (1994): Mütterlichkeit als Beruf – Sozialarbeit, Sozialreform und Frauenbewegung 1871–1929. Opladen

Salomon, Alice (1905): Zum sozialen Frieden. In: Die Frau. 12. Jg. 1905, Nr. 6, S. 330–334

Schröder, Iris (2001): Arbeiten für eine bessere Welt – Frauenbewegung und Sozialreform 1890–1914. Frankfurt am Main

Schumann, Michael (2005): Gewaltprävention und Konfliktbearbeitung – Ein Beitrag zur ‚friedfertigen Gesellschaft'?. In: Sozial Extra, 29. Jg., Heft 12/2005, S. 10–13

Sieger, Margot (2005): Kaiserswerther Kranken-Schwestern und die Veränderung der Pflege im 20. Jahrhundert. In: Gause, Ute/Lissner, Cordula (Hg.): Kosmos Diakonissenmutterhaus. Geschichte und Gedächtnis einer protestantischen Frauengemeinschaft. Leipzig, S. 196–216

Siemering, Hertha (1914): Pflege der weiblichen schulentlassenen Jugend. Berlin

Skiba, Ernst-Günther (1969): Der Sozialarbeiter in der gegenwärtigen Gesellschaft. Weinheim und Basel

Staub-Bernasconi, Silvia (1998): Soziale Arbeit als Menschenrechtsprofession. In: Wöhrle (Hg.) (1998): Profession und Wissenschaft Sozialer Arbeit, Pfaffenweiler, S. 305–335

Weber, Adolf (1926): Fürsorge und Wohlfahrtspflege. Eine Einführung in die soziale Hilfsarbeit. 2. Auflage, Berlin

Soziale Arbeit als Frauenberuf – Folgen für sozialen Status und Bezahlung?!

Kerstin Feldhoff

Einleitung

Der Beitrag geht der Frage nach, ob die weibliche Prägung der Sozialen Arbeit gesellschaftliche, berufspolitische und ökonomische Folgen für die Beschäftigten hat. Veranlasst wird die Fragestellung durch aktuelle Befunde, dass Frauen nach wie vor ihre berufliche Qualifikation nicht in gleichem Maße in Erwerbs- und Einkommenschancen umsetzen können (Teubner/Hartmann 2001) Weiter sind Verdienste von Frauen – bei gleichem Arbeitszeitvolumen konstant niedriger als die der Männer. Ein wesentlicher Faktor für die Einkommensdifferenzen sind die niedrigen Vergütungen in frauendominierten Branchen und Berufen, insbesondere auch im personennahen Dienstleistungsbereichen der Pflege, Erziehung etc. (Bundesministerium BMFSJ 2001: 46 ff.; EU-Kommission 2002: 35 ff.). Neuere wirtschaftwissenschaftliche, juristische, sowie gewerkschaftspolitische Beiträge[1] haben herausgearbeitet, dass eine wesentliche Ursache für die ungleichen Verdienste diskriminierende Arbeitsbewertung ist. Der geringe soziale Status vieler Frauenberufe spiegelt sich in benachteiligenden Arbeitsbewertungsverfahren bzw. Tarifverträgen. Als typisch weiblich geltende Anforderungen eines Berufs wie z.B. soziale Kompetenz werden nicht bzw. geringer bewertet als Voraussetzungen wie z.B. Verantwortung, die eher Männern zugeschrieben werden (Feldhoff 1998).

Dieser Hintergrund bildet die Folie für drei Fragestellungen. Zunächst wird Soziale Arbeit als „Frauenberuf" identifiziert; danach wird nach den Folgen für den sozialen Status gefragt. In diesem Rahmen werden einige Leitlinien neuerer Frauenberufsforschung über die verdeckte Hierarchisierung bei der Zuweisung von Berufen und Fachgebieten zu einem Geschlecht erläutert. Im letzten Schritt wird die tarifliche Bewer-

---

1 Krell/Carl/Krehnke 2001; Feldhoff 1998; Winter 1998; Regenhard/Fiedler 1994; Weiler 1992; Jochmann-Döll 1990

tung Sozialer Arbeit beschrieben und mögliche Gründe für die relative
Geringbewertung diskutiert. Schritte für eine gesellschaftliche und tarifliche Aufwertung Sozialer Arbeit können im Rahmen dieses Beitrags nur
angedeutet werden.

1. Soziale Arbeit – ein „Frauenberuf?"

Das Thema des Beitrags impliziert, dass Begründungen für die Identifikation der Sozialen Arbeit als „Frauenberuf" zu finden sind. Drei mögliche
Ansätze sollen im Folgenden erörtert werden.

1.1 Historische Implikationen

Unter dieser Überschrift soll nicht die Berufsgeschichte der Sozialen Arbeit nachgezeichnet,[2] sondern nur zentrale Bausteine skizziert werden,
aus denen sich das Bild eines sich historisch entwickelten Frauenberufs
herleiten lässt.[3]

Die zunehmende Industrialisierung im 19. Jahrhundert führte zu ge-
waltigen gesellschaftlichen und wirtschaftlichen Veränderungen. In diesem Zusammenhang zeigten sich Not und Elend großer Bevölkerungs-
schichten in bisher nicht da gewesenem Ausmaß. Mit der Einführung
der Sozialversicherung für Arbeiter wurden soziale Leistungen bei Alter,
Krankheit und Arbeitsunfällen gewährt – für lohnabhängige Arbeiter und
Angestellte. Die Not anderer Bevölkerungsgruppen stellte aber die öffentliche „ Armenpflege und Fürsorge" weiterhin vor erhebliche Herausforderungen. In vielen Kommunen wurde ein öffentliches Fürsorgewesen
institutionalisiert, das zunächst von ehrenamtlichen, männlichen Armen-
pflegern aus dem Bürgertum getragen wurde.[4] Einzelne herausragende
Persönlichkeiten wie Hinrich Wichern und das Ehepaar Fliedner, getragen vom Gedanken der christlichen Nächstenliebe, organisierten soziale
Hilfen in der Heimerziehung, Gefangenenfürsorge und Krankenpflege
und gründeten entsprechende Ausbildungsstätten. Flankiert und beför-

---

2   Vgl. den Beitrag von Sabine Hering in diesem Band
3   Dieser Befund wird von Amthor (Amthor 2005) in Frage gestellt und relativiert.
4   Herausragendes Beispiel ist das sog. Elberfelder Modell von 1853. Das Modell der eh-
     renamtlichen Armenpfleger, zwar bürgerliches Ehrenamt, aber gesetzlich verpflich-
     tend, hielt sich bis zur Jahrhundertwende. Kennzeichnend war die Verantwortlichkeit
     für ein Revier und die aufsuchende Einzelfallhilfe (Hammerschmidt/Tennstedt 2002).

dert wurden die öffentlich und privat organisierten, sozialen Tätigkeiten durch die Gründung der weltanschaulich geprägten Wohlfahrtsverbände wie der Deutsche Caritasverband, die Arbeiterwohlfahrt und die Innere Mission bzw. Diakonie in der zweiten Hälfte des 19. Jahrhunderts. Dass sich, neben der v.a. ehrenamtlichen kommunalen Armenpflege und der von konfessionellen Kräften (Nonnen, Diakonissen, Diakone, Brüder) getragenen Sozialen Arbeit, ein eigenständiges Berufsfeld entwickelte, ist wesentlich durch den bürgerlichen Zweig der ersten Frauenbewegung mit beeinflusst. Sie verknüpfte das Streben nach Emanzipation mit sozialem Engagement. Als herausragende Vertreterin des „Allgemeinen Deutschen Frauenvereins", gegründet 1865, reklamierte Luise Otto Peters das Recht der Frauen auf ein eigenständiges Leben und daraus folgend auf Bildung und einen eigenen Beruf. Dabei wurde die außerhäusliche Berufstätigkeit – in ihren bürgerlichen Kreisen eigentlich verpönt – mit der besonderen Eignung von Frauen für soziale und pflegerische Berufe legitimiert. Die Begründung findet sich auch bei Alice Salomon Ende des 19. Jahrhunderts. Zielgruppe ihres Engagements für eine soziale Betätigung waren die bürgerlichen Töchter, die durch ehrenamtliche Arbeit in der Fürsorge einen Beitrag zur Humanisierung der Gesellschaft und Lösung des sozialen Elends leisten sollten. Diese „Frauenbewegung" war überzeugt, dass sich Frauen qua Geschlecht besonders für diese Aufgaben eignen.[5] Die grundlegende Befähigung zur Sorge bringen Frauen laut dieser Setzung durch die ihnen zugeschriebene Mütterlichkeit und den guten Willen, zu helfen, mit. Die Mutterrolle wird quasi auf gesellschaftlich soziale Aufgaben ausgeweitet (Brückner 2004: 30 f.; Hammerschmidt/Tennstedt 2005: 68 f.). Soziale Arbeit galt hiernach als Berufung für bürgerliche Frauen, nicht als Existenz sichernder Erwerbsberuf.[6]

---

5   „Besitzt doch die Frau eine Reihe von Fähigkeiten, die sie zur Ausübung sozialer Hilfstätigkeit nicht nur eben so tüchtig, sondern sogar geeigneter machen als der Mann es ist und das hat sie von jeher auf dieser Arbeitsfelder geführt. Im all den Eigenschaften und Fähigkeiten die Mann und Frau in gleichem Maße besitzen können, heben Pflichtreue, Eifer, Ausdauer und Zuverlässigkeit bringt die Frau für diese Arbeitsgebiete noch ihr ausgeprägtes Gefühlsleben mit, ihre alles verstehende Milde und Nachsicht, die bei der Arbeit an mutlosen, bei der Aufrichtung von verzweifelten und gesunkenen so wertvoll ist, ihre Sorgfalt und Gewissenhaftigkeit bei der Verrichtung auch kleiner, unbedeutender Aufgaben, die für Organisationsarbeiten von größtem Vorteil ist, schließlich ihre Mütterlichkeit, die Fähigkeit die Mutterliebe vom Haus auf die Gemeinde zu übertragen, auf die Welt, die dieser Kräfte so dringend bedarf." (zitiert nach Riemann 1992)
6   Die Forderungen der Frauen aus den Arbeiterbewegungen nach politischer Mitbestimmung und sozialer Gerechtigkeit wurden weitgehend von diesen Vertreterinnen der Frauenbewegung ausgeklammert (Fesel 1992: 24).

Gleichwohl gingen wichtige Impulse für die Professionalisierung und Verberuflichung Sozialer Arbeit von diesen bürgerlichen Frauen aus. Denn sie ließen nicht ein auf natürlichen weiblichen Eigenschaften beruhendes, laienhaft-dilettantisches „Gutes Tun" genügen. Erstmals wurde systematisch vielfältiges, praktisches wie theoretisches Wissen und Kenntnisse über die Lebensumstände Not leidender Menschen vermittelt (Amthor 2005; Hammerschmidt/Tennstedt 2005; Riemann 1992). Die berufliche Qualifizierung in den Mädchen- und Frauengruppen erfolgte ab 1899 durch einen Jahreskurs; 1908 gründete Alice Salomon die erste soziale Frauenschule. In der Folge der Not im 1. Weltkrieges und der Nachkriegszeit wandelte sich die ehrenamtliche Tätigkeit zur beruflichen Sozialen Arbeit. Es kam zu einer raschen Gründung weiterer Frauenschulen in konfessioneller, öffentlicher und privater Trägerschaft; 1933 gab es 39 soziale Frauenschulen. Die Schülerinnen erhielten einen Abschluss als „Wohlfahrtspflegerin".[7] Für ausgebildete Kindergärtnerinnen gab es die Möglichkeit einer Zusatzausbildung zur „Jugendleiterin" für Leitungsaufgaben in Kindergärten sowie Mitarbeit in der Jugendpflege – ein deutlich sozialpädagogisch geprägter Zweig der Ausbildung (Amthor 2005). Neben den sozialen Frauenschulen gab es auch Ausbildungsstätten speziell für Männer, jedoch in deutlich geringerer Zahl. 1933 gab es neun Schulen, davon acht in konfessioneller Trägerschaft. Die Ausbildung erfolgte zum Wohlfahrtspfleger und Sozialbeamten; letztere waren vor allem in den seit 1922 auf der Grundlage des Reichsjugendwohlfahrtsgesetzes gegründeten Jugendämtern tätig. Die Entwicklung zu einem durch fachliche Standards geprägten „Beruf" verlief indes nicht kontinuierlich. Sie wurde durch vielfältige Brüche und Ungleichzeitigkeiten erschwert. Insbesondere die permanente Konkurrenz zu Ehrenamtlichen schuf einen in anderen Berufen unbekannten Legitimationsdruck für das Beweisen der eigenen Fachlichkeit. (Erler 2004: 126) Trotz Institutionalisierung der fachlichen Ausbildung zu Beginn des 20. Jahrhunderts gab es so immer wieder Tendenzen, gerade auch unter dem Aspekt der Kostensenkung, ausgebildete Beschäftigte durch ehrenamtliche bzw. nicht ausgebildete Frauen zu ersetzen (Riemann 1992).

Die Unterrepräsentanz der Ausbildungsstätten für Männer spiegelt die deutliche Überrepräsentanz von Frauen in allen Bereichen der Sozi-

---

7   Dabei konnten die Schülerinnen in der zweijährigen Ausbildung zwischen Gesundheitsfürsorge, Jugendwohlfahrtpflege und „Allgemeine und wirtschaftliche Wohlfahrtspflege" wählen.

alen Arbeit während des gesamten 20. Jh. wider. (Amthor 2005: 346). Nur bei den Wohlfahrtspflegern zeigt sich ein deutlicher Anstieg des Männeranteils von 10,5 % im Jahr 1939 auf 28,8 % im Jahr 1961.[8] Der Beitrag der bürgerlichen Frauenbewegung zur Etablierung der Sozialen Arbeit als Beruf ist aus heutiger Sicht ambivalent. Sie gab wichtige Impulse für die Schaffung eines anerkannten Berufsfeldes, und zwar in einer Zeit, in der bürgerlichen Frauen kaum außerhäusliche Erwerbsmöglichkeiten bzw. Berufe offen standen. Soziale Arbeit galt als ein zur damaligen Zeit für Frauen geeigneter und prädestinierter Beruf. Legitimiert wurde diese Öffnung mit der unterstellten Nähe der Arbeit zu angeborenen, weiblichen Fähigkeiten der Fürsorge und Mütterlichkeit. Damit wurde historisch der Grundstein für die nachhaltige Codierung als „Frauenberuf" gelegt (Voigt-Kehlenbeck 2003: 48 f.; Rabe-Kleberg 1993: 224 f.).

1.2 Konstant hoher Frauenanteil

Ein empirischer Ansatz, einen Beruf als Frauenberuf zu definieren, kann über die Ermittlung des Frauenanteils in diesem Beruf erfolgen. Die nachstehenden Daten orientieren sich an der Beschäftigtenstatistik der Bundesagentur für Arbeit, erhoben von deren Institut für Arbeitsmarkt- und Berufsforschung. Zugrunde liegt eine Vollerhebung aller sozialversicherungspflichtigen Beschäftigungsverhältnisse, eingeteilt in 319 Berufsordnungen, die zurzeit in der Beschäftigtenstatistik die größtmögliche Differenzierung bieten (IAB-Online, Berufe im Spiegel der Statistik). Dabei erfolgt eine Einteilung in weiblich dominierte Berufe mit einem Frauen-

---

8   Dabei lässt sich eine frühe berufliche Segregation ablesen. Wegen der notwendigen Vorbildung als Erzieherin waren Jugendleiterinnen zu fast 100 % Frauen; ein Grund für den hohen Frauenanteil in der sich daraus entwickelnden Ausbildung zur Sozialpädagogin. Der Beruf des „Wohlfahrtspflegers bzw. Sozialbeamten", zu dem an – wenigen – Schulen auch Männer ausgebildet wurden, führte die männlichen Beschäftigten neben männlich geprägten Arbeitsfeldern wie Gefangenenhilfe und Armenlehrer vor allem in die Jugendfürsorge und Jugendpflege, d.h. auch in die Jugendämter. Die Wohlfahrtspflegerinnen gingen in die Erziehungsbereiche, Gesundheits- und Familienfürsorge. (Amthor 2005; Hammerschmidt/Tennstedt 2002) Tendenziell wurde hier der Grundstein für die horizontale und vertikale, geschlechtsspezifische Teilung der Sozialen Arbeit gelegt: Während Männer neben typisch männlichen Arbeitsfeldern wie Gefangenenhilfe, die verwaltenden und öffentlich-rechtlichen Arbeitsbereiche einschließlich der Leitungsfunktionen besetzten, arbeiteten die Frauen „Vor Ort" mit den Familien und Kindern. Auch heute lässt sich diese Segregation empirisch nachweisen. (Cloos/Züchner 2005: 723 ff.)

anteil von mehr als 80 %[9] und in „überwiegend weiblich besetzte Berufe mit einem Frauenanteil von 60–80 % (Biersack 2002: 128). Der allgemeine Trend des Abbaus von Arbeitsplätzen in Produktion und primären Dienstleistungen gegenüber der Zunahme in sekundären Dienstleistungen zeigt sich entsprechend bei der Beschäftigungsentwicklung der Frauen.[10] In den alten Bundesländern zeigen u.a. Sozial- und Erziehungsberufe seit 1993 zweistellige Zuwachsraten; in den neuen Bundesländern v. a die Gesundheitsberufe (Biersack 2002: 127 f.).

Im Bundesgebiet beträgt im Jahr 2004 der Anteil der Frauen im Berufsfeld „Sozial- und Erziehungsberufe, Seelsorgerinnen" 76,3 %. Differenziert man weiter nach Berufsordnungen, zeigen sich neben ständigen Beschäftigungszuwächsen seit 1999 konstant hohe Frauenanteile:

– Berufsordnung 861 (Sozialarbeiter/innen, Sozialpfleger/innen): Frauenanteil von 80 % seit 1999

– Berufsordnung 862 (Heimleiter/innen, Sozialpädagogen, Heilpädagogen): Frauenanteil von 69,8 % in 1999 gestiegen auf 70,9 % in 2004 Der Frauenanteil bei den Absolventen lag im Jahre 2002 bei 76 % (IAB-Online, Berufe im Spiegel der Statistik).

Empirisch ist also feststellbar, dass Soziale Arbeit auch heute noch ein deutlich geschlechtsspezifisch geprägtes Berufsfeld ist. Mit einem stetigen Frauenanteil an Absolventinnen und Beschäftigten der Sozialen Arbeit zwischen 70 % und 80 % ist es gerechtfertigt, von einem Frauenberuf zu sprechen (Cloos/Züchner 2005: 723 ff.).

---

9   Legt man diesen Maßstab zu Grunde, so finden sich unter den zehn am häufigsten von Frauen ausgeübten Berufe noch immer Kranken-, Kinderkranken-, Säuglingsschwester, Arzthelferin, Zahnmedizinische Fachangestellte, Altenpflegerin, Kinderpflegerin, Ergotherapeutin. (Statistisches Bundesamt 2003). Das sind Berufe, die zum Teil durch niedrige Vergütungen und fehlende Aufstiegsmöglichkeiten gekennzeichnet sind.

10 Die Zunahme der Frauenerwerbstätigkeit v.a. im Westen gründet auf ihrer Teilnahme an Berufen im Dienstleistungssektor. Kennzeichnend ist dort indes die hohe Quote an Teilzeitarbeitsplätzen, die zu fast 90 % von Frauen besetzt sind. Im Westen liegen die Gründe in der Vereinbarkeitsproblematik, die Teilzeitbeschäftigung als individuelle Lösungsmöglichkeit erscheinen lässt. Im Osten fehlen Vollzeitarbeitsplätze; dort ist Teilzeitarbeit auch von Frauen oft unfreiwillig. (Hoffmann/Walwei 2002)

1.3 Arbeitssoziologische Ansätze

Ein arbeitssoziologischer Erklärungsansatz orientiert sich an der Bedeutung von „Gender" als sozial konstruiertes Geschlecht: Frauenberufe sind solche Berufe, für die Frauen sich aufgrund ihres sozialen Geschlechts, d.h. ihrer erlernten – nicht angeborenen – Geschlechterrolle in besonderer Weise oder sogar ausschließlich eignen. Dieser Erklärung folgt das arbeitssoziologische Konzept des „weiblichen Arbeitsvermögens", das in den 1980er Jahren von Elisabeth Beck-Gernsheim entwickelt wurde (Beck-Gernsheim 1981). Sie ging davon aus, dass Mädchen und junge Frauen ein spezifisch „weibliches Arbeitsvermögen" entwickeln. Dieses bestimme die Berufswahl, in der hausarbeitsnahe, soziale erzieherische und pflegerische Berufe dominieren. Außerdem präge es die Inhalte des gewählten Berufs und die berufliche Praxis, z.B. eine geringe Aufstiegsorientierung. Eine maßgebliche Ursache liege in der spezifischen Sozialisation von Mädchen, die weiterhin auf den Erwerb von sozialen Kompetenzen, auf Fürsorge für andere und die Betonung familiärer Arbeit ausgerichtet sei. Mädchen und junge Frauen erlernen mithin eine spezifisch weibliche Kultur, die sie für soziale Berufe besonders geeignet macht.

Dieses Konzept wird in der neueren Forschung in Bezug auf seine Generalisierbarkeit und Reichweite hinterfragt (Rabe-Kleberg 1993: 81; Oechsle 1995: 10; Gottschall 2000: 157 ff.). Erwerbsarbeit von Frauen lässt sich weder historisch noch aktuell auf die Nutzung der Inhalte des weiblichen Arbeitsvermögens reduzieren. Denn dieses bildet die vielfältigen und komplexen Inhalte von Frauenerwerbstätigkeit insgesamt nicht ab. Zudem gilt bezüglich der Berufswahl, dass nicht durch vorberufliche Sozialisation vermittelte weibliche Kultur ausschließlich die Berufswahl bestimmt. Familiäre Haltungen, schulische Ausbildung, gesellschaftliche Chancen, Arbeitsmarktangebote und das Verhalten der Arbeitgeber sind komplexe Faktoren, die die Berufswahl und -orientierung junger Frauen beeinflussen. Häufig werden jungen Frauen Grenzen gesetzt, indem den vielfältigen Berufswünschen überkommene Vorstellungen über für Frauen geeignete und weniger geeignete Berufe entgegengehalten werden. So werden individuelle Berufswünsche durch diverse Einflussfaktoren häufig doch in „Frauenberufe" kanalisiert; dies trifft insbesondere für junge Frauen mit geringeren sozialen und kulturellen Ressourcen zu (Brendel 2000). Dazu kommt eine Einstellungs- und Beförderungspraxis, auch in sog. „gemischten Berufen", die Frauen wiederum bestimmte Tätigkeitsbereiche bevorzugt zuweist. Dadurch können die geschlechtsspezifischen Besonderheiten des weiblichen Arbeitsvermögens in der betrieblichen

Praxis deutlich werden; sie sind indes nicht Ursache, sondern Folge der schulischen, berufsbildenden und betrieblichen Sozialisation (Gottschall 2000: 159).[11] Empirisch lässt sich also eine Kompatibilität zwischen dem „weiblichen Arbeitsvermögen" und der Struktur von Frauenerwerbstätigkeit bzw. den Berufsfindungsprozessen junger Frauen nicht nachweisen. Untersuchungen zeigen, dass junge Frauen heute vor der Herausforderung stehen, individuelle Orientierungen für die Relation von Erwerbsarbeit und privatem Lebensbereich zu finden und biographisch zu gestalten.[12] Auch wenn sich heute die Erwerbsorientierung und Berufswahl in der Folge dieser Gestaltungsspielräume ausdifferenziert hat, antizipieren Frauen tendenziell noch immer – anders als Männer – die Integration der Lebensbereiche Erwerbsarbeit und Familie bei der Berufswahl und späteren beruflichen Entscheidungen. Familie und Beruf bilden parallele Bezugspunkte, die die Einstellung zur Erwerbsarbeit bestimmen (Geissler/ Oechsle 1996; Oechsle 1995; Falk 1999: 37 ff.). Die Gewichtung der Berufsarbeit wird dabei durch subjektive Einstellungen zur Geschlechterrolle, Erwartungen an Erwerbstätigkeit und Bildungsniveau wesentlich mitbestimmt (Falk 1999). Orientierung auf beide Lebensbereiche und inhaltliche Erwartungen an die berufliche Tätigkeit werden auch in einer geschlechtsvergleichenden Untersuchung über die Motivationen und Einstellungen von Sozialarbeiterinnen und Sozialarbeitern bestätigt. Für die befragten Sozialarbeiterinnen liegt die Entscheidung nicht in der Wahl zwischen Beruf und Privatleben, sondern in der Wahl eines sozialen und beruflichen Umfeldes, „das ein konstruktives Leben in beiden Welten ermöglicht" (Jünemann 2000: 199).

Erwerbsneigung, Berufswahl und berufliche Entscheidungen werden damit von einem komplexen Zusammenspiel von subjektiven Einstellungen, gesellschaftlichen Entwicklungen sowie wirtschaftlichen und arbeitsmarktpolitischen Rahmenbedingungen beeinflusst. Das „Konzept des weiblichen Arbeitsvermögens" allein kann demnach die Prägung als Frauenberuf nicht erklären.

---

11   Die Geschlechterstereotypen über geringe Erwerbs- und Aufstiegsneigung von Frauen, über ihre Berufswünsche dienen zur Absicherung der geschlechterhierarchischen Zuweisung von Arbeit, die wiederum durch ihre Umstände endlich die Bilder tatsächlich in der Realität reproduzieren. Die Verantwortung wird an die Diskriminierten zurückgegeben. (Rabe-Kleberg 1993: 109)
12   Zu daraus folgenden Anforderungen an Beratungs- und Bildungsarbeit mit jungen Frauen, vgl. Geissler/Oechsle 1996: Kap. 10

2. Folgen für den sozialen Status

Es ist der Frage nachzugehen, ob die Prägung als Frauenberuf Folgen für den sozialen Status hat. Es geht zunächst nur um die soziale, nicht die monetäre Bewertung.

2.1 Selbstbild – Fremdbild der Sozialen Arbeit

Um den sozialen Status eines Berufs zu ermitteln, können Dritte und die in der Sozialen Arbeit Beschäftigten nach ihrer Einschätzung befragt werden. Es geht um Fremdwahrnehmung und Eigenwahrnehmung. Spezifische Untersuchungen zum Prestige und Ansehen der Sozialen Arbeit in dieser Gesellschaft, liegen anscheinend nicht vor. Dennoch besteht Konsens, dass diese Arbeit in der Gesellschaft keinen hohen sozialen Status hat, sondern eher gering geschätzt wird (Rabe-Kleberg 1993: 77; Brückner 2000; Brückner 2003: 167; Jünemann 2000: 41; Friese/Thiessen 2003: 83). Befragungen von Sozialarbeiterinnen und Sozialarbeitern bestätigen dieses Bild: Sie schätzen ebenfalls das gesellschaftliche Ansehen ihrer Arbeit eher gering ein (Jünemann 2000: 206). Dabei bleibt unklar, mit welchen Berufen sie einen Vergleich anstellen. Fremd- und Selbstwahrnehmung deuten also darauf hin, dass Soziale Arbeit im „Ranking" der Berufe eher eine hintere Position einnimmt. Margret Brückner bringt diesen Befund auf den Punkt: „Sozialarbeit beschäftigt sich vorrangig mit den Ausgestoßenen und Problembeladenen, deren niedriger gesellschaftlicher Status scheint auf das Selbst- und Fremdverständnis von Sozialarbeit abzufärben" (Brückner 2000: 540).

2.2 Deutungsversuche

Es liegt nicht fern, einen Zusammenhang des geringen, sozialen Status der Sozialen Arbeit mit der historischen und aktuellen Prägung als „Frauenberuf" zu vermuten. Zunächst wird versucht, diesen Zusammenhang zu verifizieren, um in einem weiteren Schritt eine Auseinandersetzung mit der These der mangelnden Professionalisierung zu suchen.

a) Prägung als „Frauenberuf"
Da Frauen in der gesellschaftlichen Hierarchie noch immer den Männern nachgeordnet sind, könnte dies nahtlos auf „ihre" Frauenberufe zu übertragen sein. Diese generelle Gleichsetzung ist jedoch zu einfach, denn was ein Frauenberuf bzw. Männerberuf ist, muss nicht für alle Zeit ein Frauen-

bzw. Männerberuf bleiben. Die Frauengeschichtsforschung hat nachgewiesen, dass die Geschlechtstypik von Berufen einem Wandel unterliegt.
Dabei sind die inhaltlichen und organisatorischen Anforderungen des Berufes nicht entscheidend. Neue Berufe werden durch Analogiebildung zu
Frauenberufen gemacht. Die Zuordnung erfolgt auf der Grundlage plausibler Annahmen der „Weiblichkeit" dieses Berufs bzw. dieser Tätigkeit
durch Vergleiche mit anderen Berufen. Dabei wird konsequent mit Ge-
schlechtsstereotypen gearbeitet, d.h. Merkmale, die als typisch weiblich
gelten wie z.B. Fürsorge, Empathie, Geduld, Geschicklichkeit etc.

Die Zuweisung eines Berufs zu Männern bzw. Frauen bildet die hierarchische Beziehung von Männern und Frauen ab.[13] Dabei kann in der
Geschichtsforschung nur selten nachgewiesen werden, dass Berufe vor-
sätzlich und ausdrücklich zu statusniedrigeren Frauenberufen gemacht
werden, um Frauen aus bestimmten anderen Berufen auszuschließen.[14]
In den meisten Fällen ist die Differenzierung und damit gleichzeitige Hierarchisierung in Frauen- und Männerberufe nur aus Indizien abzuleiten.
Es ist ein ständiger Prozess – trotz wandelnder Berufe, Berufsinhalte und
Arbeitsbedingungen –, diese Kompatibilität von Differenz und Hierarchie immer wieder neu herzustellen (Wetterer 1992, 1995, 1998; Teubner/
Hartmann 2001).[15] Deutlich wird dieser Prozess bei der scheinbar ho-
rizontalen Arbeitsteilung in hochqualifizierten Berufen wie Ärztinnen,
Juristinnen (Böge 1995; Wetterer 1998) und in IT-Berufen (Teubner/Hart-
mann 2001). Unterstellte Differenzen zwischen den Geschlechtern sind
die Legitimation für die Zuweisung bestimmter, statusniedrigerer Tätigkeiten. Grundlage sind auch hier geschlechtsrollenstereotype Vorstellun-

---

13 Ein Beispiel ist der Wandel der Berufs „Schriftsetzer" von einem scheinbar typischen,
    weil Geduld und Fingerfertigkeit erfordernden Frauenberuf, zu einem Männerberuf
    - vorgeblich wegen der Technikorientierung und der Bedienung schwerer Maschinen.
    (Robak 1992). Auch der Beruf der Sekretärin ist erst durch die Zerlegung ganzheitlicher
    Büro- und Verwaltungsarbeit entstanden. Dabei wurden die sachlich-inhaltlichen An-
    teile den Männern und die manuellen Anteile (Schreiben mit der Schreibmaschine)
    – statusniedriger – den Frauen zugewiesen (Stiegler 1994).
14 Eine Ausnahme bildet die Professionalisierung der Medizin mit einer klaren Unter-
    scheidung in den Beruf des statushöheren männlichen Arztes und die zuarbeitenden
    Berufe der Hebamme, Krankenschwester etc.
15 Frauen haben gute Chancen Familienrichterin, Sozialrichterin oder Arbeitsrichterin zu
    werden, während ihnen Stellen in der Verwaltungsgerichtsbarkeit, oder in wirtschafts-
    rechtlich ausgerichteten Anwaltskanzleien verschlossen bleiben. Die geschlechtsspe-
    zifischen Segmentierungen in den juristischen Professionen haben Auswirkungen auf
    das Ansehen. Je höher die Frauenquote in einem juristischen Arbeitsbereich, desto
    niedriger ist der soziale Status und die berufliche Anerkennung. Dies schätzen die be-
    troffenen Juristinnen selbst und ihre männlichen Kollegen in derselben Weise ein.

gen über angeborene oder sozialisationsbedingt erworbene Fähigkeiten und Vorlieben von Frauen. Die Arbeitsteilung in Berufe wie innerhalb von Berufen ist letztlich nicht geschlechtsspezifisch an sich, sondern ein konstruierter Prozess der Ab- und Ausgrenzung zur Aufrechterhaltung von Hierarchie.

Dabei ist nachzuweisen, dass die Feminisierung von Berufen bzw. Tätigkeiten mit deren Entwertung einhergeht. Dies bedeutet in der Folge erschwerter Zugang zu Status, Prestige und materiellen Ressourcen. Die Vermännlichung führt zum Statuszuwachs oder zumindest zu einer Statuskonsolidierung. Ist ein Beruf erst einmal als Frauenberuf gesellschaftlich bestimmt, so erweist sich diese Kodierung oft als resistent und stabil gegen historische Fakten und aktuelle Realitäten (Wetterer 1995). Dies zeigt sich auch bei der Sozialen Arbeit, wo die Kontinuität in der Bewertung als typischer Frauenberuf nun seit über 100 Jahren andauert. Dass sich die Soziale Arbeit heute in viele Arbeitsfelder ausdifferenziert hat, die mit den Anfängen einer typisch weiblichen Fürsorgetätigkeit nur noch wenig zu tun haben, ändert wenig. Auch der Zuwachs an wissenschaftlicher Fundierung, Theoriebildung, der Pluralisierung von Methoden und der Implementierung von Handlungsmodellen aus Management und Betriebswirtschaft konnte bisher die Behandlung als „semi-professioneller" Frauenberuf nicht nachhaltig ändern (Thole 2005; Müller 2005; Brückner 2000; Rabe-Kleberg 1993: 224 ff.).

Die Codierung eines Berufs als „männlich" bzw. „weiblich" hat Auswirkung auf das Handeln der Beschäftigten. Sie versuchen dort Geschlechtszugehörigkeit und berufliches Handeln kongruent zu machen. Bei Diskrepanz zwischen dem eigenen Geschlecht und dem des Berufs werden Anstrengungen unternommen, um nicht mit dem Geschlecht des Berufs verwechselt zu werden. Untersuchungen zeigen dabei ein typisches Verhalten von Männern in statusniedrigen Berufen. Sind Männer in einem typischen Frauenberuf tätig, so betonen sie die Differenz und machen in ihrer Tätigkeit „männliche" Attribute sichtbarer (Wetterer 1995). Diesen allgemeinen Befund bestätigt die geschlechtsvergleichende Untersuchung zur beruflichen Identifikation von Sozialarbeiterinnen. Das Selbstverständnis der männlichen Sozialarbeiter ist von der Intention geprägt, nicht nur den eigenen, sondern auch fremden Vorstellungen entsprechen zu wollen. Es zeigt sich der latente Wunsch nach Akzeptanz der Arbeitsleistung von anderen und eine starke Abhängigkeit von der Fremdbewertung. Die männlichen Sozialarbeiter bemühen sich, sich zu den in der Öffentlichkeit geltenden Klischees von ihrem Berufsbild deutlich abzugrenzen (Jünemann 2000: 200). Die statusbezogenen Nachteile eines typischen Frauenberufs werden im Zusammenhang der Sozialen Arbeit durch die Unterstellung mangelnder Professionalität und Fachlichkeit potenziert. Damit setzt sich der folgende Abschnitt auseinander.

b) Mangelnde Professionalisierung und Verberuflichung

Untrennbar mit der Prägung als Frauenberuf verknüpft ist die – nicht gradlinig verlaufende – historische Entwicklung vom Ehrenamt zu einem Beruf. Erste Professionalisierungsversuche erfuhren zahlreiche Brüche durch die ständig sich wiederholende Beschäftigung von ungelernten bzw. nur gering qualifizierten Frauen bzw. Müttern als Erzieherinnen, Kinderpflegerinnen, Fürsorgerinnen ect. Diese historisch gewachsenen Bezüge zum Ehrenamt und zur familiären Sorgetätigkeit, verbunden mit der Begründung der besonderen Befähigung von Frauen generell zur Fürsorglichkeit, erschweren bis heute eine weitere Professionalisierung und Aufwertung Sozialer Arbeit (Brückner 2003; Friese/Thiessen 2003: 79 f. für personennahe Dienstleistungen; Theobald 2003: 72 für parallele Strukturen in der Altenpflege). Auch das Verhältnis der neuen Frauenbewegung des 20. Jahrhunderts zur Verberuflichung Sozialer Arbeit ist ambivalent. Einerseits wurden durch ehrenamtliche bzw. ungesicherte Beschäftigung in Frauenprojekten (Frauenhäuser, Beratungsstellen, Notrufe) und in der Mädchenarbeit neue Arbeitsfelder der Sozialen Arbeit entwickelt, oft als „Notnagel" für fehlende öffentliche Hilfen. Der die Differenz der Geschlechter betonende Ansatz wurde bewusst benutzt, um die scheinbare Geschlechtsneutralität Sozialer Arbeit zu hinterfragen und neue Konzepte z.B. für die außerschulische Jugendarbeit mit Mädchen zu entwickeln. Durch praktische Arbeit, die feministische Theoriebildung und feministische Ansätze in den Bezugswissenschaften wie Jura und Pädagogik wurden neue Impulse für die Praxis und Ausbildung der Sozialen Arbeit entwickelt (Riemann 1992). Gleichzeitig wurde die Prägung als Frauenberuf nicht aufgehoben, sondern eher verfestigt, indem Soziale Arbeit „für" Frauen von Frauen mit ihrer besonderen Beziehungsfähigkeit und gemeinsamen Diskriminierungserfahrungen begründet wurde, kennzeichnend vor allem im Bereich der Gewalt gegen Frauen (Brückner 2005). Damit wird erneut die „naturhafte" Vollbringung sozialer Arbeit durch Frauen nahe gelegt. Dies macht es einfacher, mangelnde Fachlichkeit und fehlendes Profil zu unterstellen (Brückner 2003).

Weiterhin ist Soziale Arbeit ein Prozess, in dem ständig Ungewissheit zu bewältigen ist, begleitet von komplexen Handlungsbedingungen. Die Arbeit zeichnet sich durch eine geringe Standardisierung aus – der Faktor Mensch ist unwägbar, die Belastungen sind unstetig, vielfältige Qualifika-

tionen sind vorzuhalten und flexibel einzusetzen. Es ist die Fähigkeit zu
einem ständigen Perspektivwechsel gefordert. Die Abhängigkeit von so-
zialrechtlichen Rahmenbedingungen wie auch finanziellen Vorgaben und
das Eingebundensein in Institutionen verlangen schwierige Balancen.
Ziele und Erfolge sind schwer zu definieren und noch schwieriger mess-
bar (Rabe-Kleberg 1993: 105; Brückner 2000). Diese scheinbare Diffusität
und Komplexität erschwert die Entwicklung von Merkmalen, die in der
berufssoziologischen Debatte für die Herausbildung von Professionen im
traditionellen Sinne (Arzt, Jurist) stehen (Müller 2005).

Zu diesem Bild trägt weiter bei, dass Soziale Arbeit nicht über eine
singuläre Wissenschaft als Grundlage ihres Handelns verfügt. Sie bezieht
sich auf eine Reihe zum Teil sehr heterogener Bezugswissenschaften. Erst
in Ansätzen ist eine einheitliche Grundlage ihres fachlichen Wissens und
ihrer wissenschaftlichen Fundierung entwickelt.[16]

c) Auswege: Professionalisierungsdiskurse und Dekonstruktion der Geschlechterzentriertheit

Die beschriebenen Fakten und Faktoren verbunden mit der Bewertung
als „Frauenberuf" tragen zur Verfestigung des Bildes einer „Semi-Pro-
fession" bei. Lösungswege zur sozialen Aufwertung können hier nur angedeutet werden. Nach dem Ziel einer abstrakten Professionalisierungs-
debatte ist indes zu fragen. Es geht vielmehr darum Professionalität,
Fachlichkeit und Kompetenz im jeweiligen Handlungsfeld nachzuweisen
(Müller 2005). Weiter ist ein klares Profil der Sozialen Arbeit als eindeutig identifizierbarer Beruf gegenüber anderen Berufen im hierarchischen
System der Berufe herauszuarbeiten (Rabe-Kleberg 1993: 224 ff.; Brückner
2000; Müller 2005). Dabei geht es nicht um ein einfach zu identifizierendes
Expertentum mit monopolistischem Wissen. Zu entwickeln ist vielmehr
ein Berufsbild, für das das sozialpädagogische Wissen und Können mit
seinen vielfach einander verschränkten Kompetenzen beschrieben wird.
Soziale Arbeit muss sich als institutionelles Handeln präsentieren, das
methodisch reflektiert auf dem Hintergrund wissenschaftlicher Kenntnisse erfolgt.

Dabei stellt die Codierung als „Frauenberuf" den Diskurs über Professionalisierung vor weitere Herausforderungen.[17] Die Zuschreibung
vom typisch „Weiblichen" der Sozialen Arbeit ist als gesellschaftliche Konstruktion zu benennen. Frauen stereotyp zugewiesene Eigenschaften wie

---

16 Zu den Diskussionen um eine „Sozialarbeitswissenschaft" vgl. nur Scherr 2005
17 Zu ähnlichen Debatten um den Frauenberuf „Pflege" vgl. Krampe/Höhmann 2004

Fürsorglichkeit und Beziehungsfähigkeit sind als geschlechtsunabhängig zu dekonstruieren und als vermeintliche Wesensmerkmale zurückzuweisen. Jede Deutung als typisch weibliche Sorgetätigkeit mit privaten Bezügen ist ebenso abzulehnen, wie die Ersetzung durch ehrenamtliche Arbeit. Vielmehr sind soziale und kommunikative Fähigkeiten als fachlich erworbenes, wissenschaftlich fundiertes Wissen herauszustellen (Friese/Thiessen 2003). Die „fürsorgliche Praxis" der Arbeit mit (sozial) Abhängigen ist in die Definition von sozialer Profession zu integrieren, ohne sie moralisch aufzuladen oder einem Geschlecht zuzuweisen. Genderkompetenz indes muss als essenzieller Bestandteil des professionellen Verstehens und Bearbeitens sozialer Probleme etabliert werden (Brückner 2003, 2004).

3. Soziale Arbeit als Frauenberuf – Folgen für die Bezahlung?

Es soll nun der Frage nachgegangen werden, ob sich der geringe soziale Status der Sozialen Arbeit in der Bezahlung widerspiegelt. Anhaltspunkte für die ökonomische Bewertung eines Berufs – die oft mit der sozialen einhergeht – geben Entgelttarifverträge. Für die Soziale Arbeit ist maßgeblich der Bundesangestelltentarifvertrag des öffentlichen Dienstes. Freie Träger, Wohlfahrtsverbände und Kirchen richten ihre Bezahlung nach Regelungen aus, die ähnlich strukturiert und inhaltlich gestaltet sind wie der BAT. Zwar ist der BAT seit dem 1. Oktober 2005 durch den Tarifvertrag des öffentlichen Dienstes (TVöD) abgelöst worden. Dieser gilt indes zurzeit nur für die Beschäftigten des Bundes und der Kommunen, nicht für die Bundesländer. Weiter sind für die Entgeltfestsetzung bislang nur Grundstrukturen, nicht aber detaillierte Eingruppierungsregelungen mit Tätigkeitsmerkmalen vereinbart worden. So steht bisher nur fest, dass es künftig 15 Entgeltgruppen mit jeweils sechs (Aufstiegs)Stufen[18] geben wird. Die Entgeltgruppen unterteilen sich nach verschiedenen Qualifikationsebenen. Für Fachhochschulabsolventinnen mit Diplom bzw. Bachelor werden die Entgeltgruppen EG 9–12 zur Anwendung kommen, je nach den inhaltlichen Anforderungen der konkreten Tätigkeit.

---

18 Hervorzuheben ist die Regelung, dass auf erheblich über dem Durchschnitt liegende Leistungen mit einem schnelleren, auf erheblich unter dem Durchschnitt liegende mit einem langsameren Aufstieg in die nächste Stufe reagiert werden kann. Die Leistungen des Arbeitnehmers sind jährlich zu überprüfen. Für Beschwerdefälle soll eine betriebliche Kommission eingerichtet werden. Hier wird künftig zu diskutieren sein, wie Leistung in der Sozialen Arbeit im jeweiligen Arbeitsfeld gemessen wird.

Für die am 1.10.2005 nach BAT bezahlten Beschäftigten wird durch Überleitungs- und Besitzstandsregelungen sichergestellt, dass sie keine Einkommenseinbußen haben.[19] Für die nach dem 1.10.2005 Neueingestellten finden die bisherigen Eingruppierungsregelungen mit den bislang geltenden Eingruppierungsmerkmalen Anwendung[20] (Bredendiek/Fritz/Tewes 2005; Böhle/Poschke 2005).

Wegen dieser Übergangsregelung und jetzigen Weitergeltung der bisherigen Entgeltsystematik des BAT für die Beschäftigten der Länder gibt die nachfolgende Skizzierung der Eingruppierung nach dem „alten" BAT noch immer ein gültiges und anschauliches Bild der Wertschätzung sozialer Arbeit in monetärer Hinsicht.

3.1 Grundlagen der Arbeitsbewertung nach dem BAT

Innerhalb des BAT gibt es ein spezifisches Vergütungssystem für Sozialarbeiterinnen und Sozialarbeiter, Sozialpädagoginnen und Sozialpädagogen sowie Heilpädagoginnen und Heilpädagogen mit Fachhochschulabschluss und „staatlicher Anerkennung". Dieses System besteht aus mehreren aufeinander aufbauenden Vergütungsgruppen, die anforderungsbezogene Tätigkeitsmerkmale enthalten; sie werden zum Teil durch Protokollnotizen ergänzt und konkretisiert.

Es handelt sich um unbestimmte Rechtsbegriffe, die in der Praxis und im gerichtlichen Verfahren einen weiten Beurteilungsspielraum eröffnen, der in Konfliktfällen letztlich durch die Urteile des letztinstanzlichen Arbeitsgerichts, des Bundesarbeitsgerichts, ausgefüllt wird. Grundlage der Arbeitsbewertung ist danach die konkrete Tätigkeit der Sozialarbeiter/Sozialpädagogen.

Wegen des Stufenaufbaus werden Berufsanfänger „mit staatlicher Anerkennung und entsprechender Tätigkeit" zunächst nach der Eingangsvergütungsgruppe BAT V b bezahlt. Sie müssen einen Aufgabenbereich haben, der die Anwendung der durch die Ausbildung erworbenen Fachkenntnisse *erfordert*[21] (Krasemann 2005 Kap. 7, Rz. 226).

Nach zweijähriger Bewährung in Vergütungsgruppe V b erfolgt ein Aufstieg in die Vergütungsgruppe IV b. In der Praxis sind die meisten

---

19 Da auch für sie der neue TVöD grundsätzlich gilt, werden sie - je nach individueller Vergütungsgruppe - den neuen Entgeltgruppen zugeordnet, z.B. wird BAT IV b, die für Sozialarbeiter gängige Vergütungsgruppe der Entgeltgruppe 9 bzw. 10 zugeordnet. Ab dem 1. 10. 2007 gelten für sie die leistungsbezogenen Stufenaufstiege.

20 Es erfolgt also zunächst eine Zuordnung zu den „alten" Vergütungsgruppen des BAT, die dann gefunden wird über eine Zuordnungstabelle den neuen 15 Entgeltgruppen zugeordnet.

Sozialarbeiterinnen und Sozialarbeiter, Sozialpädagoginnen und Sozialpädagogen in Vergütungsgruppe IV b eingruppiert.

Vergütungsgruppe IV b berechtigt nur zu einem weiteren Aufstieg,
wenn nun eine „schwierige Tätigkeit" im Sinne der Vergütungsgruppe
IV b ausgeübt wird. Dabei gilt, dass die Arbeit mit Angehörigen sozialer Randgruppen und Problemgruppen berufsimmanent ist, also nicht
automatisch das Kriterium der „schwierigen Aufgaben" erfüllt. Besteht
die Tätigkeit überwiegend in Einzelberatung, sind als „schwierige Tätigkeiten" u.a. die Beratung von Suchtmittelabhängigen und HIV-Infizierten
oder die Fürsorge für Heimbewohner und Strafgefangene anerkannt,
weiterhin Aufgaben nach dem Betreuungsgesetz, die sozialpädagogische
Tätigkeit in einem Nichtsesshaftenheim, Adoptionsvermittlung und eine
Tätigkeit in der Kinder- und Jugendpsychiatrie. Auch Koordinierungs-
aufgaben können das Kriterium erfüllen (Rothbrust 1996).

Ein Aufstieg in die Vergütungsgruppe IV a erfordert zusätzlich zur
„schwierigen Tätigkeit" das Merkmal der „besonderen Schwierigkeit und
Bedeutung". Wissen und Können müssen erheblich über dem liegen, was
von Sozialarbeiterinnen und Sozialarbeitern üblicherweise erwartet wird
(BAG ZTR 1995: 316). Dieses Merkmal wird daher durch eine Beratungs-
tätigkeit, also die direkte Arbeit – auch mit schwierigen – Klienten in den
allermeisten Fällen nicht erreicht. Nach dem Bundesarbeitsgericht müssen Planungsaufgaben erfüllt, Grundsatzfragen erarbeitet oder Leitungsfunktionen wahrgenommen werden. Als Beispiel kann die Tätigkeit eines
Sachgebietsleiters des Kinder- und Jugendnotdienstes genannt werden,
der sozialpädagogische Maßnahmen in schwierigen Konflikt- und Not-
fällen zu verantworten, Mitarbeiter anzuleiten, zu koordinieren und zu
kontrollieren sowie deren Einsatz zu planen hat (BAG ZTR 2002: 178).
Wird auch in den Diskussionen um Qualitätsentwicklung der Sozialen
Arbeit diese Aufteilung in Management/Leitung und Ausführungshan-
deln in Frage gestellt, ist sie in der Bewertung noch präsent. Die direkte
Arbeit mit Klienten wird demnach geringer bewertet und bezahlt als Aufgaben der Leitung, der Organisations- und Konzeptionsentwicklung sowie des Managements.

Die Teilnahme an Fortbildungen ist im Rahmen des BAT nur eine
begrenzte Möglichkeit, eine höhere Vergütungsgruppe zu erreichen. Zu-

---

21 Eine Sozialpädagogin, die also in einem Kindergarten als Erzieherin arbeitet, wird
   nicht nach dieser Vergütungsgruppe bezahlt, weil ihre durch das Studium erworbenen
   Kenntnisse vielleicht nützlich, jedoch nicht für die Arbeit notwendig sind.

satzausbildungen zu Themen wie z.b. systemisches Handeln, klienten-
zentrierte Gesprächsführung, Familientherapie etc. mögen zwar für die
Beratungsarbeit hilfreich und nützlich sein. Daraus folgt jedoch nicht automatisch eine Höhergruppierung, sondern nur, wenn das Merkmal der
„besonderen Schwierigkeit und Bedeutung" erfüllt ist (Rothbrust 1996).

Die Vergütungsgruppe BAT III wird nur erreicht, wenn der Sozialar-
beiter/die Sozialpädagogin eine Tätigkeit ausübt, die sich durch „das Maß
der damit verbundenen Verantwortung" erheblich aus einer Tätigkeit
nach BAT IV a heraus hebt. Dieses Merkmal ist nur erfüllt bei der Leitung
großer Arbeitsbereiche mit Verantwortung für mehrere Arbeitsgruppen
mit qualifizierten Gruppenleitern oder bei der Bearbeitung besonders
schwieriger Grundsatzfragen (BAG ZTR 2002: 178; Bauer/Sonntag 2003
Rz. 513 ff.). Sozialarbeiter/Sozialpädagogen erreichen diese Vergütungsgruppe in der Praxis selten.

3.2 Vergleich mit der Eingruppierung von FH-Ingenieuren

Wie sich geringe soziale Status im Rahmen der Arbeitsbewertung manifestiert wird deutlich, wenn man die Vergütung der Ingenieure mit Fachhochschulabschluss zum Vergleich heranzieht.

Eine Ingenieurin wird bereits nach 6 Monaten in Vergütungsgruppe
IV b eingruppiert. Erfüllt ihre Tätigkeit das Merkmal „besondere Leistungen", an das nach der Rechtsprechung keine besonders hohen Anforderungen zu stellen sind (Bauer/Sonntag 2003 Rz. 55), so erhält sie BAT IV a.
Dies ist eine Vergütungsgruppe, die, wie gezeigt, Sozialarbeiterinnen/So-
zialpädagoginnen in der Regel nur in Leitungspositionen erreichen. Eine
Klage gegen die ungleiche Eingruppierung wegen Verstoßes gegen das
Verbot der mittelbaren Diskriminierung von Frauen ist vom Bundesarbeitsgericht zurückgewiesen worden. Das Bundesarbeitsgericht räumte
offen ein, das die technischen Angestellten gegenüber anderen Angestellten im Bundesangestelltentarifvertrag bevorzugt seien. Trotz gleicher
Anforderungskriterien werden sie höher eingruppiert und haben bessere
Aufstiegschancen. Der Grund hierfür ist ein tarifpolitischer: in den Ta-
rifauseinandersetzungen hatten die technischen Angestellten des öffentlichen Dienstes für bessere Bezahlung gestreikt. Der öffentliche Dienst
war der privatwirtschaftlichen Konkurrenz ausgesetzt, die höhere Gehäl-
ter anbot und sah sich deshalb gezwungen, die technischen Angestellten
im Vergleich zu den anderen Angestellten des öffentlichen Dienstes besser zu bezahlen, um qualifizierte Ingenieure für den öffentlichen Dienst
gewinnen zu können (BAG ZTR 1998: 365; Feldhoff 1999).

3.3 Begründungsversuche für geringere Bezahlung der Sozialen Arbeit

a) Strukturelle Defizite

Der Vergleich mit der Bezahlung der Ingenieure macht die Bedeutung von Profilbildung und erfolgreicher politischer wie tariflicher Interessenvertretung deutlich. Bestimmte strukturelle Merkmale – dies kann für viele Berufe nachgewiesen werden – begünstigen die tarifliche Geringbewertung (Feldhoff 1998): Es handelt sich um Berufe mit einem hohen Frauenanteil, einem geringen Organisationsgrad der Beschäftigten, mangelnder Anerkennung als eigenständige „Profession", inhaltlicher Nähe zu unbezahlter privater Sorgetätigkeit, geringer gesellschaftlicher Anerkennung und wenig öffentlichem, selbstbewusstem Auftreten der Beschäftigten. Es treffen gesellschaftlich-historische-geschlechterpolitische Faktoren mit einem mangelnden berufspolitischen Engagement der Betroffenen zusammen. Diese Merkmale stehen indes in einer Wechselbeziehung zueinander und verstärken gegenseitig die negativen Effekte.

Dabei sind sich die Angehörigen der sozialen Berufe des geringen sozialen Status und der relativ schlechten tariflichen Eingruppierung bewusst. Sie beklagen das Fehlen einer leistungsgerechten Entlohnung (Jünemann 2000: 207; Bornhöft 2001: 32, 91).

Indes mangelt es an einer effektiven und öffentlichen Interessenvertretung. Der Organisationsgrad der Beschäftigten der Sozialen Arbeit ist allgemein, sowohl bezogen auf den Berufverband wie auch auf die Zugehörigkeit zu einer Gewerkschaft, eher gering.[22] Frauen sind dabei in noch geringerem Maße organisiert (Bornhöft 2001). Bei den ausstehenden Verhandlungen um die genauen Eingruppierungskriterien des neuen TVöD wird es aber wiederum darauf ankommen, die Fachlichkeit und Professionalität des Berufes „Soziale Arbeit" herauszustellen. Ansonsten besteht das Risiko, dass sich die eher geringe soziale Wertschätzung weiterhin in der Bezahlung manifestiert. Berufsverband und Beschäftigte sind also gefordert.

b) Unterrepräsentanz von Frauen in Leitungspositionen
der Sozialen Arbeit

Das tarifliche System der Bezahlung von Sozialarbeitern/Sozialpädagogen ist so strukturiert, dass nur die Übernahme von Leitungspositionen

---

22 Bornhöft 2001: Nach seiner Untersuchung sind nur 4,4 % sind Mitglied des DBSH und 26,7 % Gewerkschaftsmitglied.

eine Bezahlung oberhalb des Durchschnitts von BAT IV b ermöglicht. Die Daten zeigen, dass schon in der Vergütungsgruppe IV b deutlich weniger Frauen als Männer sind; diese Tendenz setzt sich in Vergütungsgruppe BAT III fort (Karges/Lehner/Wegmann 2000, zitiert nach Bornhöft 2001).

Dieses Ergebnis korrespondiert mit Befunden, die eine Unterrepräsentanz von Frauen in Leitungspositionen der Sozialen Arbeit zeigen. Leider liegen keine detaillierten und insgesamt aussagefähigen Zahlen darüber vor (Ehrhardt 1998: 27 f.). Untersuchungen, die sich mit einzelnen Arbeitsfeldern bzw. Anstellungsträgern beschäftigen, zeigen jedoch stets dieselbe Tendenz: eine erhebliche Unterrepräsentanz von Frauen in Führungspositionen der Sozialen Arbeit. Beispielsweise wird nur einer der sechs Spitzenverbände der Freien Wohlfahrtspflege, der Paritätische Wohlfahrtsverband auf der Bundesebene von einer Frau geführt. Nur drei der 24 Direktoren der diakonischen Spitzenverbände auf Landesebene sind Frauen. Unter den 14 Geschäftsführern der Neugegründeten AWO-Landesverbände gibt es keine Frau (Lange 2003).

Es ist davon auszugehen, dass Frauen nicht entsprechend ihrem hohen Anteil an allen Erwerbstätigen der Sozialen Arbeit in Leitungspositionen vertreten sind. Die Gründe hierfür sich vielfältig und komplex; es gibt strukturelle[23] und individuelle Barrieren. Nur auf eine, die im inneren Zusammenhang zum frauenspezifischen Berufsbild steht, soll hier kurz eingegangen werden.

Als scheinbar plausibles Erklärungsmuster wird darauf verwiesen, dass Frauen lieber direkt mit Klienten arbeiten als Managementaufgaben wahrzunehmen. Neuere Untersuchungen lassen daran zweifeln, dass diese Motivation „Interesse an der Arbeit mit Menschen" zum einen die entscheidende Motivation für die Berufswahl und zum anderen die entscheidende Erklärung für einen fehlenden beruflichen Aufstieg ist (Jünemann 2000; Ehrhardt 1998; Lange 2003).

---

23 Die nachhaltigste ist die der „statistischen Diskriminierung" von Frauen. Personen werden - einzig und allein auf Grund ihrer Zugehörigkeit zu einer Gruppe, hier Geschlecht Frau, - bestimmte Merkmale zugeschrieben, beruhend auf Vorurteilen und geschlechtsrollentypischen Stereotypen. Man orientiert sich nicht an empirischen Daten, gegenteilige Fakten bleiben ausgeblendet. So werden der gesamten Gruppe „Frauen" negative Merkmale bezüglich Erwerbs- und Aufstiegsorientierung unterstellt. So wird davon ausgegangen, dass die meisten Frauen ihre Erwerbsarbeit wegen Kindererziehung unterbrechen oder reduzieren, dass sie weniger produktiv sind, dass sie weniger durchsetzungsfähig oder dass sie weniger risikobereit sind. Dieses Vorgehen führt zu Benachteiligung von Frauen beim beruflichen Aufstieg. Indem Frauen aus Enttäuschung über die Nichtberücksichtigung und Chancenungleichheit mit Nichtbewerbung oder Rückzug reagieren, bestätigen sie die negativen Erwartungen der Arbeitgeber und setzen den Teufelskreis damit fort. (Osterloh/Wübker 2001; Littmann-Wenli/Schubert 2001)

Dennoch verbinden Frauen in der Sozialen Arbeit mit dem beruflichen Aufstieg negativ konnotierte Merkmale wie Einsamkeit, Isolation, Konkurrenz, Korruption, Machtmissbrauch. Frauen sehen sich dabei in einem scheinbaren Widerspruch zwischen eigenen Aufstiegsambitionen und unterstellten Erwartungen an die Anforderungen des Berufs. Diese sehen sie noch immer geprägt von Merkmalen wie „Fürsorge, Helfen, Beraten, Begleiten". Damit sind aber die o. g. Attribute und die Anforderungen an Managementtätigkeiten wie Entscheiden, Kontrollieren und Anweisen nicht kompatibel. Die Kongruenz des „Weiblichen" der Sozialen Arbeit mit dem eigenen Geschlecht macht es für Frauen anscheinend erheblich schwieriger als für Männer sich aus diesen Widersprüchen zu lösen. Sie müssen dabei doppelte Grenzen überwinden – als Frau eine Leitungsposition anzustreben und gesellschaftliche Zuschreibungen an den Beruf ignorieren (Ehrhardt 1998).

Abschließende Bemerkung

Insgesamt ist festzuhalten, dass auch die Enthaltung von Frauen aus Leitungspositionen, Berufsverbänden und Gewerkschaften zu Verstetigung der Bewertung Sozialer Arbeit als semiprofessionelles Fürsorgen beiträgt. Frauen vergeben damit die Herausforderung, sich die notwendige Definitionsmacht über Kompetenzanforderungen, Inhalte und Organisation der Sozialen Arbeit anzueignen. Sie sollten sich entsprechend ihrem Anteil in die Diskurse in der Ausbildung, in Wissenschaft und Berufsverbänden einmischen. Dabei ist es notwendig, die Geschlechtsspezifik des Berufs zu thematisieren und ihre Folgen aufzuzeigen. Die geschlechtstypisch konstruierten Gegensätze von „weiblicher" Sorge versus „männlichem" Management in der Sozialen Arbeit müssen endlich aufgelöst werden. Unter dem Vorzeichen der angestrebten Bachelor/Master-Abschlüsse droht ansonsten eine Verfestigung der geschlechtsspezifischen Segregation, wenn es nicht gelingt, Soziale Arbeit insgesamt gesellschaftlich und ökonomisch aufzuwerten.

Literatur

Amthor, Ralf Christian (2005): Zum geschichtlichen Mythos eines Berufsstandes. Kritische Reflexionen zur tradierten Berufsgeschichte der Sozialarbeiter und Sozialpädagogen. Soziale Praxis, S. 340–360

Beck-Gernsheim, Elisabeth (1981): Der geschlechtsspezifische Arbeitsmarkt. Frankfurt

Bundesministerium für Familie, Senioren, Frauen und Jugend – BMFSFJ (2001): Bericht zur Berufs- und Einkommenssituation von Frauen und Männern. Berlin

Biersack, Wolfgang (2002): Überblick zu Beschäftigung und Arbeitslosigkeit von Frauen nach Berufen. In: Engelbrech, Gerhard (Hg.): Arbeitsmarktschancen für Frauen. Beiträge zur Arbeitsmarkt- und Berufsforschung. Nürnberg. S. 67–92

Böge, Sybille (1995): Geschlecht, Prestige und „horizontale" Segmentierungen in der juristischen Profession. In: Wetterer, Angelika (Hg.): Die soziale Konstruktion von Geschlecht in Professionalisierungsprozessen. Frankfurt/New York. S. 139–154

Böhle, Thomas/Poschke, Sabrina (2005): Das neue Tarifrecht für den öffentlichen Dienst. Zeitschrift für Tarif-, Arbeits- und Sozialrecht des öffentlichen Dienstes (6), S. 286–300

Bornhöft, Michael (2001): Eine gestörte Beziehung? Soziale Arbeit und ihr Verhältnis zu den sie vertretenden Gewerkschaften. Unveröffentlichte Diplomarbeit an der Katholischen Fachhochschule Berlin

Bredendieck, Knut/Fritz, Bernd/Tewes, Iris (2005): Neues Tarifrecht für den öffentlichen Dienst. Zeitschrift für Tarif-, Arbeits- und Sozialrecht des öffentlichen Dienstes. (5), S. 230–244

Brendel, Sabine (2000): „... weil ich musste ja jetzt ne Ausbildungsstelle haben. Ich wollte ja nicht auf der Straße stehen, ne ..." Biografisches Handeln von jungen Frauen zwischen eigenen Wünschen und objektiven Strukturen. Zeitschrift für Frauenforschung und Geschlechterstudien (3), S. 67–73

Brückner, Margrit (2000): Sozialarbeit – ein Frauenberuf? Neue Praxis (6), S. 539–543

Brückner, Margrit (2003): Care. Der gesellschaftliche Umgang mit zwischenmenschlicher Abhängigkeit und Sorgetätigkeiten. Neue Praxis (2), S. 162–171

Brückner, Margrit (2004): „Re-" und „De-gendering" von Sozialpolitik, sozialen Berufen und sozialen Problemen. Zeitschrift für Frauenforschung und Geschlechterstudien (2+3), S. 25–39

Brückner, Margrit (2005): Soziale Arbeit mit Frauen und Mädchen: Auf der Suche nach neuen Wegen. In: Thole, Werner (Hg.): Grundriss Soziale Arbeit. Wiesbaden. S. 367–376

Cloos, Peter/Züchner, Ivo (2005): Das Personal der Sozialen Arbeit. Größe und Zusammensetzung eines schwer zu vermessenden Feldes. In: Thole, Werner (Hg.): Grundriss Soziale Arbeit. Wiesbaden. S. 711–730

Ehrhardt, Angelika (1998): Frauen Macht Karriere. Eine Untersuchung zu Aufstiegserfahrungen und Leitungskonzepten von Frauen in der Sozialen Arbeit. Wiesbaden

Erler, Michael (2004): Soziale Arbeit. Ein Lehr- und Arbeitsbuch zu Geschichte, Aufgaben und Theorie. Weinheim

Falk, Susanne (1999): Die Bedeutung von subjektiven Motiven und Einstellungen für die Erwerbsbeteiligung von Frauen. Zeitschrift für Frauenforschung und Geschlechterstudien (3), S. 33–58.

Feldhoff, Kerstin (1998): Der Anspruch auf gleichen Lohn für gleichwertige Arbeit. Zur mittelbaren Diskriminierung von Frauen in Entgelttarifverträgen. Baden-Baden

Feldhoff, Kerstin (1999): Mittelbare Diskriminierung von frauentypischen Tätigkeiten in der Vergütungsordnung zum BAT. Zeitschrift für Tarif-, Arbeits- und Sozialrecht des öffentlichen Dienstes (5), S. 207–212

Fesel, Verena (1992): „Die soziale Frage bewegte die bürgerlichen Männer, die soziale Arbeit, die bürgerlichen Frauen" In: Fesel, Verena/Rose, Barbara/Simmel, Monika (Hg.): Sozialarbeit – ein deutscher Frauenberuf. Kontinuitäten und Brüche im 20. Jh., S. 21–30. Pfaffenweiler

Friese, Marianne/Thiessen, Barbara (2003): Kompetenzentwicklung im personenbezogenen Dienstleistungsbereich – Aufwertung und Entgendering Prozesse. In: Kuhlmann, Ellen/Betzelt, Sigrid (Hg.): Geschlechterverhältnisse im Dienstleistungssektor. Baden-Baden. S. 65–78

Geissler, Birgit/Oechsle, Mechtild (1996): Die Lebensplanung junger Frauen. Zur widersprüchlichen Modernisierung moderner Lebensläufe. Weinheim

Gottschall, Karin (2000): Soziale Ungleichheit und Geschlecht. Kontinuitäten und Brüche, Sackgassen und Erkenntnispotenziale im deutschen soziologische Diskurs. Opladen

Hammerschmidt, Peter/Tennstedt, Florian (2005): Der Weg zur Sozialarbeit: von der Armenpflege bis zur Konstituierung des Wohlfahrtsstaates in der Weimarer Republik. In: Thole, Werner (Hg.): Grundriss Soziale Arbeit. Wiesbaden. S. 63–76

Hoffmann, Edeltraud/Walwei, Ulrich (2002): Wandel der Erwerbsformen – Beschäftigungssituation von Frauen in Deutschland. In: Engelbrech, Gerhard (Hg.): Arbeitsmarktschancen für Frauen. Beiträge zur Arbeitsmarkt- und Berufsforschung. Nürnberg. S. 67–92

Jünemann, Rita (2000): Geschlechtstypische Identitätsbildungsprozesse in der professionellen Sozialen Arbeit. Eine geschlechtsvergleichende Untersuchung. Opladen

Kommission der Europäischen Gemeinschaft (2002): Bericht. Beschäftigung in Europa. Jüngste Tendenzen und Ausblick in die Zukunft

Krampe, Eva-Maria/Höhmann, Ulrike (2004): Wissenschaft zur Entfeminisierung des Frauenberufs Pflege. Zeitschrift für Frauenforschung und Geschlechterstudie (2+3), S. 94–111

Krasemann, Klaus (2005): Das Eingruppierungsrecht des BAT/BAT-0. Köln

Krell, Gertraude/Carl Anna-Hilla/Krehnke, Anna (2001): Diskriminierungsfreie Bewertung von (Dienstleistungs-)Arbeit. Ein Projekt der Gewerkschaft Öffentliche Dienste, Transport und Verkehr. Stuttgart

Lange, Chris (2003): Gender – ein Thema für die deutschen Wohlfahrtsverbände. Soziale Arbeit (7), S. 248 – 255

Littmann-Wenli, Sabina/Schubert, Renate (2001): Frauen in Führungspositionen – Ist die „gläserne Decke" diskriminierend? Zeitschrift für Arbeitsforschung, Arbeitsgestaltung und Arbeitspolitik 10 (2), S. 135–148

Müller, Burkhard (2005): Professionalisierung. In: Thole, Werner (Hg.): Grundriss Soziale Arbeit. Wiesbaden. S. 731–750

Oechsle, Mechtild (1995): Erwerbsorientierungen und Lebensplanung junger Frauen. Zeitschrift für Arbeitsforschung, Arbeitsgestaltung und Arbeitspolitik. (1), S. 7–23

Osterloh, Margit/Wübker, Sigrid (2001): Prospektive Gleichstellung durch Business Process Reengineering. In: Krell, Gertraude (Hg.): Chancengleichheit durch Personalpolitik. Gleichstellung von Frauen und Männern in Unternehmen und Verwaltungen. Wiesbaden

Rabe-Kleberg, Ursula (1993): Verantwortlichkeit und Macht. Bielefeld

Regenhard, Ulla/Fiedler, Angela (1994): Frauenlöhne: Resultat rationalen Optimierungsverhaltens? In: Regenhard, Ulla/Maier, Frederike/Carl Anna Hilla (Hg.): Ökonomische Theorien und Geschlechterverhältnis. Berlin. S. 41–64

Riemann, Ilka (1992): Frauenbewegung und Soziale Arbeit bis zum Ersten Weltkrieg. In: Fesel, Verena/Rose, Barbara/Simmel, Monika (Hg.): Sozialarbeit – ein deutscher Frauenberuf. Kontinuitäten und Brüche im 20. Jh. Pfaffenweiler. S. 31–40

Robak, Brigitte (1992): Schriftsetzerinnen und Maschineneinführungsstrategien im 19. Jh. In: Wetterer, Angelika (Hg.): Profession und Geschlecht. Über die Marginalisierung von Frauen in hochqualifizierten Berufen, S. 83–100. Frankfurt/New York

Rothbrust, Manfred (1996): Die Eingruppierung der Sozialarbeiter/Sozialpädagogen mit staatlicher Anerkennung. Zeitschrift für Tarif-, Arbeits- und Sozialrecht des öffentlichen Dienstes (4), S. 160–165

Scherr, Albert (2005): Sozialarbeitswissenschaft. Anmerkungen zu den Grundzügen eines theoretischen Programms. In: Thole, Werner (Hg.): Grundriss Soziale Arbeit. Wiesbaden. S. 259–272

Sonntag, Jörg/Bauer, Jürgen (2003): Die Eingruppierung nach dem BAT. München

Stiegler, Barbara (1994): Weder Verantwortung noch Selbständigkeit – Das Beispiel Frauenarbeit in Schreibdiensten und Sekretariaten. In: Winter, Regine (Hg.): Frauen verdienen mehr. Berlin. S. 197–209

Teubner, Ulrike/Hartmann, Eva (2001): Geschlechterordnung – Arbeitsordnung: Reorganisation von Arbeit als Chance für Frauen? Zeitschrift für Frauenforschung und Geschlechterstudien. (3), S. 19–39

Theobald, Hildegard (2003): Neue Balancen in der Zugangskontrolle zwischen Staat, Markt und Familie – Unternehmensberatung und Altenpflege in Deutschland. In: Kuhlmann, Ellen/Betzelt Sigrid (Hg.): Geschlechterverhältnisse im Dienstleistungssektor (S. 65–78). Baden-Baden

Thole, Werner (2005): Soziale Praxis als Profession und Disziplin. In: Thole, Werner (Hg.): Grundriss Soziale Arbeit. Wiesbaden. S. 13–62

Voigt-Kehlenbeck, Corinna (2003): Geschlechterreflexive Kinder- und Jugendhilfe und Gender Mainstreaming. Neue Praxis (1), S. 46–58

Weiler, Anni (1992): Männerlöhne – Frauenlöhne. Frankfurt/New York

Wetterer, Angelika (1992): Theoretische Konzepte zur Analyse der Marginalität von Frauen in hochqualifizierten Berufen. In: Angelika Wetterer (Hg.): Profession und Geschlecht. Über die Marginalisierung von Frauen in hochqualifizierten Berufen. Frankfurt/New York

Wetterer, Angelika (1995): Dekonstruktion und Alltagshandeln. Die (möglichen) Grenzen der Vergeschlechtlichung von Berufsarbeit. In: Wetterer, Angelika (Hg.): Die soziale Konstruktion von Geschlecht in Professionalisierungsprozessen. Frankfurt/New York. S. 223–247

Wetterer, Angelika (1998): Integration und Marginalisierung. Das Verhältnis von Profession und Geschlecht am Beispiel von Ärztinnen und Juristinnen. Manuskript eines Vortrages am 27.04.1998 an der FernUniversität – Gesamthochschule Hagen.

Winter, Regine (1998): Gleiches Entgelt für gleichwertige Arbeit. Ein Prinzip ohne Praxis. Baden-Baden

Transkulturalität als Strategie –
Frauen und Männer als Akteurinnen und Akteure
in einer pluralen (Einwanderungs-) Gesellschaft

Brigitte Hasenjürgen

1. Drei Akteurinnen und Akteure im Scheinwerferlicht – zur Einführung

Muhsin Omurca hat sich einen Namen als Schöpfer der Comic-Figur Kanakmän und als Kabarettist gemacht. Einem seiner Comic-Hefte liegt eine CD mit seiner Interpretation der deutschen Nationalhymne bei – gespielt mit traditionellen türkischen Instrumenten (Omurca 2002). Dieser junge deutsche Künstler türkischer Herkunft steht für Schriftsteller, Regisseure und Sänger wie Feridun Zaimoglu, Fatih Akin, Muhabbet und viele mehr, die sich spielerisch vermeintlich nationalen Kulturguts bedienen und es in etwas Neues zu transformieren verstehen, z.B. in die getürkte deutsche Nationalhymne.[1] Ihre Kunst ist bereits in der Mitte der Gesellschaft angekommen.

Unter den berühmten Migrantinnen und Migranten finden sich mehr Männer als Frauen. Dies hat weniger mit kulturellen Differenzen zu tun, sondern mit der Struktur der Geschlechterverhältnisse, wie sie sich international beobachten lassen; die Verteilung von materiellen, kulturellen und sozialen Ressourcen hat auch unter Migrantinnen und Migranten einen geschlechtsspezifischen bias.

Emine Sevji Özdamar ist in den 1960er Jahren als „Gastarbeiterin" aus Istanbul nach Berlin gekommen, um zunächst in der Fabrik zu arbeiten. Heute gilt sie als Schriftstellerin, die die Romane und Filme der jüngeren Migrantinnen-/Migrantengeneration maßgeblich beeinflusst hat und die bei ihren Lesungen von den Kreuzberger Mädchen mit türkischer Herkunft als Idol bewundert wird. In ihrem Roman *Seltsame Sterne starren zur*

---

[1] Ähnlich kreative Umdeutungen und Aneignungen herrschender kultureller Güter und Symbole begleiten nicht nur Migrationsprozesse; ein berühmtes Beispiel ist die Interpretation der amerikanischen Nationalhymne durch Jimmy Hendrix auf dem Woodstock Festival 1969. Allgemein vollzieht sich gesellschaftlicher Wandel auch durch die Integration immer neuer „Subkulturen".

Erde beschreibt sie Deutschland als ein Wörtermärchen (Özdamar 2004). Wie in ihren anderen Werken interessiert sie hier die Veränderung der deutschen Sprache durch Migration.

Sibel Kekilli ist für ihre Leistung als Hauptdarstellerin in dem Film *Gegen die Wand* mit zahlreichen Filmpreisen ausgezeichnet worden. In diesem Film spielt sie ein Stück weit sich selbst: eine junge Frau, die sich von den Erwartungen ihrer Herkunftsfamilie und dem für sie vorgesehenen Lebensweg emanzipiert. Kekilli selbst hofft, ein Vorbild für junge Musliminnen in Deutschland zu sein; sie sollen von ihr lernen, dass ein selbstbestimmtes Leben möglich ist (Reichert 2004).

Omurca, Özdamar und Kekilli sind drei Beispiele für Lebensentwürfe in transnationalen Räumen. Auf die Frage, ob sie denn türkisch oder deutsch seien, erhalten wir nicht unbedingt eine eindeutige Antwort. Wir können vermuten, dass sie „zerrissen" sind zwischen zwei Kulturen – und auch diese Vermutung weisen sie häufig zurück. Sie leiden nicht, sondern nutzen die spezifischen Ressourcen, die aus ihrer Lebenslage erwachsen. Mit ihren Romanen, Comics und Liedern bereichern sie nicht nur die deutsche oder türkische Kultur, sondern sie schaffen neue kulturelle Muster, neue Rhythmen, neue Sprachstile, neue Standards. Nicht zuletzt stoßen sie auch Diskussionen über Geschlechterverhältnisse und geschlechtsspezifische Beurteilungs- und Wahrnehmungsmuster an und nutzen ihre Definitionsmacht mitzubestimmen, wie in einer pluralen (Einwanderungs-) Gesellschaft selbst bestimmte Weiblichkeit und Männlichkeit gelebt werden können.

2. Migration ist „normal"

Das Thema Migration beschäftigt in den letzten Jahren zunehmend die öffentliche, politische und auch wissenschaftliche Diskussion in Deutschland und es kann so der Eindruck entstehen, dass Migration ein neues Phänomen ist. Tatsächlich ist Migration, also Wanderung über die geographischen Grenzen sozialer und politischer Einheiten hinweg jedoch so alt wie die Menschheit selbst. Am stärksten sind solche Migrationsbewegungen innerhalb von Afrika, Asien und Lateinamerika. Diese Kontinente sind sehr viel stärker mit Migrationsprozessen konfrontiert als Europa; doch auch in Europa hat es immer Migration gegeben.

Auch die Bundesrepublik Deutschland hat sich allmählich zu einem Einwanderungsland entwickelt. Nach dem Zweiten Weltkrieg sind Millionen Menschen migriert. Zunächst kamen ca. 12 Millionen deutsche Flüchtlinge und Vertriebene aus dem heutigen Polen, Tschechien und Russland in die drei westlichen Besatzungszonen. Nach der Gründung der beiden deutschen Staaten 1949 wanderten bis zum Bau der Mauer 1961 ca. 3,1 Millionen Deutsche aus der DDR in die BRD, aber auch ca. 400.000 in umgekehrter Richtung. Seit Mitte der 1950er Jahre wurden bis 1973 durch bilaterale staatliche Abkommen mit vor allem südeuropäischen Ländern und der Türkei ausländische Männer und etwas zeitlich versetzt auch Frauen angeworben. Sie sollten nach dem Krieg zunächst Arbeitskräftelücken schließen und mit wachsendem Wirtschaftswachstum als billige un- oder angelernte Arbeitskräfte in den expandierenden Branchen des Bergbaus und in der industriellen Produktion eingesetzt werden. Das so genannte „Wirtschaftwunder" der 1950er und frühen 1960er Jahre wurde auf der Arbeitsmarktseite von diesen drei Migrationsprozessen mitgetragen (Bade 2002: 333 f.).

Die durch Anwerbeabkommen initiierte millionenstarke Migration ausländischer Arbeitskräfte wurde bald überformt durch transnationale Migrationsnetzwerke, Kettenwanderungen und Familiennachzug (ebd.: 315). Männer wie Frauen entschieden sich aus unterschiedlichen Gründen, ihren Lebensmittelpunkt nach Deutschland zu verlegen und zogen Verwandte und Bekannte nach; so entfiel nach 1967 innerhalb der türkischen Zuwanderung bereits ein Drittel auf Frauen, die „Pioniermigrantinnen" (Bade 2002: 334). Aus Arbeitskräften auf Zeit wurden Bürgerinnen und Bürger des Wohlfahrtsstaats Bundesrepublik Deutschland mit wirtschaftlichen und sozialen Grundrechten – wenn auch weitgehend ohne deutsche Staatsangehörigkeit (ebd.: 337).

Heute leben in Deutschland über 12 Mio Menschen mit Migrationshintergrund.[2] Jedes vierte Neugeborene hat einen ausländischen Elternteil. Jede fünfte Ehe ist binational. Ein Viertel aller Kinder und Jugendlichen hat entweder einen familiären Migrationshintergrund oder wird als „Schwarze Deutsche" oder Angehörige nicht-christlicher Religionen als „nicht-deutsch" definiert. Dieses Verhältnis von vermeintlicher Minderheit und Mehrheit kann sich regional sehr unterschiedlich abbilden.

---

2   Statistiken in Deutschland und Europa, die Migrationsprozesse zu erfassen suchen, erlauben nur Annäherungen an eine Bestandsaufnahme. Weder Umfang noch Zusammensetzung der Migrationsbevölkerung sind den Daten zu entnehmen. Lediglich Zusammenhänge, die auf dem Merkmal „Staatszugehörigkeit" beruhen, also in offizieller Jurisdiktion zwischen „deutsch" und „ausländisch" unterscheiden, sind einigermaßen genau. Weitere Zahlen in diesem Artikel sind Schätzungen aufgrund der Angaben des Statistischen Bundesamtes, der Beauftragten der Bundesregierung für Migration, Flüchtlinge und Integration und eigene Berechnungen.

So kommen in den großen westdeutschen Städten bis zu 40 % der Jugendlichen aus Familien mit Migrationshintergrund – Tendenz steigend (Beauftragte der Bundesregierung 2005). Da Jugendliche nicht-deutscher Muttersprache regional konzentriert wohnen und in überdurchschnittlichem Maße die Hauptschule besuchen, können sie in den Klassenzimmern den Mitschülerinnen und Mitschülern mit deutscher Muttersprache sogar zahlenmäßig überlegen sein. Untersuchungen zum Schulalltag in unterschiedlichen Wohnvierteln und Schultypen verdeutlichen, dass Begriffe wie Minderheit und Mehrheit die Zusammenhänge auf der Makroebene zutreffend beschreiben, jedoch den Lebenswelten der Jugendlichen nicht immer gerecht werden (Reinders u.a. 2005: 139).

Schon dieser kurze Blick in die Migrationsgeschichte Deutschlands zeigt, dass Migration empirisch gesehen „normal" ist. Sie besticht durch ihre „große Zahl" und prägt alltägliche Interaktionen in der Schule, am Arbeitsplatz, beim Einkaufen, auf dem Spielplatz. Im Gegensatz zu dieser faktischen Normalität von Multikulturalität wird ein Teil der tragenden Akteurinnen und Akteure jedoch seit dem Zweiten Weltkrieg als „eigentlich nicht zugehörig", nicht integriert, eben als „Fremde" wahrgenommen und oft diskriminiert – die ausgrenzenden Zuschreibungspraxen im Kaiserreich und im Nationalsozialismus bleiben hier ausgespart. In alltäglichen Gesprächen werden die Ausländer, die Türken, die Muslime nicht als Individuen, sondern als besonderes, nicht zur Wir-Gruppe gehörendes Kollektiv beschrieben und beurteilt. Auch die politische Programmatik tut sich schwer, Deutschland als Einwanderungsland und Migrantinnen/ Migranten als Bürgerinnen/Bürger der einen und eigenen Gesellschaft zu akzeptieren; das Staatsangehörigkeitsgesetz von 2000 erkennt zum ersten Mal Neugeborene unabhängig von der Staatsangehörigkeit ihrer Eltern als „Deutsche" an und setzt damit ein positives Zeichen. Schließlich ist auch der sozialwissenschaftliche Diskurs nicht frei von der Versuchung, Menschen unreflektiert nach scheinbar unverfänglichen Merkmalen zu benennen, zu teilen und einzuteilen und so Zugehörigkeiten und Unterschiede sozial zu konstruieren, deren Bedeutung keineswegs selbstverständlich voraussetzbar ist; der Prozess des Kategorisierens etwa nach Kultur kann Vorurteile, Stigmatisierungen und Grenzziehungen fördern und legitimieren.

Die Inszenierung der kulturellen Differenz zwischen Angehörigen der Mehrheitsgesellschaft und den Migrantinnen/Migranten, unter ihnen insbesondere der stärksten, aus den Arbeitswanderungen hervorgegangenen türkischen bzw. kurdischen Minderheit, ist in medial, politisch und auch in helfenden Berufen einflussreichen Diskussionen erstaunlich stabil. Finden sich doch seit Anfang der 1990er Jahre zunehmend Kritiken an der theoretisch unreflektierten Verwendung etwa des Begriffs Kultur und vermitteln zahlreiche empirische Untersuchungen über die sozialen Auseinandersetzungen zwischen den Akteurinnen/Akteuren mit und ohne Migrationshintergrund die Relativität von „Kultur" als lediglich zusätzliches soziales Stigma (Bourdieu 1997: 87 ff.)! Ausschlaggebender als zugewiesene oder selbst empfundene kulturelle Zugehörigkeiten für die gesellschaftliche Positionierung als „Etablierte" oder „Außenseiter" (Elias 1990) ist in der Regel die soziale Klassenlage.

Auch die beruflich-sozialen Aufstiege von Migrantinnen und Migranten aus un- und angelernten Positionen, die zunehmenden ausländischen Studierenden, selbstständige Existenzen sowie Karrieren in Politik, Wissenschaft und Kunst können nicht leugnen, dass die soziale Ungleichheit der Bildungs- und beruflich-sozialen Chancen seit Beginn der Bundesrepublik Deutschland fortbesteht. Provokativ könnte man zusammenfassen: Nicht die multikulturelle Gesellschaft ist in Deutschland gescheitert, sie ist ein Faktum, sondern die soziale Integration von Menschen mit geringen ökonomischen, kulturellen und sozialen Ressourcen (nach Seidel 2005).

Die PISA-Studien (zuletzt PISA Konsortium 2004) können als Hinweis für das systematische – wenn auch nicht intendierte – Versagen des Bildungssystems in Fragen der Chancengleichheit für alle Bürgerinnen und Bürger, unabhängig von ihrem familiären Hintergrund, interpretiert werden: Jugendliche aus bildungsfernen Familien zeigen nicht den Habitus, der in weiterführenden Schulen erwünscht ist und scheitern an bildungsbürgerlichen Hürden. Diese Selektion trifft überdurchschnittlich Jugendliche, die als „nicht deutsch" oder der deutschen Sprache nicht ausreichend mächtig und damit als „nicht zugehörig" definiert werden. Daher wird die fehlende Bildungsbeteiligung dieser fremden Jugendlichen nicht unbedingt als eigene gesellschaftliche Herausforderung begriffen.

Neuere empirische Studien zu Interaktionsprozessen im Klassenzimmer, in der Schulsozialarbeit und zu den Mechanismen, unter denen Unterricht erfolgt, weisen stereotype Zuschreibungen nach, die Kinder und Jugendliche mit Migrationshintergrund benachteiligen (Hamburger u.a. 2005). So kann z.B. Paul Walter (2005) beobachten, dass Schüler aus türkischen Herkunftsfamilien von Lehrerinnen und Lehrern durchschnittlich im Vergleich zu z.B. deutsch aussehenden Kindern als aggressiver beurteilt werden, obwohl ihr tatsächliches Verhalten in keiner Weise darauf schließen lässt. Claus Melter (2005) untersucht Interaktionsmuster von Professionellen in der ambulanten Jugendhilfe. Sie werden ihrem Auftrag der subjekt- und lebensweltorientierten Förderung von nicht-deutschen bzw. als „nicht-deutsch" definierten Jugendlichen nur unzureichend gerecht, weil sie sie als Individuen nicht ernst nehmen und sie nicht unterstützen. So negieren sie die alltäglichen Diskriminierungen und Rassismen als ein zentrales Problem, mit dem sich diese Jugendlichen herumschlagen müssen und deuten Selbstaussagen über Leidenserfahrungen, z.b. über das rüde Benehmen eines Polizisten, als Aggression gegenüber der Mehrheitsgesellschaft, als „Angriff auf Deutsche". Martina Weber (2003, 2005) entdeckt eine Kumulation von Defizitzuschreibungen aufgrund des familiären Milieus insbesondere in Erzählungen von Lehrkräften über Mädchen, die ein Kopftuch tragen. In ihren Alltagstheorien bilden sich die „klassischen" Vorstellungen von einer „türkischen" Familienstruktur und einer Geschlechtererziehung ab, wie sie in älterer Literatur, aber auch in vielen medial inszenierten Diskursen bis heute zu finden sind. Die Konstruktion kultureller Differenz strukturiert auch die Beurteilung des individuellen schulischen Leistungsvermögens dieser Mädchen. Trotzdem schneiden Mädchen in allen Schultypen etwas besser ab als Jungen der jeweiligen Herkunftsgruppe, dies gilt für deutsche, türkische und iranische Schülerinnen (Farrokhzad 2003: 42 f.).

Diese und weitere Studien über Bildungsaspirationen und -beteiligungen veranschaulichen, welches Bündel an Faktoren die Handlungsautonomie der Individuen beeinflusst. In jeder Familie wird vor dem spezifischem Kontext das „Beste" für die eigenen Kinder gewünscht, werden Erziehungsvorstellungen mehr oder weniger reflektiert debattiert und konkrete Arrangements zwischen den Geschlechtern und Generationen ausgehandelt. Das pauschale Erklärungsmuster von Kulturdifferenz legt hingegen jenseits solcher Komplexität und Dynamik von Auseinandersetzungen die Individuen immer wieder neu auf das „anders", „nicht integriert" sein fest – im Sinne von doing ethnicity.

„Wann sind Migrantinnen und Migranten integriert?", fragt Tarek Badawia (2005a: 205) und macht damit deutlich, wie irrational Integrationsforderungen an Migrantinnen/Migranten z.B. zur sozialen Unauffälligkeit in Schule und Freizeit und zur Anpassung an kulturell geprägte Gewohnheiten des Einwanderungslandes sind; denn wer kann warum in einer funktional differenzierten und demokratisch verfassten Gesellschaft wie der Bundesrepublik Deutschland für alle Bürgerinnen und Bürger verbindlich definieren, was im Einzelfall „auffällig" und „angepasst" bedeutet? Vielmehr sollte es allen – und das gilt auch für Migrantinnen und Migranten – selbst überlassen bleiben, ob und inwieweit sie sich einer Kultur zugehörig fühlen und ob sie überhaupt bereit sind, die Position der Repräsentantinnen und Repräsentanten der Kultur eines Landes, einer Region einzunehmen. Diese Perspektive plädiert für eine Entkulturalisierung der Migrationsdebatte und für die Anerkennung aller Frauen und Männer, unabhängig von ihrer familiären (Migrations-) Herkunft als „normale" Individuen, die versuchen, ihr Leben unter den Bedingungen einer pluralen (Einwanderungs-) Gesellschaft zu führen (ebd.: 206, 219).

3. Transnationale Migration als Lebensform

In der Migrationsforschung wurden unterschiedliche Modelle zur Erklärung der Folgeeffekte im Einwanderungsland entwickelt. Das Konzept der Assimilation fordert eine eher passive, einseitige An- und Einpassung der Migrantinnen und Migranten in die ökonomischen, politischen, sozialen und kulturellen Strukturen und Praktiken des Ankunftslandes. Mit dem Konzept der Segregation oder Diaspora-Segregation sollen hingegen Praktiken von Migrantinnen und Migranten beschrieben werden, die ihren Lebensentwurf auf Dauer auf die Herkunftsregion ausrichten; in der Alltagssprache wird auch von „Parallelgesellschaften" oder „Gettos" gesprochen. In diesem Zusammenhang wird diskutiert, ob solche Rückzugsstrategien auch als Reaktion auf Diskriminierungen der Ankunftsgesellschaft eingesetzt werden. Mit Integration schließlich wird meistens der Prozess einer wechselseitigen Beeinflussung zwischen Migrantinnen/ Migranten und Einheimischen bezeichnet. Allerdings wird beobachtet, dass sich in den praktischen Aushandlungen fast immer die Setzungen und Routinen der Angehörigen der Mehrheitsgesellschaft als dominant durchsetzen. Vom Anspruch her ist Integration ein beidseitiger Prozess – in der Praxis, im Subtext häufig ein einseitiger. Alle drei Modelle können spezifische Aspekte sinnvoll beschreiben.

Die neuere Migrationsforschung spricht darüber hinaus von transnationaler Migration als einer neuen Lebensform. Tatsächlich lässt sich beobachten, dass das „Pendeln zwischen den Kulturen" nicht mehr ein Privileg weniger – an ökonomischen und kulturellen Ressourcen reich ausgestatteter – Individuen und Gruppen bildet, sondern zu den Erfahrungen von Menschen aller sozialen Lagen gehört. Als gemeinsamen Nenner des Transnationalisierungs-Konzepts lassen sich nach Ludger Pries (2002) folgende Merkmale bestimmen:

> „Transnationalisierung ist ein historisch nicht völlig neuer, wohl aber in den letzten Dekaden im Kontext zunehmender internationaler Bewegungen von Gütern, Menschen und Informationen sich ausweitender und vertiefender Prozess der Herausbildung

relativ dauerhafter und dichter pluri-lokaler und nationalstaatliche Grenzen über-
schreitender Verflechtungsbeziehungen von sozialen Praktiken, Symbolsystemen und
Artefakten. Diese emergenten grenzüberschreitenden gesellschaftlichen Formationen
können eine vorwiegend ökonomische, soziale, kulturelle oder politische Dimension
haben – in aller Regel ist ihre Dynamik aber durch komplexe Wechselwirkungen zwischen diesen Dimensionen bestimmt." (ebd.: 3).

Solche transnational geprägten Lebensweisen werden durch einen nationalen Blick nicht erfasst. Auch die gebräuchliche Rede in Gegensatz-
paaren wie „Inländerinnen/Inländer versus Ausländerinnen/Ausländer",
„Moderne und Tradition", „emanzipiert und unterdrückt" kann den Dy-
namiken der neuen Migrationsbewegungen nicht gerecht werden. Tradition, Familie, Arbeit – bzw. das jeweilige Verständnis davon – sind in
Bewegung geraten und machen einen Bedeutungs- und Gestaltwandel
durch. Die Akteurinnen und Akteure dieses Wandels entwerfen dabei
veränderte Bilder von sich und ihrem Umfeld, sie verorten sich je nach
Kontext und darin vorherrschenden Spielregeln immer wieder neu und
zunehmend transnational – hin zu einem Leben nicht zwischen, sondern
„auf allen Stühlen" (Beck-Gernsheim 2004). Die zwei folgenden Beispiele
von Migrationsgruppen, die sich durch eine extrem unterschiedliche soziale Positionierung in der bundesdeutschen Gesellschaft und dadurch
vermittelter symbolischer Anerkennung auszeichnen, mögen solche alltäglichen „identifikativen Selbstverortungen"[3] in transnationalen Räumen illustrieren.

Illegal in Deutschland arbeitende Frauen

Illegal arbeitende Frauen kommen aus verschiedenen, zurzeit besonders
aus osteuropäischen Ländern in die Bundesrepublik Deutschland und reagieren damit auch auf den bestehenden Arbeitskräftebedarf. Sie arbeiten
überwiegend als Kinderfrau, Altenpflegerin oder Putz- und Bügelhilfe
in privaten Haushalten – also in integrationsförderndem persönlichem
Kontakt zu den Familien, wie Klaus Bade zu historischen Vorläuferinnen,
den portugiesischen Einwanderinnen der 1970er Jahre anmerkt (2002:
343). Sallie Westwood und Annie Phizacklea (2000) betonen ebenfalls
die besondere Bedeutung von Haushalten und sozialen Netzwerken bei
der Herausbildung und Stabilisierung von transnationalen Räumen und

---

3   Sara Fürstenau (2004) spricht in ihrer Studie über Jugendliche mit Migrationshinter-
    grund von „identifikativer Selbstverortung" statt von Identität; so lässt sich das Pro-
    zesshafte der Lebensbewältigung zwischen den unterschiedlichen Teilwelten und Sta-
    tuspassagen einer Einwanderungsgesellschaft treffender beschreiben.

Praktiken. Hausarbeit und „sexuelle Arbeit" seien die wichtigsten Formen von transnationalen Strategien; dabei beziehen sie illegale Arbeitsmigration bewusst mit ein.

Ein kurzer Blick auf Interviews mit jungen Polinnen aus den östlichen Teilen des Landes, die ich durchgeführt habe: Meine Interviewpartnerinnen sind zwischen 20 und 25 Jahren alt, haben einen Schulabschluss vergleichbar mit dem Abitur und teils einen Hochschulabschluss ähnlich dem Bachelor, sehen jedoch in ihrer Region keine berufliche Perspektive. Erwerbsarbeit in Krakau oder Warschau können sie sich nicht leisten, Wohnungen und Anfahrten sind zu kostspielig. Es kursieren Geschichten von Bekannten und Verwandten, die sich bereits mit Deutschland bzw. seinem zweiten und dritten Arbeitsmarkt vertraut gemacht haben. In den Familien der jungen Frauen ist das Wandern oft Teil der Familiengeschichte – auch die Mütter haben, selbst jung und auf der Suche nach Perspektiven für sich und ihre Kinder, die Haushaltsführung von Mittelstandsfamilien in Neapel oder Florenz übernommen. Beide Generationen beschreiben ihre Chancen auf dem Arbeitsmarkt als sehr viel günstiger und weniger risikoreich als für ihre Brüder und Ehemänner; jene arbeiten mehrheitlich auf Baustellen, wobei jüngst zunehmend Kontrollen gefürchtet sind und längere Erwerbsarbeitslosigkeit in Kauf genommen werden muss. Es sind die Frauen, die in ihrer Familie die „Ernährerrolle" übernehmen. Diese polnischen jungen Frauen entscheiden sich für eine Erwerbstätigkeit außerhalb ihres Landes und für eine transnationale Existenz in Deutschland und Polen. Mehrmals jährlich reisen sie per Bus oder PKW hin und her.

Ohne Zweifel zieht ihr Status als „Illegale" Nachteile gegenüber anderen Arbeitskräften nach sich (Lutz 2005). Sie sind leichter ausbeutbar, als Arbeitskraft und als Frau, Diskriminierungen können nicht angezeigt und sanktioniert werden, die gesundheitliche Versorgung ist prekär usw. Zudem riskieren sie alltäglich, „entdeckt" und zur Grenze gebracht zu werden. Auch wenn nicht selbst erfahren, so ist das Wissen um solche Risiken über die Erzählungen anderer präsent. Doch scheint „Illegalität" eher eine zusätzliche Schwierigkeit und lediglich aus der Beobachtungsperspektive ein herausragendes Merkmal der Lebenssituation zu sein. Für die Betroffenen selbst rücken andere Probleme in den Vordergrund, die sie als gravierender beschreiben: angefangen von der mit vielen jungen Frauen geteilten Befürchtung zu dick oder zu dünn zu sein, über Erfahrungen der Dequalifizierung und Demütigung durch Reinigungsarbeiten in fremden Haushalten bis hin zu Beziehungskonflikten, wenn die Partner auf die eigenen emanzipativen Anstrengungen mit Angst, Abwehr und auch Gewalt reagieren.

Die jungen Frauen zeigen sich sehr motiviert, sie wollen für sich etwas erreichen, Geld für ein eigenes Geschäft in Polen sparen, mit einem deutschen Sprachzertifikat der Volkshochschule die Erwerbschancen in Polen wie in Deutschland erhöhen, ihre Familie beim Hausbau unterstützen, den eigenen Kindern mehr gönnen, die Erwerbslosigkeit ihres Ehemannes auffangen oder die Zeit überbrücken, bis polnischen Arbeitskräften die legale Arbeitsaufnahme erlaubt wird. Diese transnationale Lebensführung verändert Lebenseinstellungen, Wahrnehmungen und Normalitätserwartungen. Eine Frau, die sich und die Familie ernährt, in Sprachkursen zusammen mit Menschen aus vielen unterschiedlichen Regionen kommuniziert und den Führerschein macht, um mobiler zu sein, wird selbstbewusster und stellt geschlechtsspezifische Arbeitsteilungen zur Disposition. Es entstehen neue/alte Reibungspunkte zwischen Frauen und Männern.

Frauen als Unternehmerinnen

In jeder pluralen Einwanderungsgesellschaft existieren *ethnic communities* und *ethnic business*. Zugewanderte Bürgerinnen und Bürger besetzen unbewusst oder strategisch ökonomische Nischen, die unter den sich verändernden Rahmenbedingungen eines global organisierten Kapitalismus aufgegeben wurden, z.B. den kleinen Lebensmittelladen, den Kiosk, die Änderungsschneiderei oder den Imbiss um die Ecke. Durch den flexiblen Einsatz von z.B. Familienmitgliedern versucht man Wettbewerbs-Nachteile auszugleichen. Auch die ehemaligen türkischen oder italienischen „Gastarbeiter" haben etliche solcher Familienunternehmen aufgebaut.

Das Erbe dieser Unternehmen tritt nicht unbedingt die kommende Generation an. Vielmehr wird der Laden um die Ecke an die nachrückenden *ethnic communities* weiter verkauft, z.B. die Pizzeria an den kroatischen Einwanderer, die Schneiderei an die Familie aus dem Irak. Während in der ersten Generation die ganze Familie, auch Sohn und Tochter als mithelfende Familienangehörige eingespannt waren, verändern sich die Investitionsstrategien der Eltern in die Zukunft ihrer Kinder mit zunehmender wirtschaftlicher und sozialer Konsolidierung des eigenen Lebensentwurfs in der Einwanderungsgesellschaft Deutschland. Als „Etablierte" unter den Migrantinnen und Migranten unterstützen sie die Bildungsbeteiligung ihrer Söhne und Töchter im deutschen Bildungssystem und den Aufbau von gewinnbringenderen Unternehmen wie den Computerladen oder die Boutique.

Ursula Apitzsch (2006) untersucht die Chancen der Töchter selbstständiger Eltern. Auch sie werden selbst erfolgreich unternehmerisch tätig. Kulturelle Unterschiede gelten für sie als überwindbar bzw. für das Teilsystem Klein- und Mittelstandsunternehmertum als nicht hinderlich oder nicht relevant; so spielt in einem Laden mit modischer Bekleidung aus Indien oder Lampen aus Marokko die kulturelle Zugehörigkeit der Besitzerin aus der Kundenperspektive oder unter Konkurrenzgesichtspunkten keine Rolle. Der Rückgriff auf internationale Geschäftsverbindungen und transnationale Netzwerke, ein interkulturelles Handwerkszeug (Kommunikationstechniken, Sprachfähigkeiten) und die Offenheit für *Managing Diversity* in der Personalführung bergen hingegen für jegliches unternehmerische Handeln jenseits der kulturellen Zugehörigkeit der Akteurinnen und Akteure einen Geschäftsvorteil; hier können Unternehmerinnen mit familiär gewachsenen Bezügen zu auch (inter-) kulturell geprägten Aushandlungsprozessen einen zeitlichen Vorsprung einfahren.

In neueren Untersuchungen findet sich eine Fülle von Beschreibungen dieser neuen Handlungspraxen und damit einhergehender Deutungsmuster zwischen den Kulturen, zwischen den Nationen oder zwischen „Zugehörigkeitskontexten" bzw. „Zugehörigkeitsordnungen" (Mecheril 2004). Aus der Perspektive der Akteurinnen und Akteure spricht Paul Mecheril auch von „Zugehörigkeitsmanagement" und macht damit deutlich, dass sich Individuen in verschiedenen Situationen zu unterschiedlichen Gruppen als zugehörig fühlen und definieren. So sieht sich die junge Polin – um die obigen Beispiele weiter auszudifferenzieren – in dem Sprachkurs vorrangig als Schülerin und erwartet eine Behandlung als Gleiche unter Gleichen im Unterricht; eine ständige Problematisierung oder auch freundlich gemeinte Hervorhebung ihrer kulturellen Herkunft beeinflusst den Lernprozess eher negativ. Die erfolgreiche Unternehmerin, welche die Regeln, die Sprache und Qualifikationsanforderungen des wirtschaftlichen Feldes beherrscht, erwartet ebenfalls die Anerkennung als Gleiche unter Gleichen, z.B. die Gewähr von günstigen Krediten. Beide integrieren sich aktiv in einem spezifischen gesellschaftlichen Feld, das weder von sich aus die Bedeutung von Kulturdifferenz einfordert noch in das sie sich selbst als kulturell differente Individuen einbringen.

Nun besteht jede funktional differenzierte Gesellschaft aus unterschiedlichen Feldern mit je eigenen historisch gewachsenen Regeln, Bildern und Routinen. Von den Individuen wird erwartet, zwischen diesen Feldern hin- und her zu *switchen* und sich jeweils neu auf die unterschiedliche Struktur einzulassen. Wenn also z.B. im beruflichen Leben aufgrund der dort herrschenden Spielregeln Kulturdifferenz irrelevant ist, so kann sie in einem anderen Umfeld durchaus Bedeutung erlangen; vielleicht sind die Handlungen unserer Protagonistinnen, der illegal lebenden Polin und der türkischen Unternehmerin, privat viel stärker durch traditionell kulturelles Brauchtum ihrer Herkunftsregion oder von kulturellen Mischformen geprägt. Diese alltägliche Bewältigung des Lebens in unterschiedlichen gesellschaftlichen Feldern, die jeweils unterschiedliche Strategien erfordern, ist keine migrations- oder frauenspezifische Aufgabe. Doch vielleicht wird bei Migrantinnen besonders deutlich, welche Anstrengungen Individuen in einer pluralen Einwanderungsgesellschaft unternehmen müssen, um sich in unterschiedlichen Teilbereichen zu behaupten. Wenn nun Handlungen, Wahrnehmungen und Leistungen generell mit Kultur- oder Geschlechterdifferenz erklärt werden, wird die Vielgestalt dieser Strategien unzureichend erfasst.

Erfolgversprechender sind empirische Forschungen, die transnationale und transkulturelle Handlungs- und Wahrnehmungspraxen von Individuen (auch im Detail) zu erfassen suchen.[4] In solchen Studien werden die (trans-) nationalen Lebenspraxen von Migrantinnen und Migranten tendenziell positiv konnotiert. Häufig gelten sie zu Recht als die Pionierinnen und Pioniere, die maßgeblich zur notwendigen Veränderung nationaler und kultureller Einstellungen in einer pluralen Gesellschaft beitragen.

Doch sollte diese Einschätzung nicht übersehen, dass transnationale bzw. transkulturelle Orientierungen nicht nur der Freiwilligkeit der Akteurinnen und Akteure geschuldet sind. Vielmehr können sie speziell in Deutschland auch als Reaktion auf die politisch-programmatische Abwehrhaltung des Landes verstanden werden. Die ehemaligen „Gastarbeiter" sind weitgehend die „Ausländer" geblieben. Fehlende politische Integrationsangebote und eine künstlich offen gehaltene Einwanderungssituation erschweren vielen Einwanderinnen und Einwanderern die Entscheidung gegen ihre bisherige Staatsangehörigkeit und fördern Doppelloyalitäten (so u.a. Bade 2002: 338).

4. Geschlecht im Migrationsdiskurs

In den bisherigen Ausführungen werden Frauen und Männer – mit und ohne Migrationshintergrund – als Akteurinnen und Akteure vorgestellt.

---

4   Siehe z.B. die Forschungsergebnisse in den Sammelbänden herausgegeben von Franz Hamburger u.a. 2005 und Iris Bednarz-Braun u.a. 2004 oder Fallstudien wie z.B. von Rita Paß 2006 und Nevâl Gültekin 2003.

Der Fokus liegt auf dem aktiven Handeln der Subjekte, die sich zunehmend transkulturell verorten. Jüngere konzeptionelle Entwürfe wie
„Transmigration" oder „Transkulturalität" zur Erklärung und Beschreibung von Migrationsprozessen betonen diese Akteursperspektive. Nun
machen Individuen – frei nach Rosa Luxemburg (1973) – ihre Geschichte zwar selbst, aber sie tun dies nicht unbedingt aus freien Stücken und
unter selbst gewählten Bedingungen. Die Integrationsanstrengungen der
Individuen sind eingebettet in den kultur- und geschlechtsspezifisch geprägten Machtverhältnissen der Einwanderungsgesellschaft Deutschland
und anderer Nationen, die als Bezugsrahmen dienen, z.B. der Türkei.

Diese Rahmung spiegelt sich u.a. auch in der öffentlich geführten
Migrationsdebatte. Kultur ist darin nicht veränderlich und hybrid, also
eine transnationale Mixtur aus kulturellen Symbolen und Praxen, sondern versteinert zum Essenzialismus. Migrantinnen und Migranten gelten nicht als Bürgerinnen und Bürger, die ihr Leben entwerfen und ihre
Ressourcen und Fähigkeiten einsetzen, um in den unterschiedlichen gesellschaftlichen Feldern erfolgreich zu sein, sondern als die ewig „Anderen". Bürgerinnen und Bürger von dunklerer Hautfarbe, die nicht fließend oder gar nicht deutsch sprechen, ihren muslimischen Glauben praktizieren oder sich nicht westlich kleiden, sind im Alltagsdiskurs und auf
politischer Bühne nicht als gleichwertige Mitglieder der Gesellschaft anerkannt, sondern mit diskriminierendem Verhalten und institutionellem
Rassismus konfrontiert. Im zeitgenössischen Diskurs werden solche Abgrenzungen besonders deutlich in kulturalistisch und essenzialistisch ge-
färbten Deutungen des Islam bzw. der Muslime. Für diese soziale Konstruktion des Islam sind wiederum Geschlechterbilder und -diskurse von
entscheidender Bedeutung (Peripherie 2004).

Geschlechterfragen nehmen im Migrationsdiskurs einen zentralen
Stellenwert ein, während sie in der scientific community und in politischen
Zusammenhängen häufig eher randständig sind. Tatsächlich scheinen
vermeintliche und konstruierte Geschlechterprobleme wie ein Transmis-
sionsriemen für die kulturalistisch geprägte Migrationsdebatte zu funktionieren. Vorstellungen vom Geschlechterverhältnis in unterschiedlichen
kulturellen Kontexten werden dazu verwendet, das Verhältnis zwischen
Menschen mit und ohne Migrationshintergrund zu beschreiben – und
zwar als ein ungleiches. Geschlecht wird hier instrumentalisiert, um das
eigene Verständnis von Fremdheit zu beschreiben und um kulturelle Differenzen zwischen Einheimischen und Zugewanderten festzuschreiben.
Die Beschreibung der Geschlechterverhältnisse wirkt so wie ein Grad-
messer für Assimilation, Segregation oder Integration – und zwar entlang

der Achse vermeintlicher Modernität und Traditionalität. Dabei rücken die Subjekte eher in den Hintergrund. Die sozial konstruierte Türkin ist Vertreterin einer als statisch und patriarchal definierten Gemeinschaft, eine Projektionsfläche für die eigene als dynamisch und emanzipiert begriffene Wir-Gruppe.

Um diese kulturelle Verschiedenheit zwischen den Bürgerinnen und Bürgern Deutschlands am Beispiel der Geschlechterdifferenz zu beschreiben, kursieren vertraute Geschlechtercodes: Kopftuch, Ehre und Ehrenmord, Jungfräulichkeit vor der Ehe, Zwangsheirat, auf Teppichen kniende Männer, männliche Machos, Messer in der Hose bzw. Bomben am Körper usw. (Lutz u.a. 1998). So werden Migrantinnen, darunter insbesondere Frauen mit türkischem Migrationshintergrund, in der Öffentlichkeit, aber teils auch in der Programmatik der Wohlfahrtsverbände und in Lehrbüchern als besonders benachteiligt oder unterdrückt, weil „in Traditionen verfangen", „zu wenig emanzipiert" oder die deutsche Sprache nicht beherrschend beschrieben. Unter dieser Defizitperspektive ist der Schritt nicht weit zum Bild von den „hilfsbedürftigen" Migrantinnen, einer möglichen Zielgruppe für Soziale Arbeit.

Das Kopftuch

In der aktuellen Auseinandersetzung um Migration ist deutlich zu beobachten, wie eng Ethnisierungsprozesse mit Geschlechterkonstruktionen verknüpft sind. Ein seit einigen Jahren diskutiertes Beispiel ist das Kopftuch als Zeichen für weibliche Unterdrückung. Wissenschaftliche Studien vermitteln hingegen ein viel differenzierteres Verständnis der Konflikte um dieses „Stückchen Stoff" sowohl in der Türkei wie in Deutschland.

So ist die Kopftuchdebatte in der Türkei symptomatisch für die derzeitige Herausforderung in der türkischen Gesellschaft: Eine Neudefinition der türkischen Werte in Bezug auf die Stellung der Religion im öffentlichen Raum. Seit Anfang der 1980er Jahre machen die Kopftuch tragenden Studentinnen an den türkischen Hochschulen auf sich aufmerksam. Dies ist u.a. auch auf die Öffnung der bislang elitären kemalistischen Hochschulen für breitere Bevölkerungskreise, d.h. auch für Studentinnen aus bildungsferneren Familien und aus östlichen Teilen des Landes zurückzuführen. Die Deutung des Kopftuchs unter eher laizistisch-kemalistisch geprägten und (politisch-, religiös-) islamisch geprägten Türkinnen und Türken ist seit Jahren ein Konfliktthema: Für die einen bedeutet jegliche Verschleierung eine Bedrohung für den gesellschaftlichen Status der Frau und für die türkische Grundordnung, für die anderen fungiert das Kopftuch als Identifikationsmittel und als Glaubensbekenntnis. Doch geht es hier nicht nur um Glaubens- bzw. Einstellungsfragen, sondern im Kern auch um Fragen der gesellschaftlichen Teilhabe der muslimischen Bevölkerung bzw. der Türkinnen und Türken mit weniger materiellen und kulturellen Ressourcen (Tonak 2005: 14 f.).

Weiterhin gilt für die jungen gebildeten Frauen in der Türkei wie für viele Mädchen und Heranwachsende in Berlin, Stuttgart oder dem Ruhrgebiet, dass sich die Motive für ihre Kopfbedeckung von der traditionellen Verschleierung unterscheiden. Auch die Benennung bringt dies zum Ausdruck: statt Kopftuch tragen sie einen *Türban*. *Türban* bezeichnet laut türkischer und persischer Sprachherkunft eine muslimische Kopfbedeckung, aber im modernen Türkisch, das französische Anleihen macht, eine modische Kopfbedeckung (Göle 1995: 13). Neben dieser „Wechselbeziehung und gegenseitige(n) Durchdringung von Ausdrücken und Praktiken zwischen der osmanischen und der westlichen Welt" (ebd.: 14) deutet *Türban* darauf hin, dass die neue Art der Kopfbedeckung bzw. die Studentinnenbewegung in der Türkei sowie die Kopftuch tragenden jungen Frauen in den deutschen und französischen Großstädten auch als Grenzen (zwischen Ost und West und Tradition und Moderne) überschreitende, hybride (nicht vereindeutigende), mit Symbolen experimentierende Phänomene gedeutet werden können.

Im Gegensatz zur traditionellen muslimischen Verschleierung verweist der Türban nicht auf eine einzige Bedeutung wie „Rückkehr zur Tradition" oder „islamischer Fundamentalismus", sondern auf einen „dritten Weg" (Arat 2004), der die politische und soziale Struktur der Türkei kennzeichnet. Yesim Arat kann in seinen Untersuchungen zeigen, dass die jungen Kopftuchträgerinnen die Werte des Laizismus durchaus verinnerlicht haben. Sie stützen sich auf dieses demokratische Rechtsprinzip, um gegen Polygamie, Scheidungsvollmacht durch den Mann und ungleiche Verteilung des Erbes anzugehen. Auch in Deutschland zeichnen Studien ein Bild von jungen Frauen mit *Türban*, die sich nicht nur eingebunden in ihren familiären, traditionalen und orthodox religiösen Kontext zur Religiosität gezwungen sehen. Ihre Entscheidung ist oft ein freiwilliger Akt und vielfach Ausdruck eines eigenen Lebensentwurfs. Er versteht sich nicht im Gegensatz zur modernen Gesellschaft, sondern verbindet selbstbewusst Religion und Moderne und ist Ausdruck ihrer Handlungsautonomie teils gegen die Erziehungsvorstellungen der eige-

---

5   Vgl. u.a. die Studien Göle 1997; Göztepe 2004; Pusch 2001; Stauch 2004 und Oestreich 2004.

nen Eltern.[5] Junge Türkinnen präsentieren sich als weitaus religiöser orientiert als beispielsweise junge Aussiedlerinnen, doch sind sie es auch, die am stärksten an einem interreligiösen Austausch interessiert sind und, immerhin versteht sich fast ein Viertel von ihnen als gar nicht oder wenig religiös (Boos-Nünning u.a. 2004: 40).

Der Ehrenmord und weitere Geschlechtercodes

Neben dem Kopftuch finden sich weitere emotional aufgeladene Themen, die den öffentlichen Diskurs über Migration bestimmen. Bei der Wahl zum Unwort des Jahres 2005 belegte z.B. „Ehrenmord" den zweiten Platz; insbesondere der Mord an der Deutschkurdin Hatun Sürücü in Berlin am 7. Februar sorgte für heftige Debatten. Laut Weltbevölkerungsbericht der UNO werden alljährlich weltweit mindestens 5.000 Mädchen und Frauen im Namen der sittlichen Ehre ermordet; die meisten Morde werden jedoch nicht angezeigt, die Dunkelziffer liegt weit höher.

Im Wertesystem von traditionell streng patriarchalen Gesellschaften hängt die gesellschaftliche Ehre der Männer in einer Familie auch vom normgerechten Verhalten ihrer weiblichen Angehörigen ab. „Ehrenmorde" treten primär in islamisch geprägten Ländern auf – sie konzentrieren sich auf arabische, (persisch) afghanische und (türkisch) kurdische Regionen, beschränken sich jedoch nicht auf diese. In einigen islamischen Staaten sind solche Praktiken vollkommen unbekannt, hingegen findet man „Ehrenmorde" als ländliche Traditionen aus vorislamischer Zeit auch bei assyrischen Christen und jessidischen Kurden sowie in Form von „Blutrache" in Brasilien, Ecuador oder Sizilien. Betroffen sind insbesondere Mädchen und Frauen, doch auch Männer werden im Namen der „sittlichen Ehre" umgebracht. Die Morde werden in der Regel von Männern ausgeführt, jedoch werden sie häufig in der Familie, auch von Frauen, angestiftet und entschieden.

Auch in Deutschland und anderen europäischen Ländern treten „Ehrenmorde" bzw. Frauenmorde auf. Noch fehlen empirische Studien, die ein detaillieteres Bild über Anzahl und Verbreitung dieser Morde, über ihre Täter und Motive, über ihre Opfer, ihre Familien, ihre Netzwerke und den gesamten Handlungskontext vermitteln. Sicher unterscheiden sich diese Praxen von den „klassischen" in Anatolien oder anderswo. Während jene z.B. eher auf dem Land geschehen, wo das Ansehen und der Ruf einer Familie von großer Bedeutung sind, vor denen die Anonymität und die Unabhängigkeit urbaner Umgebungen gut schützen, sind die „Ehrenmorde" in westlichen Staaten vorwiegend in Großstädten und Ballungszentren mit hohem muslimischen Migrationsanteil zu finden. Sie sind Teil und Folge eines Diskurses über Kultur bzw. Kulturzugehörigkeit von primär männlichen Migranten der dritten oder vierten Generation aus eher bildungsfernen Familien. Dieser Diskurs arbeitet mit Versatzstücken aus Gangsterfilmen, männlichen Subkulturen, türkischer bzw. kurdischer Kultur und des Islams bzw. orthodoxer Islaminterpretationen. Frauen, die einen vermeintlichen Ehrenkodex missachten, verletzen damit in den Augen der Täter die Ehre der Familie, spiegeln aber auch die Möglichkeiten, aus den repressiven Strukturen ihrer Familien ausbrechen zu können.[6]

Fälle von Gewalt gegen Frauen, Zwangsverheiratungen, Polygamie und so genannte Ehrenmorde sind Fakt und nicht nur Vorurteil. Solche Praktiken verletzen die Menschenrechte und müssen sanktioniert und – unabhängig, vor welchem kulturellen Hintergrund sie geschehen –, strafrechtlich verfolgt werden. Aufmacher von Massenblättern wie *„Allahs rechtlose Töchter"*[7] oder populärwissenschaftliche Bestseller wie *„Nicht ohne meine Tochter"* und *„Die fremde Braut"*[8] nähren hingegen Stereotype von der unterdrückten Muslima bzw. dem gewalttätigen Muslim und damit den unzulässigen Schluss von Einzelfällen auf große gesellschaftliche, in sich sehr differenzierte Gruppen, etwa auf die Muslime, auf die 3,2 Millionen Muslime in Deutschland. Solche Verallgemeinerungen entbehren jeglicher empirischen Grundlage. Im Gegenteil, wissenschaftliche Studien über Muslime in Deutschland deuten darauf hin, dass Islam und Demokratie, Muslime und Rechtsstaat, Muslima und Gleichberechtigung durchaus vereinbar sind. Laut Heiner Bielefeldt (2003) sind die Muslime im deutschen säkularen Rechtsstaat schon seit einiger Zeit angekommen; eine radikale Abwehrhaltung sei Sache einer kleinen Minderheit. Auch verändert sich das Islamverständnis in der Migration, junge Frauen wie Männer entwickeln neue Formen muslimischer Religiosität. Nach Nikola Tietze (2001) ist „Muslim sein" kein statisches Programm, sondern ein Prozess, in dessen Verlauf sich das Individuum stets aufs Neue als handelndes Subjekt entwirft. Schließlich zeigen Katajun Amirpur und Ludwig Ammann (2006) algerisch/französisch oder türkisch/deutsch geprägte Ge-

---

6 So eine Zusammenfassung der spärlichen Kenntnislage in dem populären Online-Lexikon Wikipedia
7 Der Spiegel: Allahs rechtlose Töchter. Muslimische Frauen in Deutschland, vom 15.11.2004.
8 Die beiden Bestseller von Betty Mahmoody (Nicht ohne meine Tochter. Bergisch-Gladbach, 1988, 1. Aufl.) und von Necla Kelek (Die fremde Braut: ein Bericht aus dem Inneren des türkischen Lebens in Deutschland. Köln, 2005, 1. Aufl.) tragen zur Enttabuisierung von Gewalt in Beziehungen bei; kritisiert werden hier unzulässige Verallgemeinerungen.

sichter eines europäischen Islam und auch eines islamischen Frauen- und Menschenrechtsaktivismus in Ägypten, Marokko und Iran. „Das Elend der Frauen und ihre Diskriminierung haben ihre Wurzeln nicht im Islam", so die Worte der Iranerin Schirin Ebadi in ihrer Dankesrede anlässlich der Verleihung des Friedensnobelpreises, der ihr im Dezember 2003 als erster Muslima verliehen wurde (ebd.: 190).

In diesen sozialen Konstruktionen der „armen Ausländerfrau" oder der „gewalttätigen muslimischen Jungmänner" fungieren allein kulturell-religiöse Differenzen als Erklärungen für Konflikte in der Einwanderungsgesellschaft Deutschland; eine Auseinandersetzung über drängende Probleme z.b. im Bildungssystem wird so eher vermieden. Untersuchungen über Bildungs- und Berufschancen von Mädchen und Frauen mit Migrationshintergrund zeigen, dass Faktoren wie der aufenthalts- und arbeitsrechtliche Status, die aufenthaltsrechtliche Abhängigkeit vom Ehemann, der Zugang zu Deutschkursen, Schulen und anderen Bildungseinrichtungen sowie Bildungsmaßnahmen des Arbeitsamtes, die Anerkennung von im Ausland erworbenen Bildungstiteln, das Lebensalter, die Vereinbarkeit von Beruf und Familie und die Anerkennung von Akademikerinnen in Berufsbereichen mit hohem Qualifikationsniveau ihren Handlungsradius mehr als die Kulturzugehörigkeit bestimmen (u.a. Farrokhzad 2003). Immerhin beträgt der Anteil der Frauen an allen Bildungsinländerinnen/-inländern im ersten Semester mit 47 % nur geringfügig weniger als der Anteil der deutschen Frauen an allen deutschen Studienanfängerinnen und Studienanfängern (50 %).[9] Schließlich zeigt ein Blick auf Verteilungen traditioneller Wertorientierungen unter Gruppen unterschiedlicher kultureller Zugehörigkeit, dass die Gemeinsamkeiten und nicht die Differenzen überwiegen, besonders wenn die unterschiedliche soziale Lage der befragten Gruppen berücksichtigt wird. In einer repräsentativen Untersuchung sind türkische Befragte zwar traditioneller eingestellt, doch sind die Unterschiede nicht so gravierend wie üblicherweise angenommen: z.b. stimmen der Aussage „Der Mann sorgt für das Familieneinkommen, die Frau für den Haushalt" 27,7 % aller Befragten zu, darunter 22,1 % der befragten Deutschen, 36,8 % der Türkinnen/Türken und 31,1 % der Befragten mit deutsch-türkischer Herkunft (Below 2000: 71).

---

9   Ergebnisse der 17. Sozialerhebung des Deutschen Studentenwerks zur sozialen und wirtschaftlichen Lage der Studierenden in der Bundesrepublik Deutschland, Hannover 2003: 408. Als Bildungsinländerinnen und Bildungsinländer werden Studierende bezeichnet, die ihre Hochschulberechtigung in Deutschland erworben haben.

Untersuchungen verschiedener gesellschaftlicher Gruppen berichten
von prinzipiell vergleichbaren Lebensbewältigungsstrategien der weiblichen und männlichen Individuen mit und ohne Migrationshintergrund
in einer hierarchisch und geschlechtsspezifisch geprägten Einwanderungsgesellschaft. Jenseits dieser Beobachtung von Gemeinsamkeiten
scheint jedoch das Bedürfnis der Grenzziehung entlang kultureller Differenzen sehr groß zu sein. Die gesellschaftliche Ordnung der kulturellen
Differenz in Form von institutionellen Regelungen, Handlungsrestrikti-
onen, Benennungen und Beurteilungen wird durch neue ausgrenzende
Praxen untermauert – eine sehr wesentliche ist dabei das doing gender.
Migrantinnen und Migranten wird dabei jegliche Form einer hybriden
Identität verweigert, ihre vermeintlich weiblichen und männlichen Züge
werden überzeichnet und so dichotom – sie demütig, er bestimmend, sie
für das Innen, er für das Außen zuständig – dargestellt, wie es im westeuropäischen Diskurs nur noch selten zu finden ist. Eine umfassende
Dekonstruktion solcher Muster handlungsrelevanter Selbst- und Fremd-
wahrnehmungen beginnt mit einer radikalen Kritik der unreflektierten
Verwendung von „Geschlecht" und „Kultur" – nicht nur in der Wissenschaft, sondern auch in allen anderen gesellschaftlichen Feldern, so auch
in der Schule und der Sozialen Arbeit.[10]

5. Transkulturalität als Strategie in der Sozialen Arbeit

In diesem Text wird transnationale Migration primär unter der Perspektive alltagsweltlicher grenzüberschreitender Interaktionszusammenhänge
und (Über-) Lebensstrategien von Individuen und Gruppen betrachtet.
Menschen mit und ohne Migrationhintergrund werden als Individuen
begriffen, die lebenslang mit ihren Eigenheiten und Widersprüchlichkeiten im Rahmen gesellschaftlicher Normierungsprozesse und unter den
Bedingungen einer pluralen (Einwanderungs- und Klassen-) Gesellschaft
ihre Biografie ausgestalten. Dabei entwickeln sich in den gesellschaftlichen Feldern je unterschiedliche geschlechtliche, kulturell-ethnische,
kulturell-religiöse und transkulturell-hybride Lebensweisen.
      Diese Perspektive birgt für sozialpädagogisches und sozialarbeite-
risches Handeln die Aufgabe, bei Bedarf die alltägliche Lebensbewälti-

---

10   In der Geschlechterforschung werden analytische Konzepte zum Zusammenhang von
     Geschlecht und Kultur in einer modernen Gesellschaft vorgelegt, insbesondere von Ilse
     Lenz (zuletzt 2006).

gung von Individuen jeweils anknüpfend an ihren identifikativen Selbstverortungen und -interpretationen zu unterstützen. Das ist keine migrationsspezifische Aufgabe, sondern ein Beitrag zur Gestaltung von Multikulturalität und zum Umgang mit hybriden Zugehörigkeiten, die für eine Einwanderungsgesellschaft charakteristisch sind. Dabei meint die Anerkennung als Individuen nicht allein die Toleranz im Umgang mit – empirisch sichtbaren und sozial konstruierten – kulturellen, religiösen und geschlechtlichen Unterschieden, sondern vor allem die kritische Reflektion der Reproduktion dieser Unterschiede im historischen, kulturellen und gesellschaftlichen Kontext. Jedem wird nicht nur politisch korrektes Verhalten, sondern Distanz und Kritikfähigkeit gegenüber kulturalistischen Zuschreibungen – etwa als Türkin oder Muslima – zugetraut und zugemutet. Die klassische Programmatik der Sozialen Arbeit „Hilfe zur Selbsthilfe" könnte den bisherigen Überlegungen folgend mit *un-doing ethnicity* und *un-doing gender* übersetzt werden.

Die Aufforderung zur „Individualisierung" der Perspektive und zur Dekonstruktion von kulturellen Differenzen trifft im Feld der Sozialen Arbeit auf eine eher kulturalistische Sichtweise und die soziale Konstruktion von Migrantinnen und Migranten als Problemgruppe. Die Wohlfahrtsverbände wie Selbsthilfeinitiativen, Berufsverbände wie in der Sozialen Arbeit tätige Professionelle sind selbst daran beteiligt, die Bilder von Migrantinnen und Migranten, das Verständnis von Kultur und die Definition von Inklusion und Exklusion mit auszuhandeln; dabei sind sie nicht frei von Eigeninteressen. So können z.B. sozialpädagogische Problematisierungen von Mädchen und Frauen aus muslimischen Familien zur Stabilisierung von Alltagsvorstellungen beitragen, die nicht unbedingt der empirischen Realität entsprechen. Oder wenn auffälliges Verhalten, Schulversagen und Kriminalität von männlichen Migrantenjugendlichen mit kulturellen Differenzen in Verbindung gebracht werden, so werden damit gesellschaftliche Probleme verdrängt. Nur allmählich wächst ein Bewusstsein dafür, dass Soziale Arbeit nicht allein auf soziale Probleme in einer Einwanderungsgesellschaft reagiert, sondern sie durch ihre eigene Art der Wahrnehmung, ihre Benennungen und Programmierungen selbst schafft.

Die soziale Konstruktion von Migrantinnen und Migranten als kulturell „fremd" und implizit als „problematisch" und „nicht zugehörig" wird in den Diskursen im Feld der Sozialen Arbeit variiert durch die Zuschreibung „hilfebedürftig"; so werden Migrantinnen und Migranten klientelisiert und Zielgruppen geschaffen. Hilfe wird zudem häufig als „eindeutiges" und „notwendiges" Handeln missverstanden, das sich an klar umrissenen Hilfegründen und Zielgruppen orientiert und so selbst Orientierung schafft. Sozialarbeiterinnen/Sozialarbeiter und Sozialpädagoginnen/Sozialpädagogen sind hingegen dann „interkulturell kompetent", so ein zeitgenössisches Qualitätsmerkmal, wenn sie vorschnelle Eindeutigkeiten vermeiden und die Unschärfen sozialer Wirklichkeit akzeptieren. Damit leisten sie einen Beitrag zu gesellschaftlichen Lernprozessen, mit Fremdheit und mit Unsicherheiten umzugehen – auf dem Weg vom „Kulturkonflikt" zu mehr „Hybridität" (Mecheril 2001). Ein solches Handeln ist ein transkulturelles Handeln – im Sinne des Heraustretens aus eigenen Wahrnehmungs- und Sinnkonstruktionen und des Überschreitens des eigenen Denkhorizonts. Interkulturelle Soziale Arbeit vermag nicht kulturalistische Zuschreibungen und Abwertungen von gesellschaftlichen Gruppen außer Kraft zu setzen. Sie kann jedoch zum einen vermitteln, wie solche Zuschreibungen funktionieren und wie darüber kommuniziert werden kann sowie zum anderen Möglichkeitsräume schaffen, in denen soziale Konstruktionen von Kultur und Geschlecht und damit verbundene Vorurteile und Stigmata auf individuelle Bildungsprozesse weniger blockierend wirken.

Konkrete Ansätze für sozialarbeiterische und sozialpädagogische Praxis in einer pluralen Einwanderungsgesellschaft bieten sich viele.[11] Die aktuellen Auseinandersetzungen machen in meinen Augen – auch unter Genderaspekten – zwei Perspektiven besonders dringlich: die gesellschaftliche Teilhabe von Bürgerinnen und Bürgern muslimischen Glaubens in Europa und die Förderung von Geschlechtergerechtigkeit.

Projekt europäischer Islam

Tarek Badawia (2005b) spricht für die circa eine Million jüngeren Muslime unter 20 Jahren, die in Deutschland ihren Lebensmittelpunkt haben. Diese Kinder und Jugendlichen werden seit dem 11. September 2001 mit Diskriminierungen und pauschalen Verurteilungen als „Fundamentalisten" konfrontiert, die eine neue Qualität gewonnen haben. Das Ausmaß der negativen Zuschreibungen und Unterstellungen aufgrund ihrer Religionszugehörigkeit auf politischer Ebene („gewalttätig", „fanatisch" und „terroristisch") und in den alltäglichen Interaktionen auf der Straße und in der Schule (fremdenfeindliche Sprüche etc.) ist gewachsen. Besonders

---

11 Gute Überblicke über Soziale Arbeit in der Einwanderungsgesellschaft und das Handwerkszeug interkultureller Sozialer Arbeit bieten Freise (2005) und Treichler/Cyrus (Hg.) (2004).

betroffen sind junge Männer, teils werden sie zum Feindbild stilisiert. Als eine Folge dieser ablehnenden Haltung kann eine zunehmende Distanz der jungen Generation zur Mehrheitsgesellschaft „der Deutschen" und Orientierung an dem dogmatisch-politischen Erscheinungsbild des Islam beobachtet werden.[12] Umgekehrt fühlen sich Lehrerinnen/Lehrer, Sozialpädagoginnen/Sozialpädagogen und Eltern oft hilflos, mit aggressiv auftretenden männlichen Jugendlichen zu kommunizieren; viele Türen sind in den letzten Jahren zugeschlagen.

Jugendarbeit, die auch muslimischen Jugendlichen als Individuen begegnen möchte, muss in einem ersten Schritt ihre Suche nach Orientierung durch islamische Religion, Ethik und Mystik akzeptieren. Auch islamische Jugendliche haben ein Recht auf Normalität. Sie wollen in ihrem Selbstwertgefühl unterstützt werden und sie brauchen sozial anerkannte Räume, um zu kommunizieren, sich weiterzubilden und zu experimentieren. Jugendarbeit mit muslimischen Jugendlichen muss dazu beizutragen, dass sich Muslime in Deutschland bzw. in Europa als Bürgerinnen und Bürger zu Hause fühlen können. Die Beteiligung an einem solchen europäisch-islamischen Projekt verlangt eine akzeptierende Jugendarbeit – Badawia (2005b) macht Vorschläge für ein im engeren Sinne sozialpädagogisches Handeln – und zugleich die Beteiligung an Diskursen zur Etablierung des Islam im öffentlichen Raum: in Institutionen (z.B. Moscheen), in schulischer und außerschulischer Bildung (z.B. islamischer Religionsunterricht von staatlich ausgebildeten Religionslehrerinnen und Religionslehrern, Qualifizierung von ehrenamtlicher Jugendarbeit in Moscheen, Vereinen und Jungen- und Mädchengruppen) und in der Selbstorganisation (pauschale Verdächtigungen der vielfältigen islamischen „Szene" sind eher kontraproduktiv[13]).

Akzeptierende Jugendarbeit mit muslimischen Jugendlichen und das politische Eintreten für einen europäischen Islam brauchen informierte, interkulturell kompetente Sozialpädagoginnen/Sozialpädagogen und Sozialarbeiterinnen/Sozialarbeiter. Sie wissen, dass es den einen Islam und die eine Scharia nicht gibt, sondern auch Interpretationsansätze, die die Freiheit des Individuums respektieren. Sie kommen mit den Jugend-

---

12 Doch täuscht der Eindruck, dass sich Jugendliche vermehrt wieder der Religion zuwenden. Moscheen haben die gleichen Nachwuchsprobleme wie die Kirchen in Deutschland: unter den Besucherinnen und Besuchern von Moscheen sind nur noch etwa 20 % Jugendliche (so Salim Abdullah, Direktor des Zentralinstituts Islam-Archiv in Soest, TAZ vom 7.2.2006).

13 Das Online-Forum zu Reformen des Islam „Future Islam" zeigt diese Vielfältigkeit: <www.futureislam.com>

lichen über diese unterschiedlichen Richtungen des Islam und möglichen Lesarten des Korans im heutigen Europa ins Gespräch und unterstützen sie bei der Suche nach eigenen Austausch- und Ausdrucksformen. Sie entdecken, dass muslimische Jugendliche, die auf kulturelle Ressourcen zurückgreifen können, erstaunlich immun sind gegen Manipulation und Religionsmissbrauch und sich selbst mit dem Ziel organisieren, in Europa ein islamisch geprägtes Leben zu ermöglichen. Gleichzeitig treffen sie jedoch auch auf Jugendliche (und deren Eltern) mit geringer Schulbildung, die noch nicht einmal über Basisinformationen über den Islam verfügen. Diese Jugendlichen haben oft wenige individuelle Erfolge vorzuweisen und greifen eher unreflektiert auf kulturalistisch geprägte Bilder und Stereotype und traditionell-orthodoxe Konstruktionen von Nation, Kultur und Islam zurück (ebd.: 180 ff.).

Die Definition der Zielgruppe „muslimische Jugendliche" bedarf demnach einer Binnendifferenzierung, auch hierzu finden sich in den Studien von Tarek Badawia und Nikola Tietze weitere Details. Die Differenzierung nach Geschlecht soll hier hervorgehoben werden. Jugendarbeit mit muslimisch gläubigen Jugendlichen muss vermeiden, implizit nur Jungen, weil öffentlich sichtbarer und tendenziell extrovertierter, anzusprechen. Auch junge Muslima sind Akteurinnen im Projekt europäischer Islam und brauchen gleiche Lern- und Experimentiermöglichkeiten, um sich im sozialen Raum nicht immer wieder als ungleich erfahren zu müssen. Interpretationen des Islam, die Raum lassen für Menschenrechte und Frauenrechte, sowie deren Rezeptionen in der Mädchen- und Jungenarbeit sind systematisch und finanziell zu fördern.

Projekt Gleichberechtigung

An anderer Stelle beschreibt Badawia (2005a) den biografischen Prozess der Identitätsbildung unter den Bedingungen der Migration. Er fasst ihn als einen Transformationsprozess, der prinzipiell für alle Individuen strukturell ähnliche Anforderungen stellt. Hier soll sein Modell speziell für die Selbstbildung von Mädchen und Frauen fruchtbar gemacht werden.

Badawia unterscheidet drei Phasen. In der ersten Phase (ebd.: 216) nehmen die Migrantinnen ihre Differenz wahr und beginnen über die Bedeutung erfahrener Unterschiede nachzudenken. Sie ist häufig von der Erfahrung des Andersseins und den damit verbundenen Gefühlen der Zerrissenheit gekennzeichnet. Der Rückgriff auf vertraute Routinen und Symbole und das Bedürfnis nach Schutz durch familiäre Strukturen sind in der Anfangszeit „normal". Ob diese Lebenssituation „zwischen zwei Kulturen" längerfristig als Sprungbrett zu neuen Ufern oder eher als bedrohend und Angst auslösend erfahren wird, hängt auch von den eigenen Handlungsmöglichkeiten ab, sich z.b. gegen gesellschaftliche Vorurteile gegenüber einer Kopfbekleidung oder familiäre Restriktionen zum Freizeit- und Sexualverhalten zur Wehr zu setzen. Ziel von Jugendarbeit ist das *empowerment* von Mädchen, die Irritationen kultureller Pluralität, z.b. unterschiedliche Weiblichkeitskonzepte, bewusst auszuhalten.

Die zweite Phase bezeichnet Badawia als „Herstellung der bikulturellen Selbstkompatibilität" (ebd.: 217), d.h. Mädchen arbeiten an ihrer Selbst- und Sachkompetenz für ein Leben in einer pluralen Einwanderungsgesellschaft und überprüfen kritisch die interkulturelle Anschlussfähigkeit ihrer Wahrnehmungs- und Handlungsmuster, um in beiden Kulturen Fuß zu fassen. Jugendarbeit hilft Mädchen (z.b. durch Mediation), möglichen Konflikten nicht aus dem Weg zu gehen und selbst erarbeitete Anschauungen für die „neue" Lebensorientierung auszutesten und zu kommunizieren. Selbst gewählte Zusammenschlüsse und Treffs von Mädchen werden durch Räume, Öffentlichkeitsarbeit und Fortbildung von Multiplikatorinnen unterstützt (Schwenken 2005). Ziel ist die Erhöhung von Handlungsautonomie, damit beide kulturellen Zugehörigkeiten potenziell möglich werden.

In der dritten Phase (ebd.: 218) beschäftigen sich die Mädchen und Frauen mit dem Ausbau ihres eigenen Selbstentwurfs und verfeinern ihr eigenes Profil als kulturell Mehrfachzugehörige. Die Normalisierung ihrer alltäglichen Handlungen befreit ein Stück weit aus dem sozialen Druck der Vereindeutigung und Festlegung als „Ausländerin" oder „Muslima" und schafft zugleich neue soziale Wirklichkeiten: Normen und Denkmuster beginnen sich in beiden Kulturen zu verändern und die Vorteile von Mehrfachorientierungen werden wertgeschätzt. Jugendarbeit unterstützt die Öffnung des eigenen Selbstentwurfs in Richtung Transkulturalität und setzt sich für Organisationen ein, die programmatisch über die Grenzen zugeschriebener geschlechtlicher und kultureller „Identitäten" hinweg angelegt sind.[14]

Die hier avisierte interkulturelle Jugendarbeit setzt auf die Autonomie und Entwicklung von Mädchen – diese pädagogische Haltung gilt für

---

14 Z.B. für die Initiative „Kanak-Attack", die jegliche Formen von Identitätspolitik ablehnt, wie sie sich etwa aus kulturell-ethnischen Zuschreibungen speisen; sie spielt selbstbewusst mit dem Stigma „Kanake" und unterläuft damit geltende Deutungen. Oder das Projekt „Gender-Killer", das Heterosexualität und Zweigeschlechtlichkeit als gesellschaftliche Prozesse begreift.

Migrantinnen wie Nicht-Migrantinnen gleichermaßen. Hingegen wirft
Badawia Lehrerinnen und Lehrern sowie Sozialpädagoginnen und Sozialpädagogen vor, sich im Bezug auf das dargestellte Modell oft an der ersten Phase zu orientieren und die Jugendlichen auf ihr festzuhalten: „Oder
wenn diese weiter sind, zwingen sie sie zur Regression" (ebd.: 219). Die
ausschließliche Interpretation des Kopftuchs als Symbol für Rückständig-
keit ist ein Beispiel dafür – einer von vielen Akten institutioneller Demütigung von Migrantinnen. Hingegen können sich Mädchen mit Kopftuch
prinzipiell in allen drei Entwicklungsphasen befinden: sie schützen sich,
indem sie die familiäre Kleiderordnung achten und die vertraute Bede-
ckung wählen; sie provozieren Autoritäten und experimentieren verschiedene Lebensstile an unterschiedlichen Orten (auch Nicht-Muslima steht es
frei, das Kopftuch auszuprobieren); sie wählen als selbstbewusste Bürgerinnen Deutschlands das Kopftuch als Ausdruck ihrer religiös-ethischen
Haltung, wie christlich geprägte Mädchen das Kreuz als Halsschmuck
oder insistieren auf ihrem Recht, das Kopftuch abzulegen – für beide Fälle
verlangen sie die Unterstützung des Gesetzes und sozialer Einrichtungen,
um die Ausübung ihres Rechtes praktisch effektiv zu machen.

Nach Stuart Hall (2004: 215 f.) bedeutet Transkulturalität nicht nur eine
Idee, die dem Leben von so genannten kulturell-religiösen Minderheiten
gewidmet ist und dieses bestenfalls zu verbessern trachtet. Darüber hinaus sollte Transkulturalität eine Strategie sein, die mit der Mehrheitslogik
radikal bricht und abstrakte Begriffe von Kultur und Geschlecht sowie
Nation und *community* in Frage stellt: „Wir alle kommen von und sprechen
von ‚irgendeinem Ort' aus: wir sind verortet – und in diesem Sinne trägt
selbst der Modernste die Spuren von ‚Ethnizität'" (ebd.: 217). Doch was
bedeutet kulturelle Zugehörigkeit (Ethnizität) tatsächlich für Individuen
in unterschiedlichen gesellschaftlichen Feldern und sozialen Positionen?
Wie interagieren die verschiedenen *Communities* (z.B. im Ruhrgebiet türkische *Communities*, Studentinnen und Studenten an den Hochschulen, so-
zialdemokratische Ortsvereine, die Lesbenszene etc.)? Wie funktionieren
Ausgrenzung und Inferiorisierung von Mädchen und Frauen innerhalb
und außerhalb der *Communities*, die sich aus mangelnder Anerkennung
der Bürgerinnen-/Bürger- und Menschenrechte speisen? Dazu braucht es
mehr Forschungen.

Eine Soziale Arbeit, die auf Transkulturalität als Strategie setzt, sieht
sich einer doppelten politischen Forderung verpflichtet (frei nach Stuart
Hall 2004: 215): Zum einen geht es um die radikale Anerkennung der bürgerlichen Rechte und die wirksame Durchsetzung gleicher Teilhabemöglichkeiten für alle (z.B. durch eine nicht nach Kultur, Geschlecht und

Religion unterschiedene Ansprache der Bürgerinnen und Bürger in den sozialen Diensten und Einrichtungen); jegliche Verletzung dieses Prinzips durch diskriminierende oder demütigende Praktiken ist (z.b. durch Fortbildung der Mitarbeiterinnen und Mitarbeiter, aber auch Entzug von Steuergeldern) zu bekämpfen. Zum anderen gilt es, Transkulturalität als eine Strategie zu begreifen, um die öffentliche Repräsentation sozialer Probleme auch im sozialen Kontext ungleicher Machtverhältnisse immer wieder kritisch zu beleuchten und die Akteurinnen und Akteure im Feld der Sozialen Arbeit für ihre Art der Teilnahme an sozialen Konstruktionsprozessen (z.b. durch Zuschreibungen von Hilfebedürftigkeit) zu sensibilisieren. Eine solche Strategie zielt perspektivisch darauf, Soziale Arbeit in einer postnationalen und transkulturellen Weise zu rekonfigurieren oder, wenn nötig, neu zu entwerfen.

Literatur

Amirpur, Katajun/Ammann, Ludwig (Hg.) (2006): Der Islam am Wendepunkt. Liberale und konservative Reformer einer Weltreligion. Freiburg/Basel/Wien

Apitzsch, Ursula (2006): Die Chancen der Zweiten Generation in selbstständigen Migrantenfamilien: Intergenerationelle und Gender-Aspekte. In: Rehberg, Karl-Siegbert (Hg.): Soziale Ungleichheit – Kulturelle Unterschiede. Verhandlungen des 32. Kongresses der Deutschen Gesellschaft für Soziologie in München 2004. Frankfurt/New York (i.E.)

Arat, Yesim (2004): Le retour du voile – tres questions à Yesim Arat. Interview geführt von Nükte V. Ortag. In: L'Express, 26. Januar 2004

Badawia, Tarek (2005a): „Am Anfang ist man auf jeden Fall zwischen zwei Kulturen" – Interkulturelle Bildung durch Identitätstransformation. In: Hamburger, Franz/Badawia, Tarek/Hummrich, Merle (Hg.): Migration und Bildung. Über das Verhältnis von Anerkennung und Zumutung in der Einwanderungsgesellschaft. Wiesbaden.S. 205–219

Badawia, Tarek (2005b): Thesen zur Förderung gesellschaftlicher Partizipation von muslimischen Kindern und Jugendlichen. In: neue praxis, 2, 158–186

Bade, Klaus J. (2002): Europa in Bewegung. Migration vom späten 18. Jahrhundert bis zur Gegenwart. München

Beauftragte der Bundesregierung für Migration, Flüchtlinge und Integration (2005): Der 6. Bericht zur Lage der Ausländer und Ausländerinnen in der Bundesrepublik Deutschland, Juni 2005. Bonn

Beck-Gernsheim, Elisabeth (2004): Wir und die Anderen. Vom Blick der Deutschen auf Migranten und Minderheiten. Frankfurt a.M

Bednarz-Braun, Iris/Heß-Meining, Ulrike (2004): Migration, Ethnie und Geschlecht. Theorieansätze – Forschungsstand – Forschungsperspektiven, Schriften des DJI. Opladen

Below, Susanne von (2000): Schulische Bildung, berufliche Ausbildung und Erwerbstätigkeit junger Migranten. Ergebnisse des Integrationssurveys des BiB. Wiesbaden

Bielefeldt, Heiner (2003): Muslime im säkularen Rechtsstaat. Integrationschancen durch Religionsfreiheit. Bielefeld

Boos-Nünning, Ursula/Karakasoglu-Aydin, Yasemin (2004): Viele Welten leben. Lebenslagen von Mädchen und jungen Frauen mit griechischem, italienischem, jugoslawischem, türkischem und Aussiedlerhintergrund. Herausgegeben vom Ministerium für Familie, Senioren, Frauen und Jugend der Bundesrepublik Deutschland. Berlin

Bourdieu, Pierre (1997): Das Elend der Welt. Zeugnisse und Diagnosen alltäglichen Leidens an der Gesellschaft. Konstanz

Elias, Norbert (1990): Etablierte und Außenseiter. Frankfurt

Farrokhzad, Schahrzad (2003): Bildungs- und Berufschancen von Frauen mit Migrationshintergrund in der Bundesrepublik Deutschland. In: beiträge, 63/64, S. 41–56

Freise, Josef (2005): Interkulturelle Soziale Arbeit. Theoretische Grundlagen – Handlungsansätze – Übungen zum Erwerb interkultureller Kompetenz. Schwalbach/Ts

Fürstenau, Sara (2004): Mehrsprachigkeit als Kapital im transnationalen Raum. Perspektiven portugiesischsprachiger Jugendlicher beim Übergang von der Schule in die Arbeitswelt. Münster

Göle, Nilüfer (1997): Feminismus, Islamismus und Postmodernismus. In: Schöning-Kalender, Claudia/Neusel, Ayla/Jansen, Mechthild M. (Hg.): Feminismus, Islam, Nation, Frauenbewegungen im Maghreb, in Zentralasien und der Türkei. Frankfurt. S. 33–54

Göle, Nilüfer (1995): Republik und Schleier. Die muslimische Frau in der Moderne. Berlin

Göztepe, Ece (2004): Die Kopftuchdebatte in der Türkei – eine kritische Bestandsaufnahme für die deutsche Diskussion. In: Aus Politik und Zeitgeschichte, 33/34, S. 32–38

Gültekin, Nevâl (2003): Bildung, Autonomie, Tradition und Migration. Doppelperspektivität biografischer Prozesse junger Frauen aus der Türkei. Opladen

Hall, Stuart (2004): Ideologie, Identität, Repräsentation. Ausgewählte Schriften 4. Hamburg

Hamburger, Franz/Badawia, Tarek/Hummrich, Merle (Hg.) (2005): Migration und Bildung. Über das Verhältnis von Anerkennung und Zumutung in der Einwanderungsgesellschaft. Wiesbaden

Lenz, Ilse (2006): Wie können wir Ethnizität und Geschlecht zusammendenken? In: Sozialmagazin, 1, S. 17–23

Lutz, Helma (2005): Der Privathaushalt als Weltmarkt für weibliche Arbeitskräfte. In: Peripherie, 97/98, S. 65–87

Lutz, Helma/Huth-Hildebrandt, Christine (1998): Geschlecht im Migrationsdiskurs. Neue Gedanken über ein altes Thema. In: Das Argument, 224, S. 159–172

Luxemburg, Rosa (1973): Karl Marx. In: dies.: Gesammelte Werke, Bd. 3 (1911–1914). Berlin. S. 178–184

Mecheril, Paul (2001): Pädagogiken natio-kultureller Mehrfachzugehörigkeit. Vom „Kulturkonflikt“ zur „Hybridität“. In: Diskurs, 2, S. 41–48

Mecheril, Paul (2004): Einführung in die Migrationspädagogik. Weinheim/Basel

Melter, Claus (2005): „Also das gefällt mir nicht, wie der da jetzt über die Deutschen spricht“. In: Hamburger, Franz/Badawia, Tarek/Hummrich, Merle (Hg.): Migration und Bildung. Über das Verhältnis von Anerkennung und Zumutung in der Einwanderungsgesellschaft. Wiesbaden. S. 25–39

Oestrich, Heide (2004): Der Kopftuch-Streit. Das Abendland und ein Quadratmeter Islam. Frankfurt a.M

Omurca, Muhsin (2002): Kanakmän „tags deutscher nachts türke“. Inklusive Getürkte Deutsche Nationalhymne (CD). Ulm

Özdamar, Emine Sevgi (2004): Seltsame Sterne starren zur Erde. Köln

Paß, Rita (2006): Alter(n)svorstellungen älterer Migrantinnen. Eine explorative Studie über deren biografische Lebensentwürfe. Hamburg (i. E.)

Pusch, Barbara (2001): Die neue muslimische Frau. Standpunkte und Analysen. Würzburg

Peripherie (2004): Gender und Islam, Zeitschrift für Politik und Ökonomie in der Dritten Welt, 95, 24. Jg.

PISA-Konsortium Deutschland (Hg.) (2004): PISA 2003. Der Bildungsstand der Jugendlichen in Deutschland – Ergebnisse des zweiten internationalen Vergleichs. Münster

Pries, Ludger (2002): Transnationalisierung der sozialen Welt? <http://www.ruhr-uni-bochum.de/soaps/down load/publ-2002_lp_transndsozwelt.pdf> (1.2.2006)

Reichert, Martin (2004): All denen, denen ich nicht danke. TAZ vom 20.11.2004

Reinders, Heinz/Mangold, Tanja/Greb, Karina (2005): Ko-Kulturation in der Adoleszenz. Freundschaftstypen, Interethnizität und kulturelle Offenheit im Jugendalter. In: Hamburger, Franz/Badawia, Tarek/Hummrich, Merle (Hg.): Migration und Bildung. Über das Verhältnis von Anerkennung und Zumutung in der Einwanderungsgesellschaft. Wiesbaden. S. 139–157

Schwenken, Helen (2005): Die Selbstorganisation von Migrantinnen in der Europäischen Union und ihr Einfluss auf Perspektiven europäischer Migrationspolitik. Dissertation an der Universität Kassel

Seidel, Eberhard (2005): Die heile deutsche Welt, TAZ vom 20.12.2005

Stauch, Karimah Katja (2004): Die Entwicklung einer islamischen Kultur in Deutschland. Eine empirische Untersuchung anhand von Frauenfragen. Berliner Beiträge zur Ethnologie. Berlin

Tietze, Nikola (2001): Islamische Identitäten: Formen muslimischer Religiosität junger Männer in Deutschland und Frankreich. Hamburg

Tonak, Nilüfer (2005): Die Kopftuchdebatte in der Türkei. Unveröffentlichtes Manuskript. Münster

Treichler, Andreas/Cyrus, Norbert (Hg.) (2004): Handbuch Soziale Arbeit in der Einwanderungsgesellschaft. Frankfurt

Walter, Paul (2005): Urteile und Fehlurteile von Lehrpersonen in der multikulturellen Schulwirklichkeit. In: Hamburger, Franz/Badawia, Tarek/Hummrich, Merle (Hg.): Migration und Bildung. Über das Verhältnis von Anerkennung und Zumutung in der Einwanderungsgesellschaft. Wiesbaden. S. 55–67

Weber, Martina (2003): Heterogenität im Schulalltag. Konstruktion ethnischer und geschlechtlicher Unterschiede. Opladen

Weber, Martina (2005): „Ali Gymnasium" – Soziale Differenzen von SchülerInnen aus der Perspektive von Lehrkräften. In: Hamburger, Franz/Badawia, Tarek/Hummrich, Merle (Hg.): Migration und Bildung. Über das Verhältnis von Anerkennung und Zumutung in der Einwanderungsgesellschaft. Wiesbaden. S. 69–79

Westwood, Sallie/Phizacklea, Annie (2000): Trans-nationalism and the Politics of Belonging. London/New York

Teil 2

Geschlechterdifferenz im Kontext von Jugendhilfe

Luise Hartwig/Kirsten Muhlak
Mädchenarbeit in Theorie und Praxis

Luise Hartwig/Martina Kriener
**Gender und Erziehungshilfe: Herausforderungen
an eine geschlechtergerechte Hilfeplanung nach § 36 KJHG**

Andrea Reckfort
**Die Mädchen vor Augen und Gender im Rücken!
Praktische Erfahrungen mit einer Doppelstrategie**

Alexander Bentheim/Benedikt Sturzenhecker
Jungenarbeit – Entwicklung und Stand in Deutschland

Jürgen Friedrichs
**Konstruktion von Männlichkeiten –
Nutzen und Risiken des Konsums von Drogen**

Margherita Zander
**Geschlechterdifferenzierende Aspekte –
Soziale Arbeit mit rechtsorientierten Mädchen und Jungen**

Mädchenarbeit in Theorie und Praxis

Luise Hartwig / Kirsten Muhlak

1. Entwicklungslinien pädagogischer Mädchenarbeit

Jugendhilfe beinhaltet die Gesamtheit der sozialpädagogischen Angebote für Kinder, Jugendliche und Familien. Sie hat zum Ziel, entwicklungsförderliche Lebensbedingungen für Kinder und Jugendliche herzustellen (§ 1 KJHG). Um dies für die heranwachsenden Mädchen und Jungen zu verwirklichen, steht nach dem Willen des Gesetzgebers eine breite Leistungspalette für ihre Unterstützung zur Verfügung. Seit 1990 (1991 in den alten Bundesländern) beinhaltet diese neben der Jugendarbeit, Jugendsozialarbeit und dem erzieherischen Kinder- und Jugendschutz auch die Bereiche der Kindertagesbetreuung und das Feld der Hilfen zur Erziehung.

Im Gegensatz zu den vorhergehenden Bestimmungen des Jugendwohlfahrtsgesetzes, in denen Jugendarbeit und die Hilfen zur Erziehung sowohl finanziell als auch konzeptionell und organisatorisch getrennte Bereiche darstellten, besteht in der heutigen Struktur der Jugendhilfe die Chance auf eine entwicklungsförderliche Vernetzung der Angebote und einen konzeptionellen Dialog (vgl. Bitzan 2004: 461). Aus dieser Struktur ergeben sich die Möglichkeit und die Aufgabe, fachliches Handeln immer zugleich mit einer individuell persönlichen und einer strukturell politischen Zielsetzung zu realisieren (ebd.: 462). Die strukturell-politische Arbeit in der Jugendhilfe schafft den Rahmen, in dem die individuelle pädagogische Beziehung eines gewählten Unterstützungsangebotes den Heranwachsenden zu günstigen Lebensbedingungen verhelfen kann.

Mit der Generalklausel des § 9 KJHG haben die Verfasser des Kinder und Jugendhilfegesetzes eine Folie geschaffen, vor der die Wahl und die Ausgestaltung jeder Hilfe und auch die Planung der zur Verfügung gestellten Angebote zu erfolgen hat. Für die Ausgestaltung aller pädagogischen Unterstützungsleistungen macht der Gesetzgeber die Berücksichtigung der unterschiedlichen Lebenslagen von Mädchen und Jungen verpflichtend (§ 9,3 KJHG). Aus der Kenntnis zahlreicher, auf unterschiedlichen Ebenen existierender geschlechtsspezifischer Benachteiligungen der Kinder und Jugendlichen leiteten die Verfasser die Notwendigkeit ab, die

Gleichberechtigung von Mädchen und Jungen zu fördern (ebd.). Daher legten sie die Mädchenarbeit (neben der Jungenarbeit) als verbindliche pädagogische Querschnittsaufgabe der Jugendhilfe fest. Mädchenarbeit als Querschnittsaufgabe umfasst somit die gesamte Leistungspalette der Jugendhilfe. Zudem bezeichnet Mädchenarbeit ein eigenständiges pädagogisches Handlungsfeld in den Jugendhilfeleistungen (Weber 2002: 715). Die Einbeziehung der Kategorie Geschlecht in das pädagogische Handeln bedeutete einen radikalen Perspektivwechsel, durch den Geschlechtersensibles Arbeiten als Kennzeichen sozialpädagogischer Fachlichkeit aufscheint. Ihre rechtliche Verbindlichkeit ist das Ergebnis eines langen Entwicklungsprozesses auf gesellschaftlicher, fachlicher und politischer Ebene. Um die heutigen Herausforderungen der Mädchenarbeit zu verstehen und erfolgreich in Angriff nehmen zu können, ist es sinnvoll, ihre Entwicklungslinien zu kennen und nachzuvollziehen.

Die geschlechterbewusste Pädagogik hat weit zurück reichende Wurzeln. Neben der ersten Frauenbewegung kommt der zweiten Frauenbewegung der 1970er Jahre eine besondere Bedeutung zu, da hier die geschlechterbezogenen Themen unter neuen Vorzeichen wieder aufgegriffen werden. Die darin begründete Mädchenarbeit lässt sich in ihren Entwicklungssträngen sowohl innerhalb des theoretischen feministischen Diskurses, als auch im Sinne von Vernetzungszusammenhängen auf einer kommunal-, landes- und bundespolitischen Ebene thematisieren. Als dritter bedeutender Entwicklungsstrang sind die Erfahrungen einzelner praktischer Handlungsfelder der Jugendhilfe zu nennen. Insgesamt sind die Entstehungszusammenhänge der Mädchenarbeit vielfältig strukturiert und hierarchisiert, sodass der fachliche Diskurs von einer enormen thematischen Vielfalt gekennzeichnet ist. Darüber hinaus bestehen zahlreiche, teilweise gegenläufige theoretische Zuspitzungen, die eben jener Themenvielfalt geschuldet sind (Bitzan/Daigler 2001: 8). Deshalb können die geschlechter-theoretischen, organisatorisch-strukturellen und pädagogisch-praktischen Dimensionen der Mädchenarbeit im Folgenden lediglich ansatzweise skizziert werden. Sie werden abschließend in ihren aktuellen Herausforderungen gebündelt. Die einzelnen Entwicklungslinien sollen hier jedoch nicht isoliert betrachtet werden. Entsprechend der verflochtenen Entwicklung der Mädchenarbeit werden sie mit ihren Wechselwirkungen in den Blick genommen.

Im vorliegenden Artikel wird auf eine Beleuchtung des zentralen Zusammenhanges von „Migration, Ethnie und Geschlecht" in der Mädchenarbeit verzichtet. Ebenso bleibt die Betrachtung der Zusammenhänge auf westdeutsche Entwicklungslinien eingegrenzt. Diese Zurückhaltung ist der Bedeutung und Komplexität des Gegenstands geschuldet, die im Rahmen der vorliegenden Arbeit nicht angemessen berücksichtigt werden konnten. Deshalb sei für diesen Zusammenhang auf die Ausführungen von Iris Bednarz-Braun und Ursula Heß-Meining (2004) sowie von Simone Kruschwitz und Jeanette Scharlinski (1999) verwiesen.

Mit der Frauenbewegung der 1970er Jahre wurden Geschlechterdifferenzen in der pädagogischen Arbeit mit Jugendlichen erstmals dadurch thematisiert, dass auf die Situation von Mädchen im *Jugendhilfesystem* aufmerksam gemacht wurde (Bitzan 2004: 464; Weber 2002: 715). Pädagoginnen in Schule und offener Jugendarbeit nahmen zu dieser Zeit die Erkenntnis einer persönlichen Benachteiligung als Frau zum Anlass für die kritische Auseinandersetzung mit der eigenen pädagogischen Praxis und den Arbeitsstrukturen, in denen sie die Persönlichkeitsentwicklung und die Ausgestaltung der Lebenschancen von Mädchen unterstützen wollten (ebd.). In den ersten Ansätzen feministisch parteilicher Mädchenarbeit ging es entsprechend vorrangig um die Kritik an der Gestaltung und Verteilung vorhandener Räumlichkeiten und pädagogischer Angebote, welche in der Regel auf die Bedürfnisse von Jungen ausgerichtet waren (ebd.: 716; Hartwig 2001: 59). Darüber hinaus wurden die zahlreichen Zuschreibungen und Problemwahrnehmungen kritisiert, mit denen Mädchen in Jugendhilfebezügen regelmäßig konfrontiert wurden. Etikettierungen und problemorientierte Wahrnehmungen hielten sie in traditionellen Bildern fest und schlossen Mädchen dadurch von zahlreichen Aktivitäten aus (Bitzan 2004: 462, 464; Savier/Wildt 1978). Nicht zuletzt ging es bei den pädagogischen Bemühungen um die drängenden Fragen der Selbstverteidigung und des Schutzes von Mädchen vor Gewalt (ebd.).

1.1 Relevanz der Kategorie Geschlecht im pädagogischen Kontext

Mit ihrem feministischen Blick auf die Probleme und Interventionsformen der Jugendhilfe machte die geschlechtsbezogene Forschung die Relevanz der Kategorie Geschlecht auch für die Jugendhilfe sichtbar und bringt sie bis heute in einen offenen, gesellschaftspolitischen Diskurs ein. Hierbei wurde und wird deutlich, dass Geschlecht als Kategorie vor allem dort an Bedeutung gewinnt, wo in Problemlagen und Zuspitzungen der Geschlechterverhältnisse Normalität abhanden kommt (ebd.: 461; Hartwig 2001). Insbesondere bei Belastungen der Identitätssuche durch sehr problematische Lebenslagen stellt der Rückgriff auf Geschlechter-Stereotype ein Bewältigungshandeln dar, durch das mit der Erfahrung von Sicherheit und Anerkennung individuell Entlastung geschaffen werden kann. Auch

die Institutionen der Jugendhilfe reagieren zumeist stark auf Geschlech-
terrollenabweichungen und wählen in der Regel geschlechtsbezogene
Interventionsformen (Hartwig 2001). Außerdem machen sexuell konnotierte Gewalttaten an Mädchen und Jungen deutlich, dass ein Großteil der
zu bewältigenden, konflikthaften Lebenslagen von Mädchen und Jungen
eine Folge des Geschlechterverhältnisses selbst sind (Bitzan 2004).

Der von der Bundesregierung 1984 herausgegebene 6. Jugendbericht
bestätigte für alle Handlungsfelder der Jugendhilfe die Bedeutung der Kategorie Geschlecht. Die Befunde dieser Expertisen sind übereinstimmend
mit den Forschungsergebnissen, welche feministische Wissenschaftle-
rinnen zuvor herausgearbeitet hatten. Sie alle machten einen großen Ver-
änderungsbedarf in den pädagogischen Angeboten für Mädchen deutlich
(vgl. Bitzan 2004). Der festgestellte pädagogische Handlungsbedarf liegt
wesentlich in den für jedes Geschlecht spezifischen Sozialisationsbedingungen und in den individuellen Aneignungsformen durch die aufwach-
sende Generation begründet. Die Geschlechtszugehörigkeit eines Kindes
prägt in besonderer Weise seine individuelle Entwicklung und dessen
Eingliederung in die Gesellschaft (Hartwig 2004: 203). Damit wird es zur
zentralen pädagogischen Anforderung, bei der Begleitung der Identitätsentwicklung genau die Lebenslagen zu beachten, welche die individuelle
und kollektive Geschlechtersozialisation von Mädchen als Entwicklungs-
und Hemmfaktoren begleiten. Neben der sozialen Lage und der Kategorie Ethnie strukturiert die Zweigeschlechtlichkeit als kulturelles Ordnungssystem maßgeblich die Möglichkeiten und Grenzen gesellschaftlicher Teilhabe und persönlicher Entwicklungschancen. So formiert die
Geschlechtersozialisation über die Vermittlung und die alltägliche Aneignung zweigeschlechtlich ausgerichteter Verhaltenserwartungen auch die
Lebensgestaltungschancen von Mädchen (ebd. 2001). Bedeutende Sozialisationsinstanzen sind hier das Elternhaus, Gleichaltrigengruppen, Schule
und Jugendhilfe.

Da die interaktive Herstellung von Geschlecht im Rahmen gesellschaftlicher Strukturen, Hierarchien und Zwänge geschieht (vgl. Knapp
1987), wird es zu einer zentralen Aufgabe von Mädchenarbeit dort zu handeln, wo geschlechterstereotype Benachteiligungen entstehen. Ein solcher
Handlungsauftrag macht es zur pädagogischen Herausforderung und
Verpflichtung, an der Entwicklung geschlechterdemokratischer Strukturen mitzuarbeiten und geschlechtsbezogenen Diskriminierungen entgegenzuwirken (Hartwig 2004: 203). Geschlechterdemokratische Strukturen
zu erarbeiten und entwicklungsförderliche Sozialisationsbedingungen zu
schaffen bedeutet für die Fachkräfte deshalb die Anforderung einer kri-

tischen Auseinandersetzung mit gesellschaftlich vorgegebenen stereotypen Rollenbildern und Normen. Zudem sind eine Reflexion und Veränderung der geschlechtshierarchisch verteilten Chancen auf Macht, Einfluss
und Geld notwendig (ebd.). Dies gilt für alle Teilbereiche der Gesellschaft.
Für die Jugendhilfe als eigenständige und kompensierende Sozialisations-
instanz gilt dies aber insbesondere, da die Mädchen (und Jungen), die ihr
Leben in Jugendhilfebezügen gestalten, es zumeist mit einer Kumulation
alter und neuer Ungleichheiten zu tun haben, die sich entlang sozialer,
ethnischer und geschlechtsbezogener Kategorien ihrer Lebenswirklichkeiten abzeichnen (Bitzan/Daigler 2001: 20 f.). Folglich erfordert die Initiierung entwicklungsförderlicher Sozialisationsbedingungen neben einer
Erweiterung der Handlungsspielräume von Mädchen auch die Bearbeitung der *strukturellen* Bedingungen des Geschlechterarrangements innerhalb des Jugendhilfesystems. Dies geschieht sinnvoller weise in Verbindung mit einer interkulturellen Orientierung seiner sozialen Dienste. Nur
so kann Soziale Arbeit in Jugendhilfekontexten an die mehrkulturellen
und geschlechterbezogenen Lebensrealitäten der Mädchen anschließen.

*1.2 Geschlechterbezogene Implikationen für die konzeptionelle
      Entwicklung der Mädchenarbeit*

Das zunehmende Wissen um die sehr unterschiedlichen Lebenschancen,
die in den 1980er Jahren trotz der formal gleichen Zugangsmöglichkeiten
im Bereich von Bildung und Freizeitgestaltung gravierend waren, veranlasste engagierte Pädagoginnen zum Handeln. Sie begannen selbst unter
heftiger Kritik Mädchentage zu initiieren, Mädchengruppen aufzubauen
und symbolisch oder materiell Räume für Mädchen zu eröffnen. Hier kam
den Mädchen erstmals eine Aufmerksamkeit der Fachkräfte zu, die ihnen
die Jugendhilfe bis dahin verwehrt hat (vgl. Bitzan/Daigler 2001: 43, 46;
Weber 2002: 716). Damit waren die Anfänge einer parteilichen Mädchenarbeit in den Praxisfeldern sozialer Arbeit gemacht. Diese gingen schon
früh mit Veränderungen in der pädagogischen Theoriebildung einher und
führten zu wesentlichen Neuorientierungen professionellen Handelns.
Die gesellschaftskritische Perspektive parteilicher Mädchenarbeit stellte
Erziehungsziele und -inhalte infrage, die sich ausschließlich an der Rolle
einer Frau als Hausfrau und Mutter orientieren. Ebenso grenzte sie sie
sich von einer *unreflektierten* gemeinsamen Erziehung von Mädchen und
Jungen ab. Mit dieser Neuorientierung wurde in Bezug auf die Erziehung
und Bildung von Mädchen eine Abwendung von traditionellen Handlungsorientierungen vollzogen, welche sich beispielsweise im „Konzept

der geistigen Mütterlichkeit" widerspiegeln und von der „natürlichen Andersartigkeit des weiblichen Geschlechts" ausgehen (Weber 2002: 715). Die kritische Analyse der Geschlechterverhältnisse führte auf dem Kölner Frauenkongress 1978 schließlich zu ersten konzeptionellen Überlegungen einer feministischen Mädchenarbeit, die unter Einbeziehung der fachlichen Standards feministischer Sozialarbeit entwickelt wurden (ebd.: 716). *Autonomie, Ganzheitlichkeit* und *Parteilichkeit* sind sozialpädagogische Handlungsprinzipien, die auf ihren Gehalt für die Arbeit mit weiblichen Kindern und Jugendlichen hin bearbeitet wurden.

Autonomie als Prinzip in den Zusammenhängen von Mädchenarbeit bedeutet(e) unter anderem, Entwicklungsräume zu schaffen, in denen Mädchen nicht männlich bestimmten, traditionellen Bewertungskriterien ausgesetzt werden und die ihnen ermöglichen, frei von Anpassungsdruck eigene Weiblichkeits- und Körperbilder und Lebensperspektiven zu entwickeln (ebd.). Diese (auch materiell) eigenen Räume sollten ihnen Erfahrungsfelder für gelebte Solidarität bieten und sowohl individuelle, als auch kollektive Freiräume schaffen.

Ganzheitlichkeit in der Mädchenarbeit beinhaltet die Abwendung von problem- und defizitorientierten Sichtweisen auf die Lebensgestaltung von Mädchen und jungen Frauen. Darüber hinaus führt sie zu einer Anerkennung auch solcher weiblicher Lebensentwürfe, die sich beispielsweise nicht daran orientieren, in männlich geprägten Berufen Fuß zu fassen, sondern die sich in „typischen Frauenberufen" realisieren. Sie sind in diesem Verständnis nicht als unreflektiertes, traditionelles Handlungsmuster zu diskreditieren. Im Gegenteil gilt es sie hier in ihrem Wert als kreative Lebensgestaltung und sinnvolle, individuelle Lösung anzuerkennen, die Mädchen und junge Frauen angesichts einer gesellschaftlich zu verantwortenden Unvereinbarkeit von Familie und zahlreichen Berufen wählen (ebd.: 717; vgl. Hagemann-White 1992). Darüber hinaus wirkt Ganzheitlichkeit als Prinzip einer Individualisierung und Fragmentierung der Problemlagen von Mädchen und jungen Frauen entgegen. Sie verhindert, dass Mädchenprobleme von individuellen und gesellschaftlichen „weiblichen Lebenszusammenhängen" abgespalten werden. Ganzheitlichkeit ermöglicht, in der Mädchenarbeit einzelne „Symptome" vor dem Hintergrund von Berufstätigkeit, Familien- und Hausarbeit *und* Kindererziehung als *Gesamtheit* des bestehenden und zukünftigen Lebenszusammenhangs von Mädchen wahrzunehmen. In einem ganzheitlichen Verständnis wird der Lebenszusammenhang von Mädchen als Rahmen einer möglichen Perspektiventwicklung verstanden und bearbeitet (ebd.; vgl. auch: Prokop 1976).

Parteilichkeit als Prinzip feministischer Mädchenarbeit hat sich aus studentischen Diskursen in der Auseinandersetzung mit der kritischen Theorie entwickelt. Engagierte Frauen und Männer der Studierendenbewegung forderten die Solidarität mit benachteiligten und diskriminierten Bevölkerungsgruppen. Parteiliches Engagement in diesem Verständnis ist keine Frage der Beliebigkeit oder der emotionalen Gestimmtheit, sondern eine notwendige Konsequenz aus der Analyse gesellschaftlicher Machtverhältnisse (Hartwig/Weber 2000). Aus diesem Ansatz hat sich Parteilichkeit von einem zentralen Charakteristikum der autonomen Praxis unter Frauen zu einer Dimension sozialpädagogischer Fachlichkeit in Jugendhilfebezügen entwickelt. Auch hier ist Parteilichkeit eine Konsequenz aus Strukturanalysen, die das Machtungleichgewicht entlang der Kategorie Geschlecht sichtbar machen. Parteiliche Mädchenpädagogik vollzieht auf dieser theoretischen Grundlage einen konsequenten Perspektivwechsel. Sie lässt sich vor dem Hintergrund der Lebens- und Handlungszusammenhänge von Mädchen verstehend auf ihre Sichtweisen ein. Rollenabweichendes Verhalten wird in diesem Konzept konsequent als sinnvolles Bewältigungshandeln in problematischen Lebenszusammenhängen verstanden. Somit bedeutet die Gewährung von Hilfe für ein Mädchen nicht mehr vorrangig eine Wiedereinpassung in vorherrschende Rollenvorstellungen, sondern die Erarbeitung einer „Problemlösung, die dem einzelnen Mädchen gerecht wird". Sie beinhaltet aber „immer auch (...) die Veränderung weiblicher Lebensbedingungen insgesamt" (Hartwig/Weber 2000: 40; Weber 2002: 171).

Parteilichkeit als professionelle pädagogische Haltung ist immer zugleich solidarisch und kritisch. Sie lässt sich nicht dazu verleiten jedes Handeln von Mädchen unreflektiert gutzuheißen, versteht es aber als das zurzeit mögliche und im individuellen Kontext sinnvolle Handeln (vgl. Klees u.a. 1991; vgl. Hartwig/Weber 2000: 40). Damit befindet sich die zentrale Haltung parteilicher Mädchenarbeit in Einklang mit dem später in den Arbeiten von Lothar Böhnisch entwickelten sozialpädagogischen Bewältigungsparadigma. Auch mit sozialpädagogischen Handlungsansätzen, die sich an den Bedürfnissen, den Kommunikationsweisen und der Perspektive Heranwachsender orientieren, stimmt eine parteiliche Haltung überein (zuerst: Arend/Kurt/Hekele 1995; Hekele 2005).

2. Entwicklung der Mädchenarbeit in ausgewählten Handlungsfeldern der Jugendhilfe

2.1 Die Anfänge der Mädchenarbeit in der Jugendhilfe

In den Anfängen der Mädchenarbeit brachte die feministische „Entwicklungsarbeit" an sinnvollen pädagogischen Handlungsorientierungen auch Unsicherheiten mit sich, die auf das Fehlen jeglichen geschlechtsspezifisch differenzierten empirischen Materials zurückzuführen war. Für die Entwicklung fachlicher Standards mangelte es an fundiertem und differenzierendem Wissen über die Lebenswirklichkeit von Mädchen. Überhaupt waren Mädchen bis dahin kaum in der wissenschaftlichen Literatur thematisiert worden (vgl. Sachverständigenkommission der Bundesregierung 1984; Weber 2002). Dennoch konnte durch die Arbeit feministischer Pädagoginnen die Mädchenarbeit in der offenen Jugendarbeit deutlich verändert werden.

Die *offene Jugendarbeit* war bis zu den Interventionen durch Pädagoginnen der zweiten Frauenbewegung implizit aber ausschließlich eine Jugendarbeit, die nur männliche Jugendliche ansprach und als Subjekte erreichte. Die Mädchen verblieben derweil in der Rolle der Beobachterin und Zuschauerin. Hier bemühten sich Mädchenarbeiterinnen durch meist autonom getragene Angebote in offenen Einrichtungen sowie durch Cafes, Werkstätten und Mädchenläden Räume zur Verfügung zu stellen, in denen Begegnung, Partizipation und Gestaltung möglich war (Bitzan/ Daigler 2001: 45). Die Entwicklung und Implementierung von Mädchenangeboten war dennoch durch Hindernisse erschwert, die sich aus den räumlichen und konzeptionellen Strukturen der Regelangebote ergaben. Zusätzlich waren die weiblichen Fachkräfte mit Widerständen durch männliche Mitarbeiter und Nutzer der Einrichtungen konfrontiert (ebd.). Weder die geschlechtsspezifischen Unterschiede der öffentlichen Raumaneignung, noch die alltäglichen inhaltlichen und kommunikativen Übergangenheiten von Mädchen (vgl. Nissen 1998) wurden konzeptionell berücksichtigt (Bitzan/Daigler 2001). Dies führte zu intensiven Auseinandersetzungen um den Sinn von Mädchenarbeit in koedukativen Kontexten. Die Mädchenarbeiterinnen beantworteten den Konflikt mit Bemühungen um die Entwicklung und Einbindung mädchenpädagogischer Angebote. Sie setzten sich intensiv für die Sicherung von Mädchenräumen in den Jugendheimen ein (Bitzan/Daigler 2001: 46 f.). Schließlich konnten im 6. Jugendbericht bereits flächendeckend ein geschlechterdifferenzierendes Angebot offener Jugendarbeit und dessen grundsätzliche Anerkennung durch die Kommunen festgestellt werden (vgl. Weber 2002). Allerdings zeigten die Expertisen auch, dass weiterhin ein hohes Maß an Undifferenziertheit in der Auseinandersetzung mit der konzeptionellen und personellen Ausgestaltung geschlechterbezogener Angebote vorlag. Dies galt sowohl in Bezug auf die Wahrnehmung von Problemlagen, als auch im Hinblick auf die Struktur der Arbeitsfelder. Eine angemessene Umsetzung mädchenpädagogischer Angebote in der offenen Jugendarbeit war somit wesentlich vom Engagement, der Qualifikation und dem Status der einzelnen Pädagoginnen abhängig und nicht zuletzt von der Kooperationsbereitschaft der Mitarbeiter und Träger einzelner Einrichtungen (vgl. Bitzan/Daigler 2001: 46).

Im Bereich der *Erzieherischen Hilfen* setzte eine breitere fachliche Auseinandersetzung mit den spezifischen Sozialisationsbedingungen von Mädchen durch den 6. Jugendbericht überhaupt erst ein. Bis dahin war die Notwendigkeit geschlechterdifferenzierender Angebote für die Hilfen zur Erziehung nicht anerkannt worden (Bitzan 2004: 462; Hartwig/Kriener 2002: 76; Deutscher Bundestag 1984). In 35 Expertisen des 6. Jugendberichts wurden nun zum ersten Mal geschlechtsspezifische Erhebungen in allen Arbeitsfeldern der Jugendhilfe vorgenommen und veröffentlicht. Diese wiesen für den Kontext erzieherischer Hilfen insbesondere spezifische Benachteiligungen für Mädchen nach, die als Folge tradierter Geschlechterrollen ihre Entwicklungsmöglichkeiten hemmten (Hartwig/Kriener 2002: 76). *Dass* die Aufmerksamkeit für die Problem- und Bedürfnislagen von Mädchen in den Hilfen zur Erziehung ganze zehn Jahre später einsetzte als dies in den übrigen Feldern der Jugendhilfe der Fall war, hängt mit der Öffnung der erzieherischen Hilfen für eine koedukative Praxis in den Mädchen- und Jungengruppen der Kinder- und Jugendheime zusammen. Als Gegenbewegung zu einer ausgeprägt repressiven Erziehung durch geschlechtshomogene Erziehungsheime waren die Hoffnungen und Erwartungen an diese neue Form der Erziehung hoch: sie sollte die „Emanzipation der Geschlechter schlechthin" bewirken (ebd.: 77).

Die fehlende Reflexivität tradierter Geschlechterorientierungen in den Auffälligkeitskonstruktionen der Professionellen bildete hier die fachliche Basis für Indikationen zur Heimerziehung. Sie war aber auch eine Ursache für die begrenzten theoretischen Grundlagen mädchenpädagogischer Handlungsansätze. Engagierten Vorreiterinnen einer geschlechterbezogenen Pädagogik wurden auf diesem Boden ihre Forderungen und Ansätze als fachlicher Rückschritt angelastet (Weber 2002: 716). Die Folge war eine verbreitete, pädagogisch-normative Orientierung an der weiblichen Erwachsenenrolle als Ehefrau und Mutter. Handlungsleitend waren in diesem Zusammenhang tradierte Normalitätsdefinitionen, die sich sowohl in der Problemwahrnehmung, als auch in den Einweisungsbegründungen und der Aufmerksamkeitslenkung im pädagogischen Prozess bemerkbar machten. Gleichförmige Typisierungen durch Jugendhilfe-Instanzen verstärkten auf diese Weise bestehende geschlechtsspezifische Stereotype und verschafften ihnen durch Androhungen und die Durchsetzung von sozialen Konsequenzen Geltung (vgl. Blandow u.a. 1986: 192; Hartwig/Kriener 2002: 78). Damit wurde die pädagogische Orientierung der Fachkräfte auf einen angestrebten Sozialisationsendpunkt, statt an den Lebenslagen der Mädchen, ausgerichtet. Zugleich wurde den Mädchen wurde ihr Bewältigungshandeln als individuelles Fehlverhalten zur Last gelegt (vgl. ebd.; vgl. 6. Jugendbericht).

Zu den Diskriminierungen, die sich aus der Familienorientierung professioneller Aufmerksamkeitslenkung ergeben, folgten im Umfeld erzieherischer Hilfen schließlich eingehende wissenschaftliche Untersuchungen. Zu nennen sind hier besonders die Arbeiten von Blandow/v. Winter/Schmitz (1986), die Hessische Mädchenstudie (ISA/LWV Hessen 1987) sowie die Untersuchungen von Trauernicht (1989), Wolffersdorff/ Sprau-Kuhlen (1990) und Hartwig (1990).

Im Rahmen der *praktischen Frauenhausarbeit* offenbarte sich das immense Ausmaß der sexuellen Gewalt an Mädchen und schließlich auch an Jungen. Dies hatte die Jugendhilfe bis dahin nicht wahrgenommen. Als praktische Konsequenz griffen Pädagoginnen die bereits vorhandenen Konzept- und Projektentwicklungen der Frauenhausbewegung auf und initiierten eigenständige Mädchenhauskonzepte. Deren zentrales Ziel war, sichere und gewaltfreie Orte für Mädchen zu schaffen. Es sollten Räume eröffnet werden, in denen den Mädchen Glauben in Bezug auf ihre biografischen Erfahrungen geschenkt wird und die für eine Stabilisierung ihres Selbstbewusstseins und ihrer Identität hilfreich sind (Bitzan 2004: 464). Insbesondere autonome Mädchenhausprojekte versuchten, mit ihren ganzheitlichen Konzepten den reduzierten und tabuisierenden Problemsichtweisen der Jugendhilfe entgegenzuwirken (ebd.). Damit entwarfen sie eine Kombination aus Angeboten von Zufluchten, Krisenintervention, Mädchenwohngemeinschaft und ambulanter Betreuung im Verbund mit Bildungsarbeit, offenen Treffs und Beratungsangeboten (vgl. Hartwig/Kriener 2002: 80). Auf diese Weise ermöglichten sie langfristig eine neue Perspektive auf die Probleme und das Bewältigungsverhalten von Mädchen. Ihre Vorreiterstellung in der Sensibilisierung für mädchenspezifische Problem- und Bedürfnislagen haben autonome Mädchenhausprojekte durch die Verbreitung entsprechender Zufluchtsstätten und Kriseninterventionsangebote bis heute gehalten.

Durch geschlechterdifferenzierende Forschungen wurde ferner deutlich, dass die mädchenbezogene Familienorientierung der Jugendhilfe (Blandow u.a. 1986: 149; Hartwig/Kriener 2002: 78) zur Bereitstellung einer geringeren Anzahl an Hilfeangeboten führte, als dies für Jungen der Fall war. Dies bedeutete, dass auch bei massiven und gefährdenden familiären Konfliktlagen den Mädchen vorwiegend der familiäre Lebensort zugewiesen wurde. Solange Mädchen sich rollenkonform verhielten, wurden sie auch bei Fremdunterbringungen eher familiär untergebracht und insgesamt mit weniger gravierenden Interventionen „belegt" (ebd.; vgl. Hartwig 2001; vgl. Blandow u.a. 1986: 149, 179.). Eine Aufkündigung gesellschaftlicher Rollenerwartungen aber führte zu schnellen, repressiven Normalisierungsimpulsen seitens der Jugendhilfeinstanzen (Bitzan 2004: 471). Die Folgen waren Sanktionen wie eine rasche Verlegung von Mädchen aus ihren Pflegefamilien oder die Überweisung so genannt „gefährdeter Mädchen" in isolierende Spezialeinrichtungen (Hartwig/Kriener 2002: 78). Blandow, von Winter und Schmitz stellten schließlich fest: „Wenn Mädchen aus der Reihe fallen trifft sie der Zorn der Gesellschaft" (ebd. 1986: 191).

Trotz des Engagements feministischer Mädchenarbeiterinnen ist die Situation der Mädchen in der Zeit bis zum Inkrafttreten des KJHG durch traditionelle Problemdefinitionen und Wahrnehmungsmuster der Fachkräfte gekennzeichnet. Tradierte Rollenerwartungen an die Mädchen gingen mit einer starken Familienorientierung in Bezug auf die angebotenen Hilfen einher und verschärften die Situation der Mädchen durch eine breite Verkennung der Formen, des Ausmaßes und der Folgen sexueller Gewalt (vgl. Bitzan 2004: 466).

2.2 Entwicklung der Mädchenarbeit seit der Einführung des KJHG

Seit Inkrafttreten des KJHG hat die Jugendhilfe mit der Generalklausel des § 9,3 KJHG den Handlungsauftrag, die unterschiedlichen Lebenslagen von Jungen und Mädchen zu berücksichtigen, geschlechtsspezifische Benachteiligungen abzubauen und die Gleichberechtigung von Mädchen und Jungen zu fördern. Weil jedoch keine Geschlechterdifferenzierungen in den Ausführungen des Gesetzes vorgenommen wurden, verbleibt es bis heute in der Verantwortung einzelner Fachkräfte, inwieweit die weiteren Aufgaben und Handlungsziele der Mädchenarbeit an ihren geschlechtsspezifischen Problemlagen ausgerichtet und konkretisiert werden (vgl.

Hartwig/Kriener 2002: 79.; vgl. Wallner 1997). Infolgedessen konnten sich bis heute in den Hilfen zur Erziehung nur vereinzelt die differenzierten Angebotspaletten der Mädchenarbeit etablieren. Neben der Schaffung von Mädchenräumen durch Treffs, Werkstätten oder Mädchenfeste wurden in koedukativen Einrichtungen Mädchenwohngruppen eingerichtet oder von dort aus Mädchenwohngemeinschaften gegründet. Sozialpädagogische Tagesgruppen mit geschlechtshomogenen Ansätzen und Frauenteams mit einer mobilen, flexiblen Betreuung sind bislang eher selten. Insgesamt liegt auch nach Inkrafttreten des KJHG der Fokus mädchenspezifischer Angebote auf den Problemlagen und Benachteiligungen von Mädchen.

Die kompensatorischen, meist geschlechtshomogenen Maßnahmen der Mädchenbetreuungsangebote zeigten seit 1990 neben der Tendenz der Spezialisierung auf besondere Problemlagen auch die verbreitete Praxis, Mädchen mit deutlich unangepassten Verhaltensweisen in Kinder- und Jugendpsychiatrien zu verlegen (BMfSFJ 1998; Hartwig/Kriener 2002: 79). Die Problemlagen, welche heute die Entscheidung für eine Hilfe begründen, haben sich im Vergleich zu den Studien von Jürgen Blandow, Gregory von Winter und Jürgen Schmitz (1986) nicht wesentlich verändert (Bitzan 2004: 470). Nach Margarete Finkel (2000) sind dies bei Mädchen häufiger Missbrauchs- und Gewalterfahrungen, Essstörungen, psychische Auffälligkeiten oder gestörte Eltern-Kind-Beziehungen (ebd.: 36; Bitzan 2004: 470).

Auch wenn in den pädagogischen Einrichtungen diesbezüglich Schuldzuweisungen und -zuschreibungen an die Mädchen insgesamt rückläufig zu sein scheinen, sind tradierte, mädchenspezifische Aufmerksamkeitsmuster der professionell Helfenden weiterhin relevant. Sie gehen nach wie vor mit einer besonderen Familienorientierung einher (Hartwig/Kriener 2002: 94). Die Bewertung der Mädchen von der Funktionstüchtigkeit ihrer Familien her führt noch immer dazu, dass sie in ihrem individuellen Erleben und in ihrer Lebensweise nicht gesehen werden. Auch innerhalb der Hilfezusammenhänge bewirkt eine unreflektiert als positiv bewertete Unauffälligkeit von Mädchen oftmals die Nichtbeachtung ihrer Bedürfnisse bzw. ihres Hilfebedarfs. Gerade Mädchen mit eher „leisen" Bewältigungsmustern werden dann ihrer sozialen Unauffälligkeit wegen durch die Fachkräfte von den Hilfen abgekoppelt. Sie verschwinden unbemerkt und ohne laute Handlungsabbrüche aus den Hilfen, zu denen sie zumeist durch ein verspätetes Erkennen ihrer Konfliktlagen erst in höherem Alter einen Zugang erhalten haben (Bitzan 2004: 472). Professionelle Wahrnehmungs- und Handlungsmuster führen für Mädchen mit se-

xueller Gewalterfahrung, Drogenkonsum und Mädchen mit Migrationshintergrund häufig zu folgenreichen Verkennungen ihrer Problemlagen
und Bedürfnisse. Die Bewertungskriterien, welche die Professionellen an
das Bewältigungshandeln der Mädchen anlegen, bedeuten nicht selten
ihren Ausschluss von den Hilfen (vgl. hierzu Hartwig 1990; Bitzan 2004:
70).

Obwohl das System erzieherischer Hilfen sich in den vergangenen
Jahrzehnten gewandelt hat und die Fachkräfte der Mädchenarbeit für
geschlechterbezogene Fragen sensibilisierter sind, realisieren sich die
Benachteiligungen von Mädchen im Überhören ihrer Hilferufe und dem
späten Erkennen ihrer Konfliktlagen (Hartwig/Kriener 2002: 94). Ihre
Problemverarbeitungsweisen fordern Professionelle nicht so unmittelbar
zum Handeln auf. Infolge dessen werden durch eine fehlende geschlech-
tersensible Ausgestaltung des Hilfeplanverfahrens zahlreiche Chancen
der Ermittlung einer geeigneten Hilfe „vergeben" (vgl. dazu ausführlich: Hartwig/Kriener 2004). *Wenn* aber Maßnahmen getroffen werden,
sind diese häufig umso drastischer und führen die Mädchen nicht selten
mangels geschlechterdifferenzierenden, qualifizierten Personals aus dem
Jugendhilfesystem heraus und nach Überweisungsketten in die Psychiatrien (vgl. Bitzan 2004: 471).

Für die *offene Jugendarbeit* zeichnen Maria Bitzan und Claudia Daigler
hingegen ein zuversichtlicheres Bild. Hiernach hat sich Mädchenarbeit
mit geschlechtshomogenen Gruppen, eigenen Räumen und Mädchen-
tagen zum Alltagsbild fast eines jeden Jugendhauses entwickelt. Wird
Geschlechterdifferenzierung als fachlicher Standard anerkannt, sollte
schließlich neben einer parteilichen Mädchenarbeit und einer mädchenspezifischen Gemeinwesenarbeit auch die Implementierung einer reflektierten Jungenarbeit in das pädagogische Konzept gehören (Bitzan/
Daigler 2001: 47). Bedenkenswert scheint in diesem Zusammenhang, dass
Mädchen- und Jungenarbeit eher unverbunden nebeneinanderher existieren und zumeist in einem Verhältnis von „Skepsis und kritischer Distanz"
zueinander stehen. Solange jedoch ein Sinnzusammenhang zwischen den
Ansätzen der Mädchen- und Jungenarbeit in der offenen Jugendarbeit von
den Professionellen nicht erkannt wird (vgl. Bruhns 2004: 14; Kuhnert-
Zier 2000: 11) ist die Integration geschlechterbezogener Angebote in das
koedukative Regelangebot zu hinterfragen.

3. Schlaglichter der aktuellen Geschlechterforschung auf die Entwicklung der Mädchenarbeit

Die Schwierigkeit der Implementierung und Sicherung angemessener mädchenspezifischer Angebote kann teilweise auf eine fehlende konzeptionelle Geschlechterbezogenheit der Einrichtungen und eine fehlende Geschlechterreflexivität der Fachkräfte zurückgeführt werden. Sie ist allerdings nicht ausschließlich eine Frage mangelnder Geschlechterdifferenzierung. Auch in der Art der Auseinandersetzung mit neuen *Gender-Theorien* liegen mögliche Ursachen dieser verzögerten Entwicklung.

Theorieansätze, die – in Anlehnung an Judith Butler (1991) – mit einem fachlichen Bezug auf die Kategorie Geschlecht grundsätzlich den Vorwurf verbinden, sich auf einschränkende Konstruktionen von Zweigeschlechtlichkeit zu stützen, fordern, auf eine ausdrückliche konzeptionelle Geschlechterdifferenzierung zu verzichten (vgl. Meyer/Seidenspinner 1999; Rose 2000). Die radikale Infragestellung der geschlechtsbezogenen Pädagogik wird aus dekonstruktivistischer Perspektive mit einem (vermeintlichen) Bedeutungsverlust der Kategorie Geschlecht begründet (Meyer/Seidenspinner 1999).

Tatsächlich gibt es Belege dafür, dass im Rahmen von Pluralisierungsprozessen die Möglichkeiten einer selbstbestimmten Lebensgestaltung für Mädchen und junge Frauen gestiegen sind. Sabine Hering (1999) und Mechthild Oechsle (2000) beschreiben in diesem Zusammenhang die zunehmende Ausdifferenzierung von Lebensentwürfen sowie eine strukturelle und kulturelle Angleichung zwischen den Geschlechtern. Hierin erkennen auch sie die Rückentwicklung des Merkmals Geschlecht als gemeinsamen Bezugspunkt und Unterscheidungsmerkmal der Geschlechter. Vor diesem Hintergrund könnten Gleichheitsansprüche und Selbstentwürfe, die viele Mädchen gerade nicht geschlechterbezogen auszugestalten versuchen (vgl. Weber 2002: 729), als Beleg für den Bedeutungsverlust einer Geschlechterdifferenzierung gewertet werden. Solche und andere Überlegungen zur sozialen Konstruktion von Geschlecht werden als Argumentation gegen geschlechterdifferenzierende Ansätze in die fachliche Auseinandersetzung eingebracht.

Bei genauerem Hinsehen zeigt sich die Argumentation vom Bedeutungsverlust der Kategorie Geschlecht allerdings als eine „suggestive Gleichung" (Knapp 2001: 16). Ihr liegt ein verkürzter und unkritischer Begriff des Feminismus mit der Unterstellung universalisierender Konzepte von Frau und Mann zugrunde. Während dessen wird die so genannte „Realentwicklung" mit Begrifflichkeiten wie der Individualisierung und

Pluralisierung gleichgesetzt (ebd.). Gudrun-Axeli Knapp stellt fest, dass eine unangemessen starke Betonung der Heterogenisierung weiblicher Lebenszusammenhänge Folgen hat: Die durch Geschlechterhierarchien reduzierten Handlungsspielräume von Mädchen und Frauen werden unterschätzt und auf Grund theoretischer Entscheidungen der Reflexion entzogen (ebd.). Kollektive problematische Erfahrungen von Mädchen, wie beispielsweise das Vorhandensein reduzierter Möglichkeiten bei der Einmündung in das Berufsleben oder geschlechtsspezifische Erfahrungen im Jugendhilfesystem werden durch eine mangelnde Geschlechterdifferenzierung verdeckt und in ihrem handlungsauffordernden Charakter immunisiert.

Die Auseinandersetzung um die Bedeutung(-slosigkeit) der Kategorie Geschlecht ist durch ein Gegeneinander unterschiedlicher theoretischer Ebenen des gleichen Gegenstandsfeldes gekennzeichnet. Dies mündet in den Vorwurf, geschlechterdifferenzierende Ansätze verfestigten genau das, „was sie verflüssigen möchten: die Zweigeschlechtlichkeit als eindeutiges Ordnungssystem" (Bitzan 2004: 462). Dass aber Geschlechterverhältnisse gewissermaßen als geronnenes, gesellschaftliches Konfliktverhältnis durch die bestehende Zweigeschlechtlichkeit sehr konkret zu Verletzungen und zu „Einbahnstraßen" der Lebensentwürfe führen, wird in dieser Argumentationsweise nicht berücksichtigt (ebd.). Die sich im Hinblick auf kulturelle Orientierungen und Bildung zugleich ausdifferenzierenden und angleichenden Lebenslagen von Mädchen und Jungen sind eben kein Anzeichen für die Lösung dieses Konfliktverhältnisses. Die Lebenswirklichkeiten der Heranwachsenden zeigen ein Bild, das gerade eine geschlechterdifferenzierende Betrachtungsweise dringend erfordert. An geschlechtsspezifischen Belastungen, Zuschreibungen und Zumutungen gegenüber Mädchen (und Jungen) wird deutlich, dass Modernisierungsprozesse bis heute lediglich zu Veränderungen, *nicht* aber zu einer Lösung der aus den Geschlechterverhältnissen resultierenden Konflikte geführt hat (vgl. Geissler/Oechsle 1998; Diezinger/Rerrich 1998). Trotz der gesellschaftlichen Gleichheitsversprechungen haben sich die zentralen Grundmuster der gesellschaftlichen Arbeitsteilung und männlicher Lebensführung nicht wesentlich verändert (Bitzan/Daigler 2001: 21 ff.). Belege dafür sind nachweisbare Hindernisse für die Vereinbarkeit von Familie und Beruf. Sie begrenzen nach wie vor die Lebens- und Berufsperspektiven von Mädchen und jungen Frauen. Zudem ist auch der Umstand relevant, dass Herabsetzungen und Gewalt als Alltagsbestandteil weiblicher Lebenszusammenhänge weiterhin von Bedeutung sind (ebd.; Bitzan 2004: 463; Hartwig/Weber 2000). Insgesamt muss also von einer

Angleichung der Lebenslagen von Mädchen und Jungen bei gleichzeitiger Formierung neuer, geschlechtshierarchischer Muster ausgegangen werden (Bitzan 2004: 468).

Damit ist aber die Angleichung der Lebenschancen lediglich eine vordergründige. Sie führt als Kehrseite der Pluralisierung zu Erfolgsdruck und Isolation der Mädchen. Die Individualisierung geschlechtsbezogener Problemlagen ist in den Hilfezusammenhängen auch die Folge einer mangelnden Kommunizierbarkeit der Konflikte. Zugleich trägt sie dazu bei, dass sich die Konflikte weiterhin der Kommunikation entziehen. Sie begünstigt, dass Gewalt, Zurücksetzungen bzw. Nicht-Gelingen als individuelles Versagen und Scheitern gedeutet werden (ebd.; vgl. Hartwig 2001). Die Rolle des geschlechterbezogenen gesellschaftlichen Konflikts wird somit konsequent ausgeblendet (Bitzan/Daigler 2001: 22). Dies führt durch die Entwicklung entsprechender therapeutischer, pädagogischer und administrativer Handlungsansätze (vgl. Geissler/Oechsle 1998; Böhnisch/Brückner 2001; Bitzan 2004) zu einer weiteren Verschärfung und Verdeckung der Lebenswirklichkeiten gerade solcher Mädchen, die ohnehin für einen Verlust ihrer Stimme gefährdet sind (vgl. Brown/Gilligan 1994; vgl. Hartwig 2001). Die Zurücknahme der eigenen Person beispielsweise durch die „Verkleinerung" ihrer Wünsche sind hierbei häufig zu beobachtende Bewältigungsreaktionen von Mädchen (Deutsche Shell 2000: 348). Sie können für Heranwachsende aus materiell und bildungsbezogen ohnehin benachteiligten Familien verheerende Auswirkungen auf die Lebensgestaltung haben.

Eine Missdeutung der äußeren Geschlechterrollenangleichungen von Mädchen und Jungen täuscht zudem darüber hinweg, dass sie trotz gleicher bzw. ähnlicher Körperinszenierungen eine ausgeprägte Geschlechtsidentität aufweisen. So sind Ähnlichkeiten in Mode, Tanz und Musik mit stark geschlechtsspezifischen Bewertungen belegt. Sie erweisen sich als folgenreich für die Identitätsentwicklung, die individuelle Anerkennung und für die gesellschaftliche Akzeptanz als Mädchen oder Junge (Hartwig 2004: 205). Die Verkennung dieses gemeinsamen Verhaltens- oder Inszenierungsprogrammes von Jugendlichen einer bestimmten Szene als Auflösung von Geschlechtsrollen führt gleichermaßen zu Verdeckungen geschlechtsspezifischer Chancen und Risiken (ebd.).

Mädchen setzen sich vor dem Hintergrund vielfältiger Bewältigungs- und Entwicklungsleistungen und -anforderungen mit gesellschaftlich transportierten *Mädchenbildern* auseinander. Die aktuell zur Verfügung stehenden Mädchenbilder gehen von der Erreichbarkeit aller erwünschten Ziele aus: Stärke und Machbarkeit, Informiert-Sein und die Fähigkeit die eigene Meinung zu äußern stehen neben Schönheit, einem lustvollen Körpererleben und der Balance zwischen dem Dasein einer Trendsetterin und einer Individualistin (Stauber 1999). Die Bilder erfüllen die Funktion „imaginäre(r) Lösungen" (vgl. Helfferich 1994; Bitzan/Daigler 2001) für Rollenkonflikte. Sie haben also durch symbolische Handlungen und (auch lautstarke) Ausdrucksweisen eine subjektiv Problem distanzierende und Problem bewältigende Wirkung. Die gesellschaftlich-strukturellen Ungleichheiten, die *hinter* den Konflikten liegen, lösen sie nicht auf. Mädchenbilder und die Lebensrealitäten vieler Mädchen klaffen hier stark auseinander. Dadurch werden die von der Tübinger Forscherinnengruppe beschriebenen lebensweltlichen Verdeckungszusammenhänge der Mädchen verstärkt. Die Missdeutung des nach außen dargestellten Selbstbewusstseins und die Nichtbeachtung ihrer Unsicherheit und Sprachlosigkeit verstärkt die Verkennung lebensweltlicher Anforderungen, denen Mädchen begegnen müssen (Bitzan/Daigler 2001). Verunsichernde, stark widersprüchliche Bereiche ihrer sozialen Wirklichkeiten (Hartwig/Weber 2000; Prokop 1976) werden durch Normalitätsdefinitionen, scheinbare Selbstverständlichkeiten, unausgesprochene Erwartungen und Übereinkünfte verdeckt. „Kanalisierungen" ihrer Wahrnehmungen machen den Mädchen ihre eigenen Impulse suspekt (Bitzan/Daigler 2001). Das bedeutet konkret, dass sie mit Irritationen, Ängsten und ungefragten Fragen wiederum allein gelassen werden und ihnen die Anerkennung für ihre Bewältigungsleistungen verweigert wird. Somit schränken sich ihre Möglichkeiten der Lebensgestaltung ein. Zugleich wird dieser Mechanismus verdeckt. Der zu Grunde liegende gesellschaftliche Konflikt wird der Wahrnehmung aller Beteiligten entzogen (Bitzan 1996).

Mädchen und junge Frauen nehmen gesellschaftlich vermittelte Mädchenbilder und Weiblichkeitsentwürfe jedoch nicht passiv an. Sie setzen sich mit den ihnen angetragenen Rollenvorstellungen aneignend und gestaltend auseinander. Die Ausgestaltung von Mädchenbildern soll hier in ihrem Wert als eigenständige und kreative Gestaltungsleistung von Mädchen nicht diskreditiert werden. Der Focus auf bestehende, verschärfte Verdeckungszusammenhänge erscheint an dieser Stelle jedoch sinnvoll, um aktuelle und zukünftige Herausforderungen der Mädchenarbeit erkennbar zu machen. Denn hieran wird deutlich, dass Mädchenarbeit in der Jugendhilfe eine Geschlechter differenzierende und in der Jugend- und Mädchenforschung begründete Pädagogik sein muss, wenn sie den vielfältigen Bewältigungs- und Vermittlungsanforderungen von Mädchen gerecht werden soll.

Damit Jugendhilfe den Mädchen (und Jungen) eine angemessene Unterstützung zukommen lassen kann, sollte sie folglich weniger von Theorien zur Auflösung der Kategorie Geschlecht her gedacht und konzipiert werden. Entsprechend den Entwicklungsanforderungen Heranwachsender sollte sie von den Lebenswirklichkeiten her entwickelt werden, die für beide Geschlechter in einer zweigeschlechtlichen Gesellschaftsordnung konkret werden. Diese verlangen ihnen ab, mit den Widersprüchlichkeiten und Anforderungen dieser gesellschaftlichen Ordnung zurechtzukommen und sie dabei gleichzeitig zu überwinden (vgl. Bitzan 2004: 473; vgl. Hartwig 2001). Gerade dort, wo das Schwinden institutionalisierter Lebensverläufe und die Anforderung einer alleinverantwortlichen Lebensgestaltung zu Verunsicherungen der Heranwachsenden führt, ist eine parteiliche Mädchenarbeit gefordert, ihnen in Fragen der Lebensplanung und Lebensführung Unterstützung zu geben (Weber 2002: 729). Mädchenarbeit heute bedeutet demnach, Mädchen in den komplexen Prozessen ihres Erwachsenwerdens Unterstützung zu geben, sie in der vordergründigen Chancenvielfalt nicht allein zu lassen und sie bei der Bewältigung individualisierungsbedingter Verschärfungen ihrer Lebenszusammenhänge zu begleiten. Dies erfordert die Bereitstellung einer Vielfalt an lebenswelt- und lebenslagebezogenen Unterstützungsmöglichkeiten. Als notwendige Konsequenz hieße das eine flächendeckende Bereitstellung sowohl von Hilfen, die speziell an den Problemlagen von Mädchen ausgerichtet sind (z.B. Mädchenkrisenhäuser), als auch das Angebot entspezialisierter, pädagogischer Unterstützungsmöglichkeiten (vgl. Hartwig 2001: 59). Es gilt zudem in einem Klima der Anerkennung die Bewältigungs- und Gestaltungsleistungen von Mädchen in den Blick zu nehmen. Dadurch würde eine Reduzierung der Mädchen auf einen Opferstatus ebenso vermieden wie ihre Stilisierung zum starken Mädchen (Hartwig/Weber 2000: 40). Auf diese Weise kann dem einzelnen Mädchen jeweils dort Anerkennung, Schutz oder Unterstützung gewährt werden, wo es angemessen und wichtig ist.

Der Bedarf an pädagogischen Hilfen, die sich ohne eine Defizitorientierung auf das Bewältigungshandeln von Mädchen in schwierigen Lebenslagen beziehen, führt somit zu *Geschlechterdifferenzierung als Zentralkategorie pädagogischer Fachlichkeit*. Ein reflexives Bewusstsein von Geschlechterverhältnissen und ihren Erscheinungsformen in den widersprüchlichen Anforderungen weiblicher Lebenslagen ist eine wichtige Voraussetzung für die Ausrichtung pädagogischer Hilfen auch an den Potenzialen der Mädchen (Hartwig/Weber 2000: 32 f.; Bitzan 2004: 473). An Pädagoginnen der Mädchenarbeit stellt das die Anforderung, Mädchen mit den *eigenen* Weiblichkeitsentwürfen reflexiv gegenüberzutreten und Geschlecht als Strukturkategorie lebenslagespezifisch zu reflektieren (vgl. dazu: Hartwig 2001; vgl. Bitzan 2004: 473; Bruhns 2004: 231).

Die Geschlechterthematik begegnet den Professionellen im konkreten pädagogischen Bezug weder als sozial konstruiertes noch als naturgegebenes Phänomen. Sie lässt sich eher als „komplexes Bewältigungsproblem" beschreiben (vgl. Funk/Böhnisch 2002: 40; Bruhns 2004: 22), dem die pädagogischen Fachkräfte mit ihrem *Verhalten* in der praktischen Arbeit begegnen müssen. Eine *konstruktivistische Perspektive* kann kaum einen Beitrag dazu leisten, im pädagogischen Bezug „die *Empirie* der geschlechtsexpressiven wie geschlechtsambivalenten Befindlichkeiten und Verhaltensweisen der konkreten Menschen" aufzuschließen und zu bewältigen (Funk/Böhnisch 2002: 40). Sie ist in der gelebten pädagogischen Beziehung wenig hilfreich, da Zweigeschlechtlichkeit als kulturelles Ordnungssystem in den Lebenswelten der Mädchen und der Fachkräfte die interaktive Herstellung der Bedeutung von Geschlecht strukturiert (zuerst Hagemann-White 1984; vgl. Hartwig 2001: 47; Hartwig/Weber 2000; Müller-Heisrath/Kückmann-Metschies 1998). In einer entwicklungsförderlichen Geschlechterreflexivität sollten sich Pädagoginnen dementsprechend kritisch-analytisch mit der zweigeschlechtlichen Gesellschaftsordnung auseinandersetzen.

Darüber hinaus erscheint es sinnvoll, die pädagogische Beziehung im Sinne eines pädagogischen *Generationenkonzepts* auszugestalten (Winterhager-Schmid 2000; Stauber 2001). Es geht darum, das generationenbedingt unterschiedliche Erleben für die Beziehung zwischen der vermittelnden Pädagogin und der heranwachsenden Mädchengeneration fruchtbar zu machen (Heinzel 2004: 160). Die Aufgabe einer reflexiven Ausgestaltung der Generationendifferenz ergibt sich aus der Verantwortung der Fachkräfte für die jüngere Generation. Sie birgt die Chance, den Mädchen durch die generationenbedingte Andersartigkeit eine Anregung zur Auseinandersetzung zu geben (vgl. Winterhager-Schmid 2000: 17 f.; Heinzel 2004: 161; Stauber 2001). Zugleich besteht hier die Herausforderung zur politischen Gestaltung der Lebensbedingungen von Mädchen.

Für eine reflektierte pädagogische und politische Positionierung der Fachkräfte ist eine konsequente Bezugnahme auf die Ergebnisse der *Mädchenforschung* und *Jugendforschung* unabdingbar (Hartwig 2001: 53). Dabei kann eine qualitativ-empirische Forschung die Subjektperspektive von Mädchen und jungen Frauen für pädagogische Überlegungen zugänglich machen. Da weibliche Lebenszusammenhänge durch empirische Befunde vor dem Hintergrund von Individualisierungsannahmen nur sehr vordergründig erfasst werden können, ist ein Rückgriff auf das Tübinger Konzept eines geschlechtshierarchischen Verdeckungszusammenhangs sinnvoll. Das Konzept liefert eine notwendige und hilfreiche Interpretationsfolie, um den komplexen Auseinandersetzungsprozessen der Mädchen, den subtilen Verdeckungen von Chancen und Risiken *und* den Verschärfungen weiblicher Lebenswirklichkeiten gerecht zu werden (vgl. Hartwig 2001: 50; vgl. Hartwig/Kriener 2002: 82). Durch ein qualitatives Vorgehen, das Deutungen und Bewertungen objektiver Ungleichheitsmerkmale in Verbindung mit einem subjektiven „Ungleichheitstabu" erhellt (vgl. Oechsle 2000; vgl. Liebe 2004: 228), können Annäherungen an die Lebenswirklichkeiten von Mädchen erreicht werden. Dies wiederum macht mögliche pädagogische und politische Implikationen erkennbar. Zudem kann der Blick auf solche Gestaltungsleistungen und subjektiven Handlungspotentiale von Mädchen freigehalten werden, die auf weitere Anknüpfungspunkte zur Strukturveränderung hinweisen können (vgl. Bitzan 1996).

Die gleichzeitige, wissenschaftliche Berücksichtigung der Kategorie Geschlecht als bedeutende Strukturkategorie und identitätsstiftendes Merkmal für weibliche Heranwachsende ermöglicht *differenzierte* Analysen, die das Verhalten von Mädchen als Bewältigungshandeln im Kontext gesellschaftlicher Rahmenbedingungen verständlich machen. Dies lässt sowohl den Blick auf gestalterische und bewältigende Leistungen von Mädchen, als auch auf entwicklungshemmende bzw. -fördernde gesellschaftliche und pädagogische Rahmenbedingungen zu.

4. Aktuelle Befunde

4.1 Strukturelle Verankerung der Mädchenarbeit

Trotz einer Entwicklung von den spezialisierten Hilfeangeboten der 1980er Jahre hin zu integrativen, maßgeschneiderten erzieherischen Hilfen (vgl. Wolff/Schröer/Möser 1997) berücksichtigen die neuen Hilfeformen nur sehr selten geschlechterdifferenzierende Standards (vgl. Bitzan 1998, 2004: 472). Vor dem Hintergrund tradierter professioneller Wahrnehmungsmuster kommt es auch in lebensweltorientierten, flexiblen Hilfeangeboten weiterhin zu einer Verdeckung brisanter Verschärfungen in den Lebenslagen von Mädchen (Bitzan/Daigler 2001). Diese müssten aufgedeckt werden, damit überhaupt Angebote maßgeschneidert werden können, die geeignet sind zur Lösung von Mädchenproblemen beizutragen (vgl.

Hartwig/Kriener 2002: 81). Dazu wäre eine *strukturelle Verankerung* der Geschlechterdifferenzierung nötig. Sie müsste sowohl in den Einrichtungen der Jugendhilfe, als auch auf der Ebene kommunaler und landesweiter Jugendhilfeplanung erfolgen. Dabei gilt es, Geschlechterdifferenzierung unabhängig von der konzeptionellen Ausrichtung eines Angebots und den persönlichen Einstellungen der Fachkräfte verpflichtend zu Grunde zu legen. Zugleich besteht auch die Notwendigkeit, die Jugendhilfeträger bei der Umsetzung durch die öffentliche Hand zu unterstützen (vgl. Bitzan 2004: 473).

Bereits 1994 veröffentlichte die „Fachgruppe Mädchen und Frauen" des IGFH ein Positionspapier, das zur Situation der Mädchenarbeit Stellung nimmt (vgl. auch: Birtsch u.a. 1996). Darin fordern die Autorinnen, die gesellschaftlichen Benachteiligungen mit den daraus resultierenden Problem- und Bedürfnislagen von Mädchen in den erzieherischen Hilfen konzeptionell zu berücksichtigen. Dem sollte auch durch die (Aus-)Gestaltung eines Hilfenetzes entsprochen werden, in welchem die verschiedenen koedukativen und geschlechtshomogenen Arbeitsansätze miteinander verknüpft und strukturell verankert sind (ebd.). In Bezug auf diese Forderungen hat in den Hilfen zur Erziehung jedoch weder ein breiter fachlicher Diskurs, noch eine flächendeckende strukturelle Umsetzung von Mädchenarbeit stattgefunden (ebd.; vgl. Retza 1994). Auch heute werden geschlechtsbezogene Erziehungshilfen für Mädchen überwiegend in geschlechtshomogenen Angeboten realisiert. Sie beziehen sich zumeist auf spezifische Problemlagen. Hier stellen Fachkräfte im Diskurs um eine Entspezialisierung und Sozialraumorientierung der erzieherischen Hilfen die Legitimation von Mädchenprojekten schnell infrage (Hartwig/ Kriener 2002: 81, 94). Die Landesarbeitsgemeinschaften für Mädchenarbeit könnten an dieser Stelle zu einer Stärkung und der geschlechterbewussten Weiterentwicklung von Mädchenarbeit in der Jugendhilfe beitragen. Sie sind ein Zusammenschluss von Projekten, Trägern und Fachfrauen mit der Möglichkeit zur Vernetzung und einer öffentlichen Präsenz. Die sehr geringe Repräsentanz von Mädchenarbeiterinnen in den Landesarbeitsgemeinschaften ist auch als eine Folge solcher Infragestellungen erkennbar. Andererseits hemmt eine Gesamtbeteiligung von nur 5 % Mädchenarbeiterinnen aus den erzieherischen Hilfen wesentlich ein Voranschreiten der strukturellen Verankerung geschlechterbewusster pädagogischer Arbeitsansätze.

Die enge Verflechtung der individuellen Entwicklungsmöglichkeiten von Mädchen mit den gesellschaftlichen und pädagogischen Rahmenbedingungen macht das Engagement im fachpolitischen Diskurs zu einer zentralen Aufgabe der Fachkräfte. Eine Berücksichtigung geschlechtsbe-zogener Handlungsorientierungen im pädagogischen Alltag reicht allei-ne für eine nachhaltige Mädchenarbeit nicht aus. Die isolierte mädchen-pädagogische Arbeit eröffnet den Mädchen zwar Entwicklungsangebote im pädagogischen Raum, sie belässt sie aber gleichzeitig in tabuisierten, entwicklungshemmenden Verdeckungen und Verschärfungen. Damit verbleiben sie in der Gefahr eines Stimmverlusts und der unauffälligen Abkoppelung von den pädagogischen Hilfen. Eine fachpolitische Arbeit ist somit der Arbeit in der pädagogischen Beziehung in ihrem Wert gleich zu stellen. Es geht auch darum, im Rahmen politischer Auseinanderset-zungen auf der Kommunal-, Landes- und Bundesebene die durch For-schungen freigelegten Verdeckungs- und Verschärfungszusammenhänge zu thematisieren. Das Ziel ist, für Mädchen bessere Entwicklungs- und Lebensbedingungen zu erreichen.

Fachpolitisches Handeln und wissenschaftliche *Forschung* bilden dem-nach mit der *pädagogischen Arbeit* die Grundpfeiler der Mädchenarbeit. Wissenschaftliche Analysen sollten dabei nicht nur auf die geschlechter-bezogenen Repräsentationen von Mädchen und Pädagoginnen in den Hil-fen gerichtet sein. Sie sollten ebenso die geschlechterbezogene Verteilung materieller, monetärer und raum-zeitlicher Ressourcen in den Blick neh-men, damit eine geschlechtergerechte Ausgestaltung der erzieherischen Hilfen wahrscheinlicher wird (vgl. Stiegler 2001). Die mögliche Wirkbrei-te eines wissenschaftlich fundierten, politischen Engagements lassen sich an den so genannten Berliner Leitlinien ablesen:

Die Landesarbeitsgemeinschaft (LAG nach § 78 SGB VIII) „Geschlech-terdifferenzierte Arbeit mit Mädchen und Jungen in der Jugendhilfe" hat im Jahr 2004 „Leitlinien zur Verankerung der geschlechterbewussten An-sätze in der pädagogischen Arbeit mit Mädchen und Jungen in der Ju-gendhilfe" herausgeben. Diese wurden als möglichst verbindliche Instru-mente zur Einführung struktureller und fachlicher Standards eingeführt. Es geht dabei um eine Überprüfung Jugendhilfebezogener Verwaltungs-vorschriften auf ihre Auswirkungen bezüglich der Lebensrealitäten und Teilhabechancen beider Geschlechter. In diesem Sinne verstehen die Her-ausgeberinnen und Herausgeber die Berliner Leitlinien als Teil des *Gender Mainstraming* (vgl. LAG nach § 78 SGB VIII 2004: 7). Sie sollen ein Beitrag sein, staatliches *Verwaltungs*handeln so zu qualifizieren, dass Benachteili-gungen oder Privilegien in Verwaltungsvorgängen und -entscheidungen diagnostiziert und abgebaut werden können. Gender Mainstreaming kann dadurch in mädchenpädagogischen Bezügen als eine formale Top-Down-Strategie hilfreich sein, denn im Rahmen der Personalpolitik und

-verwaltung können nun fachliche Bedingungen eingefordert werden, die sich aus geschlechterdifferenzierenden Analysen für die Arbeit mit Mädchen als notwendig ergeben (Bitzan 2004: 474). Gender Mainstreaming kann somit Personalpolitik verändern und die Soziale Arbeit aus ihren Status „Frauenberuf in Männerregie" herausführen (Rauschenbach 1990). Damit könnten für die geschlechterrollenbezogenen Orientierungen von Mädchen neue Rahmenbedingungen geschaffen werden. Eine auf Gesellschaftsanalysen fundierte frauen- und mädchenpolitische Arbeit kann durch die Strategien des Gender Mainstreaming allerdings *nicht* ersetzt werden (vgl. Berliner Leitlinien 2004: 7; vgl. Richtlinien des Kinder- und Jugendplans BMSFSJ 2000; vgl. Hartwig 2004: 203).

Wenn durch die *Ausgestaltung* der Hilfen ein Abbau geschlechtsbezogener Benachteiligungen erreicht werden soll, ist auch hier ein konsequenter Bezug auf die Ergebnisse wissenschaftlicher Forschung unerlässlich (Hartwig 2004: 208). Dies ist zum einen für eine Etablierung der Einstellung und Qualifizierung geschlechtsbewusst arbeitender Fachkräfte von Bedeutung. Ein konsequenter Forschungsbezug macht sich aber auch in einer mädchengerechten Ausgestaltung der Jugendhilfeplanung bemerkbar und ist für die Verteilung und Absicherung personeller und materieller Ressourcen in den Hilfen relevant. Die *konzeptionelle Absicherung* mädchenpädagogischer Angebote kann also nur in einer engen Kooperation von Forschung und Praxis sinnvoll erfolgen (vgl. Berliner Leitlinien 2004; Hartwig 2004). Eine Umsetzung solcher Qualitätsstandards erfordert die Gewährleistung einer fundierten Aus- und Fortbildung in geschlechtsbezogener Pädagogik. Sie wird durch eine breit angelegte Praxisbegleitung und -forschung sichergestellt, die auch den Abbau von Geschlechterhierarchien in den Aufgabenverteilungen der Teams zum Gegenstand hat (Hartwig 2004: 213 f.). Dazu wären hier auch die Lebenswelten der Professionellen als Ausdruck eines gesellschaftlichen Grundverhältnisses wissenschaftlich thematisieren (ebd.; Bitzan 1998).

Qualitätsstandards, wie sie in den Berliner Leitlinien formuliert sind, ermöglichen im Rahmen von Leistungsbeschreibungen eine breitere Verankerung der Mädchenarbeit (vgl. Hartwig/Kriener 2002: 81; vgl. Paritätischer Wohlfahrtsverband 2000). In Bezug auf die Qualitätsentwicklung in der Mädchenarbeit stellen sie eine größere Verbindlichkeit her. Solche geschlechterbezogene Qualitätsstandards müssten für eine nachhaltige Entwicklung von Mädchenarbeit flächendeckend in einen kommunalen Diskurs eingebracht werden, um sie jeweils im Rahmen der Jugendhilfeplanung zu konkretisieren und zu realisieren (Hartwig/Kriener 2002: 81). Dies könnte dazu beitragen, Mädchenarbeit über die Jugendhilfeplanung in den Hilfen zur Erziehung zu etablieren (vgl. Wallner 1996) und sie aus ihrem Nischendasein herauszuholen. Geschlechterbezogene Qualitäts-standards eröffnen ferner die Möglichkeit, in koedukativen Betreuungs-angeboten und Hilfesettings eine breit angelegte fachliche Auseinander-setzung um geschlechtsbezogene Handlungsorientierungen und -ansätze anzustoßen (vgl. Hartwig/Kriener 2002; Weber 2002). Gender Mainstrea-ming kann in diesem Zusammenhang einen Beitrag dazu leisten, Mäd-chenarbeit von ihrer Problem- und Defizitorientierung wegzuführen und eine Normalisierung der pädagogischen Arbeit mit Mädchen in Gang zu bringen. Als Strategie für das Verwaltungshandeln kann sie aber weder eine Geschlechterdifferenzierung in ihrer Funktion für die Bewusstseins-bildung ersetzen, noch stellt sie einen Ersatz für die personenbezogene, über Geschlechteridentifikation hergestellte Beziehungsarbeit dar (Bitzan 2004; Hartwig 2004; Stiegler 2001).

4.2 Koedukation in Schule und Jugendhilfe

Koedukation, als Zusammenführung von Mädchen und Jungen in einen gemeinsamen Unterricht, eine gemeinsame Freizeitgestaltung oder in ge-meinsame Wohnformen, entspricht der gängigen aktuellen Praxis von Ju-gendhilfe und Schule. Die *Ausgestaltung* der Koedukation aber nimmt in den verschiedenen Handlungsfeldern sehr unterschiedliche Formen an. Sie zeigt zum Teil sogar gegenläufige Entwicklungen (Hartwig 2001: 61). Dies gilt insbesondere für die Bereiche von Schule und Hilfen zur Erzie-hung.

Ⅰn den öffentlichen, weiterführenden Schulen wurde Koedukation ge-gen Ende der 1960er Jahre als einfache Zusammenführung von Mädchen und Jungen in das pädagogische Handlungsfeld eingeführt. Die hiervon erwartete Realisierung von Gleichheitsansprüchen für Mädchen und Jun-gen konnte nicht erreicht werden. Im Gegenteil führte die Fortsetzung geschlechtsspezifischer Voraussetzungen, Erwartungshaltungen und Ori-entierungen (ebd.: 58; vgl. Schumacher 1988) zu einer Fortführung von Ungleichheiten. Dieser Umstand war im Rahmen der Frauenbewegung der 1970er und 1980er Jahre Anlass, den Fortschritt durch Koedukation zu hinterfragen und Konzepte einer feministischen Mädchenarbeit zu entwi-ckeln (vgl. Savier/Wildt 1978). Es wurden Arbeitszusammenhänge zu ent-wickelt, die eine frauenspezifische Perspektive vor allem im Bereich der offenen Jugendarbeit und der außerschulischen Bildungsarbeit ermöglich-ten (vgl. Brückner 1996; Bruhns 2004: 17; vgl. Hartwig 2001: 58; Kuhnert-Zier 2000). Den an Gleichheitsansprüchen orientierten Konzepten wurden schließlich differenztheoretische Überlegungen gegenübergestellt. Diese verzichteten auf eine Defizitorientierung und die kompensatorische Ausrichtung in den Maßstäben zur Förderung von Mädchen (Bruhns 2004: 18). Differenztheoretische Konzepte waren das Ergebnis der Anstrengungen von Feministinnen für eine parteiliche Mädchenarbeit. Als solche waren (und sind) sie mit der Forderung verbunden, auch die Situation von Jungen zu reflektieren und angemessene Angebote zu entwickeln (Bitzan 2004: 467). Schließlich fanden auch Forderungen nach Differenzierungen *innerhalb* der Geschlechtergruppen Eingang in die Mädchenarbeit (vgl. Hagemann-White 1984). Sie sollte einer Verschleierung von Unterschieden innerhalb der Geschlechtergruppen entgegenwirken (Bruhns 2004: 19). Maßgeblich für diese Entwicklungen war der Einfluss feministischer *Sozialisationstheorien* (Hagemann-White, 1975; Bilden 1981, 1991; Bruhns 2004: 17). Hier wird aktuell (in Weiterentwicklung der Unterscheidung von sex und gender) unter geschlechtsspezifischer Sozialisation ein permanenter Prozess sozialer Interaktion verstanden, in welchem Vorstellungen von Weiblichkeit und Männlichkeit reproduziert werden (vgl. Hartwig 2001: 48; Müller-Heisrath/Kückmann-Metschies 1998: 53).

Neuere *schultheoretische* Überlegungen erbrachten in diesem Zusammenhang eine Zusammenführung gleichheits- und differenztheoretischer Perspektiven in ein Konzept der *reflexiven Koedukation*. Annedore Prengel zeigt für den Schulkontext auf, dass eine Verwirklichung der Gleichheit der Geschlechter nur in der Anerkennung ihrer Differenzen möglich ist. Gleichheit und Differenz sind aus dieser Perspektive keine sich ausschließenden Positionen, die zur Wahl stehen, sie stehen vielmehr in einem dialektischen Verhältnis zueinander und können nur auf der Basis gleicher Rechte realisiert werden (Prengel 1990: 125). Das hier entwickelte Prinzip der egalitären Differenz geht von der Gleichwertigkeit geschlechts-, ethnie- und fähigkeitenspezifischer Differenzen aus und fordert deren entsprechende Wertschätzung und konzeptionelle Berücksichtigung ein (Prengel 1990; 1995). Dabei gilt es zu beachten, dass bei „allen Formen äußerer Differenzierungen bewusst dafür Sorge getragen werden (muss) (...), dass (...) Diskriminierungen sich nicht verfestigen können" (ebd.: 1995: 196) damit Differenzierung nicht zu verringerten Kontaktmöglichkeiten führt (ebd.).

Während heute in den Grundschulen Konzepte der Qualitätsentwicklung einer reflexiven Koedukation erprobt werden (Pfister/Valentin 1993), steht insbesondere in den *erzieherischen Hilfen* eine solche Entwicklung noch weitgehend aus (Hartwig 2001: 60). Hier gibt es bislang keine fachlichen Standards einer reflektierten Koedukation für die gemischtgeschlechtlichen Regelangebote. Mädchenspezifische Freizeitgruppen oder spezielle Thementage haben in koedukativ ausgerichteten Einrichtungen lediglich eine ergänzende Funktion. Gruppenpädagogische Angebote gelten insgesamt als unmodern und sind speziellen, geschlechtshomogenen Hilfen bei Kriseninterventionen vorbehalten (ebd.). Reflektierte, gemischtgeschlechtliche Konzepte sind in den erzieherischen Hilfen kaum zu finden, sodass Feministinnen speziell in der Heimerziehung die Funktionalisierung von Mädchen für ein harmonischeres Zusammenleben in der Wohngruppe feststellen (Bitzan 2004). Sowohl die Gleichsetzung von Geschlechtsbezogenheit mit *Weiblichkeit* als auch eine fehlende Normalität im Geschlechterbewusstsein sind mögliche Gründe für eine Ablehnung geschlechtsbezogener Angebote durch die Mädchen selbst (vgl. Bitzan 2004: 469). Auf diese Weise sorgen unreflektierte Angebote der Koedukation in Verbindung mit den eher randständig angebotenen mädchenspezifischen Angeboten für eine fehlende Nutzung pädagogischer Entwicklungschancen. Eine Folge ist die unreflektierte Vermittlung traditioneller Verhaltensorientierungen in den koedukativen Interventionsformen (ebd.). Insofern kann bis heute nicht von einer grundlegenden Weiterentwicklung der koedukativen Praxis im Sinne einer reflexiven, geschlechtergerechten Pädagogik die Rede sein (Hartwig/Kriener 2002: 94). Dies birgt für Mädchen die Gefahr, in reproduzierten Geschlechterhierarchien marginalisiert und durch Auseinandersetzungen mit den Jungen latent gefährdet zu werden (Hartwig 2004: 213).

Bei der Entwicklung von *Konzepten reflexiver Koedukation* stehen sowohl die Inhalte, als auch die Kommunikationsformen zur Diskussion, mit denen Mädchen und Jungen in gemeinsamen pädagogischen Kontexten konfrontiert werden. Dabei werden Elemente der geschlechtshomogenen mit neuen Formen der gemischtgeschlechtlichen Arbeitsformen kombiniert (vgl. Faulstich-Wieland 1997), um den jeweils unterschiedlichen Bedürfnissen und Entwicklungsanforderungen von Mädchen und Jungen gerecht zu werden. Handlungsleitend ist das Ziel, geschlechterdemokratische Strukturen zu entwickeln. Dies könnte auch für die Hilfen zur Erziehung wegweisend sein, vorausgesetzt, die Nutzung schulpädagogischer Kenntnisse erfährt im Rahmen Jugendhilfebezogener Forschungen eine auf das Handlungsfeld bezogene Weiterentwicklung. Es geht hier um die gleichberechtigte Entwicklung geschlechtshomogener und reflexiv-koedukativer Jugendhilfe-Angebote. Sie sollten an den Problemlagen der Mädchen (und Jungen) ausgerichtet sein, sich an ihren lebensweltlichen Realitäten orientieren und ihnen die Erprobung auch geschlechtsuntypischen Verhaltens ermöglichen (Hartwig 2001: 53).

Für die Koedukation speziell in den Feldern der *offenen Jugendarbeit*
stellt Martina Liebe eine quantitative Unterrepräsentanz von Mädchen in
den Regelangeboten und den Gremien der Jugendarbeit fest. Dies lässt
auf eine fehlende Berücksichtigung mädchenrelevanter Themen und lebensweltlicher Problemlagen schließen (ebd. 2004: 220). Um einer unreflektierten Ausgrenzung von Mädchen durch Inhalte und Gestaltungs-
formen pädagogischer Angebote entgegenzuwirken, fordert sie unter
anderem die Gewährleistung mädchengerechter Zugangsmöglichkeiten
zu den Angeboten. Ihre Forderung verweist auf die Notwendigkeit einer differenzierten Berücksichtigung von zielgruppen- und kulturspezi-
fischen Zugangsweisen der Mädchen und ggf. der Berücksichtigung ihrer
strukturellen Benachteiligungen (ebd.).

Um in der Jugendhilfe über eine einfache Zusammenführung von
Mädchen und Jungen in den gemeinsamen pädagogischen Raum hinaus
zu gelangen und eine reflexive Koedukation zu ermöglichen, bedarf es sowohl im Bereich der erzieherischen Hilfen, als auch in der offenen Jugendarbeit weitergehender Forschungen und fachpolitischer Anstrengungen.
Nicht zuletzt ist jedoch die Bereitschaft der Fachkräfte erforderlich, sich
um eine intensivierte und institutionalisierte Geschlechterreflexivität zu
bemühen.

5. Ausblick: Mädchenpädagogische Herausforderungen an Wissenschaft und Praxis

Mädchenarbeit ist in den verschiedenen Feldern der Jugendhilfe sehr unterschiedlich stark etabliert. Für alle Bereiche lassen sich jedoch gemeinsame Herausforderungen benennen, die für ihre nachhaltige Implementierung von Bedeutung sind. Die aktuellen und zukünftigen Aufgaben
liegen sowohl im Bereich der Forschung, als auch in der pädagogischen
Konzeptentwicklung und ihrer reflektierten Umsetzung in den Praxisfeldern. Eine Herausforderung bleibt auch die Entwicklung eines *fach-po-
litischen Engagements* seitens der Fachkräfte, das die gesellschaftlichen Bedingungen des Heranwachsens für Mädchen positiv beeinflussen kann.
Dies könnten Fachkräfte aller Handlungsfelder durch eine entsprechende
Beteiligung in den bereits bestehenden Fachgremien und Netzwerken
realisieren. Die Arbeitsgemeinschaften auf der kommunalen Ebene, auf
Landes- oder Bundesebene bieten gute Voraussetzungen, um an einer
weiteren strukturellen Verankerung oder dem fachpolitischen Diskurs
mitzuwirken.

Die Weiterentwicklung der Mädchenarbeit ist jedoch auf eine gegenseitige Anerkennung und die Kooperation der Tätigen dieser Bereiche angewiesen, wenn ihre Arbeit effektiv zu einer Berücksichtigung der Anliegen und Bedürfnisse von Mädchen beitragen soll.

An die *Forschung* stellt sich die Anforderung, feministisch-kritische Gesellschaftsanalysen so mit qualitativ-empirischen Studien zu verknüpfen, dass die verdeckten Belastungen der Mädchen sichtbar werden und damit sowohl auf einer gesellschaftlich-politischen Ebene als auch im individuellen pädagogischen Bezug bearbeitet werden können. Insbesondere dem Bewältigungshandeln der Mädchen könnte durch die Veröffentlichung fundierter Forschungsergebnisse eine breitere fachliche Anerkennung zukommen, ohne den bestehenden pädagogischen und politischen Handlungsbedarf zu verschleiern. Eine intensive, *praxisorientierte Forschung* könnte die weitere Entwicklung angemessener pädagogischer Konzepte vorantreiben. Zudem wäre eine breit angelegte *Praxisbegleitung* zugleich ein Beitrag zur Evaluation der pädagogischen Arbeit und zur Unterstützung geschlechterbezogener Kompetenzen, welche die Fachkräfte in entsprechenden Angeboten der *Aus- und Weiterbildung* herausbilden müssten. Um Mädchen auch in den koedukativen Regelangeboten der Jugendhilfe gerecht zu werden ist schließlich eine konsequente Bezugnahme auf die Ergebnisse der *Jugendforschung* und der *Mädchen- und Jungenforschung* unerlässlich. Diese benötigen wiederum eine Rückbindung an fundierte Gesellschaftsanalysen, um pädagogisch und politisch fruchtbar gemacht werden zu können. Insgesamt bieten die schulpädagogischen Ansätze reichlich Material, das für Jugendhilfebezüge genutzt, weiterentwickelt und umgesetzt werden könnte.

Um *Pädagoginnen* geschlechterbezogen zu *qualifizieren*, müssten die Einrichtungen bereits vorhandene Ergebnisse aus der Mädchenforschung konzeptionell einbinden. Das kann beispielsweise über die Träger im Rahmen des Gender Mainstreaming geschehen und wird durch eine angemessene Bereitstellung materieller, raum-zeitlicher und qualifizierter personaler Ressourcen realisiert. Eine geschlechtergerechte Ressourcenverteilung bedeutet aber auch eine geschlechtergerechte Verteilung von Arbeit, Einfluss und Entlohnung innerhalb der pädagogischen Teams. Für Fachkräfte, die im pädagogischen Bezug zu den Mädchen arbeiten, sind die Aneignung geschlechterbezogenen Wissens und die Herausbildung einer eigenen Geschlechterreflexivität von entscheidender Bedeutung, um geschlechterbezogene pädagogische Kompetenzen entwickeln zu können. Diese sind für einen angemessenen Umgang mit den Entwicklungsanforderungen von Mädchen und jungen Frauen notwendig. Sie ermöglichen, als Fachkraft den Heranwachsenden in der pädagogischen Beziehung ein stabiles, geschlechterbewusstes Gegenüber für ihre Auseinandersetzungen zu bieten.

Literatur

Arend, Detlef/Hekele, Kurt/Rudolph, Martina (1995): Sich am Jugendlichen orientieren. Konzeptionelle Grundlagen und Erfahrungen aus der Mobilen Betreuung (MOB) des Verbundes Sozialtherapeutischer Einrichtungen Celle. IGfH (Hg.). Frankfurt

Bilden, Helga (1981/1991): Geschlechtsspezifische Sozialisation. In: Hurrelmann, Klaus/Ulich, Dieter (Hg.): Neues Handbuch der Sozialisationsforschung. Weinheim. S. 777–812

Bitzan, Maria (1996): Geschlechterhierarchie als kollektiver Realitätsverlust. Zum Verhältnis von Alltagstheorie und Feminismus. In: Grunwald, Klaus/Ortmann, Friedrich u .a. (Hg.): Alltag, Nicht-Alltägliches und die Lebenswelt. Weinheim. S. 29–39

Bitzan, Maria (1998): Zwischen Struktur und Person: Geschlechterdifferenzierende und sozialpolitische Handlungskompetenz als Grundlage für sozialraumorientierte Hilfen. In: Peters, Friedhelm/Trede, Wolfgang/Winkler, Michael (Hg.): Integrierte Erziehungshilfen. Qualifizierung der Jugendhilfe durch Flexibilisierung und Integration? Frankfurt. S. 52–72

Bitzan, Maria/Daigler, Claudia (2001): Eigensinn und Einmischung. Einführung in Grundlagen und Perspektiven parteilicher Mädchenarbeit. Weinheim und München

Bitzan, Maria (2004): Gender in der Kinder- und Jugendhilfe. In: Glaser, Edith/Klika, Dorle/Prengel, Annedore (Hg.): Handbuch Gender und Erziehungswissenschaft. Bad Heilbrunn/Obb. S. 461–476

Bundesministerium für Familie, Senioren, Frauen und Jugend – BMFSFJ (Hg.) (1998): Zehnter Kinder- und Jugendbericht. Bonn (BT-Ds. 13/11368)

Blandow, Jürgen/Winter, Gregory von/Schmitz, Jürgen (1986): „Erzieherische Hilfen". Untersuchungen zu Geschlechtsrollentypisierungen in Einrichtungen und Diensten der Jugendhilfe. In: Freigang, Werner u.a.: Mädchen in den Einrichtungen der Jugendhilfe. Alltag und Biographie von Mädchen. Bd. 15. Hg. von der Sachverständigenkommission Sechster Jugendbericht. Opladen. S. 133–227

Böhnisch, Lothar/Brückner, Margrit (2001): Geschlechterverhältnisse. Weinheim

Böhnisch, Lothar/Funk, Heide (2002): Soziale Arbeit und Geschlecht. Theoretische und praktische Orientierungen. Weinheim und München

Brown, Lyn/Gilligan, Carol (1994): Die verlorene Stimme. Wendepunkte in der Entwicklung von Mädchen und Frauen. Frankfurt/New York

Brückner, Margrit (1996): Frauen- und Mädchenprojekte. Von feministischen Gewissheiten zu neuen Suchbewegungen. Opladen

Bruhns, Kirsten (2004): Geschlechterforschung als Grundlage von Geschlechtergerechtigkeit in der Jugendhilfe. In: Bruhns, Kirsten (Hg.): Geschlechterforschung in der Kinder- und Jugendhilfe. Praxisstand und Forschungsperspektiven. Wiesbaden. S. 13–48

Butler, Judith (1991): Das Unbehagen der Geschlechter. Frankfurt

Deutscher Bundestag (1984): Verbesserung der Chancengleichheit von Mädchen in der Bundesrepublik Deutschland – Sechster Jugendbericht. Bonn

Deutsche Shell (Hg.) (2000): Jugend 2000. Bd.1, Opladen

Diezinger, Angelika/Rerrich, Maria S. (1998): Die Modernisierung der Fürsorglichkeit in der alltäglichen Lebensführung junger Frauen: Neuerfindung des Altbekannten? In: Geissler, Birgit/ Oechsle, Mechtild (Hg.): Die ungleiche Gleichheit. Junge Frauen und der Wandel im Geschlechterverhältnis. Opladen. S. 165–184

Finkel, Margarete (2000): Mädchen und junge Frauen in Erziehungshilfen. In: Daigler, Claudia/ Finkel, Margarete: Mädchen und junge Frauen in Erziehungshilfen. In: EREV, Evangelischer Erziehungsverband, Bundesverband Evangelischer Einrichtungen und Dienste (Hg.): Schriftenreihe 3 Hannover. S. 31–48

Faulstich-Wieland, Hannelore (1997): Geschlecht und Erziehung. In: Bernhard, Armin/Rothermel, Lutz (Hg.): Handbuch Kritische Pädagogik. Weinheim. S. 232–245

Geissler, Birgit/Oechsle, Mechthild (Hg.) (1998): Die ungleiche Gleichheit. Junge Frauen und der Wandel im Geschlechterverhältnis. Opladen

Hagemann-White, Carol/Wolff, Reinhart (1975): Lebensumstände und Erziehung. Grundfragen der Sozialisationsforschung. Frankfurt

Hagemann-White, Carol (1984): Sozialisation: weiblich – männlich? Opladen

Hagemann-White, Carol (1992): Berufsfindung und Lebensperspektive in der weiblichen Adoleszenz. In: Flaake, Karin/King, Vera (Hg.): Weibliche Adoleszenz. Frankfurt/New York

Hartwig, Luise (1990): Sexuelle Gewalterfahrungen von Mädchen. Konfliktlagen und Konzepte mädchenorientierter Heimerziehung. Weinheim/München

Hartwig, Luise/Weber, Monika (2000): Parteilichkeit als Konzept der Mädchen- und Frauenarbeit. In: Merchel, Joachim/Hartwig, Luise (Hg.): Parteilichkeit in der Sozialen Arbeit. Münster. S. 25–48

Hartwig, Luise (2001): Mädchenwelten – Jungenwelten und Erziehungshilfen. In: Birtsch, Vera/ Münstermann, Klaus/Trede, Wolfgang (Hg.): Handbuch Erziehungshilfen. Leitfaden für Ausbildung, Praxis und Forschung. Münster. S. 46–69

Hartwig, Luise/Kriener Martina (2002): Mädchengerechte Entwicklung der Erzieherischen Hilfen. In: Sachverständigenkommission 11. Kinder- und Jugendbericht (Hg.): Bd. 3. Mädchen- und Jungenarbeit – eine uneingelöste fachliche Herausforderung. Der 6. Jugendbericht und zehn Jahre Paragraph 9,3 im Kinder- und Jugendhilfegesetz. München

Hartwig, Luise (2004): Erziehungshilfen in Zeiten des Gender Mainstreamings. In: Bruhns, Kirsten (Hg.): Geschlechterforschung in der Kinder- und Jugendhilfe. Praxisstand und Forschungsperspektiven. Wiesbaden. S. 202–218

Hartwig, Luise/Kriener, Martina (2004): Was hat „Gender" mit Hilfeplanung zu tun? Perspektiven einer geschlechtergerechten Hilfeplanung. In: Hilfeplanung – reine Formsache? Sozialpädagogisches Institut im SOS-Kinderdorf e.V. München. S. 178–199

Heinzel, Friederike (Hg.) (2004): Demokratische Perspektiven in der Pädagogik. Annedore Prengel zum 60. Geburtstag. Wiesbaden. S.14–19

Hekele, Kurt (2005): Sich am Jugendlichen orientieren: ein Handlungsmodell für subjektorientierte soziale Arbeit. Serie: Basistexte Erziehungshilfe (völlig überarbeitete Neuauflage). Weinheim

Helfferich, Cornelia (1994): Jugend, Körper und Geschlecht – Die Suche nach sexueller Identität. Opladen

Heß-Meining, Ulrike/Bednarz-Braun, Iris (2004): Migration, Ehnie und Geschlecht. Theorieansätze, Forschungsstand, Forschungsperspektiven. Wiesbaden

Hering, Sabine (1999): Modernisierungsprozesse weiblicher Lebenslagen. In: SPI. Einwürfe Berlin (Hg.). Berlin

IGFH-Fachgruppe Mädchen und Frauen (1996): Positionen zur Mädchenarbeit in den Erziehungshilfen. In: Birtsch, Vera/Hartwig, Luise/Retza, Burglinde (Hg.): Mädchenwelten – Mädchenpädagogik. Perspektiven zur Mädchenarbeit in der Jugendhilfe. Frankfurt

ISA/LWV Hessen (1987): Mädchen in öffentlicher Erziehung – Eine Untersuchung zur Situation von Mädchen in freiwilliger Erziehungshilfe und Fürsorgeerziehung. Münster

Klees, Renate/Marburger, Helga/Schumacher, Michaela (1989/1991): Mädchenarbeit. Praxishandbuch für die Mädchenarbeit. Weinheim und München

Knapp, Axeli-Gudrun (1987): Arbeitsteilung und Sozialisation: Konstellationen von Arbeitsvermögen und Arbeitskraft im Lebenszusammenhang von Frauen. In: Beer, Ursula (Hg.): Klasse Geschlecht: Feministische Gesellschaftsanalyse und Wissenschaftskritik. Bielefeld

Knapp, Axeli-Gudrun (2001): Dezentriert und viel riskiert: Anmerkung zur These vom Bedeutungsverlust der Kategorie Geschlecht. In: Knapp, Gudrun-Axeli/Wetterer, Angelika (Hg.): Soziale
Verortung der Geschlechter. Gesellschaftstheorie und feministische Kritik. Münster. S. 15–62

Kruschwitz, Simone/Scharlinski Jeanette (1999): „Muss denn Mädchenarbeit wirklich sein?" Entwicklung und Chancen von Mädchenarbeit in den neuen Bundesländern. In: Bitzan/Daigler/
Rosenfeld/SPI (Hg.). Berlin

Kuhnert-Zier, Margitta (2000): Von harten Mädchen und zarten Jungen. Über Geschlechterverhältnisse am Beginn des 21. Jahrhunderts. In: Frankfurter Rundschau. Dokumentation, 12. Mai
2000. S. 11

Landesarbeitsgemeinschaft (LAG) nach § 78 SGBVIII „Geschlechterdifferenzierte Arbeit mit Mädchen und Jungen in der Jugendhilfe"(2004): Leitlinien zur Verankerung der geschlechterbewussten Ansätze in der Pädagogischen Arbeit mit Mädchen und Jungen in der Jugendhilfe"
(Berliner Leitlinien). Berlin

Liebe, Martina (2004): Geschlechtergerechtigkeit in der Jugendarbeit? In: Bruhns, Kirsten (Hg.): Geschlechterforschung in der Kinder- und Jugendhilfe. Praxisstand und Forschungsperspektiven.
Wiesbaden. S. 219–232

Meyer, Dorit/Seidenspinner, Gerlinde (1999): Mädchenarbeit: Plädoyer für einen Paradigmenwech-
sel. In: Arbeitsgemeinschaft für Jugendhilfe (Hg.): 50 Jahre Arbeitsgemeinschaft für Jugendhilfe.
Einheit der Jugendhilfe. Bonn

Müller-Heisrath, Angelika/Kückmann-Metschies, Hedwig (1998): Aufwachsen in der Familie. In:
Horstkemper, Marianne/Zimmermann, Peter (Hg.): Zwischen Dramatisierung und Individualisierung. Geschlechtstypische Sozialisation im Kindesalter. Opladen. S. 47–69

Nissen, Ursula (1998): Kindheit, Geschlecht und Raum. Sozialisationstheoretische Zusammenhänge
geschlechtsspezifischer Raumaneignung. Weinheim und München

Oechsle, Mechtild (2000): Gleichheit mit Hindernissen. Unter Mitarbeit von Bettina Fritzsche. Hg.
von der Stiftung SPI. Bundesmodell „Mädchen in der Jugendhilfe". Berlin

Paritätischer Wohlfahrtsverband (Hg.) (2000): „Mit Mädchen arbeiten – Qualität sichtbar machen".
Projektbericht, Doro-Thea Chwalek. Bielefeld

Pfister, Gertrud/Valtin, Renate (Hg.) (1993): MädchenStärken. Probleme der Koedukation in der
Grundschule. Hannover

Prengel, Annedore (1990): Gleichheit versus Differenz – eine falsche Alternative im feministischen
Diskurs. In: Gerhard, Ute/Jansen, Mechtild/Maihofer, Andrea/Schmid, Pia/Schulz, Irma (Hg.):
Differenz und Gleichheit. Menschenrechte haben (k)ein Geschlecht. Frankfurt S. 120–127

Prengel, Annedore(1995): Pädagogik der Vielfalt. Verschiedenheit und Gleichberechtigung in Interkultureller, Feministischer und Integrativer Pädagogik. 2. Aufl. Reihe: Schule und Gesellschaft.
Bd. 2. Opladen

Prokop, Ulrike (1976): Weiblicher Lebenszusammenhang. Von der Beschränktheit der Strategien und
der Unangemessenheit der Wünsche. Frankfurt

Rauschenbach, Thomas (1990): Personal in der Jugendhilfe – Bilanz und Perspektiven. In: AFET:
Personalentwicklung in Einrichtungen und Behörden der Erziehungshilfe (Neue Schriftenreihe
Heft 45) S. 15–50

Retza, Burglinde (1994): „Kinder und Jugendliche" sind Mädchen und Jungen. Die Jugendhilfe entdeckt die Geschlechter. In: Materialien zur Heimerziehung 4. S. 1

Rose, Lotte (2000): Mädchenarbeit und Jungenarbeit in der Risikogesellschaft. In: neue praxis, 30. Jg.
Neuwied. S. 240–253

Sachverständigenkommission 6. Jugendbericht 1988: Alltag und Biografie von Mädchen. Opladen

Savier, Monika/Wildt, Carola (1978): Mädchen zwischen Anpassung und Widerstand. München

Schumacher, Michaela (1988): Koedukation – Ein trojanisches Pferd? Parteiliche Mädchenarbeit als Qualifizierung der koedukativen Praxis. In: Schlapeit-Beck, Dagmar: Mädchenräume. Initiativen – Projekte – Lebensperspektiven. Hamburg. S. 81–95

Stauber, Barbara (1999): Starke Mädchen – kein Problem? In: Beiträge zur feministischen Theorie und Praxis, Jg. 22, H. 51. S. 53–64

Stauber, Barbara (2001): Wenn Mädchen stark sein müssen und stark sein wollen – Herausforderungen für die Mädchenarbeit als Generationenarbeit. In: Betrifft Mädchen 1/2001. S. 4–7.

Stiegler, Barbara (2001): Wenn Gender das Mädchen schluckt – Gender Mainstreaming und die Mädchenarbeit. In: Forum Erziehungshilfen, Jg. 7 H. 2. S. 9–13

Trauernicht, Gitta (1989): Ausreißerinnen und Trebegängerinnen – Theoretische Erklärungsansätze, Problemdefinitionen der Jugendhilfe, strukturelle Verursachungen der Familienflucht und Selbstaussagen der Mädchen. Münster

Wallner Claudia (1996): Mädchengerechte kommunale Jugendhilfeplanung. Hg.: Institut für soziale Arbeit e.V. Münster

Wallner, Claudia (1997): Das Kinder- und Jugendhilfegesetz und die Mädchenförderung. Ansatzpunkte, Probleme, praktische Erfahrungen. In: Friebertshäuser, Barbara/Jakob, Gisela/Klees-Möller, Renate (Hg.): Sozialpädagogik im Blick der Frauenforschung. Weinheim. S. 195–209

Weber, Monika (2002): Mädchenarbeit. In: Schroer, Wolfgang/Struck, Norbert/Wolff, Mechthild (Hg.): Handbuch Kinder- und Jugendhilfe. München und Weinheim. S. 715–734

Wolffersdorff, Christian von/Sprau-Kuhlen, Vera (1990): Geschlossene Unterbringung in Heimen. Kapitulation der Jugendhilfe? München

Winterhager-Schmid, Luise (Hg.) (2000): Erfahrung mit Generationendifferenz. Weinheim

Wolff, Mechthild/Schröer, Wolfgang/Möser, Sigrid (1997): Lebensweltorientierung konkret – Jugendhilfe auf dem Weg zu einer veränderten Praxis. Beiträge zur IGfH-Jahrestagung 1996 in Dresden. Frankfurt

Gender und Erziehungshilfe:
Herausforderungen an eine geschlechtergerechte
Hilfeplanung nach § 36 KJHG[1]

Luise Hartwig / Martina Kriener

Die Frage, was Gender mit Hilfeplanung zu tun hat, könnte zunächst einfach mit der Feststellung „Eine ganze Menge" beantwortet werden. Zwar sind die Verfahrensvorschriften zur Hilfeplanung in den Vorschriften des § 36 KJHG geschlechtsneutral formuliert, in Verbindung mit den allgemeinen Vorschriften des § 9 Abs. 3 KJHG sollen aber dabei die unterschiedlichen Lebenslagen von Mädchen und Jungen berücksichtigt, Benachteiligungen abgebaut und die Gleichberechtigung von Mädchen und Jungen gefördert werden.

Zwischen diesen normativen Anforderungen des KJHG und der aktuellen Praxis bestehen nach wie vor Umsetzungsdefizite. Belege zu dieser Feststellung liefert die geschlechterdifferenzierte Betrachtung sowohl der Inanspruchnahme von erzieherischen Hilfen als auch der professionellen Wahrnehmung von Problemlagen, die jeweils Hilfen begründen. Jungen kommen frühzeitiger in Erziehungshilfen. Sie erhalten Hilfen im Vorfeld stationärer Maßnahmen. Ihnen gilt die Aufmerksamkeit im Hinblick auf die Reduktion ihrer Störpotenziale sowie im Hinblick auf die Erreichung von Legalverhalten. Ist bei Jungen deutlich häufiger deren individuelles Verhalten Anlass für eine Hilfe, gilt die Aufmerksamkeit demgegenüber bei Mädchen stärker familialen Problemen. Ihre Reaktionen auf Problemlagen werden erst spät von der Jugendhilfe bemerkt und führen noch später zur Gewährung Erzieherischer Hilfen. Zu diesem späten Zeitpunkt sind es vor allem stationäre Hilfen, die sie im Alter von 15 bis 18 Jahren erhalten, wenn die familiale Kooperation in der Regel nicht mehr herstellbar erscheint (vgl. Hartwig/Kriener 2002). Diese spät eingesetzten Hilfen erreichen Mädchen häufig nicht mehr. Sie werden überproportional oft ohne erfolgreichen Abschluss der Maßnahme aus der Jugendhilfe entlassen (vgl. BMFSFJ 1998). Deutlich wird, dass die Orientierung an geschlechtsbezogenen „Auffälligkeiten" von Mädchen

---

1 Der vorliegende Beitrag ist bereits erschienen in Sozialpädagogisches Institut im SOS-Kinderdorf e.V. (Hg.) (2005): Hilfeplanung – reine Formsache. München.

und Jungen offensichtlich zu einer Hilfeplanung führt, die sich implizit an geschlechtstypischen Männer- und Frauenrollen orientiert und häufig bestehende Geschlechtsrollenzuschreibungen übernimmt, ohne dezidiert auf die Überwindung damit verbundener Benachteiligungen für beide Geschlechter hinzuarbeiten. Dies ist jedoch in Zeiten des Gender Mainstreaming, das als staatliche Strategie auf die Aufnahme der Geschlechterperspektive und die Herstellung von Geschlechtergerechtigkeit in allen gesellschaftlichen Bereichen zielt, geboten (vgl. Rauw/Drogand-Strud 2002).

Um sich der Beantwortung der Frage „Was hat Gender mit Hilfeplanung zu tun?" präziser zu nähern, gilt es einen differenzierten Blick auf die Umsetzungsebenen der Hilfeplanung zu richten. Der § 36 KJHG regelt ein Verfahren, in dem die Frage „Welche Hilfe ist wie die richtige" im Rahmen eines intersubjektiven Aushandlungsprozesses zwischen den professionellen Sichtweisen der öffentlichen und der freien Jugendhilfe einerseits und den Wünschen, Bedürfnissen und Erwartungen von Mädchen und Jungen, Müttern und Vätern andererseits beantwortet werden soll. Durch zwei Kriterien soll die Qualität einer Entscheidung über eine „geeignete und notwendige Hilfe" gesichert werden: durch das Zusammenwirken mehrerer Fachkräfte und durch die Mitwirkung der Kinder/ der Jugendlichen sowie ihrer Personensorgeberechtigten. Drei Ebenen sind damit für die Entscheidungsfindung im Einzelfall von Bedeutung:

– die fachliche Perspektive, in der ein „Fall" wahrgenommen, verstanden und eingeschätzt wird
– die kommunikative Gestaltung des Aushandlungsprozesses
– die Entwicklung und Ausgestaltung möglicher und realisierbarer Hilfe-Arrangements.

Eine geschlechtergerechte Ausgestaltung des Hilfeplanverfahrens sollte diese drei Ebenen in den Blick nehmen. Entsprechend wird im vorliegenden Beitrag danach gefragt:

– ob und inwiefern fachliches Wissen über geschlechtsbezogene Lebens- und Problemlagen in der Wahrnehmung von Hilfebedarfen bedeutsam ist und wie solches Wissen Eingang in Entscheidungs- und Reflexionsprozesse der beteiligten Fachkräfte erhält (z.B. in der kollegialen Beratung),
– welche geschlechtsbezogenen Aspekte im kommunikativen Aushandlungsprozess zwischen Mädchen/Jungen, Müttern/Vätern und den professionellen Fachkräften relevant sein können und als solche

wahrgenommen werden müssen (z.B. die Beteiligung von Mädchen
und Jungen),
– wie geschlechterbezogene Aspekte Eingang in die Ausgestaltung von
Hilfen finden.

In vier Schritten werden entlang dieser Fragen im Folgenden die
relevanten Perspektiven einer geschlechtergerechten Hilfeplanung aufgezeigt. Dazu stellen wir Hilfeplanung zunächst in den Gesamtzusam-
menhang einer Jugendhilfe, die eine Gestaltungsfunktion für Geschlechtergerechtigkeit ernst nimmt. Dann nehmen wir eine Einschätzung zum
aktuellen Sachstand bzgl. der Umsetzung einer geschlechtergerechten
Hilfeplanung vor. Um die Umsetzungspraxis der Hilfeplanung weiter zu
differenzieren sowie um Entwicklungsbedarfe und -ansätze für eine weitere Qualifizierung der Hilfeplanung zu konkretisieren, werden wir im
dritten Schritt die Ergebnisse einer Expertinnen-/Expertenbefragung zum
Thema ausführen. Der Beitrag schließt mit Handlungsstrategien mit Blick
auf eine qualifizierte geschlechtergerechte Hilfeplanung ab.

1. Orientierungs- und Handlungsprämissen einer geschlechtergerechten Jugendhilfe

Der Handlungsauftrag der Jugendhilfe, nämlich die gesellschaftliche Integration junger Menschen zu fördern, insbesondere solcher, die psycho-
sozial belastet sind, impliziert einen Handlungsauftrag für die Weiterentwicklung des Geschlechterverhältnisses im Hinblick auf die gerechte
Verteilung von Teilhabechancen in der Gesellschaft und individueller Ge-
staltungsmöglichkeiten. Jungen wie Mädchen benötigen eine eigene Vorstellung vom Mann-Sein und Frau-Sein in dieser Gesellschaft und eine
Lebensplanung, die eine Weiterentwicklung des traditionellen Rollenver-
ständnisses ermöglicht. Es sind insbesondere erzieherische Hilfen aufgerufen, (neue) pädagogische Betreuungssettings zu gestalten, die ausgehend von geschlechtsbezogenen Lebenserfahrungen der Jungen und
Mädchen eine Hinterfragung des bestehenden Gefüges ermöglichen als
auch neue Beziehungsgestaltungen und Lebensplanungen entwerfen und
erproben helfen. Für diese Aufgabe bietet das KJHG eine gestaltungsof-
fene Grundlage. Mit diesem Verständnis einer Steuerungsfunktion der Jugendhilfe bezogen auf Geschlechtergerechtigkeit für die nachwachsende
Generation gelten folgende Grundannahmen für den Forschungsgegen-
stand geschlechtergerechte Hilfeplanung:

1. In unserer Gesellschaft benötigen auch die Bereiche Bildung und Erziehung eine Vision und einen Handlungsauftrag für mehr Geschlechterdemokratie.
2. In einer Kultur der Zweigeschlechtlichkeit erfordern sozialisationsunterstützende Leistungen der Jugendhilfe eine Orientierung an diesem System mit dem Ziel, die geschlechtsbezogenen Einschränkungen und Diskriminierungen abzubauen und vielfältige Geschlechterarrangements zu fördern.
3. In besonderer Weise prägt das Geschlecht eines Kindes seine Sozialisation, seine individuelle Entwicklung wie auch seine Eingliederung in die Gesellschaft.
4. Das Prinzip des Gender Mainstreaming greift die Idee einer gerechten Ausgestaltung von Gesetzen und Verwaltungshandeln auf mit dem Ziel, neue Handlungsspielräume für beide Geschlechter zu eröffnen.
5. Die Jugendhilfe übernimmt diesen Grundsatz und bezieht ihn sowohl auf die Arbeit mit Kindern, Jugendlichen und Familien als auch für ihre eigene Organisation, ihre Strukturen und ihre Personalentwicklung.
6. Für ein gelingendes Aufwachsen von Kindern und Jugendlichen ist eine Orientierung an beiden Geschlechtern zu fördern. Dies gilt für den familialen wie den öffentlichen Raum.
7. Die genannten Prämissen beinhalten für die Jugendhilfe einen Handlungsauftrag im Hinblick auf geschlechterdifferenzierende Problemerkennung, die geschlechtergerechte Hilfeplanung und die geschlechtsbezogene Ausgestaltung der Hilfen mit dem Ziel des Aufbaus von Geschlechtergerechtigkeit (Gender Mainstreaming).

2. Hilfeplanverfahren und Geschlecht im Spiegel der Fachdiskussion

Die Sichtung von Literatur und Untersuchungen zur Hilfeplanung macht schnell eines deutlich: Bislang wird die Hilfeplanung kaum in der Gender-Perspektive wahrgenommen, geschweige denn diskutiert.

2.1 Entscheidungsfindung zwischen Aushandlung und Diagnose

Die Diskussionen um den Charakter der Hilfeplanung, in deren Kontext auch die Entscheidung für eine bestimmte Erziehungshilfe verortet ist, werden in den letzten Jahren in den Polen „Diagnose" und „Aushandlung" diskutiert (vgl. Merchel 1999). Während die einen Hilfeplanung als

einen Vorgang des Fallverstehens begreifen, in dem unter Mitwirkung
bzw. Koproduzentenschaft der Adressatinnen/Adressaten und anderer
beteiligter Fachkräfte die Konstruktion eines spezifischen Hilfesettings
ausgehandelt wird, suchen die anderen nach einer Qualifizierung der Entscheidungsprozesse durch eine expertenbestimmte Ist-Analyse und eine
an eindeutigen Zuweisungskriterien orientierte Feststellung der „richtigen" Hilfe. Von Vertreterinnen und Vertretern beider Positionen werden
zwar übereinstimmend die Komplexität der Problemkonstellationen und
die Individualität der Dynamik sozialer Prozesse als Charakteristikum
sozialpädagogischer Entscheidungen konstatiert, aber eben mit unterschiedlichen Konsequenzen. Allerdings wird weder in den Ansätzen psychosozialer Diagnosen (u.a. Harnach-Beck 2000), noch der biografischen
Diagnose (Uhlendorff 1997) oder strukturierter Ansätze kollegialen Fallverstehens (Ader u.a. 2001) der Geschlechteraspekt als fachliches Merkmal explizit berücksichtigt. Demgegenüber benennt Finkel (2002: 88), eine
der Mitautorinnen/Mitautoren der so genannten JULE-Studie (BMFSFJ
1998) u.a. als zentrale Voraussetzung für „gelingende" Verstehens- und
Entscheidungsprozesse, die sich aus den Ergebnissen der Studie ableiten
lässt, die Berücksichtigung unterschiedlicher Lebenslagen von Mädchen
und Jungen: „Das Wissen um ihre jeweiligen Lebenssituationen, Bedürfnislagen und Problemlösungsversuche unterstützt das Verstehen dessen,
was die einzelnen Mädchen und Jungen zeigen und wollen. Dabei muss
durchaus auch auf das geblickt werden, was Mädchen und Jungen durch
geschlechtsrollentypisches Verhalten verbergen oder wo sie versuchen,
Anforderungen an Normalität oder „Bilder" von Mädchen und Jungen
gerecht zu werden". Insgesamt ist mit Böhnisch/Funk (2002: 177) festzustellen:

> *„Es gibt wohl kaum einen Bereich (Fallverstehen, Kasuistik) in der sozialarbeiterischen Tä-*
> *tigkeit, wo soziale und tiefenpsychologische Dynamiken so ineinander übergehen, dass das*
> *Wirken von geschlechtsbezogenen Mechanismen eigentlich unabweisbar ist. Dennoch findet*
> *man keine durchgearbeiteten Ansätze einer geschlechtstypischen Kasuistik."*

2.2 Kommunikative Ausgestaltung der Hilfeplanung im Fokus
der Adressatenbeteiligung

Seit Mitte der 1990er Jahre rückt die Beteiligung der Adressatinnen und
Adressaten stärker in den Fokus der Fachdiskussion zur Hilfeplanung
(vgl. z.B. ISA 1994). Entsprechend beschäftigen sich verschiedene Beiträge
mit der Qualifizierung der kommunikativen Aushandlungsprozesse, der
Ausgestaltung und Flexibilisierung der Hilfeplangespräche, der besseren

Vorbereitung mit den Adressatinnen und Adressaten, der Konkretisierung von Zielen und dem Umgang mit Dissensen oder dem Einsatz kind- und jugendgerechter Methoden (vgl. z.b. Neufeldt 1997; von Spiegel 1999; Evangelische Gesellschaft Stuttgart e.V. 1999; Schwabe 2000; Kriener 2001; LWL 2003). Insgesamt kann auch hier konstatiert werden, dass bzgl. der konkreteren Ausgestaltung der Aushandlungs- und Kommunikationsprozesse in der Hilfeplanung überwiegend nicht geschlechterdifferenziert wird. Vereinzelt gibt es allerdings Hinweise, die die Bedeutung geschlechtsbezogener Aspekte in der Aushandlung mit den Adressatinnen und Adressaten unterstreichen. Dazu drei zentrale Ergebnisse aus der Literaturrecherche:

–   Kerstin Petersen (1996: 88) befragt in ihrer Untersuchung über 300 Jugendliche und junge Erwachsene zu ihren Partizipationschancen im Problembearbeitungsprozess mit dem Jugendamt. Es sind mehrheitlich die Mädchen und jungen Frauen, die sich nicht beteiligt fühlen. Die Autorin führt dazu zwei Erklärungsperspektiven an: Zum einen enthielten institutionelle und professionelle Handlungsorientierungen in Bezug auf weibliche Problemlagen eher sanktionierende und einschränkende Maßnahmen; zum anderen reagiere Jugendhilfe offensichtlich auf die Aktions- und Mitarbeitsformen von Mädchen in Problembearbeitungsprozessen nicht angemessen (ebd.).

–   Offenkundig wird die im Vergleich zu Müttern deutlich geringere Beteiligung von Vätern in der Hilfeplanung. Die Auswertung von Hilfeplänen und ihren Fortschreibungen (insgesamt 104 Hilfeplan- und Fortschreibungsgespräche) im Rahmen eines Praxisentwicklungsprojektes (LWL 2003: 74) ergab, dass hier Mütter an 60,8 % und Väter an 19 % der Gespräche teilgenommen haben.

–   Beschriebene geschlechtstypische Aufmerksamkeitsstrukturen und Verkennung realer Problemlagen setzen sich leicht in der Hilfeplanungspraxis fort. So beschreibt z.B. eine Jugendamtsmitarbeiterin eindrücklich, wie leicht die expansiveren und aggressiveren Ausdrucksformen der Jungen mehr Zeit, Raum und Hilfe forcieren, während Mädchen, die eher Rückzugstendenzen zeigen, schneller wegen fehlender Mitwirkungsbereitschaft aufgegeben werden (Mau 1997).

2.3 Geschlechterdifferenzierte Inanspruchnahme von Hilfen zur Erziehung

Der Forschungsstand zur Inanspruchnahme von Erziehungshilfen bestätigt seit dem 6. Jugendbericht bekannte Trends, die hier noch einmal zusammengefasst werden.

Ende 2000 wurden 116.952 Mädchen/junge Frauen und 157.621 Jungen/junge Männer als Leistungsempfängerinnen und Leistungsempfänger von Hilfen zur Erziehung erfasst, d.h. 42,6 % der jungen Nutzerinnen und Nutzer der Erziehungshilfe sind weiblich und 57,4 % männlich (Quelle: Arbeitsstelle Kinder- und Jugendhilfestatistik unter Verwendung der Standard-Tabellen Erzieherische Hilfen). Von den 90.607 Hilfen, die im Jahre 2002 neu begonnen wurden, sind von 73.800 Neufällen (für die SPFH wird das Merkmal Geschlecht nicht erhoben) in 61 % Leistungen für männliche Hilfeempfänger (Fendrich u.a. 2003: 2).

Ambulante Hilfen (Tagesgruppe, Betreuungshelfer, soziale Gruppenarbeit und Erziehungsbeistandschaft) wurden mit einem Anteil von 57,2 % häufiger für Jungen gewährt (ebd.). Diese Differenz ist neben der Tagesgruppe ein Effekt der sozialen Gruppenarbeit und der Betreuungshelfer. Zum einen handelt es sich bei der sozialen Gruppenarbeit und den Betreuungshilfen gleichzeitig auch um Maßnahmen nach dem Jugendgerichtsgesetz. Das heißt, die Unterstützung durch diese Hilfen begründet sich wesentlich durch die Kategorie „Legalverhalten". Zum anderen kommt hier die im Verhältnis 3:1 stärkere Inanspruchnahme der Tagesgruppe durch 9- bis unter 15-jährige Jungen zum Tragen (KomDat 2003: 5). Vor dem Hintergrund der Intention des Gesetzgebers, mit der Tagesgruppenerziehung stärker bei den Schulproblemen anzusetzen, kommentiert KomDat (ebd.) dazu: „Aus der Gender-Perspektive geht damit die Schwierigkeit einher, dass Mädchen bei Schulproblemen weniger auffallen und damit auch in geringerem Maße als Klientel von Hilfeformen wie der Tagesgruppenerziehung wahrgenommen werden."

Die Autorinnen und Autoren der Studie „Leistungen und Grenzen von Heimerziehung" (JULE-Studie, BMFSFJ 1998) erklären die deutliche Unterrepräsentanz von Mädchen in den Tagesgruppen mit einer geschlechtsspezifischen Aufmerksamkeitsstruktur, die sich eher an nach außen gerichtetem „störendem" Verhalten von Jungen festmacht. Sie belegen, dass bei den Problemlagen, die den Kindern zugeordnet werden, bei Jungen häufiger aggressives Verhalten (Jungen: 55,8 %, Mädchen: 5,3 %), Hyperaktivität (Jungen: 27,9 %, Mädchen: 0), Fernbleiben von der Schule (Jungen:18,6 %, Mädchen: 5,3 %) und Desorientierung in Alltagssituationen auftreten (Jungen: 34,9 %, Mädchen: 15,8 %) (ebd.: 175). Da nicht davon auszugehen ist, dass Mädchen weniger Probleme haben (BMFSFJ 1998), fallen sie offensichtlich mit ihrem insgesamt angepassteren Sozialverhalten und einer gelingenderen schulischen Sozialisation durch die Wahrnehmungsraster der ambulanten Hilfen.

Der geschlechterspezifische Vergleich bzgl. der Problemlagen der jungen Menschen und ihrer Eltern/Familien hingegen zeigt, dass bei Mädchen signifikant häufiger familiäre Problemlagen (Störung der Eltern-Kind-Beziehung + 15 %) als Auslöser für ein Hilfeangebot angegeben werden und die Familien der Mädchen stärker belastet sind (Arbeitslosigkeit + 8 %, hohe Verschuldung +7 %, Suchtproblematik + 10 %), während bei Jungen deren individuelles Verhalten im Vordergrund steht (aggressives Verhalten + 20 %, Hyperaktivität + 11 %, Schulschwierigkeiten + 11 %) (ebd.: 120)[2].

3. Wahrnehmung der Hilfeplanungspraxis im Gender-Fokus – Ergebnisse einer Expertinnen-/Expertenbefragung

Der Blick auf Forschung und Fachdiskussion machte deutlich: Es liegen bislang kaum Arbeiten zur Differenzierung oder Konkretisierung möglicher Einflüsse und Auswirkungen des Geschlechts im Prozess der Hilfeplanung vor. Um spezifische Informationen dazu zu erhalten, wie in der aktuellen Hilfeplanungspraxis die Kategorie „Geschlecht" berücksichtigt wird, haben wir im Rahmen einer Expertise für das Bundesministerium eine Befragung von Expertinnen und Experten durch geführt (Hartwig/ Kriener 2004: 29 ff.).

Im Dezember 2003 und Januar 2004 wurden acht Expertinnen und Experten interviewt. Die Anzahl der Interviews macht bereits deutlich, dass es hier nicht um repräsentative Aussagen geht. Vielmehr ist es Ziel der Untersuchung, Erkenntnisse über mögliche Relevanzen und Handlungsorientierungen sowie über Entwicklungsbedarfe und -ansätze zu gewinnen, die für die weitere geschlechtergerechte Qualifizierung der Hilfeplanung von Bedeutung sein können. Die Auswahl der Expertinnen und Experten fand nach Repräsentanzkritierien statt, d.h. es wurden sowohl Fachkräfte aus Jugendämtern und aus Diensten und Einrichtungen Freier Träger befragt als auch zu gleichen Teilen Männer und Frauen. Bei den Leistungsanbietern wurde darauf geachtet, ein möglichst breites Spektrum der Jugendhilfe im Bereich der Erzieherischen Hilfen zu erreichen. Das heißt, es wurden Freie Träger mit unterschiedlicher weltanschaulicher Orientierung, mit ambulanten und/oder stationären sowie koedukativen und/oder geschlechterdifferenzierten Angeboten in die Untersuchung einbezogen. Bei den öffentlichen Trägern sind die „Typen" Kleinstadtjugendamt, Großstadtjugendamt und Landesjugendamt ver-

---

2   „+" bezeichnet jeweils die Differenz der Häufigkeitsnennung zum anderen Geschlecht.

treten. Es waren Expertinnen und Experten dabei, die sich nach eigenen Aussagen als Person dezidiert mit Geschlechterdifferenzierung befasst haben als auch Vertreterinnen und Vertreter, die das Thema bislang in der Hilfeplanung für vernachlässigenswert erachtet haben. Die Interviews orientierten sich an einem Leitfaden, der wesentlich die eingangs genannten Strukturebenen umfasste.[3] Das heißt, der 1. Teil bezog sich darauf, wie ein Fall wahrgenommen und verstanden wird, der 2. Teil zielte auf geschlechtsbezogene Aspekte im Aushandlungsprozess und hob damit auf Kommunikation und Setting ab, der 3. Teil befasste sich mit der Ausgestaltung von Hilfearrangements. Zudem haben wir nach möglichen Entwicklungsbedarfen und -perspektiven gefragt. Die zentralen Ergebnisse der Auswertung der Interviews werden im Folgenden wiederum entlang der oben eingeführten Analyseebenen zusammengefasst.

I. Den Fall wahrnehmen, verstehen und einschätzen

„Man guckt eher noch, ist das ein Kind oder ein Jugendlicher, also nicht geschlechtsbezogen." (Hartwig/Kriener 2004: 30). Zu dieser Einschätzung, d.h. dass das Geschlecht nicht grundsätzlich als bedeutsame Kategorie im Fallverstehen, das in der Regel sowohl biografische Verläufe, die Fallgeschichte und Folgerungen für die Hilfegestaltung umfasst, mitreflektiert wird, kommen fast alle Expertinnen und Experten. Bei Kindern und Jugendlichen ist offenbar die Orientierung am Alter vorrangig, d.h. es geht um ein Kind oder einen Jugendlichen. Neben dieser grundsätzlichen Einschätzung wird jedoch mehrfach betont, dass geschlechtsbezogene Aspekte abhängig vom Einzelfall oder in einzelnen Fällen durchaus thematisiert werden. Die unterschiedlichen Anlässe hierzu bergen gleichzeitig bereits Ansätze für mögliche Qualifizierungsstrategien, auf die wir weiter unten eingehen werden.

Überwiegend scheint das Geschlecht dann zum Thema zu werden, wenn spezifische Problemlagen vorliegen, bei denen breiter fachlicher Konsens darüber besteht, dass sowohl Mädchen als auch Jungen geschlechtsbezogen betroffen sind. Bei Mädchen werden insbesondere Gewalterfahrungen, sexueller Missbrauch, Prostitution sowie interkulturelle Konflikte in ihrer geschlechtsbezogenen Erscheinungs- und Verarbeitungsform wahrgenommen. Bei Jungen sind dies deutlicher Gewalt, Aggressionen, Schulprobleme, fehlende soziale Integration und kriminelles Verhalten.

---

3   Die Interviews dauerten jeweils zwischen 45 und 60 Minuten, wurden aufgezeichnet und anschließend transkribiert.

Allerdings wird auch deutlich, dass eine geschlechtsbezogene Wahrnehmung von Problemlagen nicht gleichzeitig zu einem entsprechend ausgestalteten Hilfearrangement führt. Häufig findet die Orientierung zu sehr an den vordergründigen Problemlagen statt, wodurch dann schnell ein großer Handlungsdruck entsteht, der alles dominiert, wenn zum Beispiel ein Mädchen auf der Straße lebt oder ein Junge sich aggressiv und gewalttätig verhält. Jugendhilfe reagiert zwar in solchen Fällen durchaus geschlechtsbezogen, aber eine starke Problemorientierung verhindert eher eine geschlechterdifferenziert reflektierende Hilfeplanung. Entsprechend selten geht es in Fallberatungen oder Hilfeplanungen z.B. um die Bewältigung geschlechtsspezifischer Identitätsbildung als Sozialisationsaufgabe oder geschlechtstypisches Verhalten als Bewältigungsstrategie in prekären Lebenssituationen. Zumindest wird dies kaum von den Expertinnen und Experten erwähnt. Jugendhilfe steht damit in der Gefahr, durch eine starke Orientierung an geschlechtstypischem problematischem Verhalten solche Geschlechtertypisierungen zu verfestigen, anstatt durch unterstützende Angebote zur Dekonstruktion von Geschlechterrollen beizutragen.

Insbesondere – so wird mehrfach betont – scheinen Jungen mit vielfältigen Unterbringungsbegründungen in die Hilfeplanung und in Maßnahmen zu kommen, die nur eingeschränkt hilfreich für ihre tatsächlichen Problemlagen sind. Geschlechtsspezifische Sozialisation und insbesondere Vaterabwesenheit bedingen Verhaltensweisen, die eine genauere Berücksichtigung in den heilpädagogischen Gruppen erforderlich machen. Exemplarisch wird in den Interviews vielfältig auf die unzureichende Hilfestellung für gewalttätige Jungen hingewiesen. So lässt sich resümieren: „Der 12-jährige Junge, das unbekannte Wesen" (ebd.: 51).

Als weitere Anlässe, die Kategorie Geschlecht zu thematisieren, werden zuweilen das Vorhandensein geschlechtsdifferenzierter Konzeptionen und Angebote auf Seiten der Leistungsanbieter genannt. Gibt es im verfügbaren Angebot z.B. ein Mädchenhaus, eine Wohngruppe für jugendliche Täter oder eine Mädchenwohngruppe mit parteilichem Konzept, werden auch Hilfebedarfe stärker geschlechtsbezogen beraten und begründet. Die hier aufscheinende Maßnahmeorientierung, die häufiger in den Fachdiskussionen als hinderlich für ein eingehendes Fallverstehen gesehen wird, kritisiert denn auch ein Jugendamtskollege: „Es wird zu stark in Angebot und Maßnahmen gedacht. Wenn man versuchen würde, das Problem stärker zu verstehen, würde man auch bei den geschlechtsspezifischen Geschichten landen." (Ebd.: 32).

Über die genannten Anlässe, Gender im Einzelfall zu thematisieren, wird von mehreren Expertinnen und Experten betont, dass die standardi-

sierte Berücksichtigung von Gender sich vor allem auf die geschlechtsbezogene Auswahl der Betreuungspersonen bezieht: „Wir gucken im Vorfeld
schon in der Hilfekonferenz an, ob eher eine Frau oder ein Mann geeignet
ist. Wir überlegen das dann mit unseren Freien Trägern und wenn klar ist,
in der Familienkonstellation 12-jähriger Junge, allein erziehende Mutter,
da muss eigentlich ein Mann her, dann suchen und finden wir auch einen
Mann." (Ebd.: 33). Zum anderen beziehen sich Ansätze insbesondere auf
die Präsenz von männlichen und weiblichen Kollegen in der Fallberatung
sowie im geschlechterdifferenzierten Angebot der Betreuungsperson.
Allerdings, so die Aussagen weiter, gelinge es angesichts der Überrepräsentanz einerseits von Jungen im Klientelbereich und andererseits von
Frauen im Profibereich nicht immer, die unter dem Geschlechtsaspekt
passende Betreuungsperson zu finden. Im Falle eines ambulanten Dienstes, wo die Adressatinnen und Adressaten durch ein Infoblatt über eine
solche Wahlmöglichkeit in Kenntnis gesetzt werden, nähmen 30 % bis
40 % diese in Anspruch. Demgegenüber scheine eine Wahl der Mitarbeiterinnen und Mitarbeiter im Jugendamt aufgrund der vorherrschenden
Bezirksorientierung kaum möglich. Auch eine geschlechtsgemischte Zusammensetzung von Teams zur Fallberatung, die von Expertinnen und
Experten als wichtige Einflussgröße gesehen wird, scheitere häufig an der
Überrepräsentanz von Mitarbeiterinnen im Allgemeinen Sozialen Dienst.

II. Zur Ausgestaltung der Hilfeplanung als Aushandlungsprozess

„Es ist einfacher mit Mädchen als mit Jungen über ihre Bedürfnisse und
Wünsche zu reden." (Ebd.: 37). Sowohl die Kommunikation mit Mädchen und Jungen als auch mit Müttern und Vätern wird von mehreren
Expertinnen und Experten geschlechtsbezogen erlebt. Dabei scheinen die
Kommunikationsformen der Mädchen und Mütter zunächst anschluss-
fähiger an die Erwartungen der Jugendhilfeakteure in Bezug auf Problemwahrnehmung und Selbstreflexion zu sein. Ebenso betonen mehrere
Expertinnen und Experten die Unterschiedlichkeit und damit verbunden
die Notwendigkeit aufseiten der Profis, beide Geschlechter zu vertreten,
sowohl um den Adressatinnen und Adressaten verschiedene Gegenüber
und Identifikationsmöglichkeiten anzubieten, als auch selbst geschlechterdifferenzierte Wahrnehmungs- und Kommunikationsformen einzubringen.

„Meistens sitzen ja die Mütter hier, und da ist einfach eine Geschlech-
terübereinstimung zwischen der KSD-Frau und der Mutter. Der Vater ist
nicht da, dann sitzen da zwei Frauen. Wenn ich [ein Erziehungsberater,
L.H./M.K.] dann dabei bin, bin ich schon vom anderen Gestirn." (Ebd.:

37). Sind sie körperlich anwesend, werden ihnen selten angemessene Verfahren angeboten, die sie wirksam in die Kommunikation mit einbeziehen. Väter verbleiben häufig in der zugewiesenen Rolle des Problemverursachers, bisweilen des Täters, der dem Jungen oder auch dem Mädchen nichts mehr geben kann. Die faktische oder inszenierte Vaterabwesenheit setzt sich dann möglicherweise in der Einschätzung der Fachkräfte fort, die die familialen Täter- und Opferrollen in ihrer Fallbearbeitung verstärken und selber zu polarisierenden Fallbesprechungen neigen.

III. Zur Ausgestaltung geschlechtsdifferenzierter Hilfe-Arrangements

Grundsätzlich erachten die befragten Expertinnen und Experten das Vorhandensein gemischtgeschlechtlicher Angebote als sinnvoll, zumal dies häufig von den Adressatinnen und Adressaten gewünscht werde. Als fachlich begründete Ausnahmen werden die Krisenintervention und Hilfen für gewaltbelastete oder Gewalt ausübende, so wie Drogen gebrauchende Mädchen und Jungen genannt. Sind die Angebote geschlechterdifferenziert konzeptioniert, so beziehen sie sich zumeist auf Mädchen als Zielgruppe und selten auf Jungen. Die meisten koedukativen Angebote nutzen kaum die Chancen einer geschlechterreflexiven Pädagogik in dieser Maßnahmeform. Als Ausnahme werden Küchen- und Haushaltsdienste benannt, die gezielt den Mädchen bzw. insbesondere den Jungen angetragen werden. Zudem erscheinen Wohngruppen häufig als jungenlastig, da, allein von der Anzahl der dort lebenden Jungen, die Mädchen eher am Rande in Erscheinung treten. In der Einzelbetreuung wird nach Aussage der Expertinnen und Experten grundsätzlich darüber nachgedacht, ob Männer oder Frauen die Betreuung von Mädchen beziehungsweise Jungen übernehmen. Hier scheint die Geschlechtergerechtigkeit durch eine gezielte Auswahl der sozialen Fachkräfte eher gegeben zu sein.

In Bezug auf die geschlechterdifferenzierte Ausgestaltung von Hilfearrangements wird nochmals die Überrepräsentanz von Frauen im Profibereich betont. „Ich finde aber auch da schon ein Manko, weil wir auch in der Jugendhilfe sehr deutlich sagen müssen, wir haben ja im Klientelbereich mehr Jungs. (...) Und ich finde, im Angebot der Jugendhilfe werden mehr Frauen geboten. Sozialer Beruf. Da wird es dann schwierig." (Hartwig/Kriener 2004: 33). Sozialpädagoginnen und Sozialarbeiter könnten mit ihrer Geschlechtsrolle und Lebensgeschichte Gegenerfahrungen und Anregungen bieten oder Vorbildfunktion übernehmen, indem sie ihre Geschlechtsrolle anders ausfüllen, als es Mädchen und Jungen aus ihrem familiären Umfeld her kennen. So schaffen Fachkräfte neue Orientierungen, wie etwa aus folgender Äußerung deutlich wird: „Zu erleben, man kann Mann sein, stark sein, ohne dass man das mit Gewalt ausüben muss. Und dieser Teil von Männern ist manchmal schwierig zu finden in der Jugendhilfe." (Ebd.: 44). Für eine solchermaßen geschlechtsbewusste Pädagogik benötigen die Professionellen eine Reflexion über ihre eigene Biografie und die Chancen des Einsetzens ihrer Geschlechterrolle als pädagogisches Handwerkzeug. Die Expertinnen und Experten stellen – sofern diese nicht reflektiert werden – sowohl traditionelle Geschlechtsrollen in Frage als auch solche Frauen- und Männerbilder, die nur wenig an der Lebenswelt der Kinder anzuknüpfen scheinen: Nonne als Erzieherin oder männlicher Sozialarbeiter als weicher Mann (ebd.: 43).

Vielfältig wird von den Expertinnen und Experten das Ende eines „Problemexports" gefordert; d.h. das gewalterfahrene Mädchen und der Gewalt ausübende Junge sollen nicht weit entfernt von ihrer Herkunftsfamilie, sondern im Sozialraum betreut und begleitet werden. Gerade diese beiden Zielgruppen werden noch häufig in überregionalen Spezialeinrichtungen oder in anderen Städten untergebracht. Problemlagenorientierte, geschlechterdifferenzierte Angebote in kleinräumigen Settings müssten also vor Ort entwickelt und angeboten werden. Dem steht entgegen, dass die Problemlagen Gewalt, sexueller Missbrauch und Drogen in einigen Einrichtungen als indirekte Ausschlusskriterien fungieren.

Familienorientierte Hilfen im Vorfeld stationärer Maßnahmen sind selten geschlechterdifferenziert. Hier werden fehlende geschlechtsbezogene Evaluationskriterien für die Sozialpädagogische Familienhilfe, aber auch für Familienberatung, genannt. Es wird von den Fachkräften eine Ko-Betreuung (also Mann und Frau als Beratungsteam) gerade bei verfahrenen Familienkonstellationen und für neu zusammengesetzte Familien gefordert. Die fehlende Geschlechterdifferenzierung in der familienbezogenen Arbeit wird als eine mögliche Ursache für häufiges Scheitern der SPFH oder der Fremdplatzierung überhaupt angesehen. Maßnahmen zur Integration abwesender Väter in die Hilfeplanung, aber auch in die Maßnahmegestaltung fehlen völlig. Voraussetzungen für erfolgreichen Vaterkontakt, die eigenständige Unterstützung der Kinder durch Verfahrenspfleger oder Vertrauenspersonen oder die Verantwortungsübernahme der Eltern nach Gewalthandlungen sind in den Handlungskonzepten der Jugendhilfeträger selten spezifiziert.

4. Qualifizierungsstrategien für eine geschlechtergerechte Hilfeplanung

Die Ergebnisse der Literaturlese und Befragung sollen nun direkt in die Entwicklung von Handlungsstrategien mit Blick auf die Qualifizierung hin zu einer geschlechtergerechten Hilfeplanung einfließen.

Aufnahme der Kategorie Geschlecht in die Fallberatung

Insgesamt besteht ein deutlicher Qualifizierungsbedarf bzgl. der Aufnahme der Kategorie Geschlecht in die Hilfeplanung. Diesen konkretisieren wir im Folgenden entlang der bereits oben eingeführten Ebenen: Die Perspektiven, in denen ein Fall wahrgenommen und verstanden wird, die Entwicklung von Unterstützungsangeboten und Hilfeleistungen sowie die Interaktions- und Aushandlungsebene mit den Adressatinnen und Adressaten bedarf der durchgängigen Geschlechterdifferenzierung.

- *Wie wird ein Fall ein Fall?*
  Das Fallverstehen muss neben der aktuellen Problemdefinition auch die Fallgeschichte mit einbeziehen. Der Beantwortung der Frage „Wie wird ein Fall zum Fall?" liegen geschlechtsbezogene gesellschaftliche, institutionelle und professionelle Definitionen über wahrgenommene Symptome zugrunde. Die Reflexion geschlechtsbezogener Aufmerksamkeits- und Interventionsmuster ist notwendig, um Reduzierungen auf geschlechtstypische Abweichungen zu vermeiden als auch zwischen institutionellen und individuellen Diskrepanzerfahrungen, Bedürfnissen und Vorstellungen der Adressatinnen und Adressaten zu unterscheiden, die hinter den äußeren Symptomen liegen. In vielen Jugendämtern gibt es so genannte Vorlagen zur Fallvorstellung, die um geschlechterdifferenzierte Aspekte ergänzt werden sollten. Das Gleiche gilt für Qualitätsbeschreibungen bzgl. eines strukturierten methodischen Verfahrens der Fallberatng.

- *Biografie und Bewältigungsstrategien hinter den Problemen verstehen*
  Auf dieser Ebene gilt es hinter den Symptomen und Problemen, die den Fall zum Fall machen, die Biografie und Bewältigungsstrategien der Adressatinnen und Adressaten aufzuschließen. Es geht hier nicht darum, die Geschichte des wahrgenommenen Problems zu rekonstruieren, sondern vielmehr zu verstehen, welche Konflikte Mädchen und Jungen, Mütter und Väter in der Bewältigung ihres Lebens haben, die auch immer Konflikte in der Aneignung von Geschlechterrollen

oder Geschlechtsrollenerwartungen sind. Erst das Verstehen sub-
jektiver geschlechtsdifferenzierter Diskrepanzerfahrungen und Bewältigungsstrategien eröffnet Perspektiven für Unterstützungs- und
Hilfeleistungen, die ein „Nachsozialisieren" bzw. Gegenerfahrungen
ermöglichen. Erst so können erfahrene Konflikte bewältigt werden.
Ähnlich wie bzgl. der Fallgeschichte und Fallvorstellung kann auch
hier die Ergänzung der Kriterien oder Kategorien des Fallverstehens
um geschlechterdifferenzierte Aspekte zur Sicherung einer entsprechend reflektierenden sozialpädagogischen Diagnose beitragen.

- *Beziehung, Interaktion und Aushandlungsprozess zwischen Fachkräften*
  und Adressatinnen/Adressaten

  Auch in der Interaktion zwischen Fachkräften und Adressatinnen/
  Adressaten kommt der Geschlechteraspekt zum Tragen. Eher geschlechtstypische, einengende Kommunikationsformen („Jungen und
  Männer müssen sich beweisen, ihren Mann stehen", „Mädchen und
  Frauen nehmen sich eher zurück, passen sich an, da sein für andere")
  gilt es wahrzunehmen und entsprechend zu erweitern. Ebenso bedarf
  es der Reflexion eigener geschlechtsbezogener Wahrnehmungen und
  Kommunikationsformen aufseiten der Fachkräfte, die in der Interaktion mit den Adressatinnen und Adressaten wirken.

Beteiligung von Frauen und Männern als Fachkräfte in der Fallberatung

Anzustreben ist die Präsenz von Frauen und Männern in der Fallberatung. Gerade weil die Praxis des Fallverstehens, häufig Assoziationen,
Einfühlung und Identifikationen nötig machen, ist es hilfreich, männliche
und weibliche Fachkräfte zu beteiligen und dadurch die Möglichkeiten
geschlechterdifferenzierter Reflexion zu erweitern.

Entwicklung kleinräumiger geschlechterdifferenzierter Konzepte
auch für spezifische Problemlagen von Mädchen und Jungen

Der von den Expertinnen und Experten vielfältig geäußerte Wunsch,
kleine flexible Angebote für Mädchen und Jungen vor Ort bereitzustellen, damit die Kinder und Jugendlichen in ihrem Lebensraum verbleiben
können, zeigt, dass es noch zu wenig passgenaue Hilfen im Stadtteil gibt.
Exemplarisch werden Zweier- bzw. Dreierwohngemeinschaften für Mädchen (auch für junge Frauen und ihre Kinder) und flexible Betreuungs-
konzepte für gewalttätige Jungen gefordert. Hier gilt es in der Planung

zu beachten, dass die realen Problemlagen der Mädchen und Jungen, die hinter den offiziellen Unterbringungsbegründungen stehen, Aufnahme in die Konzepte und Betreuungsangebote finden sollten, damit sie die Mädchen und Jungen auch wirklich erreichen. Auch Jungen brauchen Schonräume, die frei von männlichem Dominanzverhalten sind.

Integration der Spezialberatungen und Spezialmaßnahmen
in die Sozialraumkonzepte, ohne die Eigenständigkeit in Frage zu stellen

Überregional belegte Spezialmaßnahmen müssen eng mit den Jugendhilfeangeboten vor Ort verzahnt werden, damit das fachliche Know-how in die Arbeit im Stadtteil einfließt und der „Problemexport" eingeschränkt wird. Für die Krisenintervention sind Spezialeinrichtungen im Einzelfall nicht zu vermeiden, als langfristiger Lebensort sind sie für Mädchen und Jungen aber wegen der stigmatisierenden Wirkung abzulehnen. („Missbrauchsgruppe"; „Tätergruppe").

Geschlechtergerechte Gestaltung der koedukativen Maßnahmen

Koedukative Gruppen werden von Expertinnen und Experten als Regelangebote der Erziehungshilfe für wünschenswert erachtet. Dabei gilt es in der Praxis darauf zu achten, dass zwischen geschlechtsspezifischen Sozialisations- und Entwicklungsaufgaben von Kindern und Jugendlichen differenziert wird, damit bestehende Geschlechterhierarchien nicht reproduziert werden. Mädchen als „Lückenbüßerinnen" in Jungenwohngemeinschaften sind genau so abzulehnen wie der männliche „Alibipädagoge" in Mädchenwohngemeinschaften mit Frauenteams in der Betreuungsverantwortung.

Geschlechterdifferenzierung in der Familienberatung
und der Sozialpädagogischen Familienhilfe

Die Familienberatung und Sozialpädagogische Familienhilfe wird weder statistisch nach Geschlechtern erhoben noch gibt es eine verbreitete Fachdiskussion über geschlechtergerechte Familienarbeit. Zudem werden geschlechtshomogene Herangehensweisen vernachlässigt. Wie bedeutsam kann es beispielsweise sein, dass Vater und Sohn mit Hilfe eines männlichem Sozialpädagogen aktuelle Familienprobleme klären, gerade wenn es darum geht, eine längerfristige Heimeinweisung des gewalterfahrenen Jungen zu vermeiden; oder wie notwendig ist die fachliche Intervention einer Sozialpädagogin, wenn es um die Lösung eines Mutter-Tochter Konflikts in der Adoleszenz geht? Für die Arbeit an neuen Geschlechtsrollen in verstrickten Familien werden in der Beratung grundsätzlich beide Geschlechter benötigt.

Berücksichtigung des Gender Mainstreaming in der Personalentwicklung

Die geschlechtshierarchische Verteilung der Arbeit in der Erziehungshilfe ist fachlich unzureichend. Mädchen und Jungen benötigen beide Geschlechter in der Betreuung, die Hilfeplanung benötigt beide Geschlechter in der Maßnahmeentscheidung, die Einrichtungen benötigen beide Geschlechter in der Personalverantwortung, auch um ein neues Rollenbild für Familien in der Jugendhilfe zu entwerfen. Gender Mainstreaming ist ein Baustein, um diese fachliche Herausforderung umzusetzen.

Einbindung der Kategorie Geschlecht in die Ausbildung sozialer Fachkräfte

Um die aufgeführten Aufgaben bewältigen zu können, benötigen Sozialpädagoginnen und Sozialarbeiter eine gute Selbstkenntnis und Kenntnisse über die Bedeutung ihrer Geschlechtsrolle als Instrument in der Arbeit mit Kindern, Jugendlichen und Familien. So können sie koedukative Prozesse geschlechtergerecht gestalten, Mädchen und Jungen eine Neuorientierung oder Weiterentwicklung ihrer Geschlechtsrollenidentität ermöglichen und geschlechtergerechte Erziehungsmilieus gestalten. Die Ausbildungsstätten sind aufgefordert, die Grundlagen für eine geschlechtergerechte Hilfeplanung und Erziehungshilfe zu schaffen, indem sie Studierenden die Chance bieten, die Ausbildungsinhalte im Sinne des Gender Mainstreaming zu bearbeiten und ihre Berufsrolle entsprechend zu gestalten. Dazu gehören sowohl die Vermittlung von Inhalten als auch die geschlechtergerechten Rahmenbedingungen an den Ausbildungsstätten.

5.   Von der Vision zum Praxisprojekt – Ausblick

Abschließen möchten wir unsere Ausführungen mit „ausblickenden" Anmerkungen, wiederum bezogen auf die Ebene der Problemwahrnehmung, der Aushandlung und Ausgestaltung von Hilfen. Die geforderte geschlechterdifferenzierende Problemwahrnehmung im Rahmen der Hilfeplanung wird aktuell eher nur bezogen auf so genannte typische Problemkonstellationen, wie z.B. der sexuelle Missbrauch bei Mädchen oder die Gewalttätigkeit bei Jungen, geleistet. Eine durchgängige geschlechterdifferenzierte Problemwahrnehmung in der Hilfeplanung bedarf zum einen der Verankerung der Kategorie Geschlecht als Querschnittsthema – im Sinne des Gender Mainstreaming – und zum anderen strukturierte Ansätze der sozialpädagogischen Diagnose bzw. des Fallverstehens, die ebenfalls das Helfersystem und seine geschlechtsbezogenen Wahrnehmungen zum Gegenstand der Reflexion eines Falles machen.

In Bezug auf die geschlechtergerechte Ausgestaltung des Aushandlungs- und Kommunikationsprozesses machten uns die befragten Expertinnen und Experten mehrfach darauf aufmerksam, dass dies erst einmal die aktive Beteiligung von Mädchen und Jungen, von Müttern und Vätern voraussetze. Hier wird deutlich, dass Aushandlungsprozesse in der Hilfeplanung, die dem Verständnis von Ko-Produzentenschaft von Hilfen als sozialen personenbezogenen Dienstleistungen entsprechen, noch längst nicht durchgängig realisiert werden. Eine geschlechtergerechte Hilfeplanung bedarf jedoch der Unterstützung und Ermöglichung der aktiven Beteiligung der Adressatinnen und Adressaten.

Deutlich wurde ebenfalls, dass eine geschlechtergerechte Hilfeplanung entsprechend ausgestaltete Hilfeangebote und -arrangements vor Ort benötigt. Hier gilt es, über die Hilfeplanung hinaus, die geschlechtsbezogene und sozialräumliche Ausgestaltung von Hilfen, darauf bezogene Visionen und Praxisprojekte zum Gegenstand von Qualitätsdialogen und Jugendhilfeplanung zu machen.

Literatur:

Ader, Sabine/Schrapper, Christian/Thiesmeier, Monika (Hg.) (2001): Sozialpädagogisches Fallverstehen und sozialpädagogische Diagnostik in Forschung und Praxis. Münster

Arbeitsstelle Kinder- und Jugendstatistik (2004): Standard-Tabellen „Erzieherische Hilfen". http://www.akj-stat.fb12.uni-dortmund.de/

BMFSFJ (Bundesministerium für Familie, Senioren, Frauen und Jugend) (Hg.) (1998): Leistungen und Grenzen von Heimerziehung. Stuttgart

Böhnisch, Lothar/Funk, Heide (2002): Soziale Arbeit und Geschlecht. Theoretische und praktische Orientierungen. Weinheim und München

Evangelische Gesellschaft Stuttgart e.V. (1999): Handbuch zum Qualitätsmanagement. Manuskript im Eigendruck der Evangelischen Gesellschaft

Fendrich, Sandra/Overmann, Ruth/Pothmann, Jens (2003): Neufälle bei den Hilfen zur Erziehung. Einblicke in Entscheidungen über Hilfebedarf und Leistungsarten. KomDat, 3, S. 1, 2

*Finkel, Margarete (2002): Auf der Suche nach Zwischenräumen. Überlegungen zu Hilfeentschei-
dungen auf dem Hintergrund einer Evaluationsstudie teil- und vollstationärer Erziehungshilfen. In: Fröhlich-Gildhoff, Klaus a.a.O. S. 77–92*

*Fröhlich-Gildhoff, Klaus (Hg.) (2002): Indikation in der Jugendhilfe. Grundlagen für die Entschei-
dungsfindung in Hilfeplanung und Hilfeprozess. Weinheim und München*

*Harnach-Beck, Viola (2000): Psychosoziale Diagnostik in der Jugendhilfe. 3. Aufl., Weinheim und
München*

*Hartwig, Luise/Kriener, Martina (2004): Geschlechtergerechte Hilfeplanung (§ 36 KJHG). Expertise
im Auftrag des Bundesministeriums Familie, Senioren, Frauen und Jugend im Rahmen des
Modellprogramms zur Fortentwicklung des Hilfeplanverfahrens. München.*

*Hartwig, Luise/Kriener, Martina (2002): Mädchengerechte Entwicklung der Erzieherischen Hilfen.
In: Sachverständigenkommission 11. Kinder- und Jugendbericht (Hg.): Mädchen- und Jungenarbeit – Eine uneingelöste fachliche Herausforderung. München. S. 75–100*

*Institut für Soziale Arbeit e. V. (ISA) (Hg.) (1994). Hilfeplanung und Betroffenenbeteiligung. Müns-
ter*

KomDat (2003). Die Tagesgruppe – eine Hilfe zur Erziehung für Jungen. KomDat, 3,5.

*Kriener, Martina (2001): Beteiligung als Gestaltungsprinzip. In: Birtsch, Vera/Münstermann, Klaus/
Trede, Wolfgang (Hg.): Handbuch Erziehungshilfen. Münster. S. 128–148*

*Landesjugendamt (LWL) und Westfälische Schulen (2003): Qualität durch Beteiligung in der Hilfe-
planung nach § 36 KJHG. Münster*

Mau, Susanne (1997): Tanja fragt man nicht. In: Forum Erziehungshilfen, 3. Jg., Nr. 3. S. 148–150

*Merchel, Jochen (1999): Zwischen ‚Diagnose‘ und ‚Aushandlung‘. Zum Verständnis des Charakters
von Hilfeplanung in der Erziehungshilfe. In: Peters, Friedhelm (Hg.): Diagnosen – Gutachten
– hermeneutisches Fallverstehen. Rekonstruktive Verfahren zur Qualifizierung individueller
Hilfeplanung. Frankfurt. S. 71–96*

*Neufeldt, Hanne (1997): Möglichkeiten der Beteiligung von Kindern und Jugendlichen an der Hil-
feplanung – Ideen und Vorschläge aus der Praxis. In: Forum Erziehungshilfen, Nr. 4. S. 213–
215*

Petersen, Kerstin (1999): Neuorientierung des Jugendamtes. Neuwied

*Rauw, Regina/Drogand-Strud, Michael (2002): Gender Mainstreaming in der Jugendhilfe – Neue
Chance oder lästiges Pflichtprogramm? In: Rundbrief der Landesarbeitsgemeinschaft Mädchenarbeit in NRW e.V., Nr. 5. S.20–29*

*Schwabe, Mathias (2000): Das Hilfeplangespräch zwischen Anspruch und Wirklichkeit, 2 Teile. In:
Jugendhilfe Hefte 4 +5. S. 164–178 und S. 255–264*

*Uhlendorff, Uwe (1997): Sozialpädagogische Diagnosen III. Ein sozialpädagogisch-hermeneutisches
Diagnoseverfahren für die Hilfeplanung. Weinheim und München*

*Spiegel, Hiltrud von (1999): Methodische Hilfen für die Gestaltung und Evaluation des Prozesses der
Zielfindung und Zielformulierung im Hilfeplanverfahren. Expertise erstellt im Auftrag des DJI.
http://cgi.dji.de/hpv/Expertise von Spiegel.pdf*

Die Mädchen vor Augen und Gender im Rücken!
Praktische Erfahrungen mit einer Doppelstrategie

Andrea Reckfort

Seit einigen Jahren geht ein neuer Begriff durch die geschlechtsbezogene Arbeit – *Gender Mainstreaming* – er wird als neues Konzept der pädagogischen Arbeit und als politische Strategie diskutiert. Welche Auswirkungen hat Gender Mainstreaming auf die Praxis?

Der folgende Beitrag stellt am Beispiel der Arbeit des Frauenbüros der Stadt Münster zunächst die Anwendungen des Prinzips Gender Mainstreaming in der münsterschen Praxis dar und wird dann am Beispiel der Mädchenarbeit im Rahmen von Kinder- und Jugendhilfe einige konkrete Möglichkeiten der Umsetzung aufzeigen. Abschließend werden die Chancen und Risiken des Gender Mainstreaming aufgezeigt, es wird verdeutlicht, dass Gender Mainstreaming als Strategie ein Gewinn für die Mädchenarbeit sein kann.

1. Das Frauenbüro der Stadt Münster – Auftrag und Ziele

„Unser Auftrag ist, zur Chancengleichheit von Frauen und Männern in Münster beizutragen, Strukturen zu verändern, Benachteiligungen abzubauen und mehr Chancen für konkrete Gleichberechtigung zu schaffen. Hierfür arbeiten wir gemeinsam mit anderen städtischen Ämtern und Einrichtungen, mit Verbänden, Institutionen und den Frauenorganisationen" (Frauenbüro der Stadt Münster 2002).

Bereits 1987, seit der Einrichtung des Frauenbüros, besteht der Grundgedanke der Gleichberechtigung als Querschnittsaufgabe und einer damit auch einhergehenden Gesamtverantwortung der Stadtverwaltung in Münster. Im Konzept der kommunalen Frauenpolitik wird als Ziel „Frauen und Männer müssen (...) gleiche Chancen zur Mitgestaltung und Mitverantwortung einer Stadt besitzen und sie auch verwirklichen können" definiert, und weiter: „... Kommunale Frauenpolitik kann dieses Ziel jedoch nur erreichen, wenn sie die Vielfalt der Lebensperspektiven von Frauen und Männern zum Ausgangs- und Orientierungspunkt ihrer Bemühungen macht und die besonderen Probleme in der Lebenssituation von Frauen sowie die örtlichen Wirkungsbereiche berücksichtigt" (Stadt Münster, April 1988). Im Aufgabenkatalog des Frauenbüros wird zudem die „Mitwirkung an der Ausarbeitung von frauenrelevanten Ausschuss- und Ratsvorlagen und entsprechenden sonstigen städtischen Maßnahmen und Programmen" festgelegt und durch die Hauptsatzung der Stadt Münster § 17 (2) konkretisiert: „Die Gleichstellungsbeauftragte arbeitet auf kommunaler Ebene darauf hin, die vorhandene Benachteiligung von Frauen und Mädchen abzubauen. (...) Als frauen- und mädchenrelevant sind solche Fragen und Angelegenheiten zu verstehen, die die Lebensbedingungen von Mädchen und Frauen in anderer Weise oder stärkerem Maße berühren als die Lebensbedingungen von Männern. Es handelt sich um die Wahrnehmung von Querschnittsaufgaben, die fächerübergreifend alle Bereiche der Kommunalverwaltung und -politik berühren." Zur Einbindung dieser Querschnittsaufgabe in die gesamtstädtische Verantwortung legt die Zuständigkeitsordnung im Ratshandbuch der Stadt Münster Folgendes fest: „Allen Ratausschüssen obliegt die Aufgabe, zur Verwirklichung des Verfassungsgebotes der Gleichberechtigung von Frau und Mann beizutragen und auf die Beseitigung bestehender Nachteile hinzuwirken" (Fassung vom 20.10.1999, zuletzt geändert durch Beschluss des Rates vom 19.12.2001, II). Somit wird deutlich, dass aus Sicht des Frauenbüros der Stadt Münster die Kommunale Frauen- und Gleichstellungspolitik immer schon einen Querschnittscharakter hatte. Als Querschnittsaufgabe kann hier also die grundsätzliche Einbeziehung geschlechtsspezifischer Belange in allen Bereichen und Feldern betrachtet werden (vgl. Arndts-Haupt 2002: 10 ff.).

1.1 Frauen-/Gleichstellungspolitik und Gender Mainstreaming

> *„Gender Mainstreaming und Frauenpolitik werden beide eingesetzt, um die Gleichstellung der Geschlechter zu erreichen. Gender Mainstreaming ist dabei die Strategie, um geschlechtsspezifische Ausgangspositionen und Folgen einer Maßnahme zu bestimmen. Werden hierbei Benachteiligungen von Frauen oder von Männern festgestellt, sind Frauenpolitik bzw. Männerpolitik die einzusetzenden Instrumente, um der Benachteiligung entgegenzuwirken" (BMFSFJ 2003: 30).*

Ein zentraler Unterschied von Frauenpolitik zum Gender Mainstreaming besteht darin, dass die Verantwortung für eine geschlechtergerechte Politik prinzipiell und ausdrücklich auf die jeweiligen Fachressorts übergehen soll. So soll jedes Dezernat und jedes Amt selbst für die Berücksichtigung von Gleichberechtigungszielen sorgen. Gender Mainstreaming ist im Sinne einer Top down Strategie als Auftrag an die Spitze einer Verwaltung und gleichzeitig als Auftrag an alle Beschäftigten zu verstehen. Dadurch sollen die unterschiedlichen Interessen und Lebenslagen von Frauen und Männern in der Struktur, in der Gestaltung von Prozessen und Arbeitsabläufen, in den Ergebnissen und Produkten, in der Kommunikation und Öffentlichkeitsarbeit und in der Steuerung schon von vornherein berücksichtigt werden (vgl. Arndts-Haupt 2002: 8).

Die Umsetzung von Gender Mainstreaming macht die institutionelle Frauenpolitik jedoch nicht überflüssig, da beide Strategien explizit von der Europäischen Union und der Bundesrepublik als Doppelstrategie verabschiedet wurden. Darüber hinaus zeigen die aktuellen Analysen, dass Frauen auch weiterhin strukturellen Benachteiligungen unterliegen. Dies wird in den Arbeitsfeldern Arbeits- und Sozialpolitik (Hartz IV, Armutsberichterstattung) Gewalt gegen Frauen (Umsetzung des Gewaltschutzgesetzes) und Gesundheit (Geschlechterdifferenzierte Betrachtung der medizinischen Versorgung, Handlungsempfehlungen der kommunalen Gesundheitskonferenz zur Optimierung der gesundheitlichen Versorgung von Opfern häuslicher Gewalt) besonders deutlich.

2. Gender Mainstreaming in der Kinder- und Jugendhilfe

Der gesetzliche Auftrag zur Förderung der Gleichberechtigung besteht in der Kinder- und Jugendhilfe schon seit dem Inkrafttreten des Kinder- und Jugendhilfegesetzes 1990/1991 indem der § 9 Satz. 3 dazu auffordert, die „... unterschiedlichen Lebenslagen zu berücksichtigen, ... Benachteiligungen abzubauen und die Gleichberechtigung zu fördern" (Münder u.a. 2003: 136). Diese Generalklausel diente in der Mädchenarbeit immer wieder zur Legitimation und Berechtigung von Konzepten, konnte jedoch die Mädchenarbeit nicht aus dem Sonderstatus, mit dem sie versehen wurde und sich selbst versah, herausheben und schlug auch darin fehl, einen geschlechtsdifferenzierten Ansatz als grundlegendes Prinzip in die Kinder- und Jugendhilfe einführen.

Kann die Verankerung der Strategie des Gender Mainstreaming als zusätzliches Instrument zur Herstellung der Chancengleichheit besser funktionieren und eröffnet sie neue Perspektiven?

Neben der Verpflichtung des Kinder- und Jugendplanes des Bundes in 2001 hat auch das Land NRW 2003 Gender Mainstreaming als verbindliche Strategie in den Richtlinien des Landesjugendplans aufgenommen. Im Sinne der Doppelstrategie beschreibt der Landesjugendplan zum einen eine geschlechterbezogene Sichtweise als Querschnittsaufgabe und zum anderen fördert sie gleichzeitig geschlechtsbezogene Projekte (vgl. Rauw/Drogand-Strud 2004: 11 ff.). Seit 2004 ist die Verpflichtung zur Doppelstrategie von Gender Mainstreaming und Mädchen- und Jungenarbeit auch im neuen Kinder- und Jugendfördergesetz (3. AG-KJHG NRW) festgeschrieben und wird Auswirkungen auf die Leistungsbereiche der §§ 11–14 SGB VIII (Jugendförderung) haben. Das Gesetz verpflichtet die kommunale Jugendhilfe auch, im Rahmen der Jugendhilfeplanung Kommunale Kinder- und Jugendförderpläne zu entwickeln, in denen Trägern und Einrichtungen für eine festgelegte Dauer die Förderung für bestimmte Inhalte/Schwerpunkte und entsprechende Ressourcen zur Verfügung gestellt werden.

Im § 4 „Förderung von Mädchen und Jungenarbeit/Geschlechterdifferenzierte Kinder- und Jugendarbeit" wird die Förderung von Mädchen und Jungen, Gender Mainstreaming als Leitlinie festgeschrieben. Ergänzend dazu ist im § 10 Abs. 1 Nr. 8 außerdem noch eine geschlechtsdifferenzierte Mädchen- und Jungenarbeit, als einer der Schwerpunkte der Kinder- und Jugendarbeit, beigefügt. Aus den Empfehlungen der Landesjugendämter Westfalen-Lippe und Rheinland zur Umsetzung des Gesetzes auf die kommunale Ebene geht hervor, dass Gender Mainstreaming ein Instrument ist, das auf den Abbau geschlechtsspezifischer Benachteiligungen und die Gleichstellung von Frauen und Männern zielt. So soll bei allen Planungen und Maßnahmen auf allen Ebenen die jeweiligen Auswirkungen auf die Lebenssituation von Frauen und Männern erkannt und berücksichtigt werden. In einem nächsten Schritt sollen Strategien entwickelt und umgesetzt werden, die dem Ziel der Gleichstellung dienen. Weiter heißt es dann: „Ergänzend zur Überprüfung und Fortschreibung von Angeboten, die sich an beide Geschlechter richten, sollen spezifische, geschlechtsdifferenzierte Angebote entwickelt und umgesetzt werden" (Kalscheuer/Horlitz 2005: 4 ff.). Gender Mainstreaming ist also prinzipiell auf die Jugendhilfeplanung anzuwenden – zum einen mit dem Ziel der Überprüfung und Fortschreibung koedukativer Angebote, zum anderen für die Entwicklung und Umsetzung spezifischer geschlechtsdifferenzierter Angebote (vgl. Wallner 2005a: 9 ff.).

Es wird deutlich, das Gender Mainstreaming immer weniger ignoriert werden kann, da es sich deutlicher an Förderkriterien festmacht. Wie ernst es jedoch die Verantwortlichen damit meinen, bleibt abzuwarten. Bleibt es bei einer politischen Maxime, die als Top down Strategie von oben nach unten durchgereicht wird oder wird ein Controllingverfahren implementiert, das die Leistungsbereiche des KJHG qualifiziert und ggf. monetär sanktioniert? (vgl. Rauw/Drogand-Strud 2004: 11).

Mit den Handlungsoptionen und Empfehlungen der Landesjugendämter zur Umsetzung in den Kommunalen Kinder- und Jugendförder-
plänen wird der Mädchenarbeit eine neue Perspektive eröffnet. Es geht
nicht mehr nur um eine Anerkennung von Geschlechtsunterschieden
zwischen Mädchen und Jungen, sondern auch um eine generelle Anerkennung geschlechtsspezifischer Benachteiligungen u.a. durch Rollenzuschreibungen, um die Unterschiedlichkeit der Geschlechter auch auf ihre
sexuellen Orientierungen bezogen sowie um die geschlechtsbewusste
Partizipation von Mädchen und Jungen (vgl. Wallner 2005a: 12).

Mädchenarbeit ist dann als Teil der geschlechtsdifferenzierten Arbeit
neben der Jungenarbeit jener notwendige Teil, der die koedukative Kin-
der- und Jugendarbeit in der Geschlechterdebatte ergänzt und zu einer
Qualifizierung der Kinder- und Jugendhilfe führt. Die Geschlechterfrage
könnte entdramatisiert werden und einen neuen Aufschwung erfahren
– die Option für ein gleichberechtigtes Nebeneinander von Mädchen-/
Jungenarbeit und koedukativer reflexiver Arbeit ist gegeben.

2.1 Mädchenarbeit in Münster

Zur Arbeit des Frauenbüros gehört neben anderen Bereichen auch die
Mädchenarbeit. Diese ist aktuell in unterschiedlichen Bereichen, immer
jedoch als Querschnittsarbeit mit anderen Kooperationspartnern, zu finden. Neben der Zusammenarbeit mit dem Amt für Kinder, Jugendliche
und Familie in der Kinder- und Jugendhilfe ist das Frauenbüro auch mit
dem Thema Lebensplanung von Mädchen beschäftigt. Anzuführen ist
hier die Planung und Mitarbeit des AK „Mädchen in den neuen Medien"
und die federführende Organisation, Durchführung und Auswertung des
Girls' Day – Mädchenzukunftstag. Hinzu kommen die Bereiche Mädchen
und Gesundheit, Mädchen im Sport und weitere, in denen das Frauenbüro in Netzwerken und Gremien mitarbeitet und sich für einen geschlechterbewussten Zugang stark macht. Als zwei wichtige Beispiele werden
im Folgenden die Mädchenarbeit in der Jugendhilfe und der Girls' Day
vorgestellt.

2.1.1 Mädchenarbeit im Rahmen der Jugendhilfe in Münster

Mit der Gründung des Arbeitskreises Mädchenarbeit durch das Frauenbüro 1994 wurde ein wichtiger Grundstein für eine mädchengerechte Entwicklung der Jugendhilfelandschaft gelegt. Was als Treffen zum Austausch
und zur Vernetzung begonnen hatte, entwickelte sich zum Mädchenpoli-
tischen Arbeitskreis Xanthippe. Dieser wollte sowohl ein Bewusstsein für

mädchengerechte Arbeit in der öffentlichen und freien Jugendhilfeträger-
landschaft schaffen, als auch ein Forum für Austausch und gemeinsames
Handeln bieten. Erste Veröffentlichungen wie die Bestandserhebung zur
Mädchenarbeit in Münster bis hin zur Dokumentation „Xanthippe geht in
die Politik" machten den Arbeitskreis in Münster bekannt.

Ein entscheidender Schritt für die Mädchenarbeit in Münster wurde
mit der Anerkennung als AG „Mädchenförderung" – heute AG „Mädchen" – im November 1998 als Trägerbeteiligung im Ausschuss für Kinder, Jugendliche und Familien getan. Mit der Gründung als AG nach § 78
KJHG gehört Münster mit zu den Städten, die Mädchenarbeit strukturell
in die Jugendhilfe eingebunden und sich einer generellen geschlechtsspezifischen Weiterentwicklung und Qualifizierung geöffnet haben.

Im Sinne der parteilichen Vertretung von Mädchen und jungen Frau-
en gehören der AG nur Fachfrauen derjenigen Träger der öffentlichen und
freien Jugendhilfe, Initiativen und Vereine an, die die Belange und Interessen von Mädchen und jungen Frauen im Stadtgebiet vertreten, zudem
Trägervertreterinnen geförderter Maßnahmen. Die Arbeit der AG bezieht
sich auf das Grundgesetz und auf das Kinder- und Jugendhilfegesetz,
insbesondere auf § 9.3 SGB VIII als gesetzliche Grundlage der verpflich-
tenden gleichberechtigten Teilhabe von Mädchen und jungen Frauen an
Angeboten und Maßnahmen der Jugendhilfe. Die gewählte Sprecherin
der AG hat als beratende Stimme im Ausschuss für Kinder, Jugendliche
und Familien einen direkten Zugang zum Entscheidungsgremium der Jugendhilfe. Sie kann Interessen und Bedürfnisse von Mädchen aber auch
Anfragen im Sinne der Mädchenarbeit formulieren und im Auftrag der
AG vertreten (vgl. Arnkens-Homann u.a. 1999: 3 ff.).

2.1.2 Entwicklung von Leitlinien

Die Auseinandersetzung um die Frage der Verankerung von Mädchenarbeit sowohl als Querschnittsaufgabe als auch als Qualität in der Jugendhilfe veranlasste die Fachfrauen der Mädchenarbeit in Münster,
dem Beispiel anderer Städte mit der Idee der Erstellung von Leitlinien
zu folgen. Hierbei ging es einerseits darum, Entscheidungsträger in ihrer
Verantwortung ernst zu nehmen und andererseits das spezifische Wissen um das „Mädchen sein" als notwendigen Teil der Jugendhilfe immer
wieder zu benennen. Leitlinien hatten sich in der Vergangenheit in Form
von Empfehlungen oder auch Richtlinien als geeignete Instrumente zur
Verbesserung von Mädchenarbeit als Querschnittsaufgabe kommunaler
Jugendhilfestrukturen bewährt.

Auch in Anbetracht der damaligen Diskussion um Gender Mainstreaming haben die Leitlinien eine besondere Bedeutung. Gender Mainstreaming als Strategie und allgemein verbindliches Politikziel, das Führungskräfte als Top down Strategie zur Umsetzung verpflichtet, ist auf die Fachlichkeit der Mädchennetzwerke und auf das Wissen der Mädchenarbeit vor Ort angewiesen. Denn für die Berücksichtigung unterschiedlicher Lebenslagen und das Überschauen von Auswirkungen von Maßnahmen auf die Geschlechter, ist das Wissen und die Kenntnis über die Interessen, Bedürfnisse und Lebenslagen von Mädchen und Jungen eine wesentliche Voraussetzung.

Die Leitlinien haben einen Aspekt des Gender Mainstreaming aufgegriffen, indem sie die Lebenslagen von Mädchen beschreiben und daraus für unterschiedliche Felder der Jugendhilfe fachliche Standards mit handlungsweisenden Grundlagen über Zielgruppen und Ziele wie auch Methoden darstellen. Damit sind Leitlinien ein wesentlicher Aspekt bzw. Teilbereich der Umsetzung von Gender Mainstreaming, weil sie sowohl die Zielgruppen beschreiben als auch Ziele formulieren, die es durch geeignete Strategien, Entscheidungen und Maßnahmen zu erreichen gilt. So ist nun in einem weiteren Prozess ein Verfahren zu entwickeln, das im Sinne des Gender Mainstreaming die Lebenslagen berücksichtigt und die Ziele verfolgt. Dazu kann auf das Planungsverfahren der Jugendhilfeplanung mit seinem Dreischritt Bestandsaufnahme, Bedarfsermittlung und Maßnahmenplanung zurückgegriffen und das Verfahren mit der Entwicklung der vom 3. AG KJHG NRW geforderten Kommunalen Kinder- und Jugendförderpläne verbunden werden.

Dabei spielen
– die Datenerfassung und -erhebung, Geschlechtsdifferenzierung in Sozialraum- und Lebensweltanalysen, Controllinginstrumente, eine geschlechtergerechte Ressourcenverteilung,
– Konzeptionen betreffend der Ziele und Inhalte, Themen, Maßnahmen und Umsetzung bezogen auf geschlechtshomogene und -heterogene, reflektierte Angebote, gleichgeschlechtliche Orientierung,
– Zielgruppen/Beteiligungsmöglichkeiten und -verfahren zur Berücksichtigung der Pluralität von Lebenslagen,
– Angebote, Räume, Ausstattung, Personal/Aus-, Fort- und Weiterbildung, Einbindung und Kooperationen
eine wesentliche Rolle (Kalscheuer/Horlitz 2005: 4 ff.).

Die Leitlinien, verstanden als Teil der Umsetzung von Gender Mainstreaming, können, richtig genutzt, die öffentlichen und freien Träger bei ihren Bemühungen um eine geschlechtsspezifische Ausgestaltung der Angebotsstrukturen, eine erhöhte Beteiligung von Fachfrauen in Gremien sowie um die konzeptionelle, strukturelle und finanzielle Verankerung von Mädchenarbeit unterstützen. Sie bieten eine Grundlage, der gesetzlich geforderten Umsetzung des Gender Mainstreaming im Kommunalen Kinder- und Jugendförderplan als auch in der Jugendhilfeplanung gerecht zu werden. Sie sind als aktiver Beitrag zur Chancengleichheit und auch zu einer geschlechtergerechten Umstrukturierung aller Bereiche zu nutzen (vgl. Projektgruppe der AG Mädchen nach § 78 KJHG 2005).

Neben der Arbeit der AG Mädchen, mit den Leitlinien strukturelle Veränderungen herbeizuführen, erarbeitet sie auch Projekte und Maßnahmen, um in der Öffentlichkeit für die Bedarfe von Mädchen und jungen Frauen zu sensibilisieren. Flankiert wird diese Arbeit der AG Mädchen durch Produkte wie zum Beispiel Stellungnahmen zum Konzept der Offenen Ganztagsschule in Münster, die Herausgabe einer Postkartenserie zur Mädchenarbeit in Münster und die Erstellung eines Mädchenkalenders, der Angebote für Mädchen darstellt. In Münster ist die Mädchenarbeit der AG Mädchen damit ein weiterer Baustein auf dem Weg zu einer geschlechtergerechteren Gesellschaft. Ergänzt wird die geschlechtsbezogene Arbeit durch das Amtsziel „Geschlechtsspezifik" des Amtes für Kinder, Jugendliche und Familien. Hier heißt es: „Wir stärken Mädchen und Jungen in ihren unterschiedlichen Interessen und gehen durch differenzierte Angebote in unserer Arbeit darauf ein." (vgl. Amt für Kinder, Jugendliche und Familien der Stadt Münster 2004: 24). Im Geschäftsbericht von 2004 wird zusammengefasst, dass ein Drittel aller pauschal geförderten Einrichtungen der offenen und mobilen Kinder- und Jugendarbeit geschlechtsspezifische Angebote durchführen (vgl. Amt für Kinder, Jugendliche und Familien der Stadt Münster 2004: 26). Die Vervollständigung dieses Ansatzes kann erfolgen durch die Verankerung des Gender Mainstreaming als Top down Strategie im Amt für Kinder, Jugendliche und Familie sowie im Ausschuss für Kinder, Jugendliche und Familien, damit alle Entscheidungen und Maßnahmen im Rahmen des Zuständigkeitsbereiches auf deren Auswirkungen auf die Lebenssituation von Mädchen und Jungen überprüft und entsprechende Maßnahmen zur Herstellung der Chancengleichheit eingerichtet werden.

2.2 Girls' Day in Münster

Der Girls' Day in Münster zeigt auf sehr anschauliche Weise in einem klaren Zeitfenster, wie Angebote für Mädchen verankert werden können und welche Wirkungen diese Maßnahmen auch in anderen Bereichen erzielen. Beispielhaft für den Girls' Day sei hier das wachsende Interesse aller Beteiligten (Schulen, Eltern, Unternehmen, Behörden, Hochschulen und Einrichtungen) an einer geschlechtergerechten Lebenswegplanung und gleichberechtigten Partizipation an der zukünftigen Arbeitswelt genannt.

Der Girls' Day als Berufsorientierungstag für Mädchen findet seit 2001 immer am letzten Donnerstag im April als bundesweite Kampagne statt. Münster beteiligt sich seit 2002. Der Girls' Day verfolgt das Ziel, eine Trendwende in der Berufswahlorientierung der Mädchen herbeizuführen. Mädchen entscheiden sich heute immer noch überproportional häufig für die Top Twenty der Berufe, die ihnen bekannt sind – 80 % der Schulabgängerinnen konzentrieren sich auf 25 von insgesamt ca. 345 Ausbildungsberufen. Dabei handelt es sich um Berufe mit niedrigen Verdiensten, wenig Aufstiegschancen und einer geringen Durchlässigkeit zu angrenzenden Berufen (vgl. Mellies u.a. 2004: 11 ff.). Für Mädchen bekannte Berufe sind jene, die ihnen aufgrund ihrer individuellen Sozialisationsbedingungen und Umwelterfahrungen zur Verfügung stehen. An dieser Stelle sei darauf hingewiesen, dass das Aktionsbündnis Girls' Day die weitläufig genutzten Bezeichnungen wie männer- und frauentypische/-spezifische Berufe als ungünstig angesehen werden, da diese die geschlechtspezifischen Zuschreibungen der Tätigkeitsfelder untermauern. Es wird Mädchen und jungen Frauen dadurch vermittelt, dass es Berufsfelder gibt, die seit jeher originäre Frauenberufe oder Männerberufe und ausschließlich durch das jeweilige Geschlecht zu besetzen seien. Dies entspricht nicht der objektiven Realität der so bezeichneten Berufe und deren Arbeitsinhalte.

Durch den Girls' Day sollen Mädchen schon früh die Arbeitswelt kennen lernen und animiert werden, in dieser ihren zukünftigen Platz zu finden und diese auch mitzugestalten. Organisiert wird der Girls' Day in Münster von einem Aktionsbündnis, in dem sich Vertreterinnen und Vertreter der Einrichtungen und Behörden, die im weitesten Sinne im Bereich der Lebensplanung von Mädchen tätig sind, zusammengeschlossen haben (Agentur für Arbeit, Handwerkskammer, der DGB, die Hochschulen, freie Jugendhilfeträger, Regionalstelle Frauen & Beruf, unterschiedliche Ämter der Stadtverwaltung und Netzwerkvertretungen der Mädchen- und Jungenarbeit). Federführend für die Organisation und Koordination ist das Frauenbüro zuständig.

Die Erfahrungen der Umsetzung des Girls' Day in Münster zeigen eine positive Resonanz.

Abbildung 1: Entwicklung des Girl's Day in Münster

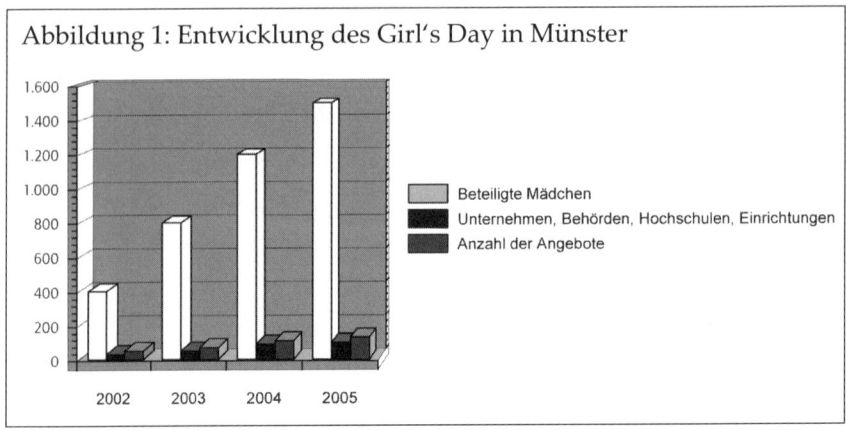

– 2002 waren es ca. 400 Mädchen in über 30 Unternehmen, Hochschulen, Behörden und Einrichtungen mit über 50 unterschiedlichen Angeboten
– 2003 waren es ca. 800 Mädchen in über 50 Unternehmen, Hochschulen, Behörden und Einrichtungen mit über 70 unterschiedlichen Angeboten
– 2004 waren es ca. 1200 Mädchen in über 90 Unternehmen, Hochschulen, Behörden und Einrichtungen mit über 110 unterschiedlichen Angeboten
– 2005 waren es ca. 1500 Mädchen in über 100 Unternehmen, Hochschulen, Behörden und Einrichtungen mit über 130 unterschiedlichen Angeboten

Diese Zahlen verdeutlichen die jährliche Expansion. Der Girls' Day ist für alle Beteiligten in Münster zu einer festen Einrichtung geworden.

2.2.1 Die Akteurinnen/Akteure des Girls' Day

• Die Mädchen

Die in den Jahren 2002 bis 2004 ausgewerteten Fragebögen, in denen die Mädchen zum Girls' Day befragt wurden, zeigen im Wesentlichen immer gleiche Ergebnisse: 94 % der Mädchen fanden den Girls' Day sehr gut/gut, insgesamt gaben sie dem Girls' Day einen Notendurchschnitt von 1,6 – wobei jüngere Mädchen den Girls' Day immer besser bewerteten –, und 81 % der Schülerinnen möchten im Folgejahr unbedingt erneut teilnehmen. Über 80 % der an der Umfrage beteiligten

Mädchen bescheinigen den Unternehmen eine sehr gute Betreuung und ein angenehmes Arbeitsklima. Dazu trugen aus Sicht der Mädchen vor allem die netten Mitarbeiterinnen/Mitarbeiter und die Gestaltung der Pausen sowie die Versorgung bei. Wenn die Mädchen selbst in Mitmachangeboten aktiv werden konnten und ihre Fragen anschaulich beantwortet wurden, schätzen die Mädchen dies besonders. Viele Mädchen waren mit Spaß bei der Sache, legten aber auch auf die notwendigen Informationen zum Betrieb und Berufsbild wert. Zwei Praxisbeispiele sollen den Gewinn des Girls' Day für die Mädchen verdeutlichen:

Im Gespräch mit einem Mädchen des 7. Jahrgangs einer Realschule nach dem Girls' Day erzählte sie mir, dass sie den Tag im Friseursalon verbracht habe. Ihre Vorstellung von diesem Beruf war im Bereich der Gestaltung/Kreativität und ihr Traumberuf. Nach dem „schnuppern" war sie überrascht, wie anstrengend dieser Beruf ist, dass sie den ganzen Tag auf den Beinen ist, den Salon säubern und den Kundinnen/Kunden freundlich begegnen muss. Nach dieser Erfahrung stand für sie fest: Im nächsten Jahr will sie sich einen anderen Beruf anschauen – einen den sie gar nicht kennt. Sie konnte ihr Urteil über ihren Traumberuf noch frühzeitig revidieren.

Für eine andere Schülerin war der Girls' Day 2003 der Türöffner in das Berufsleben. Sie besuchte eine Firma mit dem Schwerpunkt Großhandel und Lagerlogistik, wobei sie sich diesen Schnupperplatz nicht direkt ausgesucht hatte, sondern wegen freier Kapazitäten „hineingerutscht" war. Die ihr absolut unbekannte Berufssparte begeisterte sie und in ihr reifte der Wunsch, sich eingehender mit dem Beruf zu beschäftigen. Sie bewarb sich um ein Praktikum und absolvierte dieses mit großem Erfolg. Heute befindet sich diese junge Frau in der Ausbildung als Fachkraft für Lagerlogistik (vgl. Reckfort/Palichleb 2004 und 2005).

Diese beiden Beispiele zeigen, wie eine Kampagne, die an den Interessen und Bedürfnissen der Mädchen ansetzt und unter dem Blickwinkel der Chancengleichheit Mädchen neue Perspektiven eröffnet.

• Die Unternehmen, Behörden, Hochschulen und Einrichtungen

Den teilnehmenden Unternehmen, Behörden, Hochschulen und Einrichtungen soll mittels des Aktionstages die Chance gegeben werden, die Neigungen, Fähigkeiten und Potenziale von Mädchen zu erleben. Dadurch wird verdeutlicht, dass es sich lohnt, junge Frauen als zukünftige Fachkräfte und qualifizierte Mitarbeiterinnen anzusprechen und für die unterschiedlichen Berufsfelder zu werben. Seit 2004 organisiert das Aktionsbündnis eine Fachveranstaltung für interessierte Unternehmen, Betriebe, Hochschulen, Behörden und Einrichtungen zur Tagesgestaltung und -organisation. Hier werden Tipps und Ratschläge gegeben, Informationen und Erfahrungen ausgetauscht, wie die Anbieter Angebote entwickeln können, die auf die Bedürfnisse der Mädchen und deren Alterstufe zugeschnitten sind. Die Resonanz auf diese Veranstaltungen sowie die wachsende Zunahme der Beteiligung zeigen, dass die Arbeitswelt längst ihren Gewinn am Girls' Day erkannt hat und die Mädchen als zukünftige Personalressource gewinnen will. Eine Befragung der teilnehmenden Unternehmen, Betriebe, Hochschulen, Behörden und Einrichtungen des Girls' Day 2005 ergab, wichtige Gründe zur Teilnahme seien, Mädchen an für sie unbekannte Berufe heranzuführen und den Anteil der weiblichen Beschäftigten zu erhöhen. Beinahe alle Befragten meldeten ein großes Engagement, Motivation und viel Begeisterungsfreude von Seiten der Mädchen zurück, was wiederum positive Resonanz für die Belegschaft zur Folge hatte (vgl. Reckfort/Palichleb 2004 und 2005).

• Die Schulen

Die Beteiligung der Schulen ist so unterschiedlich wie die Schulen selbst. Dennoch wird auch für die Schulen die Beteiligung am Girls' Day immer selbstverständlicher. Die Schulen sind mit Engagement dabei, tauschen sich in den vorbereitenden Veranstaltungen über unterschiedliche Organisationsformen aus und beziehen immer häufiger auch Eltern in die Umsetzung des Girls' Day ein. Ebenso gibt es ein wachsendes Interesse von Seiten der Elternvertretungen an deren Möglichkeiten zur Unterstützung des Girls' Day, bezogen sowohl auf Angebote für Mädchen aber auch für Jungen. Seit einigen Jahren haben manche Schulen ein klares Konzept, das fest im jährlichen Schulprogramm aufgenommen ist. Während die Mädchen in die Arbeitswelt schnuppern, nutzen die Schulen die Chance zur Jungenarbeit und lassen auch die Jungen ihnen unbekannte Bereiche und Berufe kennen lernen, diskutieren geschlechtstypische Rollenmuster, die Vielfalt von Weiblichkeits- und Männlichkeitskonzepten und nicht zuletzt Fragen zur Vereinbarkeit von Familien und Beruf. Durch die Entscheidung des gesamten Kollegiums zur Beteiligung am Girls' Day übernimmt die Schule die Verantwortung und wird somit der gesetzlichen Vorgabe einer geschlechtergerechten Lebens- und Berufswegplanung gerecht (vgl. Reckfort/Palichleb 2005).

Insgesamt verdeutlicht der Girls' Day in der Praxis, dass eine mäd-chen- und jungengerechte Ausrichtung der Lebensplanung für alle Be-teiligten ein Gewinn ist. Der Girls' Day als ein geschlechtsdifferenziertes Angebot wird inzwischen für viele immer selbstverständlicher, auch auf der Ebene der Verantwortlichen in Bildung, Wirtschaft, Forschung und Dienstleistung in Münster.

Die Förderung der Bundesministerien und der Europäischen Union sowie die Aktionspartner der bundesweiten Kampagne, die Unterstüt-zung des Aktionstages durch Kultusministerien und Politik wirken mit einem Top down Effekt auch auf die kommunale Ebene, indem die Aner-kennung des Themas in Schulen, Unternehmen, Betrieben, Hochschulen, Behörden und Einrichtungen an Bedeutung gewinnt.

Zudem ist im System Schule in Münster zunehmend zu beobachten, dass bei einer positiven Haltung der Schulleitung zum Girls' Day – Top down Strategie – die Umsetzung in Verantwortung des gesamten Kollegi-ums stattfindet und als fester Bestandteil des Schulprogramms verankert ist. An diesen Schulen ist es gelungen, das fachliche Wissen engagierter Lehrerinnen und Lehrer über eine geschlechtsdifferenzierte Berufs- und Lebenswegplanung im Sinne der Bottom up Strategie einzubinden. Da-rüber hinaus wird diese Strategie bereichert, indem Mädchen an der eige-nen Schule die Beteiligung am Girls' Day einfordern.

In der Diskussion um Gender Mainstreaming ist der Girls' Day in Münster ein weiteres Praxisbeispiel, das alle Beteiligten – Schulen, Eltern, Unternehmen, Betriebe, Hochschulen, Behörden und Einrichtungen – für die Interessen und Bedarfe von Mädchen sensibilisiert und entsprechende Angebote einrichtet. So trägt die Umsetzung des Girls' Day mit zu ei-ner Normalisierung einer geschlechtsdifferenzierten Berufs- und Lebens-planung bei und verfolgt das Ziel, in Zukunft eine ausgewogenere ge-schlechtsspezifische Besetzung der Ausbildungsberufe und des Arbeits-marktes zu ermöglichen. Um jedoch im Sinne des Gender Mainstreaming die geschlechtsbezogene Segregation des Arbeitsmarktes aufzulösen, sind neben einer Veränderung der Berufsorientierung von Mädchen und jun-gen Frauen weitere Faktoren zu berücksichtigen. Hierzu zählen sowohl geschlechtergerechte Einstellungspraktiken und eine veränderte Perso-nalpolitik in Unternehmen und Betrieben, die Weiterentwicklung einer geschlechtsdifferenzierten Berufs- und Lebensplanung an Schulen als auch eine fundierte Information von Mädchen und jungen Frauen über Berufe und deren Inhalte sowie Arbeitsbedingungen (vgl. Wenzel u.a. 2005: 9 ff.).

3. Die Mädchen vor Augen und Gender im Rücken!
   Praktische Erfahrungen mit einer Doppelstrategie

Die Veröffentlichungen von Claudia Wallner (2005) und Regina Rauw/
Michael Drogand-Strud (2004) von der Heimvolkshochschule Alte Molkerei Frille geben viele Informationen und Hinweise zur Umsetzung von
Gender Mainstreaming in der Kinder- und Jugendhilfe – sie sehen sowohl
die Chancen als auch die Gefahren für die Mädchen- und Jungenarbeit.
Bisher waren immer die Mädchenpädagoginnen, die Mädchennetzwerke
und Mädchenprojekte für die Weiterentwicklung und Umsetzung von
Mädchenarbeit zuständig. Dadurch befindet sich Mädchenarbeit auch
heute noch häufig in einer Sonderposition. Auch in Münster ist diese –
trotz der Anerkennung der AG Mädchen nach § 78 KJHG – häufig noch
spürbar. Mädchenarbeit muss sich zunehmend wieder legitimieren, teils
aufgrund der politisch hergestellten Konkurrenz zur Jungenarbeit und
teils aufgrund einer unzureichenden Auseinandersetzung um die Strategie des Gender Mainstreaming. Dabei soll und wird Gender Mainstreaming die bisherige Diskussion der Mädchenarbeit um die der Jungenarbeit und die Reflexion einer geschlechtergerechten koedukativen Arbeit
erweitern. Zunehmend stellen die Fachfrauen in Münster fest, dass Pädagoginnen einer immer größeren Arbeitsdichte und finanziellen Einspa-
rungen gegenüberstehen und die Mädchenarbeit dadurch zur Sonderposition „Luxus" wird, den Frau sich – falls möglich – noch leistet. Mädchenarbeit rückt in die Nische, die die Frauen noch „nebenbei" schaffen
oder die geopfert wird. Gender Mainstreaming eröffnet die Chance, die
Diskussion um die Geschlechterfrage, um Mädchen- und Jungenarbeit zu
normalisieren und geschlechtsbezogene Arbeit als alltägliche Aufgabe zu
verfestigen. Das hätte zur Folge, dass alle Akteurinnen/Akteure in der Jugendhilfe mit verantwortlich sind für eine geschlechtergerechte Ausrichtung ihrer Leistungen und somit für den Abbau von Benachteiligungen
und der Herstellung von Chancengleichheit.
    Aufgrund der Top down Strategie von Gender Mainstreaming sind
nicht mehr nur die engagierten Fachfrauen für die Mädchenarbeit – in
Münster die AG nach § 78 KJHG und weitere Arbeitskreise und Netzwerke – verantwortlich, sondern insbesondere auch männliche und weibliche Leitungskräfte/Führungskräfte und Entscheidungsträgerinnen und
Entscheidungsträger. Damit diese die Interessen und Bedürfnisse von
Mädchen und Jungen berücksichtigen können, brauchen sie das Wissen
und das fachliche Know-how aus der geschlechtsdifferenzierten Arbeit.
So entwickeln sich Erfahrungen und Kenntnisse aus der geschlechtsbezo-

genen Arbeit zu einem Standardinstrument, das die Arbeit der Jugendhilfe neu ausrichtet. Als Expertinnen in Mädchenfragen eröffnen sich für die Fachfrauen auch neue Möglichkeiten der Beteiligung. Für die Organisationsebene der Verwaltung bedeutet dies eine generelle Sensibilisierung für geschlechtsbezogenes Handeln, und für die Ebene der Mitarbeitenden ist eine Personalentwicklung einzurichten, die eine geschlechtergerechte Arbeit und Ausrichtung ermöglicht.

Was wird an Zielen und Maßnahmen ausgehandelt? Wie wichtig ist den Verantwortlichen die Umsetzung des Gender Mainstreaming, wo es seit Jahren das SGB VIII mit dem § 9.3 gibt?

Sigrid Metz Göckel (2002: 42) schreibt, Gender Mainstreaming ist eine Top down Strategie, die in der Praxis weitgehend als Bottom up Strategie funktioniert. Für die Mädchenarbeit und -politik in Münster bedeutet dies, dass die Verpflichtung und der Auftrag in der Verwaltung der eine Teil ist, dies aber nur fruchtbar umgesetzt werden kann, wenn die Fachfrauen diese Prozesse begleiten und eine qualitativ wertvolle Umsetzung einfordern. Dies erfordert Ressourcen und kann nicht – wie die Mädchenarbeit heute schon oft – nebenbei gemacht werden. Darüber hinaus werden die Fachfrauen die Ergebnisse auch prüfen müssen, damit diese nicht der aktuellen ideologisch angehauchten Diskussion geschuldet, in der die Jungen als Benachteiligte und in Konkurrenz zu den Mädchen gesetzt werden, die Realitäten verwischen. Beispielhaft genannt sei an dieser Stelle die Diskussion um die besseren Schulabschlüsse von Mädchen gegenüber den Jungen und um die fehlende Diskussion um den Nutzen für die Mädchen bezogen auf ihre Chancen in Ausbildung und Erwerbsarbeit auf dem Arbeitsmarkt. Höhere und bessere Schulabschlüsse bedeuten nicht gleich höhere und bessere Ausbildungszugänge und Beschäftigung. Die Negierung der Gesamtsituation von Mädchen führt nicht zur Qualifizierung der Jugendhilfe bzw. zur Umsetzung von Gender Mainstreaming, sondern die Anerkennung, dass Mädchenarbeit unabhängiger und eigenständiger pädagogischer und gesellschaftspolitischer Arbeitsansatz ist! (vgl. Wallner 2005b: 9 ff.).

Anhand der dargestellten Beispiele soll klar gemacht werden, was der Slogan „Mädchen im Blick und Gender im Rücken" bildhaft darstellt. Zum einen macht eine auf der Grundlage von „Genderchecks" durchgeführte Analyse deutlich, dass gesellschaftliche Bedarfe bezogen auf die Geschlechter nicht ausreichend erfüllt sind: Jugendhilfe und Arbeitsmarkt zeigen dies. Zum anderen wird klar, welchen Herausforderungen die Jugendhilfe gegenübersteht. Wenn wir jedoch die Entwicklungen der Mädchenarbeit in den letzten 10 Jahren hier in Münster betrachten, ist kaum vorstellbar, dass bei der bisherigen ressourcenorientierten Ausrichtung rückläufige Entwicklungen möglich sind. Dennoch muss bedacht werden, dass jede Strategie nur so gut ist, wie deren Ausführung, Evaluation und vor allem fachliches Controlling.

Literatur

Amt für Kinder, Jugendliche und Familien (2004): Geschäftsbericht 2004. Stadt Münster

Amt für Kinder, Jugendliche und Familien/Frauenbüro der Stadt Münster (2005): Leitlinien mädchengerechter Jugendhilfe in Münster. Projektgruppe der AG Mädchen nach § 78 SGB VIII

Ratshandbuch der Stadt Münster (1995): Zuständigkeitsordnung , 5. Änderungssatzung 20.12.2001

Arndts-Haupt, Martina (2002): Gender Mainstreaming – Bericht über die Einbeziehung des Prinzips des Gender Mainstreaming in die Arbeits- und Entscheidungsprozesse der Stadtverwaltung Münster

Arnkens-Homann, Dagmar/Leiking, Claudia/Wallner, Claudia u.a. (1999): Xanthippe geht in die Politik. Vom Mädchenarbeitskreis zur Arbeitsgemeinschaft nach § 78 KJHG. Frauenbüro der Stadt Münster

BMFSFJ – Bundesministerium für Familien, Senioren, Frauen und Jugend (2003): Gender Mainstreaming

Frauenbüro der Stadt Münster (2002): Öffentlichkeitsmaterial

Münder, Johannes u.a. (2003): Frankfurter Kommentar zum SGB VIII: Kinder- und Jugendhilfe. Weinheim

Kalscheuer, Mareile/Horlitz, Martina (2005): Empfehlungen zur Umsetzung des 3. AG-KJHG NRW auf der kommunalen Ebene, Wege zum kommunalen Kinder- und Jugendförderplan. Hg.: Landschaftsverband Westfalen-Lippe, Landesjugendamt und Westfälische Schulen, Landschaftsverband Rheinland, Dezernat Schulen, Jugend

Mellies, Sabine/Ritterhoff, Carola/Wentzel, Wenka (2004): Von null auf hunderttausend. 4 Jahre Mädchenzukunftstag. Frauen geben Technik neue Impulse. Bielefeld

Metz-Göckel, Sigrid (2002): Karriere des Gender Mainstreaming in Politik und Wissenschaft. In: Diskurs, Heft 1/2002

Rauw, Regina/Drogand-Strud, Michael (2004): Gender Mainstreaming in der Jugendhilfe. PJW Arbeitshilfe 10. Wuppertal

Reckfort, Andrea/Palichleb, Yvonne (2004): Dokumentation des Girls' Day 2004 in Münster. Frauenbüro Stadt Münster

Reckfort, Andrea/Palichleb, Yvonne (2005): Dokumentation des Girls' Day 2005 in Münster. Frauenbüro Stadt Münster

Wallner, Claudia (2005a): Präsentation und Interpretation im Hinblick auf Gender Mainstreaming und Kommunale Kinder- und Jugendförderpläne Münster

Wallner, Claudia (2005b): Unveröffentlichter Vortrag. Münster

Wenzel, Wenka/Chwalek, Doro-Thea/Mellies Sabine (2005): Frauen geben Technik neue Impulse. Bielefeld

Jungenarbeit – Entwicklung und Stand in Deutschland

Alexander Bentheim / Benedikt Sturzenhecker

Im Folgenden wird nach einer kurzen Begriffseinführung in zwei Kapiteln ein Überblick über Jungenarbeit in Deutschland gegeben: Zum einen wird die Geschichte wichtiger theoretisch-konzeptioneller Ansätze dargestellt, zum anderen wird die Praxis von Jungenarbeit vorgestellt, besonders mit ihren Inhalten und Arbeitsformen. Ein Ausblick auf die Fragen der Weiterentwicklung von Jungenarbeit schließt den Text ab.

1. Zum Begriff „Jungenarbeit"

Der Terminus „Jungenarbeit" hat sich im Laufe der Zeit zum gebräuchlichen Sammelbegriff entwickelt für alle Arbeitsansätze und Tätigkeiten, die in irgendeiner Weise den geschlechtsbezogenen (-bewussten, -reflektierenden, -differenzierenden) Umgang mit Jungen in Erziehung, Pädagogik/Bildung, Sozialarbeit/-pädagogik, Psychologie und Betreuung thematisieren. „Jungenarbeit" war in den Anfängen ein Arbeitsbegriff, auf den man sich seiner Praktikabilität halber einigte, der inzwischen jedoch differenziert werden muss, da er die Pädagogik mit Jungen (z.B. in schulischen Zusammenhängen) noch ebenso einschließt wie die Betreuung von Jungen (z.b. im Elementarbereich oder in stationären Einrichtungen). Ferner wird die Arbeit mit kleinen Jungen ebenso als „Jungenarbeit" bezeichnet wie jene mit Präadoleszenten oder männlichen Jugendlichen (Heranwachsenden, Jungerwachsenen), weshalb auch hier eine altersbezogene Eingrenzung für Verständigungen im Diskurs unmittelbar nötig wird. Es liegt damit auf der Hand, dass Jungenarbeit nicht gleich Jungenarbeit ist, und jede Jungenarbeit der Konkretion ihrer Zielgruppe und der beabsichtigten Zwecke bedarf.

Der Begriff Jungenarbeit ist in außerschulischen Feldern entstanden. In dieser sozialpädagogischen Tradition ist Jungenarbeit gekennzeichnet durch *Geschlechtshomogenität*, also einer pädagogischen Arbeit zwischen Jungen und männlichen Fachkräften, die sich besonders bezieht auf die Entwicklung von Geschlechtsidentität und in kritischer Reflexion auf gesellschaftliche Geschlechterkonstruktionen und -verhältnisse (Geschlechtsbewusstsein) stattfindet. Klassisch sozialpädagogisch zielt so orientierte Jungenarbeit auf die Förderung einer selbstbestimmten und sozial-gesellschaftlich mitverantwortlichen Persönlichkeit, hier besonders auf eine solche Entwicklung von Geschlechtsidentität. Jungenarbeit ist damit nicht inhaltlich normativ, denn sie definiert nicht die Inhalte einer „guten" Männlichkeit, sondern fördert bei ihren Adressaten die selbstbestimmte Suche nach einer individuellen, aber sozial-gesellschaftlich lebbaren Antwort darauf. Obschon sich sozialpädagogische Jungenarbeit reflexiv auf kritische Analysen von Geschlechterverhältnissen bezieht, leitet sie daraus keine erzieherischen Vorgaben für die Jungen ab, sondern bietet ihnen Reflexions- und Experimentierräume, in denen sie eigene Haltungen, Geschlechts- und Lebensentwürfe entwickeln können.

2. Geschichte und theoretisch-konzeptionelle Ansätze von Jungenarbeit

Jungenarbeit in Deutschland hat ihre wichtigsten Wurzeln im Feld der Fort- und Weiterbildung von pädagogischen Fachkräften. Es waren männliche Fort- und Weiterbildner (als Selbstständige oder in Bildungsstätten), die Ende der 80er Jahre des 20. Jahrhunderts begannen, eine geschlechtsbewusste Pädagogik für und teils mit Jungen zu konzipieren. Auch die theoretisch konzeptionelle Debatte der ersten Jahre verlief im Wesentlichen zwischen Protagonisten aus solchen Feldern und weniger unter Beteiligung akademischer Sozialpädagogik oder unter breiter Beteiligung von Praktikern.

Ein wichtiger Ausgangspunkt der Jungenarbeit in Deutschland war das aus Mitteln des Bundesjugendplanes finanzierte, von 1986-88 durchgeführte Projekt der Heimvolkshochschule „Alte Molkerei" im westfälischen Frille, mit dem Ziel, einen geschlechtsbezogenen Bildungsansatz für Mädchen und Jungen in der außerschulischen Bildungsfreizeit zu entwickeln und exemplarisch zu erproben. Der seinerzeit hier als „antisexistische Jungenarbeit" etikettierte Ansatz ging auf ein vergleichsweise noch deutlich feministisch beeinflusstes Verständnis zurück, demzufolge sich Jungen an traditionellen Vorstellungen von Männlichkeit – mit Merkmalen wie Dominanz, Leistungsdenken, körperliche Härte gegen sich und andere – orientieren und dies auch weiter tun, wenn dem nicht frühzeitig pädagogisch gegengesteuert wird. Da es bis dato kaum Erfahrungen mit geschlechtsbezogener Jungenarbeit gab, wurden die erkenntnistheoretischen Arbeiten der Frauenforschung (insbesondere die Benennung von „Geschlecht" als Strukturkategorie für die Analyse gesellschaftlichhierarchischer Verhältnisse) und die offene Bewunderung für die bereits etablierte Mädchenarbeit dankbar, z.T. aber auch wenig reflektiert aufgegriffen und für Ziele der Jungenarbeit „übersetzt". Zentrale Inhalte der Jungenarbeit waren die geschlechtsbezogen kritische Reflexion alltäglicher jungen,typischer' – und darunter eben auch als sexistisch verstandene – Verhaltensweisen, denen mit der erfahrungsbezogenen Vermittlung sozial und geschlechtlich besser verträglicher Einstellungen und Handlungsalternativen im Sinne eines partnerschaftlichen, gleichberechtigten Umgangs mit anderen begegnet werden sollte.

Das Modellprojekt – über 1988 hinaus konzeptionell verstetigter Arbeitsschwerpunkt der Friller Bildungsarbeit – war jedoch richtungweisend insofern, als zum ersten Mal andere als traditionelle („heimliche") Ziele einer Jungenpädagogik systematischer formuliert wurden. Das Missverständnis bisheriger Jugendarbeit, welche zwar an Mädchen und Jungen adressiert, de facto aber geschlechtsunspezifisch jungenorientiert war, wurde zu decodieren begonnen, indem auf die – aus Sicht der Erwachsenen – besonderen Problematiken von Jungen (erst später auch auf deren Kompetenzen) hingewiesen wurde. Deutlich wurde mit dem Projekt, dass wiederkehrende Probleme wie z.B. die Dominanz von Jungen gegenüber Mädchen im öffentlichen Raum oder (sexualisierte) Übergriffe nur dann Chancen auf verträgliche Lösungen haben, wenn sie in geschlechtshomogenen Gruppen von entsprechend geschlechtsreflektierten Männern bearbeitet werden. Längst sind die Arbeitsansätze – auch in Frille – weiter differenziert und auch für andere Lernfelder als die außerschulische Bildungsarbeit modifiziert worden (vgl. Rauw u.a. 2001; Jantz/Grote 2003), viele Entwicklungen sind ohne die Impulse dieses Modellprojektes jedoch nicht denkbar.

In Konfrontation mit solchen kritisch-normativen Konzepten gerieten bald Positionen, die von historisch invarianten essenziellen Elementen von Männlichkeit ausgingen. Noch relativ nahe an sozialpsychologischen Theorien befindet sich Uwe Sielerts Klassiker „Jungenarbeit – Praxishandbuch für die Jugendarbeit" von 1989. Sielert verwendete damals als Analysemuster wie auch als normatives Ideal die auf Jung zurückgehende Archetypen-Theorie, nach der in jedem Menschen sowohl weibliche als auch männliche Grundmuster zu finden sind. Als Entwicklungsziel (hier besonders für Jungen) wurde Androgynität (d.h. eine Integration der „starken" weiblichen und männlichen Anteile in einer Person) vorgeschlagen.

Am weitesten in die essenzialistische Position trieb ab den 1990er Jahren
ein biologistischer Ansatz von Jungenarbeit, der sich selber als „mytho-
poetisch" (Haindorff 1997) oder „initiatorisch" bezeichnet. Diese Position
geht (mit teilweise sehr eklektizistischer Theorieauswahl) von biogene-
tischen Unterschieden der Geschlechter aus und beruft sich insbesondere
auf Erkenntnisse der US-amerikanischen Hirnforschung. Danach gibt es
ein verschiedenes Wesen von Mann und Frau, das in seinen körperlich-
biologischen Grundelementen in der gesamten Menschheitsgeschichte
festlegt und auch heute noch Grundaspekte männlichen und weiblichen
Charakters bestimmt. Diese Essenzen des männlichen Wesens werden in
mythischen Erzählungen und Figuren transportiert. Der Jäger und Versorger, der Held und Krieger/Ritter sind Formulierungen solcher Mythen.
Sie werden zusammen gefasst in dem Bild vom „wilden Mann", teils auch
im Bild des „neuen Kriegers". Das Ziel des mythopoetischen Ansatzes ist
eine Rückgewinnung vitaler Männerenergie, eine eigene Autonomie von
der Frau und ein Durchdringen zur eigenständigen männlichen Energie.
Das soll durch „Initiation" geschehen. Der kindliche Junge soll mit solchen Ritualen von der Abhängigkeit von der Mutter (und später der Frau)
gelöst werden und in die erwachsene Männlichkeit und Männergruppe
aufgenommen werden. Ziel ist damit das Paradox einer Befreiung zu den
ohnehin biogenetisch festgelegten Elementen des männlichen Charakters.

Die essenzialistischen Konzepte wurden von ihren Gegnern der eher
sozialpsychologischen (Böhnisch/Winter 1993) und patriarchatskritischen
(Frille) Positionen scharf kritisiert. Da die Beteiligten nicht nur um theoretische Oberhoheit, sondern auch zunehmend um ökonomische Pfründe
am Fortbildungsmarkt kämpften, nahm die Debatte teilweise verzerrte
Züge an.

Die „sozialpsychologischen Ansätze" verstehen Männlichkeit besonders im Blick auf die individuelle Entwicklung von Geschlechtsidentität
und beziehen sich auf psychologische und soziologische Theorien von
Geschlechtssituation und gesellschaftlicher Modernisierung. Bekannteste
Vertreter dieser Position sind Böhnisch/Winter (1993). Hierbei wird einerseits zurückgegriffen auf die psychologische Theorie zur Geschlechtsso-
zialisation von Jungen, die bestimmt sei durch die „fehlenden Väter" und
damit zugleich fehlenden gleichgeschlechtlichen Identifikation, sodass
Identität von Jungen sich vor allem durch negative Abgrenzung von Frau-
en definiert (die sie im Wesentlichen in ihrer frühen Sozialisation in der
Familie und in den pädagogischen Institutionen als Bezugspersonen vor-
finden). Das führt zu dem Autonomiedilemma (Gruen 1986): Jungen und
Männer müssen jene Anteile ihrer Persönlichkeit, die sie als weiblich emp-

finden, erleben oder definieren, ausgrenzen, um autonom zu sein und sie müssen damit einen wichtigen Teil menschlicher Personalität negieren. Diese Identitätsprobleme werden verschärft durch die von Individualisierung und Pluralisierung hervorgerufene Infragestellung traditioneller Männerbilder. In der Enttraditionalisierung werden zwar auch Chancen entdeckt, aber gleichzeitig entsteht das Problem, dass jeder Junge und Mann seine Geschlechtsidentität zunächst individuell bewältigen muss und damit leicht unter Desorientierung und Unsicherheit leiden kann. Der sozialpsychologisch orientierte Ansatz einer kritisch identitätsorientierten Jungenarbeit bestimmt so als Ziel: „Jungenarbeit zielt darauf ab, Jungen und männliche Jugendliche zur Aneignung und Befähigung ihres eigenen Jungen- und Mannseins im Sinne erweiterter Handlungskompetenz zu befähigen. Erweiterte Handlungskompetenz meint dabei die Fähigkeit, sozialreflexiv, aktiv und gestaltend mit der eigenen Geschlechtlichkeit umzugehen." (Winter 1997: 150)

Ab Ende der 1990er Jahre bezogen sich patriarchatskritische Konzepte von Jungenarbeit in der „Friller Tradition" häufig auf die soziologische Geschlechtertheorie von Robert W. Connell (z.B. 1999). Connell geht von verschiedenen Männlichkeitsentwürfen und -praxen aus, die sowohl historisch nacheinander als auch gesellschaftlich nebeneinander bestehen und sich weiterentwickeln. Doch waren und sind diese verschiedenen Entwürfe stets hierarchisch organisiert und historisch mit einem jeweils dominierenden Männlichkeitsmodell an der Spitze. Auch wenn damit Macht- und Herrschaftsverhältnisse zwischen Männern thematisiert und durchaus „marginalisierte Männlichkeiten" identifiziert werden können, so erkennt Connell doch eine Gemeinsamkeit dieser Männlichkeiten in der strukturellen Unterdrückung von Frauen bzw. „des Weiblichen" – denn auch „unterlegene" Männlichkeiten partizipieren an einer solchen „patriarchalen Dividende". Gerade diese patriarchatskritische Jungenarbeit zielt seit den 1990er Jahren auf eine Demokratisierung der Geschlechterverhältnisse, also den Abbau der Unterdrückung von Frauen, hierarchiefreiere Beziehungen unter Männern sowie ein erweitertes Handlungs- und Verhaltensrepertoire jedes einzelnen Mannes (vgl. Wegner 1995: 169). Unter Geschlechtergerechtigkeit wird damit auch eine gesellschaftliche Situation verstanden, in der Männer und Frauen gleich (im Sinne von gleich*berechtigt*) sind und in der doch Differenz der Individuen und der unterschiedlichsten geschlechtlichen Identitätsweisen möglich sein soll – oder mit Michael S. Kimmel (2002): „Gleichheit ist nicht Unterschiedslosigkeit, sondern Wertschätzung von Differenzen." Diese Konzepte beziehen sich also nicht nur auf die Geschlechterdifferenz, sondern auch auf

Differenzen von heterogenen sozialen Milieus und kulturell-ethnischen Kontexten, theoretisch seit einigen Jahren auch in „Diversity"- und „Dekonstruktivismus"-Konzepten gefasst.

Uwe Sielert revidierte seine „androgynistische" Position in einer 2002 erschienenen komplett veränderten Neuauflage seines Buches von 1989. Sielert musste die Erfahrung machen, dass sein altes Buch inzwischen als „abschreckendes Beispiel" für essenzialistische Positionen zitiert wurde. Als Antwort leistet Sielert eine „Ideengeschichte" der Jungen- und Männerarbeit in Deutschland. Die unterschiedlichen Paradigmen und Diskurszweige der Debatte werden vorgestellt: vom Essenzialismus der Maskulinisten und Mythopoeten (die Sielert sehr kritisch sieht) bis hin zum radikalen Dekonstruktivismus der „Queer-Theorie" (aus der er wertvolle Anregungen für die Jungenarbeit übernimmt) und es wird in Bezug auf die neuesten Diskursstränge eine neue Orientierung herausgearbeitet. Deren zentrales Element ist Sielerts „Triadenmodell balancierter Persönlichkeit". Dieses baut wiederum auf einem anderen „Hauptwerk" der deutschen Jungenarbeit, der BzGA-Studie von Reinhard Winter und Gunter Neubauer von 1998 und ihrem Variablen-Modell „balancierten Jungen- und Mannseins" auf. Winter und Neubauer hatten ein Modell vorgelegt mit der Absicht, Persönlichkeit und Handlungsmuster von Jungen möglichst ausgewogen beschreiben zu können, ohne in einseitig bewertende Dualismen zu verfallen. Dabei geht es darum, in einer männlichen Geschlechtsidentität unterschiedliche Anforderungen auszubalancieren, abzuwägen und für (individuell und sozial angemessene) Handlungsoptionen zugänglich zu machen. Eine solche Balancierung findet etwa statt zwischen den Polen von Konzentration und Integration, Aktivität und Reflexivität, Präsentation und Selbstbezug, kulturelle Lösung und Bindung, Leistung und Entspannung, heterosozialer und homosozialer Bindung, Konflikt und Schutz, Stärke und Begrenztheit.

Sielert hat nun die Begriffspaare von Winter und Neubauer jeweils um einen dritten Aspekt ergänzt, den er „energetisch" nennt (z.B.: Konzentration/Integration/*Flow*; Aktivität/Reflexivität/*Erschütterung*; Präsentation/Selbstbezug/*Spiritualität*; Konflikt/Schutz/*Achtsamkeit* usw.), sodass „Triaden der Identitätsbalance" entstanden. Die verschiedenen begrifflichen Dreiecke sollen in der Jungenarbeit dazu dienen, beobachtete Prozesse bei Jungen und Männern besser deuten zu können und damit auch deren Selbstreflexion anzuregen. An den verschiedenen biografischen Phasen der Entwicklung von Geschlechtsidentität im Lebenslauf zeigt Sielert, dass die Triadenaspekte hier in jeder Phase zu einem besseren Verständnis beitragen könnten.

Kritisch ließe sich hier fragen, ob nicht mit dem Triadenmodell nach den postmodernen Multioptionen des Dekonstruktivismus (dessen Argumentationsmustern sich Sielert durchaus nicht verschließt) nun doch letztendlich wieder ein normativ positives Modell gelingender Männlichkeit eingeführt werden soll, das dann allerdings angesichts der realen, zunehmend auch öffentlich wahrgenommen Vielfalt von Männlichkeiten wiederum so allgemein menschlich ausfällt, dass es schon (fast) nichts mehr mit Geschlechtlichkeit, sondern nur noch mit der Persönlichkeit zu tun hat. Anscheinend ist es für die deutschen Jungenarbeitstheoretiker schwer auszuhalten, dass es kein „Leitbild Männlichkeit" gibt.

Neben allen mehr oder weniger theoretisch fundierten oder überformten Ansätzen darf bei der Jungenarbeit – durchaus in ihren Facetten und bezogen auf ihre Zielgruppen – jedoch nicht aus dem Blick verloren werden, dass sie auch Teil einer differenzierten Jugendhilfe geworden ist, spätestens mit Ablösung des alten Jugendwohlfahrtsgesetzes durch das zeitgemäßere Kinder- und Jugendhilfegesetz 1991. Denn betrachtet man die Jungenarbeit als Querschnittsaufgabe in der Jugendhilfe (Sturzenhecker 1996, Sturzenhecker/Winter 2002) und versteht sie somit als Teil der Sozialpädagogik, gelten die Zielsetzungen dieses Feldes, die sich darauf richten, Kinder und Jugendliche – in diesem Falle Jungen – bei der Entwicklung von Mündigkeit zu unterstützen. Sie sollen eine selbstständige, selbstbewusste Personalität und Sozialität entwickeln (vgl. SGB VIII § 1). Damit setzt Jugendhilfe auf die Förderung formaler Kompetenzen von Mündigkeit, also auch auf die Fähigkeit, selbstständige individuelle und soziale Entscheidungen und Entwicklungen möglich zu machen. Dem Individuum wird nicht vorgegeben, wie es werden oder leben soll, sondern es soll befähigt werden, dieses frei und „vernünftig" selbst zu bestimmen.

Wenn Jungenarbeit diesem Grundsatz von Jugendhilfe oder Sozialpädagogik folgt, kann sie nicht vorgeben, wie „gute Männlichkeit" aussehen soll und sie dürfte nicht versuchen, Jungen an solche Ideale anzupassen. Statt Jungen auf ein Leitbild auszurichten, ginge es stattdessen darum, sie zu befähigen, sich schließlich selbst für eine individuelle Geschlechtsidentität zu entscheiden. Dazu müssen die Jungen die verschiedenen „Angebote" von Männlichkeiten zunächst überhaupt kennen lernen, um ihre Formen und Folgen für sich und andere reflektieren zu können. Sie müssen kritisch die „Kosten und Nutzen" hegemonialer Männlichkeit einschätzen lernen und daraus ihre persönlichen Konsequenzen ziehen können.

Diese sozialpädagogische Orientierung von Jungenarbeit findet sich auch wieder in aktuellen Antworten geschlechtsbewusster Konzepte von Jungen- und Mädchenarbeit (vgl. den Sammelband von Rose/Schmauch

2005), auf die seit etwa 2001/02 vor allem medieninduzierte und teils -konstruierte Debatte um Jungen als Verlierer, Benachteiligte, Vernachlässigte, Dumme, Böse, Kranke, Verhaltensgestörte und so weiter. Die Autorinnen und Autoren widersprechen einheitlich der platten, ausschließlich defizitorientierten bzw. mit Stigmatisierungen kokettierenden Annahme der Medien. Ein aufgeheizter Wettbewerb darum, ob eher Jungen oder eher Mädchen Opfer seien, sei abzulehnen, weil a) ein ausschließlich defizitorientierter Blick auf die Geschlechter – gerade nach allen mühsam erstrittenen Verständigungen der letzten 20 Jahre! – ohnehin zu kritisieren sei und b) dennoch – und zwar für *beide* Geschlechter – geschlechtspezifische Probleme wie Chancen aus ihren Sozialisationsbedingungen entstünden, die jeweils differenziert analysiert, aber keinesfalls dramatisiert oder moralisiert werden sollten. Benachteiligung von egal wem sei entgegenzutreten; es gehe um Selbstreflexion der Fachkräfte in Hinblick auf die eigenen Geschlechterkonstruktionen und die Beobachtung der (durchaus jugendkulturell-spielerischen) Geschlechterinszenierungen auf Seiten der Adressaten, statt um normierende, erzieherische Eingriffe. In allen Texten des Bandes lässt sich eine pädagogische Grundorientierung ausmachen, welche erzieherische Normierungen (von Mädchen in feministisch-emanzipatorische und von Jungen in sozial-domestizierende Richtungen) relativieren oder zurückweisen. Übrig bleibt damit die (richtige!) Aufgabe einer differenzierten Wahrnehmung der jeweils spezifischen Zielgruppen, und dabei ist eher für die männlichen Autoren des Bandes die Kategorie „Geschlecht" – neben Herkunft, Alter, Religion, Region – nur eine der relevanten Wahrnehmungsrichtungen.

Am aktuellen Entwicklungsstand der theoretischen Konzipierungen von Jungenarbeit nach mehr als 20 Jahren bleibt statt einer Besonderheit eher ein bescheidener Rückschwenk in eine – wenn man so will – „bildungs-orientierte Sozialpädagogik", die sich als Assistent der selbsttätigen Aneignung von Person und Welt (inklusive des Geschlechtes) im Zusammenhang versteht. Damit verwandelt sich eine autonome Geschlechterpädagogik zurück in eine *auch* geschlechtsbewusste Sozialpädagogik. Das kann begrüßt werden, denn die im Entwicklungsprozess der geschlechtsbewussten Ansätze durchaus wichtige wissenschaftliche Analyse und politische Kritik von und an Geschlechterverhältnissen, Ungleichheiten und Ungerechtigkeiten hatte sich in den pädagogischen Vorschlägen zu sehr in eine normierende Erziehung verwandelt, die – wie immer, wenn Pädagogik ihre Adressaten zum Vehikel von Gesellschaftsveränderung macht – in Entfremdung von den Subjekten und ihren Lebenswelten enden musste.

Besonders Christoph Blomberg (2005) kritisiert die auch in der Jungenarbeit vorkommende pädagogische Grundhaltung, den Adressaten ein Defizit zu unterstellen und ihnen im Gegenzug erzieherische Rettungs- und Heilungsmaßnahmen zu verordnen, als einen aus der christlichen Tradition stammenden Zusammenhang von „Erbsünde und Erlösung", im Sinne von: „Erkenne, dass du unvollkommen bist und folge dem von mir vorgezeigten Weg ins Heil" (S. 127). Dass diese pädagogische Grundhaltung zu erzieherischem Missionismus und gar „Imperialismus" führt, der den Jungen und Mädchen fremdbestimmte, „richtige" Haltungen und Handlungen beibiegen will, ist eine nicht neue, aber immer wieder zu erneuernde Erkenntnis.

3. Zur Praxis von Jungenarbeit

Obschon es also eine lange und differenzierte theoretische Debatte um Konzepte gibt, scheint die Praxis von Jungenarbeit noch immer nicht selbstverständlich zu sein – und nur langsam entwickelten sich diesbezügliche Versuche, zunächst auch nur in den westlichen Bundesländern. Sie konzentrierten sich – soweit durch Arbeitskontakte, überregionalen Erfahrungsaustausch, Vernetzung bekannt – seit Ende der 1980er Jahre zunächst auf die Ballungsgebiete. Seit Anfang/Mitte der 1990er Jahre gab es Aktivitäten zunehmend auch im ländlichen Raum, jedoch häufig im Einzugsbereich größerer Städte, was u.a. mit dem pädagogischen Personal zu tun hatte, das zumeist noch akademischen Kreisen (Universitäten, Fachhochschulen) entstammte.

In den östlichen Bundesländern ist eine Jungenarbeit „westlicher" Prägung bis heute kaum anzutreffen; die seit der Wende üblichen, auch intellektuellen „Exporte" fanden und finden eher selten statt. Die in den nun nicht mehr ganz „Neuen Ländern" vertretenen Arbeitsansätze fokussieren zum einen stärker die Prävention von Gewalt und (latentem) Rechtsextremismus, was u.a. durch die zweckgebundene Vergabe von ESF-Mitteln bedingt ist, zum anderen wird Wert darauf gelegt, die spezifischen sozialisatorischen Erfahrungen von Jungen der ehemaligen DDR und Nachwendezeit zu berücksichtigen, um ihnen mit adäquateren Angebotsprofilen gerechter zu werden. Seit gut zwei Jahren bewegt sich aber mehr in der Jungenarbeit, gerade auch mit Akzenten auf berufsorientierende Perspektiven; sowohl für Dresden als auch für Leipzig liegen aktuelle Überblicke vor, die durchaus beeindruckend sind (vgl. Switchboard, Ausgaben Februar und April 2006).

Was bis heute allerdings fehlt, ist eine systematische und vor allem systematisch fortgeschriebene Bestandsaufnahme der Angebote zur Jungenarbeit bzw. zu Jungenarbeitsprojekten – nur vereinzelt liegen diese bislang vor von Munding (1995, bundesweit, kürzlich aktualisiert 2005), Bentheim/Firle (1996, bundesweit) und Fraktion Bündnis 90/Die Grünen im Landtag NRW (1998, Nordrhein-Westfalen). Selbst im Internet sind vorwiegend nur die Selbstdarstellungen einzelner Anbieter zu finden, ggf. noch mit Verlinkungen zu direkten Kooperationspartnern und Fachkollegen. Eine kontinuierliche Dokumentation der Entwicklung in diesem Bereich (neue Angebote und Projekte, thematische Ausrichtungen, personelle Besetzungen, Einstellungen von Projekten etc.) versucht die Männer- und Jungenarbeits-Zeitschrift „Switchboard" (Hamburg/Detmold) seit Anfang der 1990er Jahre zu gewährleisten; aufgrund der nebenberuflichen Verlagstätigkeit relativieren sich diese Systematisierungsversuche allerdings an zeitlichen Kapazitäten. Immerhin: Zählungen von „Switchboard" fanden 1992 etwa 20, 1996 etwa 60, und zuletzt im Mai 2000 etwa 150 Projekte, Initiativen, Arbeitskreise sowie Einrichtungen mit thematischen Schwerpunktangeboten für das gesamte Bundesgebiet (diese sind allerdings nicht im Einzelnen qualifiziert und erfassen so das gesamte Spektrum). Die östlichen Bundesländer waren jedoch deutlich unterrepräsentiert, Sachsen-Anhalt und Mecklenburg-Vorpommern fielen wegen fehlender Informationen gar völlig raus. Die Zahl 150 wurde allerdings etwas niedriger angesiedelt, da die Zeitschrift als Vernetzungsmedium nicht überall bekannt ist und viele Arbeitsangebote nach den Erfahrungen der Redaktion einer starken Fluktuation und damit erzwungenen Kurzlebigkeit unterliegen, vor allem aufgrund geringer kommunaler Aufmerksamkeit und damit einher gehender Unterfinanzierung. Seit Mai 2000 ist die Tendenz – nach inoffiziellen Schätzungen – jedoch steigend, für die östlichen Bundesländer seit 2004 ebenfalls.

Um einen i.d.R. aktuellen und gut dokumentierten Überblick über kleinere lokale und regionale Arbeitsangebote zu bekommen, sind die bestehenden Landesarbeitsgemeinschaften zur Jungenarbeit mittlerweile wichtige Adressaten. Derzeit existieren vier LAGs in Schleswig-Holstein (seit 1998), Nordrhein-Westfalen (seit 1998), Baden-Württemberg (seit 2000) und Niedersachsen (seit 2001), allesamt Zusammenschlüsse von Organisationen und einzelnen Personen im Sinne des § 78 KJHG. Eine fünfte LAG in Sachsen befindet sich seit Herbst 2005 im Aufbau. Deren vorrangiges Bestreben ist, die im eigenen Bundesland existenten Angebote ausfindig zu machen, sie formell sowie fachlich zu vernetzen, bei Bedarf Fortbildungen und Fachberatungen zu organisieren, für eine jungenpolitische Interessenvertretung zu werben und diese in den entsprechenden Gremien voran zu bringen.

In Nordrhein-Westfalen, wo die erste LAG gegründet wurde, konnten in 2000 insgesamt 88 Arbeitsangebote dokumentiert werden, für Baden-Württemberg liegen 70 Adressen vor, für Niedersachsen 21 und für Schleswig-Holstein 15. Aufgrund des Engagements der LAG NRW wurde zwischenzeitlich eine Vollzeitstelle zur Wahrnehmung der Aufgaben eingerichtet.

4. Inhalte und Arbeitsweisen von Jungenarbeit

Das Spektrum dessen, was inhaltlich in der Jungenarbeit geschieht, hat sich über die Jahre sehr erweitert. Was im einzelnen angeboten wird, hängt jeweils sowohl von den Zielen und (institutionellen) Aufträgen ab, die mit Jungenarbeit verfolgt werden, als auch vom Selbstverständnis des mit Jungenarbeit beauftragten Personals, seines Methodenrepertoires und dem Grad an Förderung/Akzeptanz im kollegialen Umfeld.

Unstreitig ist, dass Jungenarbeit Jungen – jeweils bezogen auf die adressierten Altersgruppen – bei der Entwicklung ihrer (geschlechtlichen) Identität/Orientierung und ihres Sozialverhaltens unterstützend fördern und begleiten will. Sowohl die Aneignung von Lebenskompetenzen als auch die Bewältigung spezifischer Herausforderungen im Verlauf von Sozialisation sind dabei Leitgedanken, denen Inhalte, Methoden, Settings von Jungenarbeit nachgeordnet und immer wieder angepasst werden müssen, will Jungenarbeit eine Chance auf Nachhaltigkeit bei ihren Adressaten haben. Dabei wurde Jungenarbeit ursprünglich nicht als neues methodisches Werkzeug der Pädagogik verstanden, sondern vielmehr als eine Haltung, die Jungen entgegengebracht wird: Beziehungspädagogik statt starrer Lehrpläne, der Pädagoge mehr als „Medium" denn als „Macher". Gleichwohl braucht Jungenarbeit Methoden und spezifische Zugänge, um ihre unterschiedlichen Zielgruppen, insbesondere im freiwilligen offenen Bereich, zu erreichen und zu gewinnen – und Jungenarbeit muss hier zwangsläufig kreativ sein, um bei der medialen Konkurrenz und den sozialisierten Kulturgewohnheiten vieler Jungen mithalten bzw. andere (sinnliche) Lernerfahrungen schmackhaft machen zu können.

Die in der Jungenarbeit behandelten Themen speisen sich aus dem, was Pädagogen für hilfreich oder notwendig erachten und den Jungeninteressen, die – in Ermangelung einer ausgeprägten jungenfreundlichen Kommunikationskultur – zumeist nur unterschwellig „anliegen". Wo

Themen von Jungen offensiv „mitgebracht" werden, weil sie in deren Leben eine Rolle spielen, wird Jungenarbeit erleichtert oder hat sie sich bewähren können. Themenüberschriften und Zwischentitel lauten zum Beispiel: Konflikte (Bewältigung, Aggression, Gewalt), Sexualität (sexuelle Orientierungen, Umgang mit dem eigenen Körper, Selbstbefriedigung, Pornografie), Liebe und Partnerschaft (Mädchen, „Das erste Mal", Liebeskummer, Flirten, Vaterschaft), Gesundheit und Krankheit (Mut und Risikoverhalten, Alkohol, Drogen), Freundschaften (Spaß haben, ein „richtiger" Freund, Homophobie), Erwachsenwerden („Endlich 18!", Väter, Vorbilder und Idole), Arbeit und Beruf (Ausbildung, Jobs, Geld). Durch die Jahre vielfach geteilte Erfahrung ist hierbei, dass Jungen sich auf diese Themen einlassen, je konkreter sie benannt werden und sie erfahren, dass ihr Gegenüber sie ernst nimmt in ihren Unsicherheiten und Suchbewegungen.

Als Grundlage für jede Jungenarbeit gilt die Auseinandersetzung der Pädagogen mit (eigenen) Männlichkeitskonzepten – sowohl den gesellschaftlich dominanten als auch den „Nischen"-Konzepten –, die in der konkreten Arbeit mit Jungen als Hintergrundfolie stets präsent sein sollten. Jungenarbeit, wie sie heute vielerorts anzutreffen ist, will traditionell männliche Handlungsmaximen nicht mehr gänzlich außer Kraft setzen (schon weil sie es aufgrund ihres begrenzten Aktionsradius nicht kann), aber deren Entwicklungsbehinderungen durch rigide Rollenzuschreibungen beständig hinterfragen und um die Vermittlung auch unkonventioneller Erfahrungen erweitern: Wandel durch Prozess.

Waren in den Anfängen noch Ziele im Blick, die oft einzig (und ungeduldig) die Auflösung geschlechterhierarchischer Differenzen im Sinn hatten und dazu passende Themen/Methoden mittels Jungenarbeit einzusetzen versuchten, entwickelte sich nach und nach die Kultur einer Dekonstruierung allmählich entdeckter Phänomene, die mit dem Credo „Nicht jede Jungenarbeit passt zu jedem Jungen" ihre Arbeitsschwerpunkte an den spezifischen Lebenslagen und den darauf bezogenen, für hilfreich erachteten „Notwendigkeiten" ausrichtete. So war eine wichtige Erkenntnis auf diesem Weg, dass Jungen sich nicht nur „auffällig" geben, weil sie Macht demonstrieren wollen, sondern in Ermangelung ausreichend erfahrenen Vertrauens oft keine Möglichkeiten kennen, ihre Ohnmacht und Bedürftigkeit anders, angemessen und rechtzeitig mitzuteilen. Insbesondere der empirisch gestützte Befund, dass Jungen nicht nur Täterverhalten zeigen, sondern auch Opfer von Gewalt und Vernachlässigung sind, führte u.a. zu den ersten Selbstbehauptungskursen – die anfänglich sowohl von Frauen als auch Männern noch dahingehend kommentiert wurden, dass Jungen es doch nicht nötig hätten, sich selbst zu behaupten, da sie dies ohnehin ständig täten.

Allen Arbeitsansätzen ist mittlerweile gemein, mehr Aufmerksamkeit für die besonderen – von Mädchen, aber auch anderen Jungen verschiedenen – Lebenslagen von Jungen schaffen zu wollen und Jungen vor allem dort als förderungswürdig zu begreifen, wo strukturelle Lebensbedingungen individuelle und (damit) soziale Probleme zu verschärfen drohen. Allein: Die Analysen, Bewertungen und Schlussfolgerungen hinsichtlich dessen, was die besonderen Lebenslagen ausmachen, blieb bis heute nur angeklärter Gegenstand des Diskurses. Dies führte in der Vergangenheit auch stets zu unterschiedlichen Auffassungen, welcher Stellenwert Jungenarbeit – eigentlich – beizumessen sei und worin man „ideologisch" und finanziell investieren will: Jungenarbeit um der Jungen willen? Jungenarbeit um der Mädchen willen? Jungenarbeit um der Behebung unerwünschter sozialer Phänomene willen (Defizit-Ansatz)? Jungenarbeit um der steten Verbesserung individueller Ausgangsbedingungen willen, damit Jungen ein verantwortungsbewusstes, konfliktfähiges Leben ermöglicht wird (Kompetenz-Ansatz)?

Jungenarbeit heute zeigt sich in der Praxis sowohl in der geschlechtsbewussten Elementarerziehung als auch in Kriseninterventionen zur Gefahrenabwehr, ist sowohl Alltagsbegleitung als auch Ferienspaßaktion, wird als Prävention (von was auch immer) verstanden oder als Anliegen, bislang verschlossene Lebensräume zu öffnen, um eigene konstruktive, männliche Beiträge zur tatsächlichen Gleichstellung der Geschlechter zu leisten. In 20 Jahren hat es zahlreiche Konzepte gegeben, die den wachsenden Erkenntnissen, Erfahrungen und Bedarfen stets angepasst wurden. Gab es anfangs zuweilen die Vorstellung, mittels des gemeinsamen Faktors „Kritik der Männlichkeit" nahezu alle Themen in der Jungenarbeit „bedienen" zu können, wurde bald deutlich, dass man sich beschränken und eher fachlich vertiefen musste, wollte man gezielte Hilfen für Jungen anbieten können. So entstanden unterschiedliche Arbeitsschwerpunkte, die verstärkt die Kooperation mit anderen regionalen Einrichtungen im System der sozialen Versorgung suchten.

5. Ausblick: Offene Fragestellungen von Jungenarbeit

Über 20 Jahre Jungenarbeit wurde eine Reihe von Konfliktlinien sichtbar, die die derzeitigen Diskussionen begleiten und noch immer zur Klärung anstehen. Sie betreffen ebenso das Selbstverständnis der in der Jungenarbeit Tätigen und die politische Würdigung dessen, was an jahrelangem Engagement vieler Beteiligter entstanden ist, als auch Fragen der Qualitätssicherung und -kontrolle. Überdies betreffen sie grundsätzliche Überlegungen, wie es mit Jungenarbeit in Deutschland weitergehen kann und soll.

Fehlende Evaluationen:

Die mittlerweile zahlreichen Arbeitsangebote und fast ebenso vielen Konzepte, sind in ihren Wirkungen kaum evaluiert. Was fehlt, sind mehr Erkenntnisse darüber, wie Jungenarbeit bei ihren Zielgruppen ankommt. Diese müssen empirisch evaluiert werden und sollten nicht allein auf eigenen Erhebungen der Träger beruhen. Damit kann – auch im Sinne von Partizipation – mehr Klarheit über die Zukunftsvorstellungen von Jungen, ihre Sorgen und Wünsche nach Hilfe und Unterstützung gewonnen werden.

Problematische Funktionalisierung von Jungenarbeit:

Programme zur Gewaltprävention – die allerdings andere Titel bekommen sollten – können sinnvoll sein, sollten Jungen aber nicht auf ohnehin stigmatisierte Rollen reduzieren. Jungenarbeit sollte nicht für die Behebung unerwünschter Probleme und Defizite funktionalisiert werden. Jungenarbeit sollte (endlich!) ganzheitlich angesetzt werden und wieder umfassend die Lebenslagen von Jungen in den Blick bekommen – am Beispiel Gewaltprävention: Die vermittelten Inhalte an sich sind oft nicht abzulehnen, aber eine Jungenarbeit, die nur dann als „gut" oder „hilfreich" qualifiziert (und finanziert) wird, wenn sie der Domestizierung „wilder" oder „böser" Jungs um gewünschter Befriedungseffekte willen dient, wird in die Leere laufen. Die Erfahrung bei der Finanzierung von Einzelfallhilfen/mobiler Betreuung für auffällige Jungen ist: Bei ausgeübter Gewalt gibt es Geld. Für Jungen – z.B. Opfer von Gewalt –, die sich nicht auffällig verhalten, gibt es jedoch kein/kaum Geld.

Jungenarbeit im Gendermainstreaming:

Jungenarbeit sollte sowohl geschlechtshomogen als auch -heterogen stattfinden. Zu verfolgen sind Ansätze einer „Reflektierten Koedukation", die – lebenslagenbezogen – sowohl Jungen als homogene Gruppe als auch Jungen und Mädchen gemeinsam anspricht. Aus den Erfahrungen mit separierter Mädchen-(Frauen)förderung, die für die gesamtgesellschaftliche Verantwortung für die Verbesserung der Geschlechterverhältnisse nicht die – selbst von Frauen – erwünschten Effekte erbrachte, sollte nun der Gedanke des Gendermainstreaming mit Leben gefüllt werden – allerdings ohne die bisherigen Erfahrungen von Jungen- (und Mädchen)arbeit außer Acht zu lassen. Vielmehr sollte darauf aufgebaut werden.

Weiterentwicklung von Jungenarbeit:

In Zeiten klammer öffentlicher Kassen wird von Jungenarbeit, wo sie „eingesetzt" wird, Effektivität erwartet. Jungenarbeit unter oftmals gegebenem Zeit- und Finanzierungsdruck erleidet jedoch zwangsläufig Qualitätseinbußen. Es braucht weiterhin (solide) Experimentierräume, eine Jungenarbeit ausschließlich unter Verwertungsinteressen wird ihrer Zielgruppe und der Nachhaltigkeit des Anliegens nicht gerecht. Entsprechende Anforderungen an das pädagogische Personal sind deshalb zu stellen, aber auch zu gewährleisten.

Qualitätskriterien entwickeln:

Im Aus- und Weiterbildungssektor wird, bezogen auf die vermittelten Inhalte, im Wesentlichen auf bewährte Erfahrungen zurückgegriffen, jedoch gibt es keine einheitlichen Standards – zu heterogen ist das Spektrum der geschlechtsbezogenen Jungenarbeit –, auch wenn ihre Einführung vermehrt diskutiert wird. Sicher ist es möglich, Standards zu vereinheitlichen, jedoch gibt es bislang keinen Dachverband oder eine vergleichbare Organisation, die dies beaufsichtigen und zertifizieren würde. Zudem wären Qualitätsstandards auch parallel für die Mädchenarbeit zu definieren.

Sinn macht die Formulierung von Standards in einzelnen Schwerpunktbereichen, nicht jedoch für die gesamte Jungenarbeit. Hier wäre an jeweils bestehende Standards in den Feldern der Jugendhilfe anzuknüpfen, diese dann ergänzt um die geschlechtsbezogene Perspektive.

Literatur

Bentheim, Alexander/Firle, Michael (1996): MännerProjekteListe. Männer- und Jungenarbeit im deutschsprachigen Raum. Hamburg

Blomberg, Christoph (2005): Pädagogische Apokalypse. In: Rose, Lotte/Schmauch, Ulrike: a.a.O., S. 117–141

Böhnisch, Lothar/Winter, Reinhard (1993): Männliche Sozialisation. Bewältigungsprobleme männlicher Geschlechtsidentität im Lebenslauf. Weinheim

Fraktion Bündnis 90/Die Grünen im Landtag Nordrhein-Westfalen (Hg.) (1998): Geschlechtsspezifische Jugendarbeit mit Jungen in Nordrhein-Westfalen. Sonderinfo AB 2. Düsseldorf: Eigendruck

Connell, Robert William (1999): Der gemachte Mann. Konstruktion und Krise von Männlichkeiten. Opladen

Gruen, Arno (1986, neu 1992): Der Verrat am Selbst. Die Angst vor Autonomie bei Mann und Frau. München

Haindorff, Götz (1997): Auf der Suche nach dem Feuervogel. Junge Männer zwischen Aggression, Eros und Autorität. In: Kurt Möller (Hg.): Nur Macher und Macho? Geschlechtsreflektierende Jungen- und Männerarbeit. Weinheim/München. S. 109 ff.

Heimvolkshochschule Alte Molkerei Frille (Hg.) (1989): Parteiliche Mädchenarbeit und antisexistische Jungenarbeit – Abschlußbericht des Modellprojektes „Was Hänschen nicht lernt ... verändert Clara nimmer mehr!" (1986–88). Geschlechtsspezifische Bildungsarbeit für Jungen und Mädchen. Petershagen-Frille

Jantz, Olaf/Grote, Christoph (Hg.) (2003): Perspektiven der Jungenarbeit. Konzepte und Impulse aus der Praxis. Opladen

Kimmel, Michael S. (2002): Gleichheit ist nicht Unterschiedslosigkeit, sondern Wertschätzung von Differenzen. Ein Interview über anhaltende Homophobie, die US-amerikanischen Männerbewegungen und das Missverständnis von Gleichheit und Gleichmacherei mit Alexander Bentheim und Marc Gärtner während des Kongresses „Gender Learning" in Leipzig, September 2002. In: Switchboard 155, Dezember 2002, S. 8–10

männerwege GbR (Hg.): Switchboard. Zeitschrift für Männer und Jungenarbeit. Hamburg und Detmold, seit 1989

Munding, Reinhold/Bundeszentrale für gesundheitliche Aufklärung (2005): 2. Expertise Sexualpädagogische Jungenarbeit. Köln

Rauw, Regina/Jantz, Olaf/Reinert, Ilka/Ottemeier-Glücks, Franz Gerd (Hg.) (2001): Perspektiven geschlechtsbezogener Pädagogik. Impulse und Reflexionen zwischen Gender, Politik und Bildungsarbeit. Opladen

Rose, Lotte/Schmauch, Ulrike (Hg.) (2005): Jungen – die neuen Verlierer? Auf den Spuren eines öffentlichen Stimmungswechsels. Königsstein

Sielert, Uwe (1989): Jungenarbeit. Praxishandbuch für die Jugendarbeit (Teil 2). Weinheim

Sielert, Uwe (2002): Jungenarbeit. Praxishandbuch für die Jugendarbeit (Teil 2) 2., völlig überarbeitete Auflage, Weinheim und München

Sturzenhecker, Benedikt (Hg.): (1996): Leitbild Männlichkeit?! Was braucht die Jungenarbeit? Münster

Sturzenhecker, Benedikt/Winter, Reinhard (Hg.) (2002): Praxis der Jungenarbeit. Modelle, Methoden und Erfahrungen aus pädagogischen Arbeitsfeldern. Weinheim/München

Wegner, Lothar (1995): Wer sagt, Jungenarbeit sei einfach? Blick auf alle Ansätze geschlechtsbezogener Arbeit mit Jungen. In: Sozialistisches Büro (Hg.): Männlichkeiten. Reihe „Widersprüche", Bd. 56/57. S. 161–179. Offenbach

Winter, Reinhard (1997): Jungenarbeit ist keine Zauberei. In: Möller, Kurt (Hg.): Nur Macher und Macho? Geschlechtsreflektierende Jungen- und Männerarbeit. Weinheim. S. 147–163.

Winter, Reinhard/Neubauer, Gunter (1998): Kompetent, authentisch und normal? Aufklärungsrelevante Gesundheitsprobleme, Sexualaufklärung und Beratung von Jungen. Eine qualitative Studie im Auftrag der BZgA. Köln (Reihe „Forschung und Praxis der Sexualaufklärung und Familienplanung" Bd. 14)

Konstruktion von Männlichkeiten –
Nutzen und Risiken des Konsums von Drogen

Jürgen Friedrichs

Einleitung

Der Konsum von erlaubten und verbotenen Drogen wird je nach Sichtweise u.a. als sozialpolitisches, strafrechtliches, sozial- und individualpsychologisches und medizinisches Problem diskutiert und bearbeitet. Kaum ein Feld Sozialer Arbeit muss sich nicht mit dieser Thematik direkt oder indirekt auseinandersetzen. Die gängigen Erklärungskonzepte sind weitgehend geschlechtsneutral und beziehen die soziale Herkunft nicht mit ein. Die empirischen Befunde zu abweichendem Verhalten (einschließlich Kriminalität) verdeutlichen jedoch, dass diese Phänomene geschlechtsspezifisch männliche sind. Das häufigste Klientel der problemorientierten sozialen und repressiven Institutionen sind Jungen bzw. Männer. Entgegen der Offensichtlichkeit der eindeutig geschlechtsspezifischen Verteilungen werden die zu bearbeitenden Themen des abweichenden Verhaltens (u.a. Obdachlosigkeit, erlaubter und verbotener Drogenkonsum, Delinquenz) im professionellen Handeln häufig nicht als solche der männlichen Geschlechterkonstruktion wahrgenommen, sondern als allgemeine Problemstellungen (z.B. als Drogenphänomene) verstanden und bearbeitet. Die theoretische und praktische Berücksichtigung in Handlungs- und Interventionskonzepten ist weitgehend nicht vorhanden. Die fachlichen Diskussionen werden eher „geschlechtslos", oder Dank der Frauenbewegung und -forschung frauenspezifisch geführt. Werden die Phänomene nicht im Kontext mit dem sozialen Geschlecht reflektiert, also sowohl mädchen-/frauen- als auch jungen- und männerspezifisch, so wird ihr Verständnis weitgehend unzugänglich bleiben.

Die soziale Herkunft in der Verbindung mit dem Geschlecht männlich stellt für abweichendes Verhalten wesentliche Voraussetzungen dar. Auf den ersten Blick ist die Tatsache, dass problematische Verläufe im Zusammenhang mit Drogenkonsum männerdominiert sind, und demnach männliche Jugendliche als „gefährdeter" betrachtet werden können, banal. Auf den zweiten Blick jedoch, bezogen auf die Struktur, Handlungs- und Interventionskonzepte, weitreichend. Der expressive und problematische Konsum von erlaubten und verbotenen Drogen ist für junge Männer mehr als eine Variante individueller Lebensbewältigung. Unter dem Aspekt des Risikoverhaltens wird im Folgenden die Herstellung von hegemonialer Maskulinität entwickelt. Die Bedeutung dieser geschlechtsspezifischen männlichen Perspektive für die Soziale Arbeit wird skizziert.

> *Daniel war 17 Jahre alt, als er erstmalig in Kontakt mit einer Beratungsstelle kam. Die drogenspezifischen (institutionellen) Aspekte legten einen seit fast zwei Jahren stattfindenden Heroinkonsum durch Inhalation (Rauchen) offen. Das äußere Erscheinungsbild war wesentlich von der körperlichen Abhängigkeitssymptomatik geprägt. Biografisch ist dem Opiatkonsum ein (exzessiver) Cannabis-, Ecstasy-, Amphetamin-, Kokain- und Alkoholkonsum und Nikotin vorausgegangen. Die sozialen Folgeerscheinungen waren vielfältig und bezogen sich sowohl auf weitgehende Zerwürfnisse mit seinen Eltern, Abgang von der Hauptschule ohne Abschluss, Ausschluss aus einer überbetrieblichen Ausbildungsmaßnahme und strafrechtliche Verfolgung wegen des Verstoßes gegen das Betäubungsmittelgesetz sowie in diesem Zusammenhang begangene Diebstähle. Bezogen auf seine individuelle Perspektive teilte er mit, dass er im kommenden Jahr, nach Vollendung des 18. Lebensjahres, mit seiner Freundin (sie hätte keine Drogenproblematik), der er jetzt seit 2 Monaten befreundet wäre, zusammenziehen wolle, sie heiraten und eine Familie gründen werde. Neben dem jetzt einjährigen Kind seiner Freundin, das aus einer anderen Beziehung hervorgegangen wäre, wolle er noch zwei oder mehr eigene Kinder haben.*

Auf den hier skizzierten Fall ließen sich unterschiedliche Perspektiven der Analyse anwenden. Es könnte u.a. auf die psychodynamischen Aspekte zu drogeninduzierten Ich-Zuständen, den polytoxikomanen Drogenkonsum, die phasenweise hierarchischen aufeinander folgenden Drogengebrauchsmuster, den individuellen destruktiven selbstzerstörerischen Ausformungen mit den ihnen zugrunde liegenden Persönlichkeitsstörungen und -defiziten, den familienpathologischen Hintergründen genauso Bezug genommen werden, wie auf die empirischen Befunde zur Drogenaffinität Jugendlicher und dem Einstiegsalter, den epidemiologischen Befunden zur Inzidenz, Prävalenz, zur Morbidität und Mortalität. Aus den zahlreichen Erkenntnissen können handlungsleitende Grundlagen für die Prävention, die Beratung und Behandlung für die Soziale Arbeit gewonnen werden.

In den folgenden Ausführungen soll jedoch nicht der Konsum von erlaubten und verbotenen Drogen zum Leitthema werden. Das Phänomen soll nicht als Resultat einer Eigenschaft des Individuums unter Betonung der personellen pathologischen Faktoren analysiert werden. Die hier auszuführende Frage ist zunächst eine banale, jedoch unzureichend berücksichtigte: Was bewegt insbesondere junge Männer hohe Risiken unterschiedlicher Art, einschließlich der des riskanten Konsums von legalisierten und illegalisierten[1] Drogen, einzugehen? Dieser Frage wird über das Risikoverhalten im Jugendalter nachgegangen. Hierüber können Zugänge zum Verständnis der Phänomene als geschlechtsspezifisch männliche gewonnen werden. Die Theorien zur Herstellung hegemonialer Männlichkeiten im Anschluss u.a. an Robert W. Connell und Joachim Kersten eröffnen Perspektiven für die Erklärung: Welche Erkenntnisse können uns die Theorien zur Herstellung von Männlichkeiten bezogen auf einen Aspekt des abweichenden Verhaltens von jungen Männern, den riskanten, z.T. hoch riskanten Konsum von erlaubten und verbotenen Drogen für die Praxis der Sozialen Arbeit, den pädagogischen Umgang, die Beratung und Prävention zur Verfügung stellen?

1. Risikoverhalten im Jugendalter

Verstöße gegen soziale oder gesetzliche Normen (z.B. in Form von Delinquenz), sexuelle Aktivitäten mit dem Risiko einer nichtgewünschten Schwangerschaft, der Gesundheit abträgliche Verhaltensweisen (z.B. ungesunde Ernährung, nicht erlaubter Gebrauch von legalisierten und illegalisierten Drogen, riskantes Verhalten im Straßenverkehr) und inadäquates Erfüllen schulischer und beruflicher sozialer Erwartungen können als Risikoverhalten verstanden werden. Die normativen Grundlagen zur Definition abweichenden Verhaltens sind dynamisch und kulturabhängig. Bezogen auf das Jugendalter heißt dies u.a., dass spezifische Verhaltensweisen im Jugendalter als riskant (z.B. Alkoholkonsum, sexuelle Aktivität), im Erwachsenenalter als dazugehörig interpretiert werden. Die Auftrittshäufigkeit unterschiedlicher Risikoverhaltensweisen im Jugendalter wird in einer Schwankungsbreite zwischen 20 und 35 % geschätzt (vgl. Bühler 2003). Sie variiert je nach Risikoverhalten und umfasst u.a. sowohl regelmäßiges Rauchen, inkonsequente Verhütung, Depressivität, Essstörungen, Drogenkonsum. Das riskante Verhalten ist bei der Mehrheit der Jugendlichen auf die Jugendphase begrenzt. Mit dem Übergang ins Erwachsenenalter reduzieren sich die Risikoverhaltensweisen.

---

1 Durch die Verwendung des Begriffs „illegalisierte" oder „verbotene" Drogen wird die normative Abhängigkeit der Definition – was legal und was illegal ist – hervorgehoben.

Den Umfang jugendlichen Risikoverhaltens belegen regelmäßig epi-
demiologische Erhebungen und empirische Untersuchungen.[2] Prägnant
werden über diese Untersuchungen die geschlechtsspezifischen Unterschiede: Psychische und psychosomatische Störungen treten im Jugendalter bei Jungen im Verhältnis zu Mädchen vermehrt auf. Beim Schulbesuch
ergibt sich ein geschlechtsspezifisches Bild: In allen Sonderschulformen ist
der Jungenanteil höher als der Mädchenanteil. Mit fast 4/5 Jungenanteil in
Sonderschulen für Verhaltensauffällige kommt dies u.a. zum Ausdruck.
Auch auf Regelschulen ist der Anteil an Jungen in den Kategorien hoch,
die sich als sozial benachteiligend herausstellen: So ist der Jungenanteil
bei den Hauptschulabsolventen, und erst recht bei den Schülern ohne
Hauptschulabschluss, höher. Bei den Schülern mit Realschulabschluss
und Fachhochschulreife sind Mädchen mehr vertreten ebenso bei dem Erwerb der Hochschulreife. Der Sitzenbleiberanteil ist in allen Schulformen
„fest in männlicher Hand".

Jungen sind im Vergleich zu Mädchen nicht nur sozial abweichender,
sie sind im Alltag auch gefährdeter. Betrachtet man Todesursachen im
Geschlechterverhältnis so zeigt sich, dass Jungen vermehrt durch Unfälle ums Leben kommen. Zu nennen sind einerseits Unfälle im Straßenverkehr; hier beträgt das Verhältnis männlich zu weiblich 1,5 zu 1.
Das Verhältnis männlich zu weiblich bei Unfällen durch Stürze beläuft
sich auf 2,2 zu 1 und beim Tod durch Ertrinken auf 1,9 zu 1. Besonders
kommt die massive Alltagsgefährdung für Jungen in der Suizidrate der
10- bis 20-Jährigen zum Ausdruck: Über dreimal so viel Jungen begehen
einen Suizid im Vergleich zu gleichaltrigen Mädchen. Allerdings taucht
der versuchte Selbstmord bei Mädchen etwa viermal so häufig auf wie
bei Jungen. Der „kleine Unterschied" wird in der Kriminalstatistik zu
einem großen. Mehr als fünfmal so viel männliche Kinder und Jugendliche werden polizeilich auffällig im Vergleich zu Mädchen, auch diese
Quote steigt mit zunehmendem Alter. Vor allem schwerere Delikte werden viel häufiger von Jungen als von Mädchen begangen: Das Verhältnis

---

2   Für den weiteren Zusammenhang sind die exakten aktuellen empirischen Zahlen nicht
    von Bedeutung, da sich bei den geschlechtsspezifischen Verteilungen keine grundle-
    genden Abweichungen zu den hier skizzierten ausmachen lassen. Es kann auf die jähr-
    lichen statistischen Erhebungen z.B. der Bundeszentrale für gesundheitliche Aufklä-
    rung („Drogenaffinitätsstudie"), der Deutschen Hauptstelle gegen die Suchtgefahren
    (Jahrbuch Sucht), den Jahresbericht der Bundesdrogenbeauftragten, die „Bundesstudie
    zum Konsum und Missbrauch von legalen und illegalen Drogen", die Jahrsstatistiken
    der ambulanten und stationären Behandlungseinrichtungen, sowie u.a. auf die Jahres-
    statistiken des Bundeskriminalamtes hingewiesen werden.

männlich zu weiblich bei dem Delikt Körperverletzung beträgt 12 zu 1, bei Raub 57 zu 1, und bei Diebstahl 60 zu 1. Spezifische Ausprägungen sind auch bei einem Migrationshintergrund, der durch vielfältige soziale Benachteiligungen bestimmt ist, zu konstatieren: Türkische junge Männer begehen drei mal häufiger Gewaltdelikte als deutsche. So verwundert es auch nicht, dass das Verhältnis der Inhaftierten männlichen zu weiblichen Jugendlichen 30 zu 1, der inhaftierten Heranwachsenden 55 zu 1 ist. Die Opfer dieser Delikte sind ebenfalls überwiegend männlich.

Bei dem Konsum legalisierter und illegalisierter Drogen existieren ebenfalls hoch signifikante geschlechtsspezifische Unterschiede[3]: Wesentlich mehr männliche Jugendliche trinken häufiger und mehr Alkohol als gleichaltrige Mädchen. Überhaupt spielt der Konsum von Alkohol eine bedeutende Rolle in der männlichen Biografie. Alkohol ist die häufigste Verkehrsunfallursache der 21- bis 34-jährigen Männer. An Unfällen mit Personenschäden sind zehnmal mehr männliche alkoholisierte Fahrer als weibliche beteiligt. Auch bei den Konsumgewohnheiten ist die geschlechtsspezifische Ausprägung prägnant: Die Zahl der 12- bis 25-jährigen Jugendlichen, die wöchentlich mindestens einmal Bier trinken, liegt bei den Jungen bei ca. 40 %, bei den Mädchen etwa bei 10 %. Diese Zahlen sind seit Jahren konstant. Die Erfahrung mit einem Alkoholrausch ist in dieser Altersgruppe bei Jungen fast dreimal so hoch wie bei Mädchen. Mehr männliche Jugendliche in dieser Altersgruppe haben Erfahrungen mit verbotenen Drogen (25 männlich zu 18 weiblich).

Cannabis ist nach wie vor die am häufigsten konsumierte illegalisierte Droge. Cannabiserfahrungen haben nach eigenen Angaben in Westdeutschland, in der Altersgruppe der 18- bis 59-Jährigen, doppelt so viele Männer wie Frauen. Alle illegalisierten Drogen werden nach wie vor bevorzugt von Männern konsumiert. Das Verhältnis männlich zu weiblich

---

3 In früheren Untersuchungen wurde eine Unterrepräsentierung von Frauen z.b. unter Konsumenten von harten Drogen auf die Verzögerung der Auffälligkeit von Frauen zurückgeführt, obwohl sie früher mit dem Konsum illegalisierter Drogen beginnen als Männer. Frauen scheinen länger in soziale Bezüge (wie Schule oder Beruf) integriert zu bleiben und häufiger Formen der Geldbeschaffung (wie Prostitution) zu betreiben, welche nicht mit strafrechtlicher Sanktionierung einhergehen. Dieser geschlechtsspezifische „Vorsprung" kann eventuell auch zu dem Effekt eines früheren Ausstiegs führen (vgl. Reuband 1979). Die spätere Dunkelfeldforschung (Reuband 1990) zeigt jedoch, dass Männer unter den Heroinkonsumenten tatsächlich die Mehrheit darstellen. Plausibler scheint damit die Argumentation von Helfferich (1998: 268): Der Kontrollverlust hat in der weiblichen Entwicklung keinen Gewinn für die (sexuelle) Entwicklung. Dies kann erklären, warum Mädchen bezogen auf den exzessiven Drogengebrauch unterrepräsentiert sind.

bei den Heroinkonsumenten beträgt 4 zu 1 bis hin zu 5 zu 1. Auch bei den polizeilich registrierten „Drogentoten" gibt es eine Abweichung im Geschlechterverhältnis von männlich zu weiblich von ca. 5,5 zu 1. Diese hier aufgezeigten bundesweiten geschlechtsspezifischen Unterschiede werden auch durch eigene Untersuchungen in einer Beratungs- u. Behandlungseinrichtung für Drogenkonsumenten bei ca. 3.000 ambulant Behandelten über einen Zeitraum von über 20 Jahren bestätigt (Jugendhilfe 1999): Neben einer schichtspezifischen Verteilung, d.h. neben sozialen Faktoren, die zu berücksichtigen wären, fällt auf, dass zwei Drittel aller Behandelten männlich waren.

Abweichendes Verhalten von Männern ist offensichtlich ein soziales Problem. Bei Tätern und Opfern von Kriminalität, Versagen bei Schulleistungen, Drogenkonsum etc. ist die männlich dominante Verteilung prägnant. Offensichtlich ist, dass Jungen und Männer in vielen Formen soziale Probleme durch riskantes Verhalten ihrer „gelebten" Männlichkeiten herstellen. Sie haben auch selber Probleme mit der Herstellung von Männlichkeiten. Dies wird insbesondere in der Jugendphase deutlich, sodass der Frage nachgegangen wird, was ist das Spezifische in der Jugendphase und welche Bedeutungen können riskante Verhaltensweisen für die Entwicklungsdynamik insbesondere junger Männer haben?

2. Entwicklungsaufgaben im Jugendalter

Die Definitionen von Jugend sind kultur- und zeitabhängig. Sie spiegeln die jeweiligen gesellschaftlichen Situationen wider. Für hoch industrialisierte Gesellschaften existieren keine eindeutigen ritualisierten Formen, die den Übergang vom Kindsein zum Jugendlichen und den nächsten Übergang zum Erwachsensein markieren. Jugend wird in anderen Kulturkreisen auch anders wahrgenommen und interpretiert. Jugend stellt z.B. in China kein umfassendes gesellschaftliches Thema dar (Belardi 1993: 111 ff.). In der hoch industrialisierten westlichen Welt haben sich Jugendkulturen etabliert: „Jugendkulturen sind diejenigen Teile einer nationalen oder übernationalen jugendlichen Population, die für das Jugendselbstverständnis einer bestimmten Epoche, oder eines ungefähr angebbaren Zeitraums, Leitbilder setzen und auch von den Erwachsenen und Erziehungsberechtigten als diejenigen wahrgenommen werden" (Baacke 1993: 95). Jugend ist wie die Kindheit weitgehend ein Thema der hoch entwickelten, differenzierten Gesellschaften des Westens und der

Neuzeit. Bei der Definition der Phase zwischen Kindheit und Erwachsensein werden je nach Perspektive unterschiedliche Aspekte in den Vordergrund gerückt:

- *Jugend im historischen Zusammenhang*
  Hier wird Jugend primär als Generation (Mannheim 1964, zuerst 1928; Schelsky 1957), als Subkultur oder als Ausprägung diverser Jugendkulturen (Baacke 1993) verstanden.

- *Jugend als sozial strukturierte Phase des Lebenslaufes*
  Jugend aus einer sozialisationstheoretischen Perspektive (Hurrelmann/Rosewitz/Wolf 1985) wird als Lebensphase verstanden. Sie beginnt mit der Geschlechtsreife in der Pubertät um das 13. Lebensjahr und endet mit der Übernahme von Erwachsenenrollen. Mit der Übernahme der Berufsrolle und der Partnerrolle, etwa zwischen dem 20. und 30. Lebensjahr, ist die Entwicklungsphase Jugend abgeschlossen. Sie kann als eine relativ eigenständige biografische Lebensphase definiert werden.

- *Jugend aus sozial- und entwicklungspsychologischer Perspektive*
  Neben der Berücksichtigung des Entwicklungsabschnittes, der Altersgruppe in Abgrenzung zu anderen Altersgruppen, der Generationszugehörigkeit wird die Epochenzugehörigkeit betont (Stiksrud 1994: 156).

- *Jugend als psychosoziale und biologische Entwicklungsphase*
  Die personelle und soziale Identitätsbildung wird als ein komplexer, störungsanfälliger Prozess interpretiert, der ein Leben lang eine Integrationsarbeit erfordert. Identität ist nicht etwas, das wir haben, sondern etwas, das wir immer wieder neu erwerben. Die ersten Identitätsbildungsprozesse finden in früher Kindheit statt, im ersten bis dritten Lebensjahr. In der zweiten Phase der Individuation (Adoloszensphase) bedarf es, wie Erik E. Erikson es bezeichnet, eines psychosozialen Moratoriums, um sich von elterlichen Werten und Vorstellungen zu lösen und zu einer eigenen Identität mit einem eigenen Werteraum zu finden. Die psychoanalytische Interpretation betont für diesen zweiten Individuationsprozess eine gesteigerte Verwundbarkeit in der Phase des Aufbaus der Persönlichkeit. Durch die Initiierung von Ablösungsprozessen (Stichworte hierzu: „Affekt- und Objekthunger"; neue Liebesobjekte) und durch durch die dadurch bedingte Wahrnehmung von Ambivalenz (mit Regressionsneigung und -vermeidung) wird die Unvereinbarkeit von Denken und Handeln gespürt.

• *Jugend als formale Kategorie*
Die Weltgesundheitsorganisation (WHO) hat für den Begriff der Adoleszenz die Zeit zwischen dem 11. und 20. Lebensjahr festgelegt (vgl. Sieber 1993). Diese Altersspanne wird noch in eine frühe (bis zum 13. Lebensjahr), eine mittlere (14 bis 16 Jahre) und eine späte (17 bis 20 Jahre) Adoleszenz differenziert. Eine andere Altersdefinition ist im Kinder- und Jugendhilfegesetz (KJHG) zu finden. Als Jugend – einschließlich der Differenzierung junge Erwachsene – gilt die Altersspanne vom 14. bis zum vollendeten 26. Lebensjahr. Unter zeitlichen Aspekten kann die Jugendphase in Teilphasen zerlegt werden:

– 13- bis 17-Jährige bilden die Jugendlichen im engeren Sinne;
– 18- bis 20-Jährige sind die Heranwachsenden;
– 21- bis 26-Jährige werden als junge Erwachsene bezeichnet.

Nach dem KJHG (§ 7) ist Kind, wer noch nicht 14 Jahre alt ist, Jugendlicher, wer 14, aber noch nicht 18 Jahre alt ist, junger Erwachsener, wer 18, aber noch nicht 27 Jahre alt ist und junger Mensch, wer noch nicht 27 Jahre alt ist. Entsprechend dieser Einteilung ist das Verhältnis zu den Rechtsgütern geregelt.

Die hier ausgeführten Definitions- und Interpretationsstränge weisen auf die in der Jugendphase stattfindenden Prozesse aus gesellschaftlicher, sozialpsychologischer, intra- und interpsychischer Sicht hin. Wie die menschliche Existenz allgemein, so ist die Jugendphase von gesellschaftlichen Prägungen bestimmt und mitbestimmt: Mit der Erosion von Familien- und Milieubeziehungen verlieren kollektive „Normalbiografien" an Bedeutung.

Der Lebenslauf kann als Abfolge und Gestaltung von erworbenen gesellschaftlichen Positionen und Rollen (Statusrollenkonfigurationen) verstanden werden. Das Lebensalter ist eine soziale Dimension, nicht eine biologische Größe, d.h., Lebensläufe sind nicht biologisch vorprogrammierte Vorgänge, sondern sozial bestimmte Prozesse. Bildlich gesprochen: Die biologische „Uhr" wird von einer sozialen gesteuert. Die Entwicklungsphase Jugend ist nicht ein naturgesetzlich fixiertes Ablaufgeschehen, sondern ein kulturell konstituierter und handlungsabhängiger, hinsichtlich individueller und sozialer Handlungskontexte zu relativierender Prozess. Dies kommt in altersspezifischen Verhaltenserwartungen, die kulturell geformt sind, zum Ausdruck. Spezifische Anpassungsleistungen zur Identitätsentwicklung werden normativ vermittelt. Diese Anpassungsleistungen sind häufig in ihrem Kern von der Argumentationsfigur der aufgeschobenen Belohnung („wenn du mal groß bist", „erst den Schulabschluss hast") bestimmt. Der spezifische Status Jugend besteht darin, nicht mehr Kind, aber noch nicht erwachsen zu sein. Diese Zeitspanne weist statusinkonsistente Züge auf. Diesbezüglich sind die verlängerten Ausbildungszeiten bei gleichzeitig vorhandener rechtlicher Mündigkeit und finanzieller Abhängigkeit von den Eltern zu nennen. Jugend wird unter dieser Perspektive als sozial strukturierte Phase des Lebenslaufes verstanden.

Als verbindende Elemente weisen die Interpretationen zum Erwachsenwerden Entwicklungsanforderungen auf. Für die nur bedingt vom biologischen Alter abhängige Lebensphase Jugend sind drei zentrale Entwicklungsaufgaben zu nennen (nach Havighurst 1953):

- Lebensphilosophie (u.a. Wertemuster)
- Aufbau der Geschlechtsrolle und neuer, reiferer Beziehungen zu Gleichaltrigen
- Persönliche Unabhängigkeit (u.a. Ablösung vom Elternhaus oder Vergleichbares; Ausbildung und Beruf).

3. Drogenkonsum als Risikoverhalten im Jugendalter

Wie oben ausgeführt lassen sich unter Risikoverhalten Handlungsweisen zusammenfassen, bei denen die Wahrscheinlichkeit sehr hoch ist, dass unmittelbare Schädigungen oder Schwierigkeiten der sozialen Integration eintreten oder es zu Problemen bei der Weiterentwicklung einer stabilen Persönlichkeit kommt. Risikoverhalten ist jedoch nicht ausschließlich wegen der möglichen negativen Folgen als solches zu interpretieren. Viele der Risikoverhaltensweisen Jugendlicher haben eine positive Funktion für die Bewältigung von Entwicklungsaufgaben. Risikoverhalten selbst wird genauso wie der Erwerb von Risikokompetenz als zentrale Entwicklungsaufgabe gesehen (vgl. Franzkowiak 1996; Helfferich 1998), weil es der Befriedigung vielschichtiger alters- und entwicklungsbezogener Bedürfnisse Jugendlicher dienen kann.

Konsum von Drogen gehört aus einer anthropologischen Sichtweise zur menschlichen Existenz ebenso wie Techniken bzw. funktionale Äquivalente (u.a. Meditation, Fasten, Tanz) zur Bewusstseinsveränderung. Die Art der Drogen und die Gebrauchsmuster variieren zeitlich und kulturell. Von der sakralen (heiligen), als Überschreiten des Alltags zu deutende (alltagstranszendierende), kann die profane (weltliche/alltägliche), als Bewältigung des Alltags (alltagsakzessorische) einzuordnende Funktion der Drogeneinnahme differenziert werden. Ein im Alltag integrierter Drogengebrauch hat die Funktion (munter, müde, gesellig, introspektiv) das Leben (u.a. Arbeit) besser oder überhaupt bewältigen zu können. Wesentlich ist auch hier das „set" und „setting", die Dosierung und das Mischungsverhältnis der Drogenaufnahme. Diese sind kulturabhängig und können einen wesentlichen Beitrag auch zur ethnischen Identität leisten (vgl. Kappeler 1991, z.b. zur Bedeutung der „heiligen" Droge Coca: 172 ff.).

Es gibt keinen Drogengebrauch ohne Risiken und Nutzen. Die Risiken beim Gebrauch von Drogen variieren nach den Substanzen und dem sozialen Kontext. Die Risiken können nach folgenden Kriterien weiter differenziert werden:

– Risiko für Leib und Leben, z.b. akute Lebensgefahr durch eine hohe Überdosierungsgefahr (z.B. Injektion von Heroin)
– Gefahr von Organschädigungen (z.B. Dauergebrauch von Nikotin)
– Gefährliche psychische Wirkungen (z.b. bei LSD; Kokain- oder Amphetaminkonsum)
– Risiko seelischer Abhängigkeit (ist bei allen legalisierten und illegalisierten Drogen gegeben)
– Risiko körperlicher Abhängigkeit (z.b. Alkohol; Medikamente; Opiate)
– Riskante Gebrauchsform (z.B. Injektion statt Inhalation)
– Riskante Gebrauchsregel (z.B. schnelle Aufnahme der Droge; „Kampftrinken")
– Soziale Risiken (z.B. strafrechtliche Verfolgung; soziale Ächtung).

Die unterschiedlichen Risiken sind weitgehend bekannt. Welchen Nutzen und welche instrumentelle Funktion können nun der Gebrauch von legalisierten oder illegalisierten Drogen in der Jugendphase haben? Silbereisen und Kastner (1984: 277) gehen von folgenden Grundannahmen des Drogengebrauchs bei der Bewältigung jugendtypischer Entwicklungsaufgaben aus: Drogengebrauch kann ein übliches, ja sogar normatives Verhalten sein. Es ist ein intendiertes und zielgerichtetes Verhalten. Der Drogengebrauch kann als einzelnes Entwicklungsresultat manifest werden und nach der Bewältigung von Entwicklungsanforderungen, die mit dem Drogenkonsum verbunden wurden, kann dieser wieder ausgesetzt werden. Ebenso kann Drogengebrauch ein stellvertretender Bewältigungsversuch für eine Entwicklungsaufgabe sein. Die Funktionalität dieses Risikoverhaltens kann genauer bestimmt werden (ders.: 278–282; Franzkowiak 1996):

- Statushandlung und Stilbildung: Risikoverhalten als symbolischer, demonstrativer Vorgriff auf das Erwachsensein, als Initiationsritus
- Konformitätsübung und Bewährungsprobe: Risikoverhalten zur Anerkennung in zugänglichen oder angestrebten Bezugsgruppen, und als Ausdruck eines alterstypischen Lebensstils bis zu einem exzessivritualisierten Verhalten
- Bewältigungsversuch: Risikoverhalten zur Bewältigung von Entwicklungsstress und zur Regulation von Ängsten oder Versagenserlebnissen auch als Notfallreaktion
- Kompensation und Betäubung: Risikoverhalten als Ausweichhandlung und als Mangel an Selbstkontrolle
- Normverletzung als Ausdruck der Ablehnung elterlicher und gesellschaftlicher Wertvorstellungen
- Risikofreudigkeit und Risikobedürftigkeit als intensives Erleben.

Neben epochalen Trends unterliegen die präferierten Substanzen und Aufnahmeformen dem Wandel, den Zugänglichkeiten und Intentionen (z.B. Alcopops, Ecstasy, „Kampftrinken"). Die Entwicklungen im Drogengebrauch bei Jugendlichen sind überwiegend temporärer Art und müssen nicht zu problematischen Verläufen im Sinne eines fortgesetzten, dauerhaften Risikoverhaltens führen. Viele Jugendliche bleiben beim Experimentieren mit erlaubten und verbotenen Drogen und stellen dies wieder ein, bzw. entwickeln moderate Konsummuster. Sie können phasenweise die Funktionalität nutzen, ohne einen alltäglichen Konsum einzugehen. Die Funktionalität des Risikoverhaltens „Konsum von Drogen" entspricht auch den Grundfunktionen des Drogengebrauchs, der des alltagstranszendierenden (Überschreiten des Alltags) und des alltagsakzessorischen (Bewältigung des Alltags) Gebrauchs.

4. Herstellung von Geschlecht

Geht man davon aus, dass grundsätzlich Männer in ihren Möglichkeiten der gesellschaftlichen Teilhabe bevorteilt werden, scheint es zunächst paradox, dass sie hohe Risiken und die z.T. damit verbundenen Folgen eingehen. Männlich zu sein beinhaltet in unserem Kulturkreis spezifische Risiken zu haben. Dies soll nicht darüber hinweg täuschen, dass nach wie vor in unserer Kultur der Zweigeschlechtlichkeit durch patriarchalische und hierarchische Strukturen Mädchen und Frauen eingeschränktere Möglichkeiten zur Verfügung stehen. Die Benachteiligung von Frauen

(Mädchen) bedeutet jedoch nicht automatisch die Bevorzugung von Männern (Jungen). Eine erste Interpretation für die Sichtbarkeit männlicher Abweichung läßt sich aus den Ergebnissen der Frauen- und Mädchenforschung ableiten. Bei Frauen und Mädchen wird von geschlechtsspezifisch nach „Innen" gerichteten Bewältigungsstrategien als Risiko bei psychosozialen Belastungen gesprochen. Das Kompensationsschema von Frauen sei eine nach „Innen" gerichtete Form der Bewältigung (Arenz-Greiving, 1994: 17). Für Jungen und Männer kann demgegenüber das „Außen" eine Richtung angeben. Beim „Außen" geht es um Öffentlichkeit. Erst in der Öffentlichkeit wird abweichendes Verhalten „auffällig". Die meist männlichen, zumindest männlich geführten, Institutionen der Medizin, Pädagogik und Repression behandeln und bestrafen diese auffälligen Jungen und Männer. Männer, und noch verstärkter die Jungen, agieren ihre Konflikte eher öffentlich aus. Dadurch werden sie als „Täter" und „Opfer" eher wahrgenommen und erfüllen eher, zumindest häufiger das Bild von „abweichenden Verhaltensweisen". Einerseits erklärt es das „Wie", aber nicht das „Warum". Andererseits liegt dieser Erklärung die Annahme einer mindestens gleichen Verteilung von Belastungen, bei anderen Bewältigungsstrategien, zu Grunde. Dem auffälligen männlichen Risikoverhalten würde ein unauffälliges Verhalten z.B. in Form von Essstörungen gegenüber stehen. Die empirischen Befunde zu unterschiedlichsten Risiken von Mädchen und Jungen bzw. Frauen und Männern können diese Grundannahme jedoch nicht bestätigen. Soziale Unterschiede zwischen Männern und Frauen, Armen und Reichen und den ethnischen Herkünften können nicht biologisch bestimmt werden. Die genaueren Umstände werden so nicht entschlüsselt und damit auch kein Zugang für den angemesseneren Umgang damit bereitgestellt.

Wenn das Phänomen problematischer Drogenkonsum männerdominant ist, müssen die Grundlagen der „Herstellung von Geschlecht" Berücksichtigung finden. Die Theorien zur „hegemonialen Männlichkeit" („hegemonic masculinity"; Connell 1995; 1998; 1999) können die Risiken bei der „Bewerkstelligung von Männlichkeiten" darstellen.

Fußnote zu S. 181:
4   Ausführlich siehe z.b. L.C. Armbuster/U. Müller/M. Stein-Hilbers (1995); P. Döge/M.
    Meuser (2001) und insb. G. Mead (1968).

5. Hegemoniale Männlichkeiten und die Herstellung von Geschlecht

Grundüberlegungen zu Männlichkeiten[4] sind bereits bei Georg Simmel unter herrschaftstheoretischen Aspekten zu finden. Das Geschlechterverhältnis wird mit dem zwischen Herrn und Sklaven verglichen. Nach Pierre Bourdieu ist die männliche Herrschaft als das „Paradigma aller Herrschaft" zu verstehen. Männlichkeit ist in einer doppelten Abgrenzung geformt: Einerseits gegenüber Frauen und anderseits gegenüber anderen Männern im Bestreben zu dominieren. Aus einer rollentheoretischen Analyse führte Talcott Parsons bereits Hetrosexualität, Reproduktionswilligkeit und Verantwortlichkeit für Ehe und Familie als Grundpfeiler der männlichen Geschlechtsrolle an.

Im Anschluss u.a. an Robert W. Connell, Joachim Kersten, Michael Meuser – und basierend auf den Annahmen von Georg H. Mead und konstruktivistischer Theoretiker wie Erving Goffmann, Harold Garfinkel – ist die uns natürlich erscheinende Zweigeschlechtlichkeit eine gesellschaftliche Konstruktionsleistung. Wir werden in ein kulturelles System der Zweigeschlechtlichkeit hineingeboren (Hagemann-White 1994). Das kulturelle System der Zweigeschlechtlichkeit festigt sich im Sozialisationsprozess in der binären Codierung „männlich" und „weiblich". In interaktiven Prozessen werden die „Geschlechterverhältnisse" und Geschlechterordnungen in Form von kulturellen Deutungsmustern reproduziert. Auch die Übergänge von der Kindheits- in die Jugendphase sind nicht primär von der Abgrenzung vom „nicht mehr" Kindsein geprägt. Die Reproduktion eines stereotypisch geschlechtsspezifisch-erwachsenen Verhaltens (z.B. Schminken bei Mädchen) wird „vorweggenommen". Die Herstellung von „Männlichkeit" vollzieht sich hier entlang einer Negierung des Weiblichen und einer Hervorhebung des Erwachsenseins (z.B. durch Alkoholkonsum).

Im „Nachhinein" erscheint es als „selbstverständlich" oder „zwingend" uns als Mann oder Frau zu definieren. Analytisch wird in der Genderforschung das biologische Geschlecht (sex) und soziale Geschlecht (gender) differenziert. Geschlechtsidentität ist keine biologische Tatsache, sondern Ergebnis gesellschaftlicher Interaktion, bedingt durch einen hegemonialen Diskurs. Der kulturelle Diskurs ist nicht geschlechtslos, sondern an die männliche Leistungsfähigkeit angepasst. Im alltäglichen Verhalten sind „Muster eingewebt", die uns in unserem Handeln daran erinnern, was denn Mann- bzw. Frausein heißt und ebenso was wir unterschiedlich dafür zu tun haben und was uns passiert, wenn wir davon abweichen. Wir sind sozusagen dauerhaft mit der Herstellung der Geschlechtsunterschiede „beschäftigt", mit der Bewerkstelligung der eigenen und fremden Identität als Mann oder Frau, als Junge oder Mädchen. Diese Identitätsbildung ist ein geschlechtsspezifischer, lebenslanger Prozess, der eine kontinuierliche Integrationsarbeit erfordert. Dabei wird nicht nur etwas Vorgegebenes übernommen, sondern alltäglich wird die eigene und fremde Identität als Mann oder Frau, als Junge oder Mädchen hergestellt. Die Deutungsmuster bestechen einerseits durch Statik, andererseits durch Dynamik. Statisch ist das asymmetrische Verhältnis bezogen auf den „Besitz" von Macht zu Gunsten der hegemonialen Maskulinität. Für die Männer heißt das, möglichst nahe an die Männer heranzukommen, die die öffentliche gesellschaftliche Macht innehaben, am besten sie einzuholen und zu ersetzen. Dynamisch ist es in der Art und Weise wie diese Ungleichheit hergestellt und durchgesetzt wird.

Die kulturelle Übereinkunft der Kategorisierung und Zuweisung des sozialen Geschlechts (gender) wirkt stärker als die biologische Notwendigkeit und Eindeutigkeit (vgl. Goffman 1994; Hagemann-White 1994). Unter Gendering (gender = Geschlecht) wird der gesellschaftliche Prozess der Konstruktion der sozialen Kategorie Geschlecht verstanden. Gendering drückt die interaktiven und prozessualen Dimensionen, in dem sich das soziale Geschlecht im Verlaufe der Biografie entwickelt, aus. Weil Geschlecht den Charakter einer Strukturkategorie hat, stellt „doing-gender" einen wesentlichen Faktor menschlichen Handelns und Daseins dar (Brückner 1998: 67). Bezogen auf das hier ausgeführte Thema ist ein Verständnis der gesellschaftlichen Konstruktion von „Männlichkeiten" eine Voraussetzung zur Analyse und der Phänomene selbst.

Es gibt nicht eine „Männlichkeit", sondern immer nur auf die Situation und den Kontext bezogene Männlichkeiten, die zum Teil miteinander konkurrieren und widersprüchlich sind. Auch in einer relativ einheitlichen Kultur wie der unseren muss genauer bestimmt werden, was mit „Männlichkeit" gemeint ist, um nicht den Alltagsvorstellungen und biologischen Erklärungsmodellen zu erliegen. So nehmen bekanntlich nicht alle Männer verbotene Drogen, konsumieren exzessiv erlaubte Drogen, tragen Schusswaffen und vergewaltigen! Nach Kersten (1997: 47 ff.; 1997a: 107) können drei zentrale Merkmale zur Bewerkstelligung von Maskulinität genannt werden (siehe Tabelle 1, Seite 183).

Die hier abgebildete Reihenfolge ist keine Rangfolge. „Provision" meint die kulturelle Darstellung der Fähigkeiten des Mannes, die Gemeinschaft zu versorgen. Die kulturellen Ausprägungen in der modernen Industriegesellschaft westlicher Prägung verdeutlichen dies: Männlichkeit wird in dieser Facette hergestellt. Durch die Erwerbstätigkeit und die

Tabelle 1: Hegemoniale Männlichkeit und die Herstellung von Maskulinität	
Merkmale	**Kulturelle Ausprägungen**
„Provision" Versorgen und Fähigkeiten dazu (Ernährer der Gemeinschaft)	Familienernährer Erwerbstätigkeit Gewinnmaximierung und Konkurrenz
„Protection" Beschützen des Territoriums der Nachbarschaft, Nation	Gewaltmonopole öffentliche Rituale „Gartenzaun"
„Procreation" Unterordnung von Frauen Männliche Kontrolle des Nachwuchses	Familiengründung Heterosexualität „Der Mann im Haus"

dadurch ermöglichte und realisierte Funktion als Ernährer der Familie wird die männliche Geschlechtsrolle primär zur „Berufsrolle". Männer sind dadurch in Konkurrenz auf dem Arbeitsmarkt. Statussymbole verdeutlichen den Erfolg: Größe des Autos, Jahreseinkommen und die Aufopferung für die Firma als Aufopferung für die Familie. Gewinnmaximierung ist eine der bedeutendsten Leitbilder.

„Protection" lenkt die Aufmerksamkeit auf den Schutz der Gemeinschaft vor inneren und äußeren Feinden. Dies ist auf ein absteckbares Territorium bezogen: das Familienhaus, der Wohnraum, die Nachbarschaft oder Nation. Bis auf den heutigen Tag ist „protection" besonders in den (männlichen) Institutionen des Gewaltmonopols Zuhause: Polizei und Justiz, Militär und unter dem Aspekt der Definitionsmacht der „inneren Feinde" in der Medizin. Kampfes- und Beschützerrituale finden sich auch im nicht-institutionellen Bereich, sie werden aber öffentlich und oft auch gemeinsam vollzogen. Bestimmte Arten zu feiern, öffentliche Räume zu

„besetzen" gehören ebenso dazu, wie der Streit um einen falsch stehenden Zaun mit Rechtsanwalt und Gericht.

„Procreation" meint nicht nur unmittelbar Sexualität als den Aspekt der männlichen Kontrolle über den Nachwuchs und die damit verbundene Unterordnung von Frauen und abweichenden Männlichkeiten. Die Hartnäckigkeit in der Abwehr von männlicher Homosexualität findet hier ihre entscheidende Triebfeder. Die Gründung einer Familie, also Heirat und Kinder sind weiterhin wesentlich. Im übertragenen Sinne geht es auch darum, sich von Frauen nichts sagen zu lassen, und das nicht nur in der Familie.

In diesen drei Feldern wird Männlichkeit „hergestellt". Die kulturellen Konzepte von Männlichkeit (und auch Weiblichkeit) sind keine Eigenschaft der individuellen Person. Sie werden für verschiedene gesellschaftliche Milieus in unterschiedlicher Weise hergestellt. Das Leitbild männlicher Hegemonie in der Ausprägung der unumstrittenen Autorität in der Familie genießt der Mann im konservativ-gehobenen Milieu der Führungseliten und im traditionellen Arbeitermilieu (Koppetsch/Maier 2001: 30).

Ob Arnold Schwarzenegger oder Woody Allen, Boris Becker, Luciano Pavarotti oder Bill Gates, Präsident der Europäischen Zentralbank oder Heimleiter, ob durch Schönheit oder Kraft, durch Intelligenz oder Cleverness, etwas von dieser Männlichkeit muss jeder Mann herstellen können, erlaubt oder verboten. Wer sich anhand dieser Merkmale nicht öffentlich zeigen kann, ist kein Mann, und wird von Mann und Frau (!) nicht als solcher wahrgenommen. Er gehört nicht nur nicht dazu, sondern ist eher gar nicht existent. Dies erklärt die oftmals bei männlichen jugendlichen Klienten anzutreffende Leere und Angst, als wenn sie vor einem Abgrund stünden. Sie stehen tatsächlich davor, ihr Aufstieg und Fall waren rasant (Friedrichs/Jahry/Papierok 1999).

6. Riskantes und abweichendes Verhalten zur Herstellung von Männlichkeiten

Wie ausgeführt ist eine entscheidende Entwicklungsaufgabe in der Jugendphase, die zahlreiche andere Entwicklungsaufgaben beinhaltet, die Herstellung von geschlechtlicher Identität. Sie kann als „Querschnittsaufgabe" (Franzkowiak/Helfferich/Weise 1997) verstanden werden. Gestaltet sich diese Aufgabe der Entwicklung von männlicher Identität in den Bereichen „procreation", „protection", und „provision" als schwierig oder

nicht erreichbar, so wird abweichendes und riskantes Verhalten einschließlich der des problematischen Konsums erlaubter und verbotener Drogen
wahrscheinlicher. In dem Maße, in dem durch die Angleichung der Geschlechter die Höherwertigkeit des Mannes zur Disposition gestellt wird,
gewinnen symbolische Unterschiede in der privaten Sphäre an Bedeutung (Koppetsch/Maier 2001: 46). Unter geschlechtsspezifischen Aspekten
hat in den letzten Jahrzehnten eine Angleichung der Geschlechter bei den
Bildungs- und Berufschancen stattgefunden. Bildung und Beruf sind eine
zentrale Grundlage zur gesellschaftlichen Teilhabemöglichkeit. Die Angleichung schafft erstmals einen Bezugsrahmen der Vergleichbarkeit der
Geschlechter, in dem sich Männer auch gegenüber Frauen „behaupten"
müssen. Hegemoniale Männlichkeit reproduziert sich über das Machtge-
fälle zum weiblichen Geschlecht und zu unterworfenen Männlichkeiten.
Wenn von „Mann" nicht mehr u.a. physische Stärke und Rationalität verlangt wird, wird er auf diese Weise zur Disposition gestellt. Es entsteht
das Paradoxon: Der Männlichkeitsbeweis wird gerade dort bedeutsam,
wo der Ausschluss von männlich besetzten Sphären von Macht, Kontrolle, Status und gesellschaftlich anerkannter Tätigkeit am stärksten erfolgt.
Dies ist in marginalisierten Schichten und Ethnien der Fall (Kersten 1997).
Die abgewerteten Maskulinitäten werden von Connell als untergeordnete
und marginalisierte Formen von Männlichkeit bezeichnet.
Für Menschen sind die Möglichkeiten und Chancen, spezifische soziale
Positionen zu erreichen, unterschiedlich verteilt. Dadurch gibt es Unge-
wissheiten und Verunsicherungen beim individuellen Lebensentwurf.
Zahlreiche Belastungen entstehen. Die Gleichaltrigengruppen stellen mit
ihren „Peer-Group-Beziehungen" zentrale soziale Erfahrungen und Ent-
lastungen für Jugendliche bereit. Die Fokussierung auf die Bezugsgruppen, die umfassende Modelle für die Bewerkstelligung von Männlichkeit
bereitstellen, wird zu einer Alternative für die Jugendlichen, denen es an
Möglichkeiten und Chancen zur „normalen Integration" mangelt. Insbesondere führen ein (zu erwartender) niedriger Bildungsabschluss und die
damit weiter reduzierten gesellschaftlichen Teilhabemöglichkeiten (u.a.
Ausbildungs- und Arbeitsplatzangebot) zu einer gesteigerten Lukrativität einer z.B. drogendominierten und riskanten Lebenswelt.
    Anhand der zentralen Merkmale „Versorgen", „Beschützen" und
„Kontrollieren" können die riskanten und abweichenden Verhaltensweisen in ihrer Bedeutung als Versuch zur Herstellung von Männlichkeiten
beschrieben werden (siehe Tabelle 2, S. 186).
    Abweichendes oder auch riskantes Verhalten ist eine Variation, die
durch Interaktion in sozialen Einheiten hergestellt und definiert wird. Es

Tabelle 2: Hegemoniale Männlichkeit und die Herstellung
von Maskulinität in den abweichenden Submilieus

Merkmale	Abweichendes Verhalten als Variation	
	Exemplarisch: *Allgemein*	*Spezifisch:* *Drogensubmilieus*
„Provision" Versorgen und Fähigkeiten dazu Ernährer (der Gemeinschaft)	„Ersatzskills" Diebstahl/Aktivitäten in der Schattenökonomie organisierte Kriminalität	Drogenhandel Risikobereitschaft bei der Beschaffung bis zu „Fixersein als Beruf"
„Protection" Beschützen des Territoriums der Nachbarschaft, Nation Gewaltandrohung und -anwendung	Konfrontationen öffentliche Betonung von Risikoverhalten Kampfesmut und -vermögen	Gemeinschaft der Drogenkonsumenten Helden der Szene Besetzung öffentlicher Räume
„Procreation" Unterordnung von Frauen Männliche Kontrolle des Nachwuchses	öffentliche Betonung von heterosexueller Potenz Frauenfeindlichkeit Homophobie	coolness in und durch Drogenkonsum Beziehungswechsel und Schwängerung Spezifische Kleidung

kann unterschiedliche Formen annehmen (u.a. Kriminalität). So ist die
strukturelle und manifeste Gewalt als Form männlicher Lebensbewältigung in vielfältigen Ausprägungen zu finden. Auch unter diesen Perspektiven können öffentliche und private Cliquen als Jungen- bzw. Männerbünde analysiert werden (z.B. Rechtsextremismus). Die weiteren Ausführungen fokussieren sich auf die Drogensubmilieus.

7. Herstellung von Männlichkeit im soziokulturellen Drogen-Submilieu

Drogenszenen sind auch öffentliche, männlich dominierte Submilieus. Diese entstehen in Konfrontation mit Normen, die von männlich bestimmten Institutionen gesetzt und durchgesetzt werden. Bei dem Konsum von verbotenen Drogen handelt es sich um ein abweichendes Verhalten. Wer mit dem Konsum einer illegalisierten Droge beginnen will, muss sich einer Gruppe „anschließen" bzw. ihr angehören, die im Widerspruch zu der Gesellschaft steht. Um verbotene Drogen zu nehmen, müssen spezielle Techniken erlernt werden; um Dauerkonsument einer verbotenen Droge zu werden, bedarf es einer Laufbahn, einer Karriere. Die teilkulturelle Gruppe der Drogengebraucher kann eine wachsende Bedeutung in der Lebenswelt des Jugendlichen bekommen. Die Funktionen der „peergroup" für den Prozess des „Hineinwachsens" sind bekannt. Für Jungen heißt dies auch, dass sie von weiblich geprägten (familiären) in männlich dominierte Kontexte eintreten. Das relative Eigenleben in den drogendominierenden Submilieus ist von bestimmten Werten, Normen, Symbolen und Verhaltensweisen geprägt. Wieso schließen sich insbesondere männliche Jugendliche teilkulturellen Gruppen an? Wenn Jungen z.B. fortfahren riskant illegalisierte Drogen zu konsumieren, was ist dabei ihr Nutzen für die Bewerkstelligung von Männlichkeiten?

Für die Lösung der Integrations- und Anpassungsprobleme – Herstellung von Männlichkeiten – stellt die bestehende Kultur keine befriedigenden Möglichkeiten bereit. In der Auseinandersetzung mit den „herrschenden Männlichkeiten" entstehen männlich dominierte Teilkulturen. Gerade der Drogenkonsum in der Gruppe ist Entwicklung einer männlichen Gruppenkultur, die Statuskriterien in den Vordergrund stellt. Männliches Risikoverhalten beschleunigt hier auch die Einführung und das Ausprobieren neuer Drogen oder allgemein riskanter Verhaltensweisen in der Gruppe. Der Drogenkonsum in seinen Rauschwirkungen dient hier nicht der individuellen Krisenbewältigung, sondern ist Prestige- und Statusgewinn im Sinne der Selbstverortung als Mann in der sozialen Welt.[5]

Frauen sind von der Zahl und vom Status her unterlegen. Männer sind hier unentbehrlich. Diese Teilkulturen sind geradezu eine Einla-

---

5　Dass der Drogenkonsum nicht zur individuellen Krisenbewältigung, sondern als Statusgewinn zu verstehen ist, wird auch für heroinkonsumierende Männer über die Ergebnisse einer Forschungsarbeit (qualitative narrative biografische Interviews) von Michel Richter (2006) nachdrücklich belegt.

dung an die randständigen Jungen, denen die Realisierung „normaler" Männlichkeiten erschwert oder unmöglich ist. Sie sind in der bestehenden Kultur sozial und ökonomisch als Mann entbehrlich. In den Teilkulturen haben sie die Gelegenheit, das Gegenteil zu beweisen. Mit riskantem Verhalten und abweichenden Mitteln bewerkstelligen sie (vermeintlich) gute Männlichkeiten, die sich im Gegenbild von den dominanten Leitbildern orientiert. Neben den gesundheitlichen und sozialen Risiken ist das mögliche Kriminalisierungsrisiko bei dem Konsum verbotener Drogen allen bekannt. So kann selbst eine „Junkie-Karriere" offensichtlich zu einem Statusgewinn durch Teilhabe an den „richtigen Männlichkeiten" führen. Die drei genannten Funktionen zur Herstellung von Männlichkeiten finden ihre entsprechenden Ausformungen:

Provision (Versorgen)

In den drogendominierten Submilieus besteht die Möglichkeit „Versorgungsfähigkeiten" einzubringen. Die knappe Ware „illegalisierte Droge" gilt es auf riskante und dennoch effektive Art und Weise zu besorgen, wichtige Kontakte zu anderen wichtigen Männern zu pflegen und dann die anderen, unterlegenen Männer und natürlich die Frauen in der Clique damit zu versorgen. Drogenkonsum und Drogenhandel (Einfuhr, Verkauf) sind ein Bruch der Strafrechtsnormen (ausf. Münder u.a. 2005). Sie spiegeln allerdings gesamtgesellschaftlich akzeptierte Normen (Selbstständige Tätigkeit und Gewinnmaximierung) wider. Ein Teil der männlichen Jugendlichen weicht durch die hohe Arbeitslosigkeit auf den alternativen „Arbeitsmarkt" aus. Zu diesem Arbeitsmarkt gehört auch der Drogenhandel. Hier können spezifische Kompetenzen (z.B. geschickter Umgang mit den Kontrollinstanzen) erworben und eingebracht werden (z.B. Verhandlungsgeschick). Dieses Submilieu ermöglicht kurzfristige Erfolge, die nicht über die „üblichen" Wege zu erzielen sind. Die Gratifikationen können in einem Lebensstil bestehen, der dem eines Managers vergleichbar sein kann: Schnelle autonome Entscheidungen, hohe Mobilität, Geld-Transfers, An- und Verkauf, Vermittlung von Geschäften mit Provisionsbeteiligung, 16-Stunden-Arbeitstag, Auflösung der etablierten Trennung von Arbeit und Freizeit und Gewinnmaximierung durch Risikobereitschaft. So kann die Autofahrt zum größeren Drogeneinkauf und die damit zur Schau gestellte Risikobereitschaft die Unentbehrlichkeit als männlicher Versorger darstellen.

Ausländische männliche Jugendliche müssen häufig mehrfache Widersprüchlichkeiten integrieren, die sich aus der Kultur und der Migration bestimmen. Einerseits ist die Diskrepanz zwischen Elterngeneration

und gesellschaftlichem Umfeld zu nennen, anderseits sind die reduzierten Chancen zur Herstellung von Männlichkeiten insbesondere für
ausländische Jugendliche aus der Unterschicht zu betonen. Wenn Jungen z.b. fortfahren, (illegalisierte) Drogen zu konsumieren, so besteht
ein Zusammenhang zu dem Versuch der Herstellung ihrer Männlichkeit.
Die Lukrativität auch drogendominierter „peer-groups" als Rahmen für
männliche Geschlechtsidentifikation liegt nahe. So ist der Konsum illegalisierter Drogen eine Herausforderung, ein Abenteuer, verleiht Prestige
und kann auch Möglichkeiten des materiellen Erfolgs eröffnen. Die Grati-
fikation liegt in einem Lebensstil, der Identität als Mann bereitstellt. Dies
könnte auch den Einstieg Jugendlicher in die Kriminalität, einschließlich
der des Drogenkleinhandels, plausibler erklären. Auf dem Hintergrund
der erlebten kulturellen Brüche und der real reduzierten sozialen Möglichkeiten ist in der (Drogen-) Teilkultur die Herstellung von Männlichkeiten in zentralen Bereichen möglich.

Protection (Beschützen)

Eine vorhandene Binnendifferenzierung in dem Submilieu (u.a. Drogenhandel, Geldbeschaffung bis hin zu evtl. weiblicher Prostitution und
männlicher Beschaffungskriminalität) stellt ein System wechselseitig aufeinander abgestimmter Rollen als geschlechtliche „Arbeitsteilung" dar.
Diese vermittelt auch ein diffuses Gefühl der Gemeinsamkeit auf dem
Hintergrund der Ausgrenzung. Wie andere, jugendliche, männlich dominierte Cliquen auch, wird die „gute, männliche" Funktion des territo-
rialen Schutzes dargestellt durch die Kontrolle des Nahraums, z.B. den
Straßenblock oder bestimmte Plätze. Die Auseinandersetzung mit kon-
kurrierenden Männlichkeiten in diesem Nahraum – einschließlich der
Konfrontation mit den offiziellen Haltern des Gewaltmonopols (Polizei)
– gehört dazu. Es geht darum, wer der bessere Beschützer ist. Es geht aber
auch darum, das Definitionsmonopol an sich zu reißen. Zentral ist hier,
was legal ist oder illegal. So hat der massenhafte Bruch des (Betäubungs-
mittel-) Gesetzes auch mit dem Anspruch zu tun, selber der Mann zu sein,
der bestimmt, was Recht und Gesetz ist. Zudem ist der Konsum verbotener Drogen bekannterweise höchst riskant. Der schon in der „Versorger-
funktion" notwendige Mut zeigt sich hier in der öffentlichen Betonung
von Risikoverhalten. Der männliche Drogenkonsument setzt sich selbst
aufs Spiel, nur um zu zeigen, dass er das tut und um damit seine Beschüt-
zermännlichkeit in letzter Konsequenz dazustellen. Kann die erfolgreiche
„Karriere" nicht aufrechterhalten werden, so wird dies heldenhaft als „alles riskiert aber verloren" schicksalhaft interpretiert. Auch wenn die „Er-

folgskarriere" empirisch gesehen überwiegend nur kurzzeitig stattfindet, stellt dies so männlichen Erfolg im Sinne der Überlegenheit über andere dar. Dass in solchen, auch über Jahre bestehenden Notsituationen „mütterlich-weibliche" Umsorgung und Unterstützung durch die Freundin erforderlich ist, versteht sich nach den eingegangenen Risiken und den nun hohen Verlusten von selbst. Die Zusammenkunft von langjährigen, nun in höhere Lebensalter gekommene Drogenkonsumenten sind nicht weit entfernt von Kameradentreffen: Die individuellen Heldentaten in der „guten alten Zeit" werden ausgetauscht.

Procreation (Erzeugen)

Zugänge zu einer herkömmlichen Familiengründung sind drogenkonsumierenden jungen Männern (und auch Frauen) oft versagt. Dies führt bei Männern zu einer verschärften Notwendigkeit auf anderen Wegen heterosexuelle Potenz öffentlich zu betonen. Eine frauen- und schwulenfeindliche Grundhaltung ist so anzutreffen. Je risikobeladener die eigene Bewerkstelligung des Geschlechtes ist, desto entwertender muss an dieser Stelle der Umgang mit den Untergeordneten (Frauen wie Männern) sein. Die anfängliche Bewertung, dass es „cool" ist, polytoxikoman verbotene Drogen zu konsumieren, hat hier ihren Platz: Eher mit „links" die Kontrolle über Frauen und Nachwuchs darzustellen, notfalls auch mit Gewalt. Das die Paarbeziehungen prägende Frauenbild kennt Heilige wie Huren. In der anbetenden Verehrung ist hauptsächlich die Beschützer- und Versorgermännlichkeit (protection und provision) gefragt. Die Abwertung zur „Schlampe" hingegen sichert die Kontrolle und Überordnung. Die Herstellung von Rollenstereotypen und die Fortführung eines destruktiven Geschlechterverhältnisses sind anzutreffen. Obwohl sämtliche Rahmenbedingungen nicht stimmen, werden Kinder in die Welt gesetzt, um eine Familiengründung zu versuchen.

Hinzu kommt, dass bei dauerhaftem Drogenkonsum nicht nur die Potenz, sondern auch der für die Bewerkstelligung von Männlichkeit wichtige Drang zur allzeit möglichen Penetration gegen Null tendiert. Aber die sexuelle Begierde (Libido) ist auch bei den Drogen konsumierenden Sexualpartnern ebenfalls so. Gerade in langjährigen Beziehungen von Drogenkonsumenten sind viele Momente verbindend. Sexualität gehört oftmals nicht dazu. So stellt sich der Nutzen des Drogenkonsums im Feld der unmittelbaren Sexualität als zwiespältig dar. Umso wichtiger wird die Unterordnung Anderer, die „Restmacht" im Subsystem und andere Möglichkeiten durch abweichendes Verhalten auch „procreation" darzustellen.

8. Perspektiven für die professionelle Arbeit mit (Drogen konsumierenden) jungen Männern

Theoriebezogene Hindernisse führen dazu, den problematischen Konsum von erlaubten und verbotenen Drogen nicht primär als soziales und somit auch nicht als schicht-, geschlechtsspezifisch männliches Phänomen wahrzunehmen. Im Vordergrund der (wissenschaftlichen) Bemühungen zum Phänomenbereich stehen Methoden, die sich um eine einheitliche Auffassung über die Ursachen und die Prognose der Abhängigkeit von Substanzen bemühen. Bemühungen um eine einheitliche Auffassung und Erklärung des Phänomens müssen jedoch scheitern. Viele dieser Denkmodelle basieren auf naturwissenschaftlichen Analyse- und Interpretationsregeln. Diese lassen keine anderen als pathologisierende oder kriminalisierende Begriffe im Zusammenhang mit dem problematischen Konsum von verbotenen bzw. erlaubten Drogen zu (ausf. Friedrichs 2001).

Die offenkundige männliche Dominanz bei abweichendem Verhalten ist hier keine Privilegierung, sondern Ausdruck von „Überforderung". Die Theorie zur Herstellung von Männlichkeiten stellt ein Bezugssystem her, das ebenso das dialektische Verhältnis zwischen den Geschlechtern einschließt. Es geht nicht um die Frage wer benachteiligter ist – Frauen oder Männer? –, sondern um partielle statt universelle Benachteiligungen. Erst eine theoriegeleitete Analyse zur Herstellung von Geschlecht, und hier insbesondere von Männlichkeiten, eröffnet andere und ergänzende handlungsleitende Perspektiven für die professionelle Arbeit mit jungen Männern.

Die Gestaltung eines drogendominanten Lebensstils ist eingebettet in männlich dominierte Lebenswelten. Diese weisen drogen-, schicht- und regionalspezifische Ausformungen auf. Verbindend ist der Versuch junger Männer eine „richtige", ja „gute", an den Leitbildern der bestimmenden Männlichkeit orientierte Form von Männlichkeit herzustellen. Es ist häufig ihre letzte Ressource von Selbstwert.

Die Genauigkeit der Phänomenwahrnehmung unter geschlechtsspezifischen Aspekten sensibilisiert für das Fallverstehen und somit dafür, spezifischen Problemen angemessene, professionelle Hilfen zu bieten: Nutzen und Risiken des Konsums von Drogen bzw. riskanten Verhaltensweisen für die Herstellung von Männlichkeiten liegen nah beieinander. Die zunehmende Identifizierung von „Risikofaktoren" sollte jedoch nicht selbst zum Risiko werden, da es ein hohes Stigmatisierungspotenzial zur sozialen Marginalisierung beinhaltet.

Das Leitthema bei auffälligem riskanten – erlaubten oder verbotenen

– Drogenkonsum Jugendlicher ist primär die Droge. Das Leit- wird zum Leidthema. Auch professionelle Interventionen in den Feldern der Sozialen Arbeit sind häufig von dem Vordergründigen, Offensichtlichen, hier vom Drogenkonsum bestimmt. Bezogen auf das Konzept der Entwicklungsaufgaben kann der Umgang mit Drogen als Entwicklungsaufgabe in pädagogischen Prozessen verstanden und so zum „Konzept zur Drogenerziehung" (Wieland 2001) werden. Auch für den Gebrauch verbotener Drogen lassen die rechtlichen Rahmenbedingungen (u.a. Betäubungsmittelgesetz, aufsichtsrechtliche Aspekte, Zeugnisverweigerungsrecht, Schweigepflicht, Sozialdatenschutz) ausreichende Handlungsspielräume für den pädagogischen Umgang zu, der eine weitere Stigmatisierung und Marginalisierung Jugendlicher verhindern kann (vgl. ausf. Münder u.a. 2005).

Die Aufgabe der Adoleszenzphase könnte allgemein die Entwicklung einer „Geschlechtsrollen-Ambiguitätstoleranz" als die Fähigkeit, widersprüchliche Rollenanforderungen auszuhalten und konstruktiv für das Selbstbild und das eigene Lebenskonzept umzusetzen, sein (Straub 1999: 191). Die Begrenztheit des Anspruches wird bei den Marginalisierten deutlich. Ihnen die größte Veränderungslast aufzubürden scheitert. Es muss reichen, ihr Scheitern an der hegemonialen Männlichkeit möglichst zu verhindern und den Schaden für sich und andere möglichst gering zu halten und eine für sie als Mann möglichst annehmbare Lebensperspektive zu vermitteln.

Eine multiperspektivische, lebenswelt- und alltagsorientierte Soziale Arbeit – unter geschlechtsspezifisch auch männlichen Analysen – kann ihr methodisches Handel zu Gunsten ihrer Adressaten bereichern.

Literatur

Arenz-Greiving, Ingrid/Dilger, Helga (Hg.) (1994): Elternsüchte – Kindernöte. Berichte aus der Praxis. Freiburg

Armbruster, Christof L./Müller, Ursula/Stein-Hilbers, Marlene (Hg.) (1995): Neue Horizonte? Sozialwissenschaftliche Forschung über Geschlechter und Geschlechterverhältnisse. Opladen

Baacke, Dieter (1993): Jugend und Jugendkulturen. Darstellung und Deutung (2. Aufl.). Weinheim/ München

Belardi, Nando (1993): China Sozial. Modernisierung und Sozialwesen in der Volksrepublik China und Hongkong. Eine vergleichende Untersuchung zur Sozialen Arbeit. Marburg

Brückner, Margrit (1998): Wenn Forschende und Beforschte ein Geschlecht haben: epistemologische, theoretische und methodologische Überlegungen. Sozialwissenschaftliche Literatur Rundschau, (1), S. 55–69

Bühler, Anneke (2003): Risikoverhalten im Jugendalter/normative und problematische Fehlentwicklungen. In: Landschaftsverband Westfalen-Lippe (Hg.): „No Risk – No Fun". Risikokompetenz im Jugendalter (Bd. 35), S. 8–16. Münster

Connell, Robert W. (1995) : Masculinities. Cambridge

Connell, Robert W. (1998): Männer in der Welt: Männlichkeiten und Globalisierung. In: Widersprüche: Multioptionale Männlichkeiten? (67), 91–105

Connell, Robert W. (1999): Der gemachte Mann. Konstruktion und Krise von Männlichkeiten. Opladen

Döge Peter/Meuser, Michael (Hg.) (2001): Männlichkeit und soziale Ordnung. Neue Beiträge zur Geschlechterforschung. Opladen

Franzkowiak, Peter (1996): Risikokompetenz – Eine neue Leitorientierung für primäre Suchtprävention? Neue Praxis, (5), 409–425

Franzkowiak, Peter/Helfferich, Cornelia/Weise, Eva (1997): Geschlechtsbezogene Suchtprävention – Praxisansätze, Theorieentwicklung, Definitionen. Bundeszentrale für gesundheitliche Aufklärung, Schriftenreihe zur Forschung und Praxis der Gesundheitsförderung. Köln

Friedrichs, Jürgen/Jahry, Joachim/Papierok, Mario (1999): Risikofaktor männlich. Der problematische Konsum verbotener Drogen als männlich dominiertes Phänomen (unveröffentlicher Vortrag für die Internationale Gesellschaft für erzieherische Hilfen)

Friedrichs, Jürgen (2001): Drogen und Soziale Arbeit. Opladen

Goffman, Erving (1994): Interaktion und Gesellschaft. Frankfurt/New York

Hagemann-White, Carol (1994): Sozialisation: Weiblich – männlich? Opladen

Havighurst, R. J. (1953): Human development and education. New York

Helfferich, Cornelia (1998): Mädchen, Jungen, Drogen und Jugendhilfe – Der Geschlechteraspekt als Begründungszusammenhang für den Konsum von Drogen. Forum Erziehungshilfen, (5), 266–274

Hurrelmann, Klaus/Rosewitz, Bernd/Wolf, Hartmut (1985): Lebensphase Jugend. Eine Einführung in die sozialwissenschaftliche Jugendforschung (1. Aufl.). Weinheim und München

Jugendhilfe Bottrop e.V. (1999): Jahresberichte der Jahre 1995; 1997; 1999. Bottrop

Kappeler, Manfred (1991): Drogen und Kolonialismus. Zur Ideologiegeschichte des Drogenkonsums (2. verbesserte Aufl.). Frankfurt

Kersten, Joachim (1997): Gut und (Ge)schlecht. Männlichkeit, Kultur und Kriminalität. Berlin/New York

Kersten, Joachim (1997a): Risiken und Nebenwirkungen: Gewaltorientierung und die Bewerkstelligung von „Männlichkeit" und „Weiblichkeit" bei Jugendlichen der underclass. Kriminologisches Journal, (6. Beiheft), S. 103–114.

Koppetsch, Cornelia/Maier, Maja S. (2001): Vom Patriarchalismus zur Partnerschaft? Männlichkeiten im Milieuvergleich. In: Döge, Peter/Meuser, Michael (Hg.): Männlichkeit und soziale Ordnung. Neue Beiträge zur Geschlechterforschung Opladen. S. 27–48

Mannheim, Karl (1964): Das Problem der Generation (zuerst erschienen 1928). Neuwied

Mead, George H. (1968): Geist, Identität und Gesellschaft (zuerst erschienen Chicago 1934). Frankfurt

Münder, Johannes/Lehmann, M. Karl-Heinz/Erdèlyi, Paul/Friedrichs, Jürgen (2005): Drogen in der Jugendhilfe. Rechtliche Aspekte und Fragen aus der Praxis. Internationale Gesellschaft für erzieherische Hilfen (IGfH)/ Evangelischer Erziehungsverband e.V. (EREV) (Hg.). Schriftenreihe 1/2005 (43. Jg.). Hannover

Reuband, Karl-Heinz (1979): Drogengebrauch und soziale Merkmale von Fixern in der BRD. Neue Praxis, (1), S. 85–108.

Reuband, Karl-Heinz (1990): Empirische Befunde zur sozialen Zusammensetzung Drogenabhängiger. Neue Praxis, (6), S.526–534

Richter, Michel (2006): Konstruktion von Männlichkeiten im soziokulturellen Submilieu heroinkonsumierender Männer (Arbeitstitel). Diplomarbeit (Sozialwissenschaften) Universität Duisburg-Essen (in Vorbereitung)

Schelsky, Helmut (1957): Die skeptische Generation. Eine Soziologie der deutschen Jugend. Düsseldorf/Köln

Silbereisen, Rainer K./Kaster, Peter (1984): Drogengebrauch Jugendlicher aus entwicklungstheoretischer Sicht. Bildung und Erziehung, (37), S. 271–285

Sieber, Martin (1993): Drogenkonsum: Einstieg und Konsequenzen. Ergebnisse von Längsschnittuntersuchungen und deren Bedeutung für die Prävention. Bern

Stiksrud, Arne (1994): Jugend im Generationen-Kontext. Sozial- und Entwicklungspsychologische Perspektiven. Opladen.

Straub, Ute (1999): Adoleszenz und Autonomie. Autonomieerwerb – (k)eine Entwicklungsaufgabe der Adoleszenzzeit. Neue Praxis, (2), S. 180–192

Wieland, Norbert (2001): Kooperation von Drogenhilfe und Jugendhilfe aus der Sicht der Jugendhilfe. In: Internationale Gesellschaft für erzieherische Hilfen (Hg.): Dialog und Kooperation von Jugendhilfe und Drogenhilfe. Erziehungshilfe-Dokumentationen (Bd. 20), S. 47–59

Geschlechterdifferenzierende Aspekte – Soziale Arbeit mit rechtsorientierten Mädchen und Jungen

Margherita Zander

> „Wir brauchen eine Vision, eine Mission, das Leben wird härter, direkter, dreckiger. Deutschland kommt runter, wird wilder, gefährlicher; und wir stellen uns darauf ein, durch die Aufrüstung unserer Mittel. Gebt uns eine Richtung, gebt uns eine Uniform, dass wir erkennen, wer wir sind, damit wir bestehen können im Kampf gegen die anderen." (Utzmann-Krombholz 1994: 29).

Einleitung

Die fachpolitische und teilweise auch die wissenschaftliche Auseinandersetzung mit dem Phänomen der Rechtsorientierung von Jugendlichen folgt politischen Konjunkturen. So hat es beispielsweise in den 1990er Jahren einen unverkennbaren Boom von Publikationen zu Rechtsextremismus gegeben;[1] dennoch ist auf wissenschaftlicher Ebene – insbesondere im Hinblick auf eine geschlechterdifferenzierende Betrachtung – von einem unbefriedigenden Erkenntnisstand auszugehen. Parallel dazu wurden als Reaktion auf die ausländerfeindlichen Übergriffe zu Beginn der 1990er Jahre vom Bund verschiedene Programme für die Soziale Arbeit mit rechten, gewalttätigen Jugendlichen aufgelegt.[2] Seitdem hat sich ein

---

1   Vgl. dazu Albert Scherr (2002a), der feststellt, dass die sozial- und politikwissenschaftliche Forschung mittlerweile eine auch für Expertinnen und Experten kaum mehr überschaubare Fülle von empirischen und theoretischen Studien hervorgebracht habe. Scherr gibt eine hilfreiche Übersicht über die neuere Literatur zu Rechtsextremismus und Fremdenfeindlichkeit mit einer Hinführung zu pädagogischen Interventionen und insbesondere zur politischen Bildungsarbeit. Leider findet dabei eine geschlechterdifferenzierende Betrachtung keine Berücksichtigung. Allerdings hat sich Scherr an anderer Stelle zur geschlechterdifferenzierenden Jungenarbeit ausführlich geäußert: vgl. ders.: Situation und Entwicklungsperspektiven geschlechterdifferenzierender Jungenarbeit. In: Sachverständigenkommission 2002, 297–316 (Scherr 2002b).

2   Verwiesen sei hier auf das „Aktionsprogramm gegen Aggression und Gewalt" (AgAG) in den 1990er Jahren in Ostdeutschland und auf das im Jahr 2000 aufgelegte Aktionsprogramm der Bundesregierung „Jugend für Toleranz und Demokratie" mit seinen verschiedenen Teilprogrammen (XENOS, ENTIMON und CIVITAS). Vgl. dazu Hafenegger/Roth/Scherr 2002.

kontrovers geführter sozialpädagogischer Fachdiskurs über unterschiedliche Konzepte der Arbeit mit rechten Cliquen bzw. mit rechtsorientierten
und gewalttätigen Jugendlichen entwickelt. Dieser blieb in der Fachwelt
jedoch ebenso marginalisiert wie die damit ins Auge gefassten Jugendlichen, die nach wie vor die „ungeliebten Kinder der Nation" und der
Sozialen Arbeit geblieben sind.

Dennoch bieten die vorliegenden Erkenntnisse genügend Anhaltspunkte für praktisches Handeln, sowohl auf der Ebene von Politik als
auch für die Soziale Arbeit und die schulische wie außerschulische politische Bildung. Selbst die Notwendigkeit eines geschlechterdifferenzierenden Ansatzes – sowohl hinsichtlich der Analyse von Ursachen und
Erscheinungsformen als auch hinsichtlich dementsprechender sozialpädagogischer Konzepte – dürfte mittlerweile nicht mehr zur Diskussion
stehen. In der Arbeit mit rechtsorientierten Jugendlichen scheinen diese
Konzepte allenfalls vereinzelt aufgegriffen zu werden. Als Beleg können
unter anderem eine Dokumentation des Deutschen Jugendinstitutes (DJI
2000) zu „Aufgaben und Grenzen der Kinder- und Jugendhilfe" sowie die
ebenfalls vom DJI veröffentlichte Übersicht über Ansätze und Erfahrungen
in der „Pädagogik mit rechtsextrem orientierten Jugendlichen" (Pingel/
Rieker 2002) angeführt werden. Ein Verweis auf das Schwerpunktheft zu
„Rechtsradikalismus – Zwischen Gewalt und getarnter Normalität" des
Hamburger Forums für Soziale Arbeit (Standpunkt Sozial 1/2002) kann
als Beispiel dafür zitiert werden, dass genderdifferenzierende Konzepte
in diesem Arbeitsfeld der sozialpädagogischen Praxis teilweise immer
noch ignoriert werden. Letztlich geht es nicht nur in der Arbeit mit rechtsorientierten Mädchen und Jungen, sondern generell in der Kinder- und
Jugendhilfe darum, sich für eine breitere Akzeptanz von geschlechterreflektierenden Ansätzen einzusetzen und in der Praxis die Perspektiven
stärker aufzugreifen, die im theoretischen Diskurs aufgezeigt werden
(vgl. Sachverständigenkommission 11. Kinder- und Jugendbericht 2002).
Dieser Beitrag möchte einen Überblick über den aktuellen Stand der
genderspezifischen Betrachtung zur Rechtsorientierung von Jungen und
Mädchen geben und die daraus abzuleitenden Konsequenzen für die Praxis der Sozialen Arbeit skizzieren. Dabei wird ein Verständnis von Genderforschung zu Grunde gelegt, das von einer Balance zwischen Gleichheit
und Differenz ausgeht, die Konstruktion des sozialen Geschlechts als
variabel und veränderbar betrachtet, die Vielfalt der Bedeutungen von
„weiblich" und „männlich" und insbesondere auch sozialstrukturelle
(und altersmäßige) Differenzen innerhalb der Geschlechter (class, race,
gender) mit im Blick hat.

1. Organisierter Rechtsextremismus – Quantitative Geschlechterdifferenzen auf der Beteiligungsebene

Ist Rechtsextremismus ein *Männerproblem*? Mit dieser Fragestellung ist die geschlechterdifferenzierende Betrachtung in der Rechtsextremismus-Forschung zu Beginn der 1990er Jahre gestartet. Angestoßen wurde diese Betrachtungsweise durch das in Presse und Öffentlichkeit eindeutig männlich dominierte Erscheinungsbild des vor allem jugendlichen Rechtsextremismus, der durch gewalttätige fremdenfeindliche Überfälle in der soeben neu geeinten Bundesrepublik auf sich aufmerksam machte. Aber auch die rechtsextremen Parteien wurden in der Öffentlichkeit als Männerparteien wahrgenommen – insgesamt schien das rechtsextreme Spektrum mit seinem „Gedankengut, Organisationsangebot und Aktionspotential" (Möller 1991: 27) männliche Jugendliche und Erwachsene stärker anzusprechen als Mädchen und Frauen.

Zu Beginn der 1990er Jahre kam es – möglicherweise als Antwort auf die provokative und auch nicht haltbare These, dass *„Rechtsradikalismus – kein Frauenproblem"* sei (Marieluise Dobberthien 1989) – zu einer Reihe von Beiträgen in unterschiedlichen Fachzeitschriften, die sich mit der Präsenz von Mädchen und jungen Frauen im rechtsextremen Spektrum befassten. In der Folge wurden dann mehrere Publikationen und auch einige empirische Studien vorgelegt, die sich insbesondere mit dem „Zusammenhang von weiblicher Lebenserfahrung und rechtsextremistischem Gedankengut" auseinander setzten (vgl. z.B.: Birsl 1994a; Engel/Menke 1995; Bitzan 1997). Damit ist die sonst eher geschlechtsunspezifische Rechtsextremismusforschung mit der Geschlechterfrage konfrontiert worden. Ursula Birsl (1994b) vermerkt zu Recht, dass so die eher paradoxe Situation entstanden ist, dass mehr Kenntnisse über die Ursachen und Zusammenhänge von weiblicher Rechtsorientierung vorliegen als über Rechtsextremismus als Männerproblem. Birsl hat selbst mit ihrer empirischen „Fallstudie zu geschlechtsspezifischen Lebensverläufen, Handlungsspielräumen und Orientierungsweisen" die Genderdebatte weitergeführt und zu einer differenzierten Sichtweise in der Frage „Rechtsextremismus: weiblich – männlich" beigetragen (Birsl 1994a).

Dieser geschlechterdifferenzierende Diskussionsstrang wurde von männlicher Seite durch Kurt Möller (1991) mit einer übersichtlichen Analyse zu den geschlechterdifferenzierenden Aspekten von Anfälligkeit für rechtsextreme Einstellungen aufgegriffen. Üblicherweise werden dabei neben der Einstellungsebene unterschiedliche Formen der Beteiligung berücksichtigt wie Wählerschaft und Mitgliedschaft in Parteien und Organisationen, Vertretung in Führungspositionen sowie die Beteiligung an Straf- und Gewalttaten. Seitdem hat die Erörterung der unterschiedlichen Beteiligungsformen von Männern und Frauen, Jungen und Mädchen im rechtsextremen Spektrum in den Publikationen, die sich überhaupt mit der Geschlechterfrage befassen – immer wiederkehrend – breiten Raum eingenommen. Auch die Ende 2002 ins Netz gestellte aktualisierte Analyse des IDA-NRW (Dokumentationszentrum für Antirassismusarbeit) nimmt diese Fragestellung in der Überschrift *„Männer/Frauen: Rechtsextremismus – (k)ein Frauenphänomen?"* explizit wieder auf – wobei der mittlerweile erfolgte Perspektivenwechsel schon im Titel zum Ausdruck kommt.

Vergleicht man die von Kurt Möller 1991 zusammengefassten Erkenntnisse mit den aktuell angenommenen Anteilen von Mädchen und Frauen, Jungen und Männern auf den verschiedenen Ebenen des rechtsextremen Spektrums, so ergeben sich allenfalls leichte Verschiebungen:[3]

1991	männlich	weiblich
Straf- und Gewalttaten:	98 %	2 %
Organisierter Rechtsextremismus:	ca. 90 %	10 %
Wählerschaft rechtsextremer Parteien:	zwei Drittel	ein Drittel
Rassistische/rechtsextreme Einstellungen[4]	nicht beziffert	nicht beziffert
Quelle: Möller 1991		

2002	männlich	weiblich
Straf- und Gewalttaten:	90–95 %	5–10 %
Organisierter Rechtsextremismus:	80–93 %	7–20 %
Wählerschaft rechtsextremer Parteien:	zwei Drittel	ein Drittel
Rassistische/rechtsextreme Einstellungen	50 %	50 %
Quelle: IDA-NRW 2002		

---

3   Teilweise handelt es sich hierbei um Schätzzahlen, z.B. des Verfassungsschutzes oder von Expertinnen und Experten; teilweise um Ergebnisse von unterschiedlichen Einstellungsbefragungen; teilweise um Angaben der Parteien. Jedenfalls haben die Zahlen unterschiedliche Validität.
4   Diese Dimension wird allerdings mit der Anmerkung versehen, „dass rechtsextremistische Bestandteile einer Ideologie der Ungleichwertigkeit und der Akzeptanz von Gewalt als personale Handlungsform sich im allgemeinen häufiger und zugespitzter bei Jungen als bei Mädchen finden." (Möller 1991: 27).

Auch wenn es sich bei den im Vergleich von 1991 und 2002 aufgeliste-
ten Anteilen teilweise um Annäherungswerte und Schätzzahlen handelt,
lässt die Gegenüberstellung dennoch ein vorsichtiges Fazit zu: Strukturell
haben sich die quantitativen Differenzen männlicher und weiblicher Beteiligungsformen im rechtsextremen Spektrum in der betrachteten Zeitspanne von 10 Jahren nur wenig verschoben. Dies gilt in jedem Fall für
die Geschlechterdifferenz von einem Drittel (weiblich) zu zwei Dritteln
(männlich) bei der Wählerschaft von rechtsextremen Parteien; diesbezüglich gibt es übrigens eine längerfristige Kontinuität in der Bundesrepublik
und vergleichbare Zahlenverhältnisse in anderen europäischen Ländern
unterstreichen die damit ausgewiesene Relation (vgl. Möller 1993).

Demgegenüber fällt eine gestiegene Beteiligung von Mädchen und
Frauen an rechtsextrem und fremdenfeindlich motivierten Straf- und Gewalttaten auf (von 2 auf ca. 5–10 %). Neuere Studien weisen diesbezüglich
allerdings darauf hin, dass Mädchen/Frauen weniger als Jungen/Männer
an Körperverletzungen, häufiger jedoch an Delikten wie Volksverhetzung
und Propagandastraftaten beteiligt sind. Außerdem sind weibliche Tat-
verdächtige im Durchschnitt jünger als männliche (44 % sind unter 18 Jahre alt, bei den männlichen 29 %) (vgl. IDA-NRW 2002: 2 f.).

Etwas verändert zu haben scheinen sich auch die Geschlechterproportionen bezogen auf den Organisationsgrad des rechtsextremen Spektrums
– allerdings handelt es sich bei den oben angegebenen Zahlenverhältnis-
sen um Durchschnittswerte. Im Einzelnen differieren die Männer- und
Frauenanteile in den verschiedenen rechtsextremen Parteien (DVU, NPD,
REP, BDP, FDVP, HNG und Neonazis) und auch regional sind hierbei Unterschiede zu verzeichnen. Interessant für die Jugendszene ist vor allem
die Einschätzung, dass etwa jedes zehnte Mitglied der Neonazi- und
Skinheadszene weiblich ist. Das unterstreicht zum einen das dominant
männliche Erscheinungsbild dieser Szene, verweist aber gleichzeitig auch
darauf, dass Mädchen zwar in der Minderheit, aber keineswegs prinzi-
ell gegen die Anziehungskraft dieser Cliquen und Gruppierungen (z.B.
neonazistische Kameradschaften) gefeit sind.

Eindeutiger als je zuvor fällt in neueren Publikationen die Einschätzung zum rechtsextremen Einstellungspotential aus: Es scheint – quantitativ betrachtet – kaum Geschlechterunterschiede bei der Zustimmung
zu verschiedenen Kernaussagen rechtsextremen Gedankenguts zu geben.
Eine derartige Schlussfolgerung kann sich auf die Ergebnisse von Einstellungsbefragungen stützen (vgl. IDA-NRW 2002). Dies trifft jedenfalls
für fremdenfeindliche und rassistische Positionen zu, nicht jedoch für die
Akzeptanz von Gewalt, wozu Frauen und Mädchen eindeutig auf Dis-

tanz gehen. Bei differenzierterer Betrachtung lassen sich in den einzelnen Dimensionen rechtsextremen Denkens Unterschiede in der Intensität und den Ausprägungsformen, aber auch unterschiedliche Deutungsmuster zwischen Männern und Frauen, Jungen und Mädchen erkennen. Diese Unterschiede lassen sich auf geschlechtsspezifische Sozialisation, auf geschlechtsdifferente Lebenslagen und Erfahrungszusammenhänge sowie auf divergierende gesellschaftliche Positionen der Geschlechter (Geschlechterhierarchie) zurückführen.

Michaela Köttig (2002) verwendet zur Visualisierung der weiblichen Anfälligkeit und Präsenz im rechtsextremen Spektrum die Form der Pyramide, wobei die breite Basis die Einstellungsebene und die Beteiligung an Straf- und Gewalttätigkeiten die nach oben zulaufende Spitze darstellt, dazwischen liegen die Anteile an der Wählerschaft und der Grad der Organisiertheit.[5] Die sich hiermit abzeichnende Struktur der Geschlechterproportionen auf den unterschiedlichen Ebenen gilt es im Vergleich zur generellen politischen Beteiligung von Mädchen und Frauen, d.h. bezogen auf andere Parteien, politische Organisationen und Gruppierungen, zu sehen (vgl. Meyer 1993). Dies kann und soll hier nicht im Einzelnen erörtert werden. Aber die Grundstruktur von Zuspruch, Wahlverhalten und aktiver Beteiligung bzw. Mitgliedschaft ähnelt der, die sich auch bei den etablierten Parteien der Mitte wiederfindet.[6]

2. Alltäglicher Rechtsextremismus –
Geschlechterdifferenzen in der Einstellung
zu ideologischen Kernelementen

„Spätestens seit den Ereignissen in Hoyerswerda, Mölln, Rostock und Solingen ist unstrittig, dass über 50 Jahre nach Kriegsende bei einer erschreckend hohen Anzahl von Jugendlichen rechtsextreme und fremdenfeindliche Einstellungen konstatiert werden müssen. ... Auch wenn viele Jugendliche keineswegs über verfestigte und ausgeprägte rechte und rechtsextreme Einstellungen verfügen, so zeigen doch die Erfahrungen aus der Praxis, dass diese sich schnell verfestigen können und dass die Übergänge von der Provokation bzw. alterstypischem Protestverhalten, z.B. mit nationalistischen Symbolen, hin zur Gewaltanwendung fließend sind." (Lüders/Holthusen 2000: 100).

---

5   Das männliche Pendant würde sich demgegenüber figürlich ganz anders darstellen: d.h. sie sind auf der Einstellungsebene mehr oder weniger genauso stark vertreten wie Frauen und Mädchen, auf der Ebene der Wahlzuspruchs für rechtsextreme Parteien zu zwei Dritteln und in den beiden oberen Ebenen mit Mehrheiten, die sich zwischen 80 und 90 % bewegen.

6   Selbst ein Vergleich von Frauen in Führungspositionen weicht nicht allzu sehr von den zahlenmäßigen Verhältnissen in den etablierten konservativen Parteien ab – wenn man dabei auch die Relation zur Mitgliedschaft beachtet.

Was bedeutet Rechtsorientierung bei Jugendlichen? Schwerpunktmäßig geht es dabei um rechtsextreme Orientierungsmuster, d.h. um alltäglichen Rechtsextremismus. Alltäglicher Rechtsextremismus kommt in Form „fragmentarischer Affinitäten zu einzelnen rechtsextremen Ideologemen" (Birsl 1994 a: 21) zum Ausdruck und stellt somit weniger ein geschlossenes Gedankensystem dar.[7] Da von den meisten Jugendlichen keine geschlossenen rechtsextremen Weltbilder vertreten werden und viele in ihren Einstellungen noch nicht gefestigt sind, sollte man sie nicht generell als Rechtsextremistinnen oder Rechtsextremisten etikettieren. Es handelt sich aber wohl um Meinungen, Attitüden und Wertvorstellungen, die die Denkweise über Menschen und Gesellschaft prägen und die gleichzeitig auch das politische Verhalten von Gruppen und Individuen beeinflussen. Solche Orientierungsmuster rekurrieren zudem auf Theorien zur Legitimation bestimmter Formen von politischer Herrschaft und sind gleichzeitig als Antworten auf individuelle Lebenslagen vor dem Hintergrund gesellschaftlicher Entwicklungen zu deuten. Wie an späterer Stelle noch zu erörtern sein wird, setzen Erklärungsansätze zur Entstehung von Rechtsextremismus sowohl auf der individuell biografischen Ebene als auch auf der sozialisatorischen Ebene des sozialen Umfeldes und auf der gesellschaftlichen Makroebene an. Letztlich lässt sich Rechtsextremismus als gesellschaftliches Phänomen nur durch komplexe Wechselwirkungen zwischen diesen verschiedenen Ebenen erklären.

In Anlehnung an Wilhelm Heitmeyer (1992) wird der alltägliche Rechtsextremismus, mit dem wir es im Falle von Jugendlichen in erster Linie zu tun haben, anhand zweier ideologischer Kernmerkmale charakterisiert:

– mit der Ideologie der (natürlichen) Ungleichheit
– mit der expliziten Akzeptanz von Gewalt.[8]

Einstellungsuntersuchungen haben immer wieder gezeigt, dass Frauen und Männer, Mädchen und Jungen mit relativ gleicher Häufigkeit rechtsextreme Positionen vertreten. Ursula Birsl verweist darauf, dass bereits Theodor Adorno in seinen Studien zum autoritären Charakter

---

7   Hierzu gibt es allerdings auch andere Einschätzungen wie z.B. von Hilde Utzmann-Krombholz, die von einem „beängstigend geschlossenen Weltbild" spricht (dies. 1994: 28), das allerdings in der Regel nicht mit dem von rechtsextremen Parteien und Organisationen korrespondiere.
8   Dem möchte ich zumindest ein weiteres Merkmal hinzufügen, das mir aus politikwissenschaftlicher Perspektive unverzichtbar erscheint: die Ablehnung der demokratischen Verfasstheit von Gesellschaft sowie der damit verbundene Autoritarismus.

(bezogen auf die 1940er und 1950er Jahre) keinen Unterschied hinsichtlich autoritärer Orientierungen zwischen den Geschlechtern erkannt habe und ebenso wenig die immer wieder zitierte SINUS-Studie von 1981, die mit dem bezeichnenden Titel „5 Millionen Deutsche: Wir wollen wieder einen Führer haben ..." veröffentlicht wurde (vgl. SINUS-Studie 1981). Bei differenzierterer Betrachtung lässt jedoch eine Analyse der damit verbundenen Deutungsmuster eindeutig geschlechtsspezifische Unterschiede erkennen. Dies soll hier beispielhaft anhand divergierender Interpretationsmuster zu den oben aufgeführten Kernelementen des alltäglichen Rechtsextremismus dargelegt werden:

a)   Ideologie der (natürlichen) Ungleichheit

Grundsätzlich beinhaltet dieses Ideologem eine menschenrechtswidrige Position, da von einer natürlich (biologisch bedingten) Ungleichheit von Menschen ausgegangen wird. Dieses Ideologem kommt im rechtsextremen Meinungsspektrum in vielfältigen Varianten und bezogen auf unterschiedliche Personengruppen vor:

–   als völkisches Denken, Nationalismus, Fremdenfeindlichkeit und Rassismus (auch: Freund-Feind-Denken)
–   als Ideologie der natürlichen Ungleichheit der Geschlechter (hierarchischer Geschlechterdualismus mit tradierten, biologistisch begründeten Rollenbildern)
–   als Legitimation der Ausgrenzung und Herabwürdigung von gesellschaftlichen Minderheiten und „sozial Schwächeren".

Solche Denkmuster können sich für verunsicherte Jugendliche in der Adoleszenz- und Identitätsfindungsphase als funktional erweisen, als Möglichkeit der Aufwertung des eigenen Selbstwertgefühls, gerade dann, wenn das eigene Lebenskonzept und die soziale Identität noch nicht gefestigt sind (Kolip 1994). Sie eignen sich auch für die Verarbeitung eigener Ungleichheitserfahrungen sowie sozialer Risiken – sei es auf dem Ausbildungs-, Arbeits- oder auf dem Wohnungsmarkt.[9] Sie stellen zudem durch die Selbstzuschreibung von in der eigenen Wertehierarchie positiv besetzten Eigenschaften (wie z.B. Fleiß und Pflichtbewusstsein) ein Angebot für eine kollektive Aufwertung durch die „natürliche Zugehörigkeit" (Deutsche) dar. Gleichzeitig ermöglichen solche Deutungsmuster die generali-

---

9   Vgl. hierzu insbesondere K. Möller 1993

sierte Projektion von negativen Eigenschaften auf die Anderen (Ausländerinnen und Ausländer) (vgl. Birsl 1994 b: 44).

Fremdenfeindliche Einstellungen werden von Mädchen und Frauen gleich häufig zum Ausdruck gebracht wie von Jungen und Männern. Die dafür angegebenen Begründungen unterscheiden sich aber. Zwar neigen beide zu einer Ethnisierung von gesellschaftlichen Konflikten, wobei geschlechterübergreifend gesellschaftliche Konkurrenzzusammenhänge auf der ökonomischen, sozialen, politischen und ökologischen Ebene ethnisiert, d.h. in eine Verursachungskette mit Modernisierung und Migration gebracht werden, sodass Ethnizität ein Ausschließungsgrund aus der (Volks-)Gemeinschaft darstellt. Die dafür gelieferten Begründungen – weshalb sie Migrantinnen und Migranten ablehnend gegenüberstehen – differieren aber zwischen Mädchen und Jungen:

Mädchen geben an, dass sie von männlichen Ausländern angemacht würden und Angst vor sexistischen Übergriffen hätten *(Ethnisierung von Sexismus)*. Svenja Ottens (1997b: 194) weist darauf hin, dass solche Begründungen auch dann angegeben würden, wenn die Mädchen selbst keine Übergriffe durch Migranten erfahren hätten. Abgesehen davon, dass damit verallgemeinernde ethnisierende Zuschreibungen transportiert würden, sieht sie in solchen Begründungsmustern auch die Möglichkeit von Projektionen erfahrener sexistischer Gewalt durch deutsche Männer – u. U. sogar durch den eigenen Freund oder Ehemann – auf die Migranten. In dem Falle würden – um das Tabu nicht zu brechen, d.h. um nicht den eigenen Freund oder Ehemann „anklagen" zu müssen, – die Ängste auf die „Anderen", die „Nicht-dazu-Gehörigen" projiziert, die nach den eigenen Vorstellungen aus der Gemeinschaft ausgeschlossen werden dürfen (Parole: „Ausländer raus").

Männliche Jugendliche begründen ihre Fremdenfeindlichkeit demgegenüber häufiger mit dem Argument, dass ihnen durch Ausländer die (deutschen) Mädchen weggenommen würden oder dass ausländische Jugendliche, weil sie die Jungfräulichkeit ihrer „eigenen Mädchen" nicht antasten wollten, sich an deutsche Mädchen ran machen würden. Diese Begründungen gehen zwar auch in eine ähnliche Richtung; sie verweisen aber auf männliches Konkurrenzgehabe, männliche „Revierverteidigung", männliche Macht- und Besitzansprüche und können als *Ethnisierung von maskuliner Hegemonie* gedeutet werden. Hierin sieht Kurt Möller auch eine eindeutige Verbindungslinie, die bei Jungen und Männern von den Ungleichheitsideologien zur Gewaltakzeptanz führt (Möller 1993).

b) Gewaltakzeptanz und Gewaltbereitschaft –
Gewalt als individuelle und gesellschaftliche Konfliktaustragungsform

Gewaltakzeptanz wird von Heitmeyer (1992) als das zweite Kernelement des alltäglichen Rechtsextremismus angesehen. Dies beinhaltet zunächst Akzeptanz von Gewalt als Mittel der persönlichen und gesellschaftlichen Konfliktaustragung sowie als Medium von politischer Herrschaft in gewaltförmig strukturierten Staatssystemen. Zu unterscheiden ist dabei zwischen *direkter personeller und struktureller Gewalt (auch: autoritäre Strukturen in Staat, Betrieb, Schule)*. Gewaltakzeptanz zeigt sich in vier Varianten:

- „Überzeugung, dass es ohne Gewalt nicht gehe;
- Billigung privater und staatlicher Gewalt,
- die eigene Gewaltbereitschaft und
- die tatsächliche Gewalttätigkeit" (Specht 2000: 29).

Hinsichtlich dieser Einstellungsdimension verlaufen die Geschlechterdifferenzen noch etwas komplexer. Geht es um direkte Formen von Gewaltanwendung – insbesondere um physische Gewalt gegen Personen – so zeigen sich eindeutige Unterschiede zwischen Männern und Frauen, Jungen und Mädchen. Junge Frauen und Mädchen lehnen mehrheitlich viel entschiedener die Anwendung von direkter Gewalt ab. Sie sind auch – wie der oben angeführte Vergleich zur weiblichen und männlichen Präsenz auf den verschiedenen Ebenen des rechtsextremen Spektrums bereits verdeutlicht hat – in wesentlich geringerem Ausmaß an Gewalt- und Straftaten beteiligt.[10] Für junge Männer stellt die politische Legitimation von Gewaltausübung, die sie in rechtsextremen Gruppen finden, ein entscheidendes Motiv für den Anschluss an rechtsextreme Gruppen dar. Gewaltausübung als abweichendes Verhalten zur Herstellung von hegemonialer Männlichkeit – diesbezüglich lassen sich bezogen auf die Motivlage Parallelitäten zu männlichen Mustern von Alkohol- und Drogenkonsum herstellen (vgl. Friedrichs i. d. Bd.). In der Tat spielt gerade auch in rechten Cliquen exzessiver Alkoholkonsum für die männlichen Mitglieder eine wichtige Rolle.

Dagegen fallen Frauen dadurch auf, dass sie strukturelle Gewalt – insbesondere Ausgrenzung und Ungleichbehandlung von Flüchtlingen (Ablehnung sozialer und politischer Integration) – nicht nur akzeptieren, sondern aktiv einfordern. Als Deutungsmuster kann hierzu – in Anlehnung

---

10 Dies gilt im Übrigen auch generell für den Anteil von Mädchen und Frauen an Straf- und Gewalttaten, nicht nur für die politisch (hier rechtsextrem) motivierten.

an Ursula Birsl – gelten: „Konfliktlagen und soziale Ungleichheitserfahrungen werden umgelenkt und abgeschoben, die aufgrund fehlender sozialer Handlungsmöglichkeiten nicht bearbeitet und somit nicht akzeptiert werden können" (Birsl 1994b: 45). Insgesamt tendierten Mädchen und Frauen eher dazu, Gewalt an öffentliche Institutionen (Justiz, Polizei usw.) zu delegieren. Svenja Ottens sieht die dadurch zum Ausdruck kommende autoritäre Haltung von Frauen verknüpft mit einem allgemeinen Sicherheitssyndrom. Angst vor Kriminalität führe bei Frauen zu einem ausgeprägten Law-and-Order-Denken, das auch rassistisch gewendet werden könne. Im Unterschied zu Männern seien Frauen weniger durch persönliche Autoritäten als durch gesellschaftlich dominante Wertvorstellungen beeinflussbar (Ottens 1997a). Scheinbar im Widerspruch dazustellt Ursula Birsl (1994b: 45) durchaus Akzeptanz autoritärer staatlicher Strukturen und autoritär strukturierter, nicht hinterfragter Handlungsmuster fest. Solche Widersprüchlichkeiten ließen im Detail durch sozialstrukturelle und auch altersmäßige Unterschiede erklären, die bei der Analyse von Einstellungsmustern auch zu berücksichtigen wären.

Mädchen delegieren auch explizit Gewalt an die Jungen ihrer Clique und appellieren dabei an deren „Beschützerrolle", ein anderer Mechanismus, der sich ebenfalls auf geschlechtsspezifische Sozialisation zurückführen lässt und traditioneller geschlechtsspezifischer Rollenzuschreibung entspricht. Immer wieder wird in Berichten und Beobachtungen der rechtsextremen Szene darauf hingewiesen, dass Mädchen bei gewalttätigen Auseinandersetzungen dabei stünden und die Jungen zu Gewalttaten anspornen und aufmuntern würden. Sie folgen dann dem ihrerseits verinnerlichten Geschlechterstereotyp, wenn sie sich nach den „Kämpfen" fürsorglich um die verletzten Jungs kümmerten.[11]

Als Ausnahme zu diesem biologistisch orientierten Geschlechterdualismus – der Frauen auf die fürsorgende Mutterrolle und Männer auf die kämpferische Beschützerrolle festlegt – ist auf eine Minderheit von Mädchen (vor allem Renees innerhalb der Skinheadszene) zu verweisen, die selbst gewaltbereit sind und Gewalt ausüben. Dieses Verhalten wird häufig als missverstandene oder „verquere" Emanzipation interpretiert: d.h., die Mädchen hoffen durch ihr gewalttätiges Auftreten Respekt und

---

11 Vgl. hierzu wieder Ausnahme bei Birsl: männliche Jugendliche stimmen fast ausschließlich körperlicher Gewalt zur Austragung persönlicher Konflikte mit Gleichaltrigen zu, weniger als gesellschaftliche und politische Konfliktlösungsform – allenfalls eine Minderheit in der Asylrechtsfrage. Dies erklärt sich offensichtlich wiederum durch die sozialstrukturelle Zusammensetzung – Ursula Birsl hat in ihrer Studie Jugendliche in betrieblicher Ausbildung im ländlichen Raum untersucht (Birsl 1994a: 45).

Anerkennung nicht nur bei den anderen Mädchen in der Clique, sondern auch bei den „Jungs" zu erhalten. Dabei scheint es interne Reglements zu geben – an die sich allerdings nicht immer gehalten wird – denen zufolge Mädchen sich mit Mädchen aus der Clique prügeln (weibliche Konkurrenzen) oder jugendliche Migrantinnen verprügeln – während Jungs sich nur mit ihresgleichen schlagen. Hilde Utzmann-Krombholz, die im Auftrag des Landes NRW eine empirische Studie zu rechtsextremen Mädchen (in NRW) durchgeführt hat, bringt die Haltung dieser Mädchen auf den Punkt, indem sie sie mit dem Ausspruch zitiert: „Wir sind gleichberechtigt" (Utzmann-Krombholz 1994: 19).

3. Erklärungsansätze für Rechtsorientierung bei Jungen und Mädchen – Geschlechterdifferente Motivlage

Untersuchungen zu Einstellungsmustern haben jedoch nur eine begrenzte Aussagekraft, wenn sie nicht in Verbindung mit Ursachen und Motiven diskutiert werden. Damit stellt sich die Frage, welche Rolle rechtsextreme Orientierungsmuster bei Mädchen und Jungen (Frauen und Männern) für die Bewältigung ihrer je spezifischen Lebensumstände spielen. Zu erforschen gilt es daher, den komplexen Zusammenhang von individuellen (sozialen) Lebenslagen, gruppenspezifischen Wandlungsprozessen (z.B. Wandel der Jugendphase), gesellschaftlichen Rahmenbedingungen und der Entwicklung von politischen Einstellungen, Orientierungs- und Handlungsmustern. Aus der Genderperspektive ist davon auszugehen, dass sich im Geschlechtervergleich jeweils nicht nur „eine andere Akzentuierung in den politischen Orientierungen", sondern auch in den „Ursachenbündeln" und Motivlagen (Birsl 1994b: 43) feststellen lässt. Aber auch wenn hier die Geschlechterperspektive – insbesondere die unterschiedliche politische Sozialisation von Mädchen und Jungen – im Vordergrund stehen soll, darf nicht übersehen werden, dass sozialstrukturelle Differenzen und soziale Milieus auf die Entwicklung von Motivlagen und Orientierungsmustern entscheidenden Einfluss haben können.

Nun gibt es eine Reihe von Erklärungsansätzen, die sich mit Ursachen und Motiven von Rechtsorientierung auseinandersetzen; im Folgenden sollen hierzu lediglich Erklärungsmuster herangezogen werden, die sich mit geschlechtsspezifischen Unterschieden beschäftigen. Diese Erklärungsansätze lassen sich unterschiedlichen disziplinarischen Richtungen zuordnen, d.h. dass es sich jeweils um stärker soziologische, psychoanalytische oder sozialisationstheoretische Ansätze handelt. Dennoch erscheint eine strikte disziplinäre Zuordnung wenig hilfreich und es wird sich auch zeigen, dass es nicht als sinnvoll zu erachten ist, einen Erklärungsansatz mit Ausschließlichkeit zu privilegieren. Näherliegender erscheint es mir, die verschiedenen Erklärungsansätze nebeneinander stehen zu lassen, weil sie jeweils unterschiedliche Phänomene und Erscheinungsformen von Rechtsorientierung zu begründen vermögen.[12] Im Mittelpunkt der Erörterung soll dabei die Frage stehen, welche Anziehungskraft die im rechtsextremen Spektrum vorherrschenden Männer- und Frauenbilder für männliche und weibliche Jugendliche haben, die sich offensichtlich mitten in einer Lebensphase befinden, in der die Herstellung von Geschlechteridentitäten eine der spezifischen Entwicklungsaufgaben darstellt.

Einsteigen möchte ich mit Ursula Birsl, weil sie von einem lebenslagenorientierten Konzept ausgeht und in ihrer empirischen Studie weibliche und männliche Jugendliche untersucht hat, die sich in einer betrieblichen Ausbildungsposition befinden (Birsl 1994a). Sie berücksichtigt in ihren Erklärungsversuchen auch explizit gesellschaftliche Hintergründe wie den Strukturwandel der Jugendphase und daraus sich ergebendes Gefährdungspotenzial sowie die ungleiche Verteilung der Lebenschancen infolge sozialer Ungleichheitsstrukturen und je nach Geschlechtszugehörigkeit. Es geht ihr darum aufzuzeigen, dass sich die Konfliktpotenziale, die sich vor diesem Hintergrund für Jugendliche ergeben, geschlechtsspezifisch ausdifferenzieren. Sie geht von dem Paradox aus, dass in einer individualisierten Gesellschaft Inhalte und Ausprägungen der Geschlechterrollen teilweise diffus werden, dennoch aber das „Konstruktionsprinzip der Zweigeschlechtlichkeit und des Geschlechterverhältnisses (nicht, d. V.) angetastet wird" (Birsl 1994b: 56).

Weibliche Jugendliche sähen sich in diesem Kontext in einem „doppelten Rollenkonflikt": Für sie stelle sich nicht nur die Frauenrolle diffus dar, sondern auch ihre Berufsrolle sei ungewiss. Vor allem seien sie häufig damit konfrontiert, dass sich die theoretisch gegebene Erweiterung von Dispositions- und Emanzipationsmöglichkeiten aufgrund der konkreten Lebenslage nicht oder nur sehr schwierig realisieren lasse. Daraus leiten sich für Birsl Zusammenhänge für weibliche Affinitäten zu Ungleichheitsideologien ab und Erklärungen dafür, dass naturalistisch orientierte

---

12 Damit ist nicht die Entstehung von rechtsextremen Bewegungen und Herrschaftssystemen gemeint – wofür insbesondere politikwissenschaftliche Erklärungsmodelle heran zu ziehen wären – sondern Rechtsorientierung als politische Einstellungen und Handlungskonzepte.

Rollenbilder als Möglichkeit gesehen werden, auf die konflikthaft erlebte gesellschaftliche Realität eine „ausweichende" Antwort zu finden.

Für männliche Jugendliche seien rollenspezifische Motive für autoritäre und rechtsextreme Orientierungen gleichfalls relevant. Bei ihnen gehe es aber weniger um die Ausbalancierung einer doppelten gesellschaftlichen Rollenanforderung (Berufs- und Vaterrolle) – jedenfalls wird dies von diesen Jugendlichen nicht so wahrgenommen. Ihr vorrangiges Problem sei es, „als Mann eine gesellschaftliche Rolle zu finden" (Birsl 1994b: 54). Die mit eindeutigem Dominanzanspruch ausgestatteten Männerbilder der rechtsextremen Szene halten hierfür ein verheißungsvolles Angebot bereit.

Kurt Möller, einer der wenigen männlichen Autoren, die sich seit Anfang der 1990er Jahre kontinuierlich am geschlechterdifferenzierenden Diskurs zur jugendlichen Rechtsorientierung beteiligt haben, arbeitet in seinen Analysen wiederholt den Zusammenhang zwischen männlicher Sozialisation und der Akzeptanz von Ungleichheitsideologien und Gewalt heraus (Möller 1991, 1993, 1997). Ähnlich wie Ursula Birsl berücksichtigt er auch lebenslagenspezifische „Reibungsflächen und Zuspitzungen", die zu einer Akzeptanz von Ungleichheitsideologien bei männlichen Jugendlichen führen können. Trotz unverkennbarer Angleichungsprozesse in den Lebensverlaufmustern der Geschlechter sähen sich männliche Jugendliche bei der Realisierung ihrer rollenspezifischen Lebenskonzepte (v.a. Ernährerrolle) und den sich dabei abzeichnenden sozialen Verunsicherungen viel ausgeprägter in einem Konkurrenzverhältnis zur Migrationspopulation (z.B.: Konkurrenz auf dem Arbeitsmarkt, auf dem Wohnungsmarkt, um den öffentlichen Raum, um öffentliche Sozialleistungen, um Mädchen). Eine weitere Affinität sieht Möller in dem Gesellungsangebot rechter Cliquen, da männliche Jugendliche stärker als weibliche cliquenorientiert seien und auf Grund ihrer Sozialisation stärker zum Einsatz von Gewalt tendierten (vgl. dazu auch Friedrichs i. d. Bd.). Das im rechtsextremen Spektrum dominierende Männlichkeitsbild – so z.B. die „Stilisierung von Männlichkeit in der Rolle des Kriegers, Jägers und Beschützers" (Möller 1993: 316) entspreche voll den gängigen Männlichkeitsattributionen von Macht und Stärke. Dies biete männlichen Jugendlichen, die infolge von Modernisierungsprozessen durchaus Verunsicherungen in ihrer Orientierung erlebten, eine Plattform für geschlechtliche Identitätsfindung und die Herstellung traditioneller Männlichkeit.

Liegt die Attraktivität für männliche Jugendliche auf der Hand, so erscheint die Antwort auf die Frage, welche Anziehungskraft ein biologistisch begründetes traditionelles Frauenbild für weibliche Jugendliche

haben kann, wesentlich schwieriger, zumal wenn man das offen frauen-
feindlich und frauenverachtende Gehabe in rechtextremen Jugendcliquen
zur Kenntnis nimmt. In den 1990er Jahren sind eine Reihe von empirischen Studien erschienen, die sich insbesondere mit der Rolle von weiblichen Jugendlichen im rechtsextremen Spektrum und insbesondere auch
mit gewaltbereiten Mädchen in der rechten Skinheadszene auseinander
gesetzt haben. Wie es in rechtsextremen Parteien auch Aktivistinnen in
Führungspositionen gibt, so treten offensichtlich auch weibliche Jugendliche in ihren Cliquen nicht nur als Mitläuferinnen ihrer männlichen
Freunde, sondern als gewaltbereite Mitstreiterinnen auf (Engel/Menke
1995; Sturhan 1997; Fichte 1997; Köttig 1997). Während die Mitläuferinnen
in der Regel als weibliche Typen beschrieben werden, auf die das traditionelle Frauenbild zugeschnitten zu sein scheint, wirft die Einordnung der
„rechten Schlägerinnen" (oder Renees) in das rechtsextreme Weltbild eine
Reihe von Fragen auf: Wie deuten sie selbst ihre Rolle in den Cliquen?
Wie gehen sie mit dem dort vorherrschenden Frauenbild um? Wie werden sie von den männlichen Cliquenmitgliedern gesehen?

Eine Antwort, zwar nicht auf alle diese Fragen, aber doch zur möglichen Motivation von Frauen und jungen Mädchen, sich im rechtsextremen Spektrum zu engagieren, dort auch eine führende Rolle zu übernehmen und sich an gewalttätigen Übergriffen zu beteiligen, scheint mir
der Dominanztheorie-Ansatz von Birgit Rommelspacher und Christine
Holzkamp (Rommelspacher 1993) zu geben. Sie bieten damit eine Erklärung für das „Spannungsverhältnis zwischen weiblichen Benachteiligungserfahrungen, Weitergabe eigener Unterdrückung und Teilhabe an
der Dominanzkultur" an. Den Ausgangspunkt bildet dabei die Annahme,
dass für das Geschlechterverhältnis dominantes (männliches) und unter-
werfendes (weibliches) Verhalten konstitutiv sei. Dies hindere Frauen jedoch nicht daran, in anderen gesellschaftlichen Verhältnissen, z.B. gegenüber Angehörigen anderer sozialer Klassen oder anderer ethnischer Zugehörigkeit dominant aufzutreten. Dem Dominanzkulturdenken zufolge
– „wir sind überlegene Deutsche" – könnten auch Mädchen und Frauen
am sozialen Machtgefüge, d.h. an der Dominanzkultur partizipieren und
so ihre eigenen Benachteiligungserfahrungen kompensieren. Es eröffne
ihnen die Möglichkeit, Mittäterinnen sein und zu Täterinnen werden, wobei es das hierarchische Denken, der dennoch akzeptierten Geschlechterordnung erfordere, dass sich ihre Aggressionen entweder gegen weibliche Cliquenmitglieder (Motiv: Konkurrenz) oder weibliche Migrantinnen
(die zu Unterwerfenden) richte. Auf diese Weise lassen sich für die Frau-
en und Mädchen „Mütterlichkeit und Fürsorge" (für die eigene Familie,

die eigene Clique) mit Ausgrenzung und Herabwürdigung der Anderen (Nicht-Dazugehörige, insbesondere Fremde) verbinden. Das Spezifische dieses Ansatzes ist es, dass die Wurzeln für Fremdenfeindlichkeit und Rassismus in einer Position der Stärke angesiedelt sind, und nicht wie in anderen Erklärungsansätzen aus einer Position der Unterlegenheit und Schwäche resultiert. Als Zugehörige einer Dominanzkultur fordern sie den ihnen – entsprechend ihrer Weltsicht – zustehenden Machtanspruch ein.

4. Geschlechterreflexive Konzepte – Handlungsansätze der Sozialen Arbeit

Rechtsorientierung von Jugendlichen ist ein gesellschaftliches Problem – fremdenfeindliche und rechtsextreme Orientierungen sind kein (ausschließliches) Jugendproblem. Allerdings ist darauf hinzuweisen, dass „Formen des subkulturellen Rechtsextremismus und der direkten fremdenfeindlichen Gewaltbereitschaft überproportional bei Jugendlichen vorzufinden (sind, d. V.)" (Scherr 2000a: 9). Daher seien zwar alle gesellschaftlichen Gruppen gefordert, darauf zu reagieren, aber eben auch die Kinder- und Jugendhilfe (Lüders/Holthusen 2000: 100). Gleichwohl wäre es falsch, wenn man die Kinder- und Jugendhilfe in erster Linie „als Instanz zur Bekämpfung des Rechtsextremismus verstehen würde" (ebd.: 100). Seit Beginn der 1990er Jahre sind verschiedene öffentlich geförderte Programme (Bund, Länder und Kommunen) zur Entwicklung und Erprobung von Konzepten der Sozialen Arbeit, auch der politischen Bildungsarbeit, mit rechtsorientierten Jugendlichen durchgeführt worden. Soziale Arbeit ist in unterschiedlichen Arbeitsfeldern mit dieser Zielgruppe befasst: in der offenen Jugendarbeit, in der mobilen und stationären Jugendhilfe, aber auch in der Schulsozialarbeit und in der außerschulischen Bildungsarbeit (vgl. dazu Hafenegger 1997; Scherr 2002a). In diesen Kontexten treten rechtsorientierte Jungen und Mädchen neben anderen Jugendlichen auf, im Extremfall kann es dadurch auch zur Verdrängung anderer Jugendlicher (z.B. von Migranten-Jugendlichen) in offenen Jugendtreffs kommen. Daneben gibt die Arbeit mit rechtsorientierten Cliquen, die vorwiegend in Anlehnung an das Konzept der „akzeptierenden Jugendarbeit mit rechten Jugendlichen" von Josef Krafeld (Krafeld 1992; Krafeld u.a.1993) entwickelt worden ist.

Im Januar 2000 hat das Deutsche Jugendinstitut im Auftrag des BMSFJ eine Expertinnen- und Expertenanhörung organisiert, auf der eine fachliche Bilanz zu den in der Praxis erprobten Konzepten der Kinder- und Jugendhilfe erstellt wurde, Aufgaben und Grenzen der Sozialen Arbeit erörtert, aber auch Perspektiven zur konzeptionellen Weiterentwicklung aufgezeigt wurden. Dieser Versuch einer Bilanzziehung macht deutlich, dass in der Arbeit mit rechtsorientierten Jugendlichen eine Vielfalt von Ansätzen praktiziert wird: von der akzeptierenden Jugendarbeit, über die Gewaltarbeit (Gewaltprävention, Deeskalation, Antigewalttrainings) bis hin zu erlebnispädagogischen und sportbezogenen Ansätzen. Dabei ist jeweils zu differenzieren, mit welcher Zielgruppe gearbeitet wird und auf welchen Grundannahmen die jeweiligen Konzepte basieren. Hinsichtlich der Zielgruppen wird meist je nach dem Grad der Organisiertheit und der Verfestigung der Rechtsorientierung (z.B. eher mit diffus rechtsorientierten oder mit gewaltbereiten Jugendlichen), teilweise auch nach Altersgruppen unterschieden. So wurde z.B. im Rahmen des AgAG (Aktionsprogramm gegen Aggression und Gewalt) u.a. mit drei unterschiedlichen Zielgruppen gearbeitet: mit so genannten Altglatzen (jungen Erwachsenen zwischen 25 und 30 Jahren), mit Jugendlichen, die in rechtsextremen (nationalsozialistischen) Vereinigungen organisiert waren und mit Jugendlichen, die ihre Betreuerinnen oder Betreuer angegriffen hatten (vgl. Bohn 2000: 88).

Meist werden diese Ansätze und Konzepte jedoch geschlechtsneutral diskutiert; dies gilt auch für die DJI-Dokumentation zur zitierten Fachtagung, die nur einen Beitrag enthält, der explizit geschlechterreflektierende Ansätze der sozialen und pädagogischen Arbeit mit diesen Zielgruppen einfordert (Möller 2000a: 59 ff.). Möller vertritt in seinem Beitrag ein weiteres Mal offensiv die Auffassung, dass die Berücksichtigung der Kategorie „Geschlecht" wie kein anderes soziodemografisches Merkmal Erklärungsansätze für die Anfälligkeit gegenüber dem rechtsextremen Spektrum biete. Soziale und pädagogische Arbeit käme – in Anbetracht der geschlechterdifferenten Erscheinungsformen und der ebenfalls eindeutig geschlechterdifferenten Ursachen gar nicht umhin, *geschlechterreflektierend zu arbeiten.* Er benennt dafür folgende Zielsetzungen:

– „in der Arbeit mit Jungen den Abbau von Vorstellungen und Strukturen maskuliner Hegemonie zu betreiben und
– in der Arbeit mit Mädchen kritisch den konventionellen weiblichen Sozialisationsstrang und die Entwicklung von Alternativen dazu in den Mittelpunkt zu rücken." (Möller 2000a: 71).

Gefragt seien in erster Linie für die Jugendlichen beiderlei Geschlechts Angebote zum Aufbau von Geschlechteridentität, womit soziale und pä-

dagogische Arbeit eindeutig präventiv wirken könne. Insbesondere bei
den überproportional stark gefährdeten männlichen Jugendlichen könne
über den Aufbau einer reflektierten Rollen- und Geschlechtsidentität auch
präventiv gegen Gewaltorientierung gearbeitet werden. Solche Angebote
müssten allerdings spätestens in der beginnenden Pubertät ansetzen.[13]
Dieses Plädoyer für einen geschlechterreflektierenden Ansatz kann nur
unterstrichen werden; allerdings scheint es diesbezüglich u.a. an konkret
ausformulierten Konzepten zu mangeln bzw. scheint es in der Praxis teilweise eher diffuse inhaltliche Vorstellungen von solchen Konzepten zu
geben. Jedenfalls wird in einer neueren Übersichtsstudie zur „Pädagogik
mit rechtsextrem orientierten Jugendlichen" (Pingel/Rieker 2002) folgende
Einschätzung aus einer Praxis-Recherche zitiert: „Einige Pädagoginnen
und Pädagogen haben geschildert, dass sie gern mehr geschlechtsspezifisch arbeiten würden, es ihnen dazu aber an praktikablen Konzepten,
insbesondere der Jungenarbeit fehlen würde. Dagegen wäre Mädchenarbeit deshalb nicht von Nöten, weil so gut wie keine Mädchen im Projekt
vertreten seien. In mehreren Fällen wurde darauf hingewiesen, dass es
an einem geeigneten gemischtgeschlechtlichen Team oder überhaupt an
einer zweiten Person fehlt, um adäquate Angebote für Jungen und Mädchen zu machen." (Pingel/Rieker 2002: 41).

Dennoch liegen Praxiserfahrungen zu geschlechtsspezifischen oder
geschlechterdifferenzierenden Ansätzen sowohl aus Projekten mit weiblichen als auch mit männlichen Jugendlichen vor: Dabei scheinen einerseits
Projekte mit weiblichen Jugendlichen einen Vorsprung zu verzeichnen,
was darauf zurückzuführen ist, dass sie aus dem Kontext der parteilichen
Mädchenarbeit heraus entstanden sind (vgl. dazu insbesondere Hartwig/
Muhlak i. d. Bd.). Scheinbar paradoxerweise ist die Diskussion über die
Notwendigkeit eines geschlechterdifferenzierenden Ansatzes bei Rechtsorientierung von Jugendlichen in den 1990er Jahren fast ausschließlich in
diesem Kontext geführt worden (vgl. dazu z.B. Engel/Menke 1995; Bitzan
1997). Möller vermerkt dazu: „Auch wenn die Dringlichkeit geschlechtsreflektierenden Arbeitens mit ‚rechten' Jungen besonders groß erscheint
(...), stellt sich der Eindruck ein, dass, wenn überhaupt der Anspruch bzw.
der Versuch geschlechtsreflektierenden Arbeitens erhoben bzw. gemacht
wird, sie sich noch am ehesten auf die Zielgruppe der *Mädchen/jungen
Frauen* beziehen."(Möller 2000a: 72). Allerdings handelt es sich auch dabei eher um einzelne Projekte, die explizit für die Arbeit mit rechtsori-

---

13 Möller hat dazu eine Langzeitstudie veröffentlicht: ders. (2000 b): Rechte Kids. Erste
    Langzeitstudie zum Auf- und Abbau rechtsextremer Orientierungen bei 13- bis 15-jäh-
    rigen Jungen und Mädchen. Weinheim/München

entierten Mädchen(cliquen) konzipiert worden sind. Über gemischtge-schlechtliche Projekte mit rechtsorientierten (oder straffällig gewordenen rechten) Jugendlichen scheinen die Mädchen jedoch kaum erreichbar zu sein.[14] Jedenfalls berichten die von Andrea Pingel und Peter Rieker (2002) interviewten Praktikerinnen und Praktiker, dass derartige Angebote fast ausschließlich von männlichen Jugendlichen dominiert würden. Dies füh-re teilweise dazu, dass entsprechende Angebote – wie z.b. Antigewalttrai-nings – fast ausschließlich von Jungen wahrgenommen würden. Demge-genüber wird der Mädchenanteil in der offenen und aufsuchenden Arbeit als etwas höher eingeschätzt. Viele Projekte und Einrichtungen arbei-ten jedoch nicht ausschließlich mit rechtsorientierten Jugendlichen; auf Grund der dominanten Präsenz von männlichen Jugendlichen scheint es in solchen Projekten jedoch häufig auch nur männliche Ansprechpartner zu geben, u.a. mit der Folge, „dass kaum Angebote gemacht werden, die Mädchen interessieren oder dass die Mädchen nicht auf Dauer in einer kleinen Minderheit bleiben wollen und sich von den männlichen Jugend-lichen genervt und belästigt fühlen ..."(Pingel/Rieker 2002: 43). Selbst an szeneübergreifenden Angeboten – wie Segeltörns oder ähnlichen Pro-jekten – nähmen aus der rechten Szene eher männliche Jugendliche teil. Spezifische Mädchenangebote könnten diesen einen Rückzugsraum und Möglichkeiten zur Selbstfindung und Selbstaufwertung bieten. Pingel/ Rieker ziehen aus ihren Befragungen in den Projekten den Schluss, dass sich längerfristige Arbeit mit Mädchen nur unter der Voraussetzung etab-lieren ließe, wenn akzeptiert würde, dass diese Mädchen sich weiterhin an ihren männlichen Freunden und deren Cliquen orientierten und den Kontakt zur Szene suchten, auch wenn sie dort Gefahr liefen, „Opfer von Gewalt und Erniedrigung zu werden."(ebd.: 45).

Im Fazit kann m. E. festgehalten werden, dass die rechtsorientierten Mädchen – jedenfalls über gemischtgeschlechtliche Angebote – für die Soziale Arbeit schwieriger zu erreichen sind als die Jungen. Dass es aber auch gleichzeitig an spezifischen Angeboten der Sozialen Arbeit für (sol-che) Mädchen mangelt, weil sich diese eher an die auffälligeren männ-lichen Jugendlichen richten.

Aber nicht weniger unbefriedigend erscheint derzeit die Realisation von geschlechterreflektierender Arbeit mit Jungen generell und insbe-sondere mit Rechtsorientierten. Interessanterweise ergibt der zitierte Be-

---

14 Angenommen wird, dass dieser Anteil maximal 10 % betragen würde. Dies entspräche allerdings auch der geschätzten Beteiligung von Mädchen in rechtsextrem organisier-ten Gruppen.

richt zum aktuellen Stand der „Pädagogik mit rechtsextrem orientierten
Jugendlichen", dass die Notwendigkeit von geschlechterreflektierender
Jungenarbeit in den befragten Projekten durchaus ein Thema sei, aber
(noch) weniger Erfahrungen damit vorliegen als mit Mädchen. Auch
scheint es Unsicherheiten hinsichtlich wirkungsvoller Konzepte zu geben.
Angeführt werden z.b. jungenspezifische Angebote zu sportlichen Aktivitäten (American Football oder Nachtangeln) – häufig werde Jungenarbeit simpel mit Fußballspielen gleichgesetzt (Pingel/Rieker 2002: 45 ff.).

Immer wieder wird in diesem Kontext also das Fehlen von angemessenen Konzepten bedauert: So richtig nachvollziehbar erscheint mir das
nicht oder zumindest nicht mehr. Die meisten Projekte der Sozialen oder
Bildungsarbeit mit rechtsorientierten Jugendlichen werden über groß-
angelegte öffentliche Programme gefördert. Geschlechterreflektierende
Mädchen- und Jungenarbeit war einer der Schwerpunkte der Sachverständigenkommission zum 11. Kinder- und Jugendbericht (Sachverständigenkommission 2002) und sollte in der Konsequenz auch eine klar
formulierte Anforderung bei öffentlicher Förderung sein. Die Auseinandersetzung mit entsprechenden Konzepten ist mittlerweile in den Fachdiskurs eingeflossen (vgl. Böhnisch 1997, Sturzenhecker 2002 und Scherr
2002b, Bentheim/Sturzenhecker in diesem Band)[15] – an entsprechenden
Fortbildungsangeboten sollte es daher nicht mangeln! Pingel und Rieker
äußern in ihrem Bericht eine recht naheliegende Vermutung: Das häufig
vorgebrachte Argument, dass ein solches Angebot von rechtsorientierten
Jugendlichen abgelehnt werde, habe teilweise auch den Charakter einer
Schutzbehauptung vonseiten der Professionellen, die einem solchem Ansatz skeptisch gegenüber stünden, weil er eine entsprechende Reflexion
mit der eigenen Geschlechteridentität voraussetze. Insgesamt ziehen sie
ein monierendes Fazit: „Halbherzige Angebote ohne den Anspruch, auch
die eigene Rolle zu reflektieren, scheinen von vornherein zum Scheitern
verurteilt." (Pingel/Rieker 2002: 46).
Soziale Arbeit ist im Kontext von Rechtsorientierung von Jugendlichen
gefordert, ihre Möglichkeiten und Grenzen klar zu definieren und ihre
Arbeitskonzepte konkret auf die zu differenzierenden Zielgruppen des
rechtsextremen Spektrums abzustimmen. Grundsätzlich geht es dabei
darum, gesellschaftliche und politische Zuständigkeiten zu betonen, wobei sich teilweise fließende Übergänge zwischen den originären Arbeits-
bereichen von Jugendhilfe, Jugendarbeit und der politischen Bildung ergeben, bzw. Soziale Arbeit durch politische Bildungsarbeit auch präventiv

---

15   Vgl. dazu auch den Beitrag von Bentheim/Sturzenhecker i. d. Bd.2

wirken kann. Generell soll an dieser Stelle resümierend der Stellenwert geschlechterreflektierenden Arbeitens mit diesen männlichen und weiblichen Jugendlichen unterstrichen werden. Eine geschlechterreflektierende Herangehensweise lässt sich sowohl in gemischtgeschlechtlichen als auch in geschlechtshomogenen Gruppen – oder auch situationsbezogen alternierend – realisieren. Entscheidend ist, dass sich eine geschlechterdifferenzierende und reflektierende Konzeption in die unterschiedlichsten Arbeitsformen integrieren lässt. Letztlich kommt es darauf an, dass die Notwendigkeit einer solchen Herangehensweise von den Professionellen erkannt und aus innerer Überzeugung akzeptiert wird.

Literatur

Birsl, Ursula (1994a): Rechtsextremismus: weiblich – männlich? Eine Fallstudie zu geschlechtsspezifischen Lebensverläufen, Handlungsspielräumen und Orientierungsweisen. Opladen (Diss. 1993)

Birsl, Ursula (1994b): Rechtsextremismus: weiblich – männlich? Rechtsextremistische Orientierungen im Geschlechtervergleich. Ergebnisse einer Fallstudie und sozialisationstheoretische Erklärungsansätze. In: Zeitschrift für Frauenforschung, H. 1 + 2/1994. S. 42–63

Bitzan, Renate (Hg.) (1997): Rechte Frauen. Skingirls, Walküren und feine Damen. Berlin

Böhnisch, Lothar (1997): Möglichkeitsräume des Mannseins. Zur sozialisationstheoretischen und historischen Begründung einer Jungen- und Männerarbeit. In: Möller, Kurt (Hg.): Nur Macher und Macho? a.a.O. S. 61–90

Bohn, Irina (2000): Erfahrungen aus dem Aktionsprogramm gegen Aggression und Gewalt. In: Deutsches Jugendinstitut (Hg.), Rechtsextremismus und Fremdenfeindlichkeit – Aufgaben und Grenzen der Kinder- und Jugendhilfe. Leipzig. S. 87–99

Deutsches Jugendinstitut (DJI) (Hg.) (2000): Rechtsextremismus und Fremdenfeindlichkeit. Aufgaben und Grenzen der Kinder- und Jugendhilfe. Leipzig

Dobberthien, Marliese (1989): Rechtsradikalismus – kein Frauenproblem. In: Informationen für die Frau 4/1989

Engel, Monika/Menke, Barbara (Hg.) (1995): Weibliche Lebenswelten – gewaltlos? Analysen und Praxisbeiträge für die Mädchen- und Frauenarbeit im Bereich des Rechtsextremismus, Rassismus, Gewalt. Münster

Fichte, Paula (1997): Politische Aktivistinnen im militanten neofaschistischen Spektrum. In: Bitzan, Renate: Rechte Frauen, a.a.O. S. 131–146

Hafenegger, Benno (Hg.) (1997): Handbuch politische Jugendbildung. Schwalbach

Hafenegger, Benno/Roth, Roland/Scherr, Albert: Viele der Maßnahmen könnten sich als Strohfeuer erweisen. In: Sozialextra, 11/12, 2002. S. 38–41

Heitmeyer, Wilhelm u.a. (1992): Die Bielefelder Rechtsextremismus-Studie. Erste Langzeituntersuchung zur politischen Sozialisation männlicher Jugendlicher. Weinheim/München

IDA-NRW (2002): Männer/Frauen: Rechtsextremismus – (k)ein Frauenproblem? Erstellt von B. Rheims, in: www.ida-nrw.de/html/Hfrau.htm

Köttig, Michaela (1997): Ansätze in der Sozialarbeit mit rechten Mädchen. In: Bitzan, Renate (Hg.): Rechte Frauen. a.a.O. S. 231–241

Köttig, Michaela (2002): Die Rolle von Mädchen und jungen Frauen in rechtsextremen Jugendcliquen. Politische Orientierungsmuster und Umgang mit Gewalt. In: Arbeitskreis Mädchen und Rechtsextremismus (Hg.): Rechte Mädchen – was tun? Eine Dokumentation der Fachtagung „Mädchen und Rechtsextremismus". Sendenhorst. S. 6–14

Köttig, Michaela (2004): Lebensgeschichten rechtsextrem orientierter Mädchen und junger Frauen. Biografische Verläufe im Kontext der Familien- und Gruppendynamik. Gießen

Kolip, Petra (1994): Geschlechtsspezifische Unterschiede in der Verarbeitung jugendtypischer Belastungen. In: Zeitschrift für Frauenforschung 12/1994. S. 77–84

Krafeld, Franz Josef/Möller, Kurt/Müller, Andrea (1993): Jugendarbeit in rechten Szenen. Ansätze Erfahrungen – Perspektiven. Bremen

Krafeld, Franz Josef (1992) (Hg.): Akzeptierende Jugendarbeit mit rechten Jugendcliquen, Bremen

Lüders, Christian/Holthausen, Bernd (2000): Rechtsorientierte und rechtsextremistische Jugendliche – eine Herausforderung für die Kinder- und Jugendhilfe? Versuch einer fachlichen Würdigung. In: DJI (Hg.): Rechtsextremismus und Fremdenfeindlichkeit, a.a.O. S. 100–109

Meyer, Birgit (1993): Mädchen und Rechtsextremismus. Männliche Dominanzkultur und weibliche Unterordnung. In: Otto, Hans-Uwe/Mertens, Roland (Hg.): Rechtsradikale Gewalt, a.a.O. S. 211–218

Möller, Kurt (1991): Geschlechtsspezifische Aspekte der Anfälligkeit für Rechtsextremismus in der Bundesrepublik Deutschland. In: Zeitschrift für Frauenforschung H. 2/1991. S. 27–49

Möller, Kurt (1993): Rechte Jungs. Ungleichheitsideologien, Gewaltakzeptanz und männliche Sozialisation. In: neue praxis, H. 4/1993. S. 314–328

Möller, Kurt (1995): „Fremdenfeindlichkeit". Übereinstimmungen und Unterschiede bei Jungen und Mädchen. In: Engel, Monika/Menke, Barbara (Hg.): Weibliche Lebenswelten – gewaltlos? a.a.O. S. 64–86

Möller, Kurt (1997): Männlichkeit und männliche Sozialisation. Empirische Befunde und theoretische Erklärungsansätze. In: Möller, Kurt (Hg.): Nur Macher und Macho? Geschlechtsreflektierende Jungen- und Männerarbeit. Weinheim/München. S. 23–60

Möller, Kurt (2000 b): Rechte Kids. Erste Langzeitstudie zum Auf- und Abbau rechtsextremer Orientierungen bei 13- bis 15-jährigen Jungen und Mädchen. Weinheim/München

Möller, Kurt (2000 a): Zur Grundlegung geschlechtsreflektierender Ansätze sozialer und pädagogischer Arbeit zur Prävention von Rechtsextremismus und Fremdenfeindlichkeit bei Jugendlichen. In: Deutsches Jugendinstitut (Hg.): Rechtsextremismus und Fremdenfeindlichkeit – Aufgaben und Grenzen der Kinder- und Jugendhilfe. Leipzig. S. 59–76

Ottens, Svenja (!997a): Ausmaß und Formen rechtsextremer Einstellungen bei Frauen. Ein Vergleich verschiedener Repräsentativbefragungen. In: Bitzan, Renate (Hg.): Rechte Frauen, a.a.O. S. 178–190

Ottens, Svenja (1997b): Eigene Motive – eigene Formen? Erklärungsansätze zu geschlechtsspezifischen Äußerungsformen und Motiven bei der Hinwendung von Frauen zum Rechtsextremismus. In: Bitzan, Renate (Hg.): Rechte Frauen, a.a.O. S. 191–214

Ottens, Svenja (1997c): Rechtsextremismus – ein Männerproblem? In: Bitzan, Renate (Hg.): Rechte Frauen, a.a.O. S. 166–177

Otto, Hans-Uwe/Merten, Roland (Hg.) (1993): Rechtsradikale Gewalt im vereinigten Deutschland. Jugend im gesellschaftlichen Umbruch. Opladen

Pingel, Andrea/Rieker, Peter (2002): Pädagogik mit rechtsorientierten Jugendlichen. Ansätze und Erfahrungen in der Jugendarbeit. Deutsches Jugendinstitut. Leipzig

Rommelspacher, Birgit (1993): Männliche Gewalt und gesellschaftliche Dominanz. In: Otto, Hans-Uwe/Mertens, Roland (Hg.): Rechtsradikale Gewalt, a.a.O. S. 88–108

Sachverständigenkommission 11. Kinder- und Jugendbericht (Hg.) (2002): Mädchen- und Jungenarbeit – Eine uneingelöste fachliche Herausforderung. Der 6. Jugendbericht und zehn Jahre Paragraph 9.3 im Kinder- und Jugendhilfegesetz. Bd. 3. München

Scherr, Albert (2000): Akzeptierende Jugendarbeit. Arbeitsprinzipien, Erfahrungen und Erfolgsbedingungen. In: DJI (Hg.) (2000): Rechtsextremismus und Fremdenfeindlichkeit, a.a.O. S. 9–20

Scherr, Albert (2002a): Pädagogische Interventionen gegen Fremdenfeindlichkeit und Rechtsextremismus. Eine Handreichung für die politische Bildung in Schulen und der außerschulischen Jugendarbeit. In: http://home.ph-freiburg.de/scherrfr/paed_interv_scherr, Schwalbach

Scherr, Albert (2002b): Situation und Entwicklungsperspektiven geschlechterdifferenzierender Jungenarbeit. In: Sachverständigenkommission 11. Kinder- und Jugendbericht (Hg.), a.a.O. S. 297–316

Siller, Gertrud (1993): Das Verhältnis von Frauen zu Rechtsextremismus und Gewalt. Theoretische Vorüberlegungen für eine weiterführende Analyse. In: Otto, Hans-Uwe/Mertens, Roland (Hg.): Rechtsradikale Gewalt, a.a.O. S. 219–226

SINUS-Studie (1981): 5 Millionen Deutsche: „Wir sollten wieder einen Führer haben ..." Sinus-Studie über rechtsextreme Einstellungen bei den Deutschen. Reinbek

Specht, Walther (2000): Mobile Jugendarbeit als eine Antwort der Jugendhilfe auf Fremdenfeindlichkeit und Rechtsextremismus unter Jugendlichen. In: Deutsches Jugendinstitut (Hrg.): Rechtsextremismus und Fremdenfeindlichkeit – Aufgaben und Grenzen der Kinder- und Jugendhilfe. Leipzig. S. 28–36

Standpunkt: Sozial, Hamburger Forum für Soziale Arbeit, Thema: Rechtsradikalismus – Zwischen Gewalt und getarnter Normalität, 1/2000

Sturhan, Katrin (1997): Zwischen Rechtskonservatismus und Neonazismus – Frauen in rechtsextremen Parteien und Organisationen. In: Bitzan, Renate (Hg.): Rechte Frauen, a.a.O. S. 104–130

Sturzenhecker, Benedikt (2002): „Kanze nich oder willze nich?" Zum Stand der Jungenarbeit in Deutschland. In: Sachverständigenkommission 11. Kinder- und Jugendbericht (Hg.), a.a.O. S. 317–338

Utzmann-Krombholz (1994): Rechtsextremismus und Gewalt: Affinitäten und Resistenzen von Mädchen und jungen Frauen. Ergebnisse einer empirischen Studie. In: Zeitschrift für Frauenforschung, H.1+2/1994. S. 6–3

Teil 3

Geschlechterdifferenz im Kontext
Sozialer Arbeit mit Erwachsenen

Norbert Wieland
Männlichkeit in prekären Lebenslagen

Mechthild Bereswill
**„Weiblichkeit und Gewalt" –
grundsätzliche Überlegungen zu einer undurchsichtigen Beziehung**

Brigitte Bauer
**Sanftmütige Männer – dominante Frauen:
Wut und Aggression unter der Geschlechterperspektive**

Irma Jansen
**„Der Frauenknast" –
Entmystifizierung einer Organisation**

Christiane Rohleder
Familie, Geschlechterkonstruktionen und Soziale Arbeit

Monika Weber
**Soziale Arbeit und Gesundheit –
Innovationspotenziale einer genderbezogenen Betrachtungsweise**

Christel Zenker
Gender und Suchtkrankenhilfe

Männlichkeit in prekären Lebenslagen

Norbert Wieland

Soziale Arbeit hat von der Genderdebatte in erheblichem Ausmaß profitiert, weil diese verdeutlicht hat, dass menschliches Handeln prinzipiell geschlechtsspezifisch ist und deshalb die Abstraktion vom geschlechtslosen Menschen, die vielen praktischen und theoretischen Ansätzen zugrunde liegt, unbrauchbar ist. Bei der Adaption der Genderdebatte geriet allerdings eine Dimension aus dem Blick, die für Soziale Arbeit eine herausragende Rolle spielt: die Dimension der Lebenslage. Denn Soziale Arbeit richtet sich großenteils an Menschen, Männer und Frauen, deren Alltagsbewältigung zu scheitern droht, eben an Menschen in prekären Lebenslagen.

Der folgende Beitrag wird zeigen, dass Konzepte Sozialer Arbeit unbedingt eine Verknüpfung beider Dimensionen erfordern. Dabei wird eine subjektorientierte Perspektive eingenommen und die Entwicklung von Konzepten Sozialer Arbeit ausgehend von Bedürfnissen und Sichtweisen der Männer in prekären Lebenslagen versucht. Um diese Bedürfnisse und Sichtweisen angemessen auf den Punkt bringen zu können, wird die Geschlechtsidentität dieser Männer beschrieben. Daher muss der psychologische Begriff der Identität zunächst etwas ausführlicher entfaltet werden (Abschnitt 1), bevor geklärt werden kann, was männliche Identität allgemein (Abschnitt 2) und Geschlechtsidentität von Männern in prekären Lebenslagen speziell sind. Die Maßgaben, die sich daraus ergeben, kommen in Abschnitt 4 zur Sprache.

1. Identität als Aspekt von Handlungsregulation

Die handlungstheoretisch orientierte Psychologie hat die klassischen Identitätskonzepte in einen funktionalen Zusammenhang gebracht: das Konstrukt „Identität" wird als Aspekt von Handlungsregulation aufgefasst (Neuenschwander u.a. 2001) und soll die Handlungsfähigkeit von Subjekten erklären. Es wird damit anschlussfähig an das Bewältigungsparadigma (Böhnisch 2004; Lazarus/Folkman 1984), einem aktuell auch in der Sozialen Arbeit zentralen Konzept. Eine ausführliche und kritische Auseinandersetzung mit verschiedenen Identitätskonzepten ist hier weder möglich noch sinnvoll (siehe dazu: Erikson 1966; Greve 2000). Es genügt an dieser Stelle, Identität als psychische Struktur zu definieren, die jene Aspekte des Subjekts abbildet, mit deren Hilfe es seine (relative) psychische Stabilität herstellt. Diese ist eine entscheidende Grundlage seiner Handlungsfähigkeit. Denn sie ermöglicht eine kontinuierliche Erfahrungsbildung. Nur auf der Grundlage einer Identität können die im Leben gemachten Erfahrungen zu *meinen* Erfahrungen werden.

Mit dieser Vorstellung sind einige Implikationen verbunden, die für unseren Kontext wichtig sind:

a)   Identität und „innere Arbeitsmodelle"

Das Konzept vom inneren Arbeitsmodell, das Bowlby (1984) im Rahmen der Bindungstheorie entwickelt hat, entspricht handlungstheoretischen Vorgaben insofern, als es psychische Prozesse bezogen auf ihre Steuerungsfunktion für Verhalten abbildet (Grossmann/Grossmann 2004 v.a. 34 ff.; Fremmer-Bombik 2002).

„Innere Arbeitsmodelle" sind ein zentraler Aspekt der Bindungskompetenz, insofern sie die Möglichkeiten oder Regeln beinhalten, nach denen ein Subjekt Bindungen – nach Partnern differenziert – aufbauen, aufrechterhalten und beenden kann. Die besondere Bedeutung, die die jeweils konkreten inneren Arbeitsmodelle von Bindung für das Subjekt haben, legt nahe, sie als Aspekte von Identität auf zu fassen: auch wenn sie sich im Lauf des Lebens altersgerecht verändern, bleiben sie doch in Grundzügen stabil und repräsentieren insofern, wie ein Subjekt über lange Zeit zu den Menschen in seiner Umgebung steht, mit welchen Strategien es sich sozial verortet. Man unterscheidet zwar, empirisch recht gut gesichert, vier Typen dieser inneren Arbeitsmodelle (Fremmer-Bombik 2002), doch es steht außer Zweifel, dass jedes Subjekt als Folge seiner Bindungserfahrung sein spezifisches inneres Arbeitsmodell von Bindung ausbildet.

Diese Argumentation lässt sich auf den Bereich Gender übertragen und erlaubt es, Gender psychologisch als inneres Arbeitsmodell, nämlich von Geschlecht (Gender), auf zu fassen und zugleich der Geschlechtsidentität als spezielle, bewältigungs- orientierte Perspektive zuzuordnen.

b) Identität und Alltagsbewältigung

Handlungsfähigkeit beweist sich zunächst in der Bewältigung des „normalen" Alltags (Flammer 1990). Dieser Alltag wird von gesellschaftlichen Bedingungen geprägt, die mal als Probleme auftreten, die es zu bewältigen gilt und mal als Ressourcen, die es zu nutzen gilt. Identität ist als Aspekt von Alltagsbewältigung Lebenslagen-*abhängig* und Lebenslagen-*gestaltend*. Identität in prekären Lebenslagen wird von deren Ressourcenknappheit bestimmt und dem Stress, den diese hervorbringt (Engel/ Hurrelmann 1989).

c) Identität und Selbstreflexion

Handlungsfähigkeit zielt auf die Sicherung der eigenen Existenz, d.h. darauf, die eigenen (vitalen) Bedürfnisse zu befriedigen. Das setzt voraus, sich an sich wandelnde Situationen anpassen zu können, diese Situationen als Anforderungsstrukturen erkennen zu können und in Beziehung zu setzen zu sich selbst, eben zu den eigenen Bedürfnissen. Diese sind aber nicht einfach vorhanden und daher kein unverrückbarer Maßstab für Handlungserfolg. Sie werden vielmehr in der Auseinandersetzung mit den Situationen, d.h. mit anderen Menschen, modifiziert und d.h.: *sie werden vom Subjekt gestaltet*. Dies geschieht manchmal auf der Grundlage der Reflexion dieser Bedürfnisse, also auf der Grundlage von Selbstreflexion (vgl. Marcia 1980). Selbstreflexion vergrößert die Anpassungsfähigkeit an sich wandelnde Situationen und damit zugleich die Möglichkeiten, diese Situationen zu beeinflussen. Das gilt grundsätzlich, wird aber umso wichtiger, je schneller sich die Anforderungsstrukturen wandeln. Genau das scheint seit einigen Jahrzehnten, genauer seit dem Ende des zweiten Weltkriegs und den damals sich beschleunigenden Modernisierungsprozessen (Schildt/Sywottek 1993) der Fall zu sein. Möglicherweise erklärt das die wachsende Bedeutung der Selbstreflexion auch in Ansätzen Sozialer Arbeit: die Anregung zur Selbstreflexion als Königsweg in der Jungen- und Männerarbeit (Sturzenhecker/Winter 2002).

d) Identität und Körper

Um Identität als Basis für die Handlungsfähigkeit von Subjekten verstehen zu können, ist ein Blick auf ihre Entwicklung hilfreich. Sie entsteht weder „von selbst" also als Ergebnis von Wachstumsprozessen, die biologisch determiniert sind, noch wird sie durch eine soziale Umwelt dem

Subjekt anerzogen. Sie ist vielmehr eine Leistung des Subjektes vom ersten Atemzug an, die dieses Subjekt auf der Grundlage seiner körperlichen Ausstattung in Interaktion mit seiner sozialen Umwelt für sich erbringt. Damit tritt dieses Subjekt als Gestalter sowohl der eigenen Körperlichkeit als auch der sozialen Umwelt in den Blick.

Identität ist unbestritten an den Körper gebunden und auf ihn bezogen (Metzinger 2000: 327 f.). Psychische Prozesse und Strukturen sind ohne entsprechende v.a. neuronale und humorale Vorgänge nicht möglich und diese werden, wie auch die gesamte Anatomie, im Bewusstsein repräsentiert (Posner/Raichle 1996). Es macht daher Sinn, sich den körperbezogenen Aspekten der Identität zu widmen, v.a. wenn diese im Kontext von Handlungsfähigkeit stehen. Dabei geht es hier darum, dass der eigene Körper physisch und sozial als Grundlage der eigenen Handlungsfähigkeit erlebt wird. Die körperliche Funktionsfähigkeit spielt für Menschen eine ebenso große Rolle wie die soziale Bewertung des eigenen Körpers. Deshalb ist der eigene Körper nicht nur Grundlage der Handlungsfähigkeit sondern *auch* ihr Gegenstand. Er wird – freilich in (biologisch bestimmbaren) Grenzen – gestaltet, gepflegt und beherrscht, auch als männlicher Körper. An dieser Stelle wird das Verhältnis von Körper und Sozialem – im Folgenden wird hier der Begriff „Kultur" verwendet – sichtbar: Kultur als Menschenwerk hat eine körperliche Basis, die eigenen, nämlich biologischen Gesetzen folgt. Zugleich ist der menschliche Körper nur als „Kulturgegenstand" möglich (vgl. Bischof-Köhler 2004; Böhnisch 2004).

e) Die kulturelle Seite der Identität

Die kulturelle Seite von Identität entsteht in der Interaktion des Subjektes mit den anderen Menschen seiner Umgebung. Die Einbindung in Interaktionsprozesse ist für Menschen überlebensnotwendig. Denn nur im Rahmen von Interaktion können Menschen ihre Bedürfnisse umsetzen. Die Interaktionen sind Aushandlungsprozesse, zu denen alle Interaktionspartner etwas beitragen müssen, damit sie zustande kommen (Wieland 2006). Zugleich sind diese Interaktionen das Medium, in dem v.a. Heranwachsende, aber nicht nur die, etwas über ihre Bedürfnisse, also über sich selbst, erfahren. Eigene Bedürfnisse, aber auch Fähigkeiten und Einstellungen werden Menschen vornehmlich in der Interaktion mit anderen bewusst und damit gestaltbar. Insofern sind Interaktionen die Basis für die Entwicklung von Selbstreflexion, die wiederum – siehe oben – eine große Rolle spielt bei der aktiven Gestaltung der eigenen Identität.

Der Blick auf die Interaktionen reicht aber zum Verstehen der Interaktionsentwicklung nicht aus, weil Interaktionen sich nicht vollständig aus den Bedürfnissen der Interaktionsteilnehmer erklären lassen. Das an zu nehmen hieße, das Soziale auf konkrete Interaktionsprozesse zu reduzieren. Vielmehr stützen sich Menschen bei ihren Interaktionen stets auf Symbole, nicht nur, aber v.a. sprachliche, und benutzen die mit diesen Symbolen verknüpften Bedeutungen um sich verständlich zu machen und andere zu verstehen. Diese Bedeutungen existieren unabhängig von den konkreten Interaktionen, auch wenn sie nur im Rahmen von Interaktionen realisiert werden, und sind Ergebnis von Tradition bzw. Geschichte. Menschen eignen sich in Interaktionen diese Bedeutungssysteme an und nutzen sie auch zur Entwicklung ihrer Identität: diese lässt sich daher nicht nur unter Rückgriff auf die zentralen Motive des Einzelnen beschreiben, sondern auch unter Rückgriff auf die Bedeutungen, die diese Motive haben, d.h. unter Rückgriff auf die angeeignete Kultur, die damit Bestandteil der Identität geworden ist. Hier wird Kultur als Struktur von Bedeutungen verstanden (vgl. Jung/Müller-Doohm 1994), die vornehmlich im Rahmen von Interaktion vermittelt bzw. angeeignet werden. Unter dieser Prämisse ist klar, dass z.B. Männlichkeit ein Aspekt von Kultur ist, d.h. kulturabhängig verstanden werden muss. Männlichkeit bezeichnet daher im Management multinationaler Konzerne zu Beginn des 3. Jahrtausends etwas anderes als in einer Fabrik in China oder auch als am Hofe Ludwigs XIV. von Frankreich. Dabei geht es nicht nur darum, was Männer tun oder nicht tun, sondern darum, was sie sind. Man sollte also Kultur nicht auf die normativen Bedeutungen reduzieren, wie das im alltäglichen Fachdiskurs Sozialer Arbeit oft geschieht.

2. Männliche Identität als inneres Arbeitsmodell von Gender

Folgt man dem Vorschlag, männliche Identität als inneres Arbeitsmodell von Gender zu konzipieren, richtet sich das Interesse auf Doing-Gender als Bewältigungsleistung des einzelnen Mannes bzw. Jungen. Damit rückt die Frage in den Vordergrund: Was ist zu bewältigen? Diese Frage muss einmal auf die körperliche Seite von Gender bezogen werden und dann auf den Aspekt geschlechtsspezifischen Handelns generell. Denn Geschlecht wird traditionell zuerst an den Körper gebunden, d.h. Geschlecht wird Heranwachsenden stets auch als körperliches Merkmal vermittelt.

und zwar als eines von herausragender Bedeutung. Daraus ergeben sich zwei Aufgaben, die zu bewältigen sind:

– Der eigene Körper, eigene körpernahe Empfindungen müssen in Bezug gesetzt werden zu dem, was kulturell als „Geschlechtskörper" bestimmt ist: Heranwachsende lernen ihren Körper z.b. als männlich oder weiblich zu begreifen dort, wo Gender zweigeschlechtlich definiert ist. Allgemein formuliert: Sie lernen die kulturellen Bedeutungen von Gender auf ihren Körper anwenden und eignen sie sich so an.

– Zugleich müssen die eigenen Körperformen und körpernahen Empfindungen selbst in die eigene Identität integriert und damit auch gestaltet werden: Wie drücke ich diese Empfindungen aus? Wie präsentiere ich diesen Körper? (vgl. Sigusch 1984). Früh kann es in diesem Kontext zu Irritationen kommen, nämlich dann wenn die eigene Körperlichkeit mit den kulturellen Vorgaben nicht harmoniert, z.b. wenn ein Junge sich „weiblich" bewegt oder fühlt, ein Mädchen „männlich" aussieht.

Darüber hinaus wird Geschlecht an bestimmte Handlungsinhalte und -weisen gebunden, die keineswegs körperdeterminiert oder körperbezogen sind. Das heißt, Geschlecht wird als Bedeutungsgefüge von enormer Reichweite vermittelt bzw. angeeignet. Und erst damit ist Geschlecht als Aspekt von Identität im vollen Umfang erfasst, eben als inneres Arbeitsmodell. Dieses Bedeutungsgefüge sich an zu eignen, ist die Kernaufgabe, die es zu bewältigen gilt.

Auch dabei kann es zu Konflikten zwischen Elementen dieses Bedeutungsgefüges und der Bedürfnisstruktur des einzelnen Subjektes kommen, auch solchen, die nicht primär körperbasiert sind. So kann ein Junge die Vorgabe, dass ein Mann seinen Lebensunterhalt mit körperlicher Arbeit verdient, für sich ablehnen und deswegen den Anschluss an eine andere Kultur suchen, wo auch andere männliche Berufsperspektiven zugelassen sind.

Im Folgenden werden zwei Elemente männlicher Identität eingehender behandelt, die besonders relevant sein könnten, wenn man versucht, Männer in prekären Lebenslagen zu verstehen:

a) Die männliche Aggressivität als ein körperbezogener Aspekt männlicher Identität und ihre Gestaltung unter Rückgriff auf kulturelle Bedeutungen.

b) Die Lohnarbeitswelt als ein Handlungsbereich, der für die Entwicklung männlicher Identität gerade in der westlichen Kultur zentrale Bedeutung hat.

Dabei wird auch deutlich werden, wie beide Aspekte aufeinander bezogen sind und aus beidem die geschlechtsspezifische Benachteiligung von Männern in prekären Lebenslagen entsteht (vgl. 3).

2.1. *Männliche Aggressivität*

Wenn Bischof-Köhler (2004) auf die biologische Seite von Aggressivität hinweist, erinnert sie implizit an eine vielleicht manchmal vergessene Einsicht, dass Aggressivität bei keinem Menschen (und Säugetier) fehlt, zu den angeborenen Verhaltensdispositionen zu zählen ist. Die Gefühle Wut bzw. Ärger, die dieser Verhaltensdisposition zugeordnet sind, weisen auf den Bewältigungsaspekt aggressiven Handelns hin: sie zeigen an, dass ein Hindernis aus dem Weg zu räumen ist, welches sich der Umsetzung eines Bedürfnisses entgegenstellt (Holodynski 1999). Aggressivität ist bei Männern und Frauen zu finden, aber in geschlechtsspezifischer Ausprägung. Für diese gibt Bischof-Köhler (2004) gleichfalls eine biologische Basis an. Sie verweist auf ethologische Ergebnisse der Verhaltensforschung, kennzeichnet männliche Aggressivität im Unterschied zur instrumentellen weiblichen Aggressivität als assertiv und stellt sie damit in den Zusammenhang männlicher Konkurrenz. Dabei versäumt sie es, auf den Unterschied zwischen „Konkurrenz" im ethologischen Sinne und Konkurrenz als Aspekt von Kultur hinzuweisen, wie sie überhaupt unberücksichtigt lässt, dass zwar jeder Mensch über Aggressivität verfügt, diese Aggressivität aber nur in kulturspezifischer Form leben kann. Daher stellt sich ihr die Frage nach den Beziehungen zwischen Körperlichkeit und Kultur nicht. Gerade die ist in diesem Kontext wichtig: Auch wenn Ärger und Wut als körpernahe Empfindungen aggressives Handeln einleiten und begleiten (können) und die entsprechenden Bedürfnisse – z.B. auf der Grundlage humoraler Prozesse – an den männlichen Körper gebunden und schon deshalb geschlechtsspezifisch sind, ist die Beantwortung der Fragen, ob ein Mann aggressiv handeln wird und wie diese Handlung dann aussieht, davon abhängig, welche Bedeutung von Männlichkeit angeeignet wurde, d.h. im Rahmen welcher Kultur die Aggression stattfindet. Das ist sehr gut vereinbar mit dem Befund, dass menschlich-männliches aggressives Verhalten und tierisch-männliches aggressives Verhalten Ähnlichkeiten aufweisen. Nur sind diese Ähnlichkeiten von untergeordneter Bedeutung, nicht bedeutungslos (!), weil männlich-menschliche Aggressivität nur als kulturelle Bedeutung erkennbar ist und nur so in Interaktionen relevant wird. Die Ähnlichkeiten mit tierisch-männlicher Aggressivität weisen eben nur auf den Umstand hin, dass männliche Aggressivität geschlechtsspezifisch biologische Aspekte hat.

Männliche Aggressivität sollte also kultur- und körperbezogen behandelt werden, so dass gefragt werden kann:

a) Welche sozialen Voraussetzungen sind als Rahmen für entsprechende kulturelle Bedeutungen dafür aus zu machen, dass bestimmte Gruppen von Männern z.b. eine bestimmte Form von Aggressivität leben, d.h. ein spezifisches inneres Arbeitsmodell von Männlichkeit angeeignet haben, zu dem diese Aggressivität gehört?

b) In welcher Beziehung stehen diese kulturellen Bedeutungen zu den (biologischen) Voraussetzungen, die männliche Körper i.d.R. bieten?

Beide Fragen können im vorliegenden Rahmen zwar nicht umfassend beantwortet werden. Vor allem fehlt eine dafür ausreichende empirische Basis. Sie werden aber bei der Auseinandersetzung mit den inneren Arbeitsmodellen von Gender aufgegriffen werden, die Männer in prekären Lebenslagen zu haben scheinen. Denn schon diese Fragen zu stellen, bietet einen Zugang zur Männlichkeit in prekären Lebenslagen.

2.2. Lohnarbeitswelt und männliche Identität

Die Lohnarbeitswelt ist eine gesellschaftliche Struktur, die den Rahmen abgibt für einige sehr komplexe kulturelle Bedeutungsgefüge, auch bezogen auf Männlichkeit (Jung/Müller-Doohm 1994). Sie kennzeichnet industrielle Gesellschaften und ist in den letzten Jahrzehnten massivem Wandel unterworfen (Bonß 2002), der natürlich Männer und Frauen betrifft, aber auf geschlechtsspezifische Weise.

Es beteiligen sich die meisten Männer und anteilmäßig mehr Männer als Frauen an der Realisierung dieser gesellschaftlichen Struktur[1] und von diesen dürften wiederum die meisten darin einen, wenn nicht den entscheidenden Bestandteil ihrer männlichen Biografie sehen (vgl. Böhnisch 2004). Zum inneren Arbeitsmodell von Männlichkeit gehört für diese Mehrheit notwendig die Lohnarbeit bzw. die Bewältigung ihrer Anforderungen. Allerdings beginnt der Kontext, aus dem diese Bedeutung der Lohnarbeit für Männlichkeit traditionellerweise ihr besonderes Gewicht bezog, sich auf zu lösen. Denn Männer sind nicht mehr immer die Ernährer ihrer Familien:

---

1   Zwar hat sich die Zahl der Erwerbtätigen in Deutschland kontinuierlich zugunsten des Anteils von Frauen verändert, dennoch werden auch für 2004 19,6 Mio. erwerbstätiger Männer gegenüber 16 Mio. erwerbstätiger Frauen angegeben (www.destatis.de – Daten des Statistischen Bundesamtes).

- Familiengründung ist zwar für viele eine wichtige Option, gelingt aber einer großen Minderheit nicht, bzw. nicht dauerhaft.
- Es kommt zunehmend häufiger vor, dass Frauen die Ernährerfunktion in der Familie übernehmen (müssen). Dass auch sie einer Lohnarbeit nachgehen, ist gesellschaftliche Normalität geworden.

Das alles scheint die geschlechtsspezifische Bedeutung der Lohnarbeit für Männer allerdings (noch?) nicht verändert zu haben. Mit Lohnarbeit sind Anforderungen verbunden, denen zu genügen essentiell ist für die Verwirklichung von Männlichkeit. Im Folgenden sollen die genannt werden, die zum Verstehen von Männlichkeit in prekären Lebenslagen wichtig erscheinen:

a) Unterordnung und Selbstwert als Mann
   Zu den Anforderungen von Lohnarbeit gehört sicherlich, sich in einer Organisation anderen Männern oder Frauen unter zu ordnen. Dies berührt jedes innere Arbeitsmodell von Männlichkeit, insofern Unterordnung bzw. Dominanz dort – besonders im Kontext von Aggressivität/Konkurrenz – wichtige Themen sind.

   „Moderne" innere Arbeitsmodelle von Männlichkeit beinhalten alle Bedeutungen, die mit den Anforderungen des modernen Lohnarbeitslebens vereinbar sind, also auch die, die Unterordnung und Dominanz in der Lohnarbeitswelt kennzeichnen und regeln. So enthält z.B. der Topos vom „guten Vorgesetzten" Aspekte, die Männer nutzen, um ihre Unterordnung unter diesen Mann zu gestalten. Auch der Bedeutungskomplex der Gefolgschaft hat – bei aller Diskreditierung in der jüngeren deutschen Geschichte – für manche Männer im Berufsleben wahrscheinlich durchaus noch Gewicht. Entscheidend dürfte aber sein, dass Unterordnung als sinnvoll erlebt wird für das Gelingen der Lohnarbeit. Deren Gewinn, der ideelle und der ökonomische, erlaubt eine Unterordnung, die mit Männlichkeit nicht nur vereinbar ist. Sie scheint sie manchmal sogar zu stützen, z.B. wenn Männer sich als unverzichtbare Rädchen im Betrieb sehen und daraus ihren Selbstwert auch dann ableiten, wenn die Funktion dieses Rädchens eher unbedeutend ist.

b) Arbeitslosigkeit und Männlichkeit
   Eine weitaus problematischere Anforderung ist die, die Unsicherheit von Lohnarbeitsverhältnissen zu bewältigen, sich auf die Möglichkeit von Arbeitslosigkeit ein zu stellen. Arbeitslosigkeit bedeutet Ausschluss aus der Arbeitswelt und ein solcher Ausschluss macht ein inneres Arbeitsmodell von Männlichkeit potentiell nutzlos, das sich

um die Lohnarbeit zentriert. D.h. die Unsicherheit von Lohnarbeitsverhältnissen zwingt jeden Mann dazu, sein inneres Arbeitsmodell von Männlichkeit zu verändern. Dies scheint bisher vielen Männern nicht gelungen zu sein und so gilt zunächst: der Ausschluss aus der Lohnarbeitswelt berührt männliche Identität in einem Kernbereich (Böhnisch 2001) und löst deshalb eine Identitätskrise umso wahrscheinlicher aus, je länger dieser Zustand andauert.

Einschränkend sollte man bemerken: Arbeitslosigkeit ist zumindest für Arbeiter kein neues Phänomen, sondern prägt ihre Lage seit dem 19. Jahrhundert. Das sog. „Normalarbeitsverhältnis" bestand für sie in der BRD, wenn überhaupt, nur während der 1960iger und 1970iger Jahre. Um Männer in prekären Lebenslagen verstehen zu können, sind daher genauere Vorstellungen darüber hilfreich, welche Identitätsstrukturen sich mit Arbeitslosigkeit im Arbeitermilieu, v.a. außerhalb der Facharbeiterschaft, verbinden lassen.

c) Männliche Leistungsinhalte: Wissen statt Körperkraft
Der Wandel der Lohnarbeitswelt berührt vordergründig v.a. die inhaltlichen Anforderungen, d.h. das was als Arbeitsleistung gefragt ist, und das ist in erster Linie Wissen und nahezu kaum noch körperliche Kraft (Kreher 2005). Man könnte überspitzt behaupten: die moderne Lohnarbeitswelt scheint wenig Verwendung für den Körper unterhalb des Kopfes zu haben, es sei denn als Grundlage für die Präsentation von Leistungsfähigkeit und -bereitschaft. Diese Anforderungen passen nicht zu einem inneren Arbeitsmodell von Männlichkeit, welches Körperkraft und -geschicklichkeit als Hauptbewältigungsstrategien für Männer betrachtet. Dies dürfte ein Grund dafür sein, dass traditionelle Männlichkeit für viele Männer an Bedeutung verliert (vgl. Winter/ Neubauer 1999; Böhnisch 2004), insofern sie Männlichkeit vorrangig mit Körperkraft und -geschicklichkeit verbindet. Dennoch bleiben Kraft und Funktionstüchtigkeit des Körpers zentrale Elemente männlicher Identität, wie Winter/Neubauer (1999) zeigen. Ihre Nutzlosigkeit in der Lohnarbeitswelt zwingt aber dazu, sie neu zu verorten. Dies scheint v.a. im Sport zu geschehen und bekommt von dort den Anschluss an die Lohnarbeitswelt, für die es sich fit zu halten gilt.

d) Männliche Leistungsinhalte: Funktionstüchtigkeit statt sozialer Aushandlung
Hintergründig scheint der Wandel der Lohnarbeitswelt aber auch einen neuen Sozialtypus zu erfordern (Vgl. dazu Habermas 1981, Böhnisch 1999). Die Bedeutung persönlicher Beziehungen, d.h. sol-

cher Beziehungen, die nicht ausschließlich durch die Erfordernisse des Arbeitsprozesses definiert sind, nimmt ab. Entsprechend nimmt die Bedeutung der situations- und personenunspezifischen Bereitschaft zur Einordnung in Interaktionen zu. Weil viele Männer ihre sozialen Kontakte vornehmlich im Betrieb zu anderen Männern haben, berührt dieser Wandel wahrscheinlich soziale Aspekte des inneren Arbeitsmodells von Männlichkeit. An dieser Stelle muss die Vermutung genügen, dass die Anpassung an das Prinzip der Systemintegration (vgl. Böhnisch 1999) in der Lohnarbeitswelt eine vornehmlich funktionale Sicht auf die sozialen Bezüge nahe legt, die dieser Sphäre zu geordnet sind.

All dies zeigt: Einerseits ist die Lohnarbeitswelt ein für Männer eminent wichtiger Anforderungsbereich und bestimmt deshalb auch viele Aspekte der inneren Arbeitsmodelle von Männlichkeit. Zugleich hält diese Lohnarbeitswelt Anforderungen bereit, für die viele dieser inneren Arbeitsmodelle keine sicheren Bewältigungsstrategien beinhalten. Man spricht also zu recht von einer Krise der Männlichkeit und verortet ihre soziale Dynamik in der Lohnarbeitswelt (vgl. Böhnisch 2004).

3. Männlichkeit in prekären Lebenslagen

Lebensumstände, die lange andauern, bringen Interaktionsstrukturen hervor, die für die Interaktionsteilnehmer den Charakter von bestehenden Handlungsbedingungen haben, auch wenn sie selbst zu ihrer Realisierung beitragen (vgl. Wieland 2006). Solche Lebensumstände sollen im Folgenden als Lebenslagen (vgl. Arnold/Böhnisch/Schröer 2005: 101 ff.) bezeichnet werden. Lebenslagen sind also Rahmen für und Ergebnis von Interaktionsstrukturen und deren gesellschaftlich-kultureller Einbettung und somit entscheidend für die Identitätsentwicklung.

Prekäre Lebenslagen, dies wurde eingangs festgesetzt, sind als gefährdete Lebenslagen insofern bezeichnet, als der Alltag der betroffenen Subjekte, also der Kernbereich ihres Lebens, zu scheitern droht. Menschen, die sich in einer prekären Lebenslage sehen, kämpfen ständig gegen eine umfassende Bedrohung ihrer Existenz. Dass sie das geschlechtsspezifisch tun, soll im Blick auf die beiden zuvor angeschnittenen Aspekte von Männlichkeit deutlich gemacht werden, also im Blick auf die männliche Aggressivität, wie sie diese Männer oft leben, und die für sie bezeichnenden Reaktionen auf die Anforderungen der Lohnarbeitswelt. Damit gelingt ein Verstehen des geschlechtsspezifischen Charakters von Benachteiligung (vgl. Wieland 2006), also ein Verstehen, wie prekäre Lebenslagen von Männern sozial und individuell hergestellt, erlebt und bewältigt werden.

3.1. Körperliche Gewalt als Element traditioneller Männlichkeit

Traditionelle Männlichkeit wird häufig mit spezifischen Formen männlicher Aggressivität in Zusammenhang gebracht (Böhnisch 2004; Winter/Neubauer 1999; Tertilt 1996; Simon 1996), nämlich jenen Formen, die sich in direkter körperlicher Auseinandersetzung, also physischer Gewalt ausdrücken. Dabei spielt die Gewalt unter Männern quantitativ und im Erleben der Männer die herausragende Rolle (Winter/Neubauer 1999; Tertilt 1996). Sie findet sich vornehmlich bei Männern in prekären Lebenslagen. Winter/Neubauer (1999) stellen allerdings fest, dass nur eine Minderheit von Jungen aus ressourcenarmen Elternhäusern offensiv traditionelle Männlichkeit für sich propagiert. Es stellen sich jetzt zwei Fragen:

- Warum leben vornehmlich Männer in prekären Lebenslagen eine traditionelle Männlichkeit, die sich u.a. um physische Gewalt zentriert? Diese Frage lässt sich im Blick auf die Entwicklung von Gewaltbereitschaft beantworten.
- Welche Funktion hat Gewaltbereitschaft im Leben von Männern in prekären Lebenslagen? Diese Frage soll nicht von der Warte einer allgemein gültigen Ethik, sondern zunächst nur bezogen auf die Anforderungen beantwortet werden, denen sich diese Männer gegenüber sehen.

a) Die Entstehung von Gewaltbereitschaft

Physische Gewalt ist als Bewältigungsstrategie für Kinder, Mädchen wie Jungen, generell ein angemessenes Mittel der Wahl, Konflikte zu lösen, weil ihnen entwicklungsbedingt andere Strategien nicht zur Verfügung stehen (Krappmann/Oswald 1995). Geschlechtsspezifische Unterschiede und ihre Entwicklung, z.B. die bleibende, bzw. zunehmende Vorliebe von Jungen für Raufereien und die Abnahme von Gewaltanwendung bei Mädchen verweisen m. E. sowohl auf die geschlechtsspezifischen körperlichen Bedingungen für diese Form der Aggressivität (Bischof-Köhler 2004) als auch auf die Aneignung der kulturellen Bedeutungen von Geschlecht in dem Zusammenhang (Krappmann/Oswald 1995). Denn von Jungen wird der Einsatz körperlicher Gewalt eher erwartet als von Mädchen, er wird demnach kulturell geschlechtsspezifisch gedeutet.

Eine relativ kleine Gruppe von vorwiegend Jungen (Krappmann/ Oswald 1995) behält den Einsatz körperlicher Gewalt als bevorzugte Bewältigungsstrategie der Konfliktlösung über das Kindesalter hinaus bei. Dafür lassen sich zwei Bedingungskontexte anführen:

–   Diesen gewaltbereiten Jungen gelingt die Verarbeitung körperlicher, d.h. hier: aggressiver Empfindungen offenbar besonders häufig nicht (vgl. Krappmann/Oswald 1995). Sie scheinen weder akzeptierte Varianten gewaltförmiger Durchsetzungsstrategien zu entwickeln, noch eignen sie sich die pädagogisch geschätzten Diskursstrategien zur Konfliktbewältigung an. Mit diesen Jungen entsteht oft eine Interaktion, in deren Folge sie ausgegrenzt oder von Ausgrenzung bedroht werden, was die Anlässe für aggressive Empfindungen für sie erheblich vermehrt (vgl. Krappmann/Oswald 1995). Da in dieser Interaktion der Genderaspekt als kulturelle Bedeutung eine große Rolle spielen dürfte und den Jungen das Geschlechtstypische ihres Handelns häufig rückgemeldet werden wird, legt sich diesen Jungen (auch) die Entwicklung eines inneren Arbeitsmodells von Männlichkeit nahe, welches die Bedeutungen traditioneller Männlichkeit gut integrieren kann. Das geschieht dann umso wahrscheinlicher, je präsenter dieses Bedeutungsgefüge für den Jungen ist. Das gilt vornehmlich für Jungen aus bildungsfernen, armen Familien und – allerdings in spezifischer Weise – für Jungen mit Migrationshintergrund, also Jungen in prekären Lebenslagen.

–   Umgekehrt macht es Sinn an zu nehmen, dass jene prekären Lebenslagen die Bereitschaft zu körperlicher Gewalt nahe legen. Der massive Ressourcenmangel und die Vielzahl täglicher Bedrohungen, sowohl des Selbstwertes (vgl. Krappmann/Oswald 1995) als auch der körperlichen Unversehrtheit erfordern ein hohes Maß an Aggressivität, welches sich deswegen sinnvoll in körperlicher Gewalt ausdrückt, weil damit auch tatsächlich etwas zu erreichen ist. Kinder in prekären Lebenslagen finden für geschickte Argumentationen in ihrem Milieu nur wenig Interesse. Die kulturell festgelegte Koppelung von Männlichkeit und Aggressivität ist in solchen Lebenslagen sinnvoll und hält Jungen dazu an, ihre aggressiven Impulse zu akzentuieren, aggressiver zu werden und das körperlich aus zu drücken. Das prägt das Verhältnis von Vätern (und Müttern) zu den Söhnen in Familien in prekären Lebenslagen. Jungen die sich scheuen, ihre Aggressivität in Gewaltbereitschaft aus zu drücken, gelten als problematisch (vgl. Tertilt 1996)[2]. Das bedeutet zwar nicht, dass Gewaltbereitschaft ungeregelt geäußert werden darf (vgl. Tertilt 1996; Simon 1996), wohl aber, dass sie geäußert werden sollte.

b) Funktionen traditioneller Männlichkeit

Gewaltbereitschaft als Element traditioneller Männlichkeit zeigt sich demnach als angemessene und zugleich defizitäre Bewältigungsstrategie, je nach Kontext. Dies gilt nicht nur bezogen auf die Analyse subkultureller Zusammenhänge (vgl. Tertilt 1996), sondern auch für die dominante Kultur. In unserer Gesellschaft wird physische Gewalt als Bewältigungsstrategie für männliche Erwachsene meistens sanktioniert, dennoch bleiben körperliche und kulturelle Voraussetzungen für Gewalt virulent. Man denke nur an den Handlungs- und Bedeutungskontext des Militärs.

Für Männer in prekären Lebenslagen sichert Gewaltbereitschaft den gefährdeten Alltag:

- Sie eröffnet für einige wenige den Zugang zu spezifischen Formen der Lohnarbeit, z.B. im Profiboxsport oder anderen Kampfsportarten.
- Sie sichert für viele einen sozialen Status in ihrer Bezugsgruppe und damit zumindest im Rahmen dieser Gruppe, ihre Integrität (vgl. Krappmann/Oswald 1995; Tertilt 1996; Simon 1996).

Gleichzeitig trägt sie zur Gefährdung dieses Alltags bei:

- Die Männer geraten wegen ihrer Gewaltbereitschaft oft in Konflikt mit dem Gesetz.
- Ihre Gewaltbereitschaft blockiert den Zugang zur Lohnarbeitswelt
- und trägt zu ihrer Stigmatisierung als Angehörige einer unterprivilegierten Gruppe bei.

3.2. Männer in prekären Lebenslagen in der Lohnarbeitswelt

Männer in prekären Lebenslagen scheitern häufig in der Lohnarbeitswelt und verschlimmern ihre Situation dadurch noch. Dieser Kreislauf beschreibt das Schicksal vieler dieser Männer und zeigt, dass das Scheitern in der Lohnarbeitswelt entscheidend zu einer prekären Lebenslage gehört und von dieser bedingt wird. Sein geschlechtsspezifischer Charakter lässt sich verdeutlichen, wenn man die o.g. Anforderungen der modernen

---

2   Im Material zur Untersuchung von Wieland (1992) findet sich in der Biografie eines jungen Mannes ein Hinweis, wie er seine Angst vor körperlichen Auseinandersetzungen überwand und „ein brutaler Kerl" wurde. Er erinnert das als einen Wendepunkt in seinem Leben, als Bewältigung und als Beginn massiver sozialer Konflikte.

Lohnarbeitswelt auf die Männer in prekären Lebenslagen bezieht:

a) Wandel der Leistungsinhalte: Wissen statt Körperkraft
    Qualifizierungsfachleute sehen hier den Kern des Problems für Män-
    ner in prekären Lebenslagen: es gelingt ihnen nicht, sich das für Lohn-
    arbeit erforderliche Wissen an zu eignen. Für ihre Körperkraft, den
    Kern ihres Verständnisses von Männlichkeit, besteht kaum Verwen-
    dung (vgl. Kreher 2005). Man kann dies einer Schule anlasten, der es
    nicht gelingt, Wissen lebenslagen- und geschlechtsspezifisch zu ver-
    mitteln. Das ändert nichts daran, dass es derzeit in der Lohnarbeit um
    Wissen geht, dieses den Männern fehlt und zwar auch deshalb, weil
    es in ihrem inneren Modell von Männlichkeit einen geringen Stellen-
    wert hat.

b) Wandel der Leistungsinhalte: sachbezogene Funktionalität
    Die Männer selbst führen ihr Scheitern weitaus häufiger auf soziale
    Konflikte zurück als auf mangelnde Qualifikation, weil sie sich auch
    aufgrund ihres inneren Modells von Männlichkeit von vorneherein
    auf Arbeitsplätze orientieren, die eher körperliche Kraft erfordern[3],
    ihren Ressourcen also entsprechen.
        Dabei fällt auf, wie wichtig ihnen der persönliche Umgang mit
    Kollegen und Vorgesetzten ist. Konflikte, auch wenn sie unmittelbar
    arbeitsbezogen sind, werden persönlich genommen, und schwer ge-
    nommen. Sie führen immer wieder zur Aufgabe des Arbeitsplatzes
    oder zum Rausschmiss (vgl. auch Alheit 2005). Die ausschließlich
    funktionale und sachbezogene Gestaltung von Kontakten ist diesen
    Männern fremd und womöglich auch nutzlos. Die in der Lohnarbeits-
    welt dominante Trennung von Arbeits- und Privatleben macht zudem
    da wenig Sinn, wo die Bedeutung des Arbeitslebens gering ist, weil
    dieses Arbeitsleben allein die eigene Existenz nicht sichert. Es droht
    immer Arbeitslosigkeit und die Löhne sind so gering, dass sie den
    Lebensunterhalt nicht erbringen.

c) Unterordnung und Selbstwert als Mann
    Männer in prekären Lebenslagen gehen davon aus, dass sie sich un-
    terordnen müssen, und haben auch Erfahrung damit, dass diese Un-
    terordnung ihre Integrität bedroht. Die Folge ist bei vielen eine große
    Empfindlichkeit gegen jede Form von Herabsetzung, bzw. gegen das,

---

3   Das lässt sich bei aller Vorsicht auf die Aussagen von Schülern einer BUS-Klasse (Be-
    trieb und Schule-Klasse) stützen, die im Rahmen einer Evaluation von Wieland in den
    Jahren 2000–2004 durchgeführt wurde.

was sie als Herabsetzung empfinden (vgl. Tertilt 1996). Sie achten daher – wie alle anderen Männer – darauf, dass die verlangte Unterordnung sich auszahlt. Dabei können sie sich kaum auf das Gehalt stützen – wie die meisten anderen Männer – und knüpfen ihre Bereitschaft zur Unterordnung an die Bedingung, persönlich anerkannt zu werden. Diese Bedingung ist, zumal unter den Bedingungen der Systemintegration, eher selten gegeben.

d) Arbeitslosigkeit und Männlichkeit
Noch mehr als für Arbeiter (s.o.) ist für Männer in prekären Lebenslagen Arbeitslosigkeit ein Ereignis, mit dem immer zu rechnen ist. Daraus lässt sich schließen, dass der Verlust eines Arbeitsplatzes sie weniger hart trifft als andere Männer, Lohnarbeit in ihrem Leben (und für ihre Männlichkeit) einen anderen und weniger zentralen Stellenwert einnimmt. Dies mag von Fachkräften Sozialer Arbeit als mangelnde Arbeitswilligkeit gedeutet und bekämpft werden, ist aber im Hinblick auf die bisher entfalteten Lebensbedingungen eine sinnvolle Bewältigungsstrategie. Es stellt sich nur die Frage, was ihre Männlichkeit kennzeichnet, wenn nicht die Teilnahme an der Lohnarbeitswelt.

3.3. Bedrohte Männlichkeit in prekären Lebenslagen

Diese Frage ist bereits beantwortet. Betrachtet man das Leben von Männern in prekären Lebenslagen, bzw. der Gruppe, die hier im Vordergrund stcht, entsteht der Eindruck, dass sie ihre Männlichkeit vornehmlich in aggressivem Kontakt mit anderen Männern und in der Gewalt gegen Frauen leben und dass die Lohnarbeitswelt eine untergeordnete Rolle spielt. Dieser Eindruck bedarf der empirischen Absicherung, zumal Winter/Neubauer (1999) die gewaltzentrierte traditionelle Männlichkeit nur bei einer Minderheit der Jungen aus ressourcenarmen Elternhäusern gefunden haben. Auch wenn eine Orientierung auf die o.g. Form traditioneller Männlichkeit nur für eine Minderheit der Männer in prekären Lebenslagen zutrifft, und das ist gesichert (vgl. Tertilt 1996; Simon 1996 und Winter/Neubauer 1999), besteht Anlass, darüber nach zu denken, was diese Orientierung für die Männlichkeit selbst bedeutet, d.h. darüber, wie die Männer sie selbst erleben. Dabei wird rasch deutlich, dass angesichts der widersprüchlichen Funktionalität der Gewaltbereitschaft für den Alltag der Männer in prekären Lebenslagen diese ihre eigene Männlichkeit ambivalent erleben dürften.

An dieser Stelle kommt ins Spiel, dass Gewaltneigung nicht einfach ein Problem einzelner Jungen/Männer oder gewaltbereiter Cliquen ist, sondern eingebettet ist in einen umfassenden sozialen Konflikt, der neben seinen gesellschaftlichen (z.b. ökonomischen) Grundlagen auch eine kulturelle Seite hat: traditionelle Männlichkeit, insofern sie die Bereitschaft zu körperlicher Gewaltanwendung beinhaltet, zählt nicht (mehr) zu den akzeptierten Bedeutungen von Männlichkeit (Böhnisch 2004). Die Übernahme dieses Bedeutungsgefüges durch den einzelnen Jungen und erst recht durch erwachsene Männer verschärft ihre eh bestehende Ausgrenzung. Hinter der Drohkulisse, die sie aufbauen, wird ihre Schwäche für jeden deutlich: die Jungen, die die Ehre ihrer Gang mit körperlicher Gewalt schützen, sind, auch wenn sie Angst verbreiten, auf der Verliererseite. Männer, die wegen Gewaltdelikten einsitzen, werden auch als Männer nicht ernst genommen. Ihre Unbeherrschtheit gilt bei aller geheimen Faszination, die damit für Menschen der „bürgerlichen" Gesellschaft verbunden sein kann (vgl. Sigusch 1984), als mangelhafte Zivilisierung und wird bekämpft.

Es dürfte für diese Männer und Jungen schwer sein zu ignorieren, dass ihnen die Anerkennung als Mann verweigert wird. Denn die Verweigerung tritt ihnen in vielen Interaktionen mit der Welt außerhalb ihrer Peergroup entgegen. Man kann vielen von ihnen daher eine Verunsicherung unterstellen, die auch ihr inneres Arbeitsmodell von Männlichkeit kennzeichnet. Die Situation verschärft sich noch dadurch, dass es auch nicht erfolgversprechend ist, sich von der traditionellen Männlichkeit zu lösen, zumindest was ihren Bezug zu körperlicher Gewalt angeht. Denn damit ist nicht automatisch anderes gegeben, worauf sich Männlichkeit beziehen kann. Als inneres Arbeitsmodell braucht Männlichkeit Bewältigungsinhalte und die kann sich der einzelne Mann oder Junge nicht einfach aussuchen, sondern er muss sie im Gesamt der Bedeutungen finden, die bestehende Kultur und ihre Teilbereiche ihm bieten und die er als für sich nützlich identifiziert.

Männlichkeit in prekären Lebenslagen erweist sich also als bedrohliche und bedrohte Männlichkeit, wobei das damit verbundene innere Arbeitsmodell eine explizite Auseinandersetzung mit der Bedrohung erschwert (vgl. Böhnisch 2004).

4. Anforderungen an Soziale Arbeit mit Männern in prekären Lebenslage

Bevor die Anforderungen entfaltet werden, die Männer in prekären Lebenslagen an Soziale Arbeit stellen, muss klargestellt werden, dass die Argumentation eine Unschärfe aufweist. Bisher wurde unter der Überschrift „Männer in prekären Lebenslagen" von Jungen, jungen Männern und erwachsenen Männern gesprochen. Eine solche Vereinfachung soll den Blick auf die eingangs genannten Bezugsgrößen, Gender und Lebenslage konzentrieren auch um den Preis, dass sie entscheidende, nämlich altersspezifische Differenzen überdeckt, die auch die Anforderungen an Soziale Arbeit betreffen. Diese Unschärfe bleibt konsequenterweise im vierten Argumentationsschritt bestehen; d.h. es geht mal um Jungen, mal um Männer und mal um beide Altersgruppen.

Die Anforderungen an Soziale Arbeit kommen von zwei Seiten:

– einmal von der Seite derer, die mit den Männern Probleme haben. Hier geht es um konflikthafte Interaktionen, an denen die Männer beteiligt sind. Soziale Arbeit wird angefordert, damit sie den jeweils eigenen Bedürfnissen in der Auseinandersetzung mit den Männern Geltung verschaffe, kann dieser Anforderung aber nur genügen, wenn sie zwischen den Bedürfnissen aller Beteiligten vermittelt (Wieland 2006). Das setzt die Annahme voraus, dass diese Bedürfnisse prinzipiell zu einem Kompromiss gebracht werden können, und es schließt die Vermittlung zwischen den Bedürfnissen der Männer und denen der Fachkräfte Sozialer Arbeit ein.

– zum anderen von den Männern selbst. Sie äußern diese Anforderungen allerdings häufig in einer Weise, die es auch Fachkräften Sozialer Arbeit schwer macht, sie überhaupt als Ausdruck von Bedürfnissen wahr zu nehmen. So verweist Böhnisch (2004) darauf, dass es Männern generell schwer fällt, eigene Bedürftigkeiten wahr zu nehmen und als solche zu äußern. Tertilt (1996) und Simon (1996) zeigen für Jungen in prekären Lebenslagen, dass sie ihre Bedürfnisse nicht als Schwäche äußern, sondern als aggressive Attitüde oder als Schweigen bzw. Verschweigen. Das funktioniert in bestimmten Kontexten auch, gilt z.B. als Grundlage von Freundschaft (Tertilt 1996). Im Kontext Sozialer Arbeit funktioniert es schlecht, weil von dort Anforderungen an die Männer gestellt werden, denen sie nicht nachkommen können oder wollen.

Im Folgenden geht es (s.o.), um die subjektive Perspektive der Männer, d.h. um die Anforderungen, die Männer in prekären Lebenslagen selbst an Soziale Arbeit stellen. Das kann allerdings wegen der oben skizzierten Konflikte mit den Anforderungen Sozialer Arbeit an ihre Nutzer nicht ohne Bezug auf diese Konflikte geschehen. Ihre Lösung ist Grundlage für jede Soziale Arbeit mit diesen Männern. Deshalb ist der „Überwindung der Distanz" , nämlich zwischen den Männern in prekären Lebenslagen und den (männlichen) Fachkräften Sozialer Arbeit der erste Abschnitt gewidmet. Es folgt die Auseinandersetzung mit einem Bedürfnis, das den Kern der geschlechtsspezifischen Problematiken dieser Männer ausmacht: „Die Sicherung der Integrität gegen das Scheitern als Mann". Dies wird in drei Anforderungsbereiche übersetzt: „Kultivierung der Gewaltbereitschaft", „Angemessene Arbeit" und „Solidarität im Scheitern".

4.1 Überwindung der Distanz

Der oben angesprochene Konflikt, wie Anliegen und Probleme aus zu drücken und zu bearbeiten sind, wird von den (männlichen) Fachkräften Sozialer Arbeit häufig als Weigerung oder Unfähigkeit der Männer beschrieben, sich mit sich selbst zu beschäftigen, die eigene Befindlichkeit zu reflektieren (vgl. Böhnisch 2004), und als Identitätsproblem bzw. als unentwickelte Identität im Sinne Marcias (1980) diagnostiziert. Dabei wird zumindest für Männer in prekären Lebenslagen zweierlei übersehen:

a) Prekäre Lebenslagen überfordern tendenziell die Bewältigungsmöglichkeiten derer, die ihnen unterliegen, und werden auch als Überforderung erlebt. Als stressgeladene Lebensumstände (vgl. Engel/Hurrelmann 1989 S. 65 ff.) schränken sie Entwicklungsoptionen ein, auch Optionen auf die Entwicklung von Selbstreflexion.

b) Auch sprachlich weniger komplexe Selbstdarstellungen vermitteln Anliegen und Bedürfnisse für den, der bereit und in der Lage ist, diese zu verstehen. Sie sind also grundsätzlich funktional.

Die *Bereitschaft zum Verstehen* lässt sich aus der Anerkennung der gegebenen Entwicklungsbedingungen ableiten. Wenn die männlichen Fachkräfte Sozialer Arbeit ihren Ressourcenreichtum und den damit verbundenen Machtüberhang nicht zur Herrschaft über die Männer in prekären Lebenslagen nutzen wollen, dann müssen sie deren Selbstdarstellungen als gültig anerkennen (Honneth 1994).

Die *Fähigkeit zum Verstehen* erfordert die genaue Kenntnis der Kontexte, in denen die Selbstdarstellungen stehen, d.h. der Kultur, aus der sie ihre Bedeutungen nehmen. Das lässt sich anhand der Themen „körperliche Gewalt" und „berufliche Absicherung" verdeutlichen.

Auch Männer in prekären Lebenslagen kennen Gewaltbereitschaft als Problem (vgl. Tertilt 1996), z.B. als regelwidrigen Einsatz von Gewalt, was zum Ausschluss aus der Gruppe führt. Damit ist aber keine generelle Ächtung von Gewalt verbunden: die ist notwendig, um anerkannt zu bleiben, um körperlichen Angriffen gewachsen zu sein u. ä. (vgl. Winter/ Neubauer 1999; Simon 1996; Tertilt 1996). Man muss also die kulturellen Bedeutungen, die Gewaltbereitschaft im Kontext prekärer Lebenslagen für Männer hat, unterscheiden von der Gewaltbereitschaft als Problem Einzelner. Damit werden diese kulturellen Bedeutungen zur Richtschnur einer Beurteilung und nicht die kulturelle Bedeutung, die sich für die männliche Fachkraft mit Gewaltbereitschaft verbindet. Das beinhaltet, Gewaltbereitschaft als eine mögliche Lebensform an zu erkennen und die Begründungs- bzw. Rechtfertigungszusammenhänge kennen lernen zu wollen. Das beinhaltet nicht, die eigenen Bedeutungen von Gewaltbereitschaft auf zu geben oder auch nur praktisch zu relativieren, das heißt z.B. auf Sanktionen zu verzichten.

Gewaltbereitschaft im Kontext traditioneller Männlichkeit ist für männliche Fachkräfte Sozialer Arbeit vielleicht lästig oder bedrohlich, aber nicht so fremd, wie sie manchmal angeben. Haben doch sehr viele in der Jugend ihre Erfahrungen mit körperlicher Gewalt gemacht, alle kennen doch einige der damit verbundenen kulturellen Bedeutungen. Sie haben sich aber irgendwann von dieser Kultur emotional distanziert, sei es, weil sie ihnen von je fremd war, oder weil sie in ihr keine Anerkennung für ihre Stärken finden konnten oder weil ihnen das nachdrücklich von Elternhaus und Schule nahegelegt wurde. Eine erneute Auseinandersetzung mag all jene Gefühle erneut wecken, die mit der frühen Distanzierung verbunden waren: Faszination und Angst, Abscheu und eigene Gewaltbereitschaft. Sie weckt möglicherweise Neugier auf jene kulturellen Bedeutungen von Gewaltbereitschaft, die den Fachkräften tatsächlich fremd sind, und auf die Männer, die diese Bedeutungen leben.

Die (männlichen) Fachkräfte Sozialer Arbeit mögen die Distanz zu Männern in prekären Lebenslagen zwar gerne an „Beziehungsthemen" wie der Gewaltbereitschaft festmachen, sie beruht aber auf sozialer und kultureller Ungleichheit, v.a. auf Armut. Und die hängt für die meisten Menschen unserer Gesellschaft an der beruflichen Absicherung, das ist die Integration ins Berufsleben. Die Fachkräfte haben sie – mit Einschränkungen –, die Männer in prekären Lebenslagen (meist) nicht und sie wissen das natürlich auch. Überwindung der Distanz kann demnach nicht

Aufhebung der sozialen Differenz bedeuten, sondern Überwindung der Folgen, insoweit sie ein Gelingen der Interaktion beeinträchtigen. Gemeint ist damit eine Konkurrenzdynamik, die, wenn die Fachkräfte ihre Überlegenheit ausspielen, auf eine Niederlage der Männer in prekären Lebenslagen hinaus läuft und ihre Integrität bedroht. Das redet nicht einem grundsätzlichen Verzicht auf Konkurrenzanteile in der Interaktion das Wort. Ein solcher Verzicht wäre sogar kontraproduktiv u.a., weil die Aufnahme von Konkurrenz unter Männern oft die gegenseitige Anerkennung als Mann beinhaltet, sie evtl. sogar konstituiert. Die Männer in prekären Lebenslagen fordern wohl gerade deshalb die männlichen Fachkräfte oft zur Konkurrenz heraus. Es geht vielmehr darum, die Ressourcen, die sich aus der Integration ins Lohnarbeitsleben ergeben, nicht zu nutzen, um die Integrität der Männer in prekären Lebenslagen zu bedrohen, sondern um sie zu stärken. Und das setzt den Respekt vor den Bewältigungsstrategien voraus, die diese Männer entfaltet haben, auch wenn die nicht bürgerlichen Vorstellungen entsprechen und die Bewältigung von Lohnarbeit nicht zu ihnen gehört. Die Rede ist weniger vom Geld, das eine Fachkraft verdient, als eher von den Befugnissen, die sie gegenüber dem arbeitslosen, perspektivarmen, in seinem Alltag bedrohten Mann hat.

4.2. Sicherung der Integrität gegen das Scheitern als Mann

Dass Männer in prekären Lebenslagen der Gefahr ausgesetzt sind, in ihrer Männlichkeit zu scheitern, wurde unter 3.3. angesprochen. Jetzt muss gezeigt werden, welche Anforderungen sich daraus für eine geschlechtsspezifische Soziale Arbeit ergeben.

4.2.1 Kultivierung der Gewaltbereitschaft

Die Männer selbst – jedenfalls ein in der Fachwelt besonders präsenter Teil – versuchen, der Gefährdung ihrer Männlichkeit durch gesteigerte Aggressivität und dadurch entgegen zu wirken, dass sie gefährlich und deshalb gefürchtet sind. Damit unterliegen sie einer Illusion: sie mögen zwar in der einzelnen Situation von einzelnen Männern und Frauen gefürchtet werden. Gefährlich sind sie deshalb nicht, jedenfalls nicht in einem Sinn, der mit Respekt verbunden werden kann und aus dem sie nachhaltigen Nutzen ziehen könnten. Im Gegenteil: ihre Gefährlichkeit gefährdet sie, weil sie delinquent, also strafbedroht ist, selbst.

Dennoch ist auch diese problemhafte Gewaltbereitschaft ein sinnvoller Ansatzpunkt für Soziale Arbeit, weil damit an eine als erfolgreich

erlebte und in gewissem Sinne funktionale Bewältigungsstrategie ange-
knüpft werden kann. Die problemhaften Elemente lassen sich durch Angebote neutralisieren, die

–   dem Bedürfnis nach körperlich-aggressiver Auseinandersetzung
    zwar entsprechen, dieses aber in den Rahmen eines zumindest nicht
    delinquenten Regelsystems stellen,
–   dieses Bedürfnis ausdrücklich in den Kontext eines inneren Arbeits-
    modells von Männlichkeit stellen, die Möglichkeit bieten, sich der ei-
    genen Männlichkeit gegenseitig zu versichern, ohne sich damit aus
    relevanten sozialen Zusammenhängen aus zu grenzen.

Derartigen Maßgaben genügen z.b. Kampfsportarten, etwa das Bo-
xen, weil sie die individuelle Gewaltbereitschaft aufnehmen und diszi-
plinieren. Das knüpft an ein Element männlicher Sozialisation an mit lan-
ger, z.t. allerdings fragwürdiger Tradition, z.B. im Bereich des Militärs.
Um gegenüber der Gefährdung von Männlichkeit wirksam zu werden,
müssen solche Angebote kulturell rückgebunden werden, d.h. im Umfeld
der Jungen und Männer, bei ihren Peers und Familien anerkannt sein. Sie
müssen sich als Kulturarbeit verstehen, mit den Kampftechniken Bedeutungen vermitteln, auf die die Jungen für ihre inneren Modelle von Männlichkeit zurückgreifen können.

Die Begrenztheit derartiger Ansätze liegt auf der Hand: sie wenden
die entscheidende Gefahr nicht ab, die sich aus der mangelnden Integration in die Lohnarbeitswelt für die Männlichkeit in prekären Lebenslagen
ergibt.

4.2.2 Angemessene Arbeit

Diese Gefahr lässt sich nur durch Angebote angemessener Arbeit abwen-
den. Das ist Arbeit, die den Ressourcen der Männer entspricht. Das können Tagelöhnerprojekte sein, die dem Umstand Rechnung tragen, dass
regelmäßige Arbeit nur schlecht ins Lebenskonzept mancher dieser Männer passt. Das kann aber auch die Anbindung an einen Betrieb sein, der
Arbeiten vergibt, zu denen die Männer zu befähigen sind, und der die
Männer auch sozial integrieren kann.

Beschäftigungsprogramme werden den Männern keine Hilfe sein,
ihre bedrohte Männlichkeit zu sichern, wenn sie keine sinnvolle Arbeit
bereitstellen. Und Arbeit kann für die Männer nur sinnvoll sein, wenn sie
auch bezahlt wird. Denn nur so sichert sie zumindest potentiell die Nütz-
lichkeit des Mannes für „seine Leute". Und die ist ein entscheidendes Ele-

ment im inneren Arbeitsmodell von Männlichkeit, wenn auch eines, das zu entwickeln manchen dieser Männer schwer fällt.

Mit der Vorgabe, angemessene Arbeit bereit zu stellen, löst sich Soziale Arbeit aus der Fixierung auf das Ziel, die Männer grundsätzlich an die Anforderungen des ersten Arbeitsmarkts an zu passen; ein Ziel das unrealistisch ist, weil nicht an den Ressourcen und Bedürfnissen der Männer (genauer: vieler Männer in prekären Lebenslagen) orientiert (Kreher 2005).

Fachkräfte Sozialer Arbeit können unter den derzeitigen politischen Verhältnissen derartige Angebote nicht einfach machen, weil diese niemand bezahlen wird. Sie müssen sich also zunächst in die Debatte um die Gestaltung des Arbeitsmarktes einmischen mit Argumenten, die einerseits aus fachlichen Kontexten stammen, d.h. die Rahmenbedingungen definieren, unter denen Männern in prekären Lebenslagen brauchbare Soziale Arbeit geboten werden kann. Andererseits müssen sie natürlich wirtschaftliche Perspektiven entfalten, wenn erklärt werden soll, wie solche Angebote bezahlt werden sollen und v.a. warum sie bezahlt werden sollen. Dass das kaum auf der Grundlage betriebswirtschaftlicher Konzepte geschehen wird, liegt auf der Hand. Die entscheidende Frage, warum so etwas bezahlt werden soll und von wem, kann nur gestellt werden, wenn man die Antworten in der Sozialpolitik sucht.

4.2.3 Solidarität im Scheitern

Wenn Männlichkeit in prekären Lebenslagen bedroht ist, sollten männliche Fachkräfte Sozialer Arbeit nicht nur bemüht sein, diese Gefährdung zu mildern. Davon war in den vorangegangenen Abschnitten die Rede. Sie sollten auch den Anforderungen genügen, die sich aus einem Scheitern als Mann ergeben, z.B. daraus,

– dass eine Einbindung auch in eine männliche Peergroup nicht gelingt,
– dass befriedigende Sexualität und eine darauf bezogene Partnerschaft nicht möglich ist oder
– dass der eigene Lebensunterhalt nicht gesichert ist o.ä.

Scheitern lässt sich nicht auf der Ebene von Konkurrenz bearbeiten, auch wenn die an wechselseitige Achtung gebunden ist (vgl. 4.2.1), sondern braucht die männliche Solidarität (vgl. Wieland 2005). Die setzt die Überwindung der Distanz zwischen Fachkräften und Männern in prekären Lebenslagen voraus und verlangt darüber hinaus auf Seiten der Fachkräfte

- nach der Bereitschaft, sich mit den eigenen Niederlagen als Mann zu beschäftigen und das in die Arbeit ein zu bringen,
- nach Wissen über die lebenslagenspezifischen Niederlagen der Männer
- und nach der Fähigkeit, der Perspektivlosigkeit zu widerstehen, die das oft genug umfassende Scheitern der Männer nahe legt.

Dann kann es gelingen, gemeinsam den Blick auf die Möglichkeiten zu richten, die auch in umfassendem Scheitern liegen. Und es ist für die Sicherung der Integrität als Mann von großer Wichtigkeit, dass dafür ein Mann zur Verfügung steht, der eigenes Scheitern aber auch die Sicherheit zur Verfügung stellt, dass sich daraus Lebensmöglichkeiten gewinnen lassen.

Literatur

Alheit, Peter (2005): „Passungsprobleme" Zur Diskrepanz von Institution und Biographie – Am Beispiel des Übergangs sog. „nicht traditioneller" Studenten ins Universitätssystem. In: Arnold, Helmut/Böhnisch, Lothar/Schröer, Wolfgang (Hg.): Sozialpädagogische Beschäftigungsförderung. Weinheim. S. 159–172

Arnold, Helmut/Böhnisch, Lothar/Schröer, Wolfgang (2005): Sozialpädagogische Beschäftigungsförderung. Weinheim

Bischof-Köhler, Doris (2004): Von Natur aus anders. Stuttgart

Böhnisch, Lothar (2004): Männliche Sozialisation. Weinheim

Böhnisch, Lothar (2001): Männlichkeiten und Geschlechterbeziehungen – ein männertheoretischer Durchgang. In: Brückner, Margrit/Böhnisch, Lothar: Geschlechterverhältnisse. Weinheim. S. 39–118

Böhnisch, Lothar (1999): Abweichendes Verhalten. Weinheim

Bonß, Wolfgang (2002): Zwischen Erwerbsarbeit und Eigenarbeit. Ein Beitrag zur Debatte um die Arbeitsgesellschaft. In: Arbeit 14/2002, S. 5–20

Bowlby, John (1984): Bindung. Frankfurt

Engel, Uwe/Hurrelmann, Klaus (1989): Psychosoziale Belastung im Jugendalter. Berlin

Erikson, Erik (1966): Identität und Lebenszyklus. Frankfurt

Flammer, August (1990): Erfahrung der eigenen Wirksamkeit. Bern

Fremmer-Bombik, Elisabeth (2002): Innere Arbeitsmodelle von Bindung. In: Spangler, Gottfried/Zimmermann, Peter: Die Bindungstheorie. Stuttgart. S. 109–119

Greve, Werner (2000): Psychologie des Selbst. Weinheim

Grossmann, Karin/Grossmann, Klaus (2004): Bindungen – das Gefüge psychischer Sicherheit. Stuttgart

Habermas, Jürgen (1981): Theorie des kommunikativen Handelns. Frankfurt

Holodynski, Manfred (1999): Handlungsregulation und Emotionsdifferenzierung. In: Friedlmeier, Wolfgang/Holodynski, Manfred: Emotionale Entwicklung. Heidelberg. S. 29–51

Honneth, Axel (1994): Kampf um Anerkennung. Zur moralischen Grammatik sozialer Konflikte. Frankfurt

Jung, Thomas/Müller-Doohm, Stefan (1994): Kultursoziologie. In: Kerber, Harald (Hg.): Spezielle Soziologien. Hamburg. S. 473–497

Krappmann, Lothar/Oswald, Hans (1995): Alltag der Schulkinder. Weinheim

Kreher, Thomas (2005): Kompetenzentwicklung junger Männer mir prekären Ausbildungs- und Beschäftigungsperspektiven. In: Arnold, Helmut/Böhnisch, Lothar/Schröer, Wolfgang, Sozialpädagogische Beschäftigungsförderung. Weinheim. S. 133–146

Lazarus, R. S./Folkman, S. (1984): Stress, Appraisal and Coping. New York

Marcia, J. E. (1980): Identity in Adolescence. In: Adelson, J. (Ed.): Handbook of Adolescent Psychology. New York. S. 159–187

Metzinger, Thomas (2000): Die Selbstmodell-Theorie der Subjektivität: Eine Kurzdarstellung für Nicht-Philosophen in fünf Schritten: In: Greve, W.: Psychologie des Selbst. Weinheim

Neuenschwander, Markus/Herzog, Walter/Holder, Martin (2001): Schulkontext und Identitätsentwicklung im Jugendalter. Forschungsbericht Nr. 22 des Schweizerischen Nationalfonds. Bern. S. 1–6.

Posner, Michael I./Raichle, Marcus E.: (1996): Bilder des Geistes. Heidelberg

Tertilt, Hermann (1996): Turkish Power Boys. Frankfurt

Sacks, Oliver (1991): Der Mann, der seine Frau mit seinem Hut verwechselte. Hamburg

Schildt, Axel/Sywottek, Arnold (1993): Modernisierung im Wiederaufbau. Bonn

Sigusch, Volkmar (1984): Vom Trieb und von der Liebe. Frankfurt

Simon, Titus (1996): Raufhändel und Randale. Weinheim

Sturzenhecker, Benedikt/Winter. Reinhard (2002): Praxis der Jungenarbeit. Weinheim

Wieland, Norbert (erscheint vorauss. 2006): Benachteiligung als Merkmal schulischer Interaktion

Wieland, Norbert (2005): Biografie und Gender: Biografisches Arbeiten in einer jungenspezifischen Erziehungshilfe. In: Forum Erziehungshilfen 3/2005, S. 144–148

Wieland, Norbert/Marquardt, Uschi/Panhorst, Hermann/Schlotmann, Hans-Otto (1992): Ein Zuhause – kein Zuhause. Lebenserfahrungen und -entwürfe heimentlassener junger Erwachsener. Freiburg

Winter, Reinhard/Neubauer, Gunther (1999): Kompetent, authentisch und normal? Köln

„Weiblichkeit und Gewalt" – grundsätzliche Überlegungen zu einer undurchsichtigen Beziehung

Mechthild Bereswill

Im Folgenden werden zentrale theoretische Impulse aus der Frauen- und Geschlechterforschung mit Diskursen zum Verhältnis zwischen Gewalt und Geschlecht, genauer gesagt zu Weiblichkeit und Gewalt verknüpft. Es wird zunächst anhand eines Beispiels in das Thema eingeführt, wobei bereits zentrale Argumentationslinien zur Beziehung zwischen Weiblichkeit und Gewalt entwickelt werden. Im zweiten Schritt wird auf aktuelle Zeitdiagnosen zu „Gewalt im Geschlechterverhältnis" Bezug genommen, aus denen mehr offene Fragen als eindeutige Antworten resultieren. Zur weiteren Konkretisierung dieser Fragen, werden anschließend verschiedene Bedeutungsfacetten der Kategorie Geschlecht vorgestellt und mit der Fragestellung des Textes verknüpft. Dabei wird deutlich, wie vielschichtig und widersprüchlich das Verhältnis zwischen Gewalt und Geschlecht ist. Vor diesem Hintergrund werden im Ausblick des Textes zentrale Herausforderungen für eine praktische Arbeit mit und im Interesse von Frauen skizziert.

1. Gewalttätige Frauen sind verrückt – eine beliebte Konstruktionsformel für Geschlechterdifferenz

Anfang der 1980er Jahre wurde bei der Berliner Frauensommeruniversität ein Spielfilm der niederländischen Filmemacherin Marlen Gorris mit dem Titel „Die Stille um Christine M." gezeigt, auf den Feministinnen nicht nur dort mit großer Begeisterung reagierten. Es handelt sich um die Geschichte von vier Frauen. Drei dieser Frauen töten gemeinsam einen Boutiquebesitzer, nachdem er eine der drei beim Ladendiebstahl gestellt hat. Sie kennen sich nicht persönlich und werden sich auch nicht weiter kennen lernen. Die vierte ist Psychiaterin. Sie wird als Gutachterin der Täterinnen bestellt und versucht, den lebensgeschichtlichen Hintergründen und Motiven für diese Tat auf die Spur zu kommen. Ihr Ziel ist, die Pathologie hinter dem Geschehen zu erhellen, um psychiatrische Gutachten zur Schuldunfähigkeit der Frauen zu erstellen und sie damit zu entlasten. Es kommt aber anders: Je intensiver sie zu den einzelnen Frauen in Beziehung tritt, desto stärker geraten ihre fachlichen Klassifizierungen aus dem Lot: Was ist normal und was abweichend? Was haben diese Zuschreibungen mit den Lebensbedingungen von Frauen zu tun? Auch ihre persönlichen Selbstverständlichkeiten „als Frau" beginnen zu wanken: Wie kommt es, dass ihr die drei Frauen „so normal" vorkommen? Sie gerät in eine fachliche wie persönliche Krise. Als sie ihren Mann, einen anerkannten Juristen, mit ihren Zweifeln konfrontiert, beginnt es auch in ihrer privaten Welt zu kriseln. Er hält sie für überidentifiziert mit dem Fall und drängt sie zu einem konventionellen Gutachten, nicht zuletzt im Interesse seines eigenen öffentlichen Ansehens.

Im letzten Teil des Films sehen wir die Gerichtsverhandlung. Die Gutachterin erklärt, die Frauen seien normal. Ihre Tat sei auf keinen Fall der Ausdruck von Wahnsinn. Ganz im Gegenteil: Ihr Gemeinschaftsdelikt sei die nachvollziehbare Reaktion auf ihre Lebensbedingungen in einer Gesellschaft, die Frauen einschränke. Sie hat ihren Ruf als seriöse Gutachterin gründlich ruiniert und die Unterstützung ihres Mannes verspielt.

Die feministische Botschaft des Films ist klar und unmissverständlich: Nicht die individuellen Frauen sind verrückt, es sind die Verhältnisse, in denen sie leben – eine Einschätzung, die sich in vielen feministischen Texten der 1980er Jahre findet. Der Film endet aber nicht mit dem fatalistischen Blick auf Frauen als Opfer: Als der Richter sich in immer krudere Aussagen über „Frauen" verstrickt, lacht zuerst die Gutachterin, dann fallen alle Frauen im Saal in dieses Lachen ein. Es entsteht ein Tumult und die Versammlung wird von der Obrigkeit aufgelöst. Auch die drei Täterinnen lachen schallend, sogar noch als sie abgeführt werden.

Im Mittelpunkt des Filmbeispiels steht der immer noch aktuelle Widerspruch zwischen kulturellen Weiblichkeitsvorstellungen und Gewalthandeln. Agieren Frauen gewalttätig, entsteht eine Inkongruenz zwischen den normativen Erwartungsunterstellungen an ihre Verkörperung und Darstellung von Weiblichkeit und ihren tatsächlichen Verhaltensmustern. Werden Frauen gewalttätig, also als Täterinnen aktiv, entsteht eine Nicht-Übereinstimmung, die erklärungsbedürftig ist – nicht zuletzt, weil die Gewalttat einer Frau mehr aus dem Lot bringt als nur das Bild, das wir uns von diesen bestimmten Frau gemacht haben. Es handelt sich um eine Abweichung von der gängigen Geschlechterordnung. Diese Abweichung wird in der Praxis sozialer Kontrolle mit Hilfe einer bis heute recht wirkungsvollen Formel aufgelöst: Sie lautet: *Weiblichkeit plus Gewalt ergibt eine psychische Störung.* Diese Formel wird im Film auf den Kopf gestellt, wenn die Gutachterin zu dem Schluss kommt, dass die Gewalt der Frauen eine nachvollziehbare Reaktion auf ihre Lebenslagen ist.

Aus dem Blickwinkel prominenter Ansätze der Frauen- und Geschlechterforschung wird in dem gut zwanzig Jahre alten Film ein Grundmuster von Geschlechterdifferenz erschüttert. Anders gesagt: Die Aufrechterhaltung der sozialen Ordnung zwischen den Geschlechtern ist an die fortlaufende Reproduktion von Geschlechterdifferenz gebunden (Hagemann-White 1993, 1994; Hirschauer 1993; Wetterer 1995; Gildemeister 2000; Kelle 2001; Popp 2003). Frauen und Männer dürfen durchaus das Gleiche tun – so lange es unterschiedlich wahrgenommen und bewertet wird. Wir haben es mit einem hartnäckigen Gleichheitstabu zu tun, bei dem Differenz und Hierarchie in enger Beziehung zueinander stehen.

Vor dem Hintergrund dieses Gleichheitstabus ist es plausibel, dass Frauen Gewalt nicht zugeschrieben oder gewalttätigen Frauen und Mädchen eigene Handlungsautonomie oder Aktionsmacht abgesprochen wird (Popp 2003; Bruhns 2002, 2003): Gewalt wird kulturell mit Männlichkeit assoziiert (Bereswill 2003; Meuser 2002). Die Ignoranz gegenüber Täterinnen oder die Umwertung ihrer Täter- in Opferpositionen tragen maßgeblich dazu bei, dass der Gewalttäter männlich ist – das zeigen beispielsweise die Studien von Ulrike Popp (2003) zu Mädchen und Jungen in der Schule.

Die Filmemacherin spielt mit dieser Konstruktionslogik des normalen, weil männlichen Täters und entlarvt sie durch Umkehrung. Die Idee zum Film entstand, als sie in einer kurzen Zeitungsnotiz las, drei Männer hätten eine Boutiquebesitzerin getötet. „Die Stille um Christine M." ist also das Ergebnis eines Gedankenexperiments: Die Selbstverständlichkeiten der Geschlechterordnung werden verdreht. Durch einen einfachen Trick treten die Grundmuster dieser Ordnung in ihrer ganzen Schärfe zu Tage: Die Täterschaft von Frauen wird unmittelbar mit Krankheit assoziiert. Ihre Gewalt kann nur als eine individuelle Störung akzeptiert werden.

Unsere alltäglichen Wahrnehmungs- und Bewertungsmuster einzuklammern, sie experimentell zu verkehren, zu verfremden oder außer Kraft zu setzen ist eine wirkungsvolle Möglichkeit, die alltäglichen Herstellungsmodi von Geschlechterdifferenz aufzudecken und eine undurchsichtige Beziehung wie die zwischen Gewalt und Geschlecht transparenter zu machen. Es handelt sich um eine Reflexions- und Forschungsstrategie der Ethnomethodologie, mit deren Hilfe die alltäglich wirksamen Konstruktionslogiken von Zweigeschlechtlichkeit systematisch aufgedeckt werden können: Frauen und Männer sind nicht verschieden, sie müssen ihre Verschiedenheit alltäglich herstellen und beweisen (Althoff u.a. 2001; Gildemeister 2000; Hirschauer 1993; Hagemann-White 1993, 1994; Wetterer 1995). Dies wird uns erst dann bewusst, wenn unsere Alltagsgewissheiten über die Geschlechter ins Wanken geraten – eine Position, die die Psychiaterin im Film exemplarisch verkörpert.

Die interaktiven Prozesse der Herstellung und Aufrechterhaltung von Geschlechterdifferenz verlaufen nicht wertfrei. Sie sind mit Auf- und Abwertungen verbunden und mit Platzanweisungen in einer hierarchischen Struktur. Auf diese Verknüpfung zwischen Differenz und Hierarchie und ihre Institutionalisierung in Ungleichheitsverhältnissen haben auch Gewaltforscherinnen immer wieder hingewiesen. So schreibt Carol Hagemann-White in einem 2002 erschienenen Überblickstext zu „Gewalt im Geschlechterverhältnis": „Auf Gewaltverhältnisse zu zeigen, heißt immer Machtverhältnisse zur Diskussion zu stellen" (29).

Auch die Filmemacherin thematisiert Machtverhältnisse, wenn sie mit der Beziehung zwischen Weiblichkeit und Gewalt spielt: Sie entlarvt den männlichen Blick auf Frauen als Täterinnen. Einerseits stellt sie die Differenz zwischen den Geschlechtern radikal in Frage: Warum sollten Frauen ein anderes, ein verrückteres Verhältnis zu ihren Gewaltpotenzialen haben als Männer? Andererseits wird im Film auf einem Unterschied beharrt: Die Differenz zwischen Frauen und Männern zeigt sich in ihren unterschiedlichen gesellschaftlichen Chancen, einen autonomen Lebensentwurf zu verwirklichen. Dies wird anhand der Biografien der drei Täterinnen durchgespielt.

Letztlich wird der Gewaltakt der Frauen als Befreiung aus der Unmündigkeit legitimiert und die strukturelle Gewalt von Männern gegenüber Frauen angeklagt. Die Beziehung zwischen Gewalt und Geschlecht ist direkt mit der Hierarchie zwischen den Geschlechtern verbunden – Gewalt ist männlich, selbst wenn das konkrete Gewalthandeln im Film von Frauen ausgeht. Das Gedankenexperiment, das den Film in den 1980er Jahren so erfolgreich und zugleich so provozierend wirken ließ, kann noch weiter getrieben werden, indem die homosoziale Dimension von Geschlechterbeziehungen in den Blick rückt: Was, wenn drei Frauen eine ihnen unbekannte Geschäftsfrau oder drei Männer einen ihnen unbekannten Mann töten? Welche kulturellen Deutungsmuster von Gewalt und Geschlecht entdecken wir dann? Wird deren Grundstruktur weiterhin durch die Inkompatibilität von Weiblichkeit und Gewalt einerseits und die Kompatibilität von Männlichkeit und Gewalt andererseits geprägt?

Lassen wir diese Fragen offen und halten an dieser Stelle fest: Die feministische Analyse zu Gewalt im Geschlechterverhältnis, die dem Film zugrunde liegt, hat viele Kontroversen ausgelöst, auch in der Frauen- und Geschlechterforschung. Der Radikalität dieser Analyse ist es zu verdanken, dass Gewalt im Geschlechterverhältnis nicht mehr weithin tabuisiert, sondern zunehmend als gesellschaftlicher Skandal begriffen wird (Schröttle 2002; Hagemann-White 2002). Gleichzeitig haben Frauenbewegungen einen gesellschaftlichen Wandel in Gang gesetzt, dessen Konsequenzen, auch für die Bedeutung und die Veränderungen von Gewalt im Geschlechterverhältnis, sehr unterschiedlich eingeschätzt werden.

2. Frauen als Täterinnen – ein Indikator für Wandel im Geschlechterverhältnis?

Die Soziologin Manuela Boatca (2003: 61) meint in einem Aufsatz über den „Kulturcode Gewalt", Gewalt im Geschlechterverhältnis sei gleichzeitig ein Indikator und ein Bestandteil des sozialen Wandels zwischen den Geschlechtern. Damit setzt sie voraus, dass gesellschaftliche Erscheinungsformen von Gewalt immer mit den Organisationsprinzipien des Geschlechterverhältnisses verwoben sind. Mit dem Begriff des Geschlechterverhältnisses wird eine relationale Perspektive auf gesellschaftliche Machtverhältnisse und Strukturen eingenommen (Becker-Schmidt 1993). In Fragen übersetzt heißt das: Wie stehen Frauen und Männer als soziale Gruppen, nicht als Individuen in Relation zueinander? Wie ist Gewalt in diesen Strukturzusammenhang eingebunden? Gibt es beispielsweise einen Zusammenhang zwischen der Arbeitsteilung der Geschlechter und ihrem Verhältnis zu Gewalthandeln?

Eine Antwort der 1980er Jahre lautete, Männer würden strukturelle Gewalt über Frauen ausüben. Diese Sicht ist mittlerweile kontrovers beleuchtet und weiter ausdifferenziert worden, beispielsweise auch in den Arbeiten der Männerforschung, in denen die Gewalt zwischen Männern fokussiert wird (Meuser 2002). Die weitere Ausdifferenzierung zentraler Erkenntnisse der feministischen Forschung und Theoriebildung steht in enger Beziehung zu den Debatten in, auch internationalen, Frauenbewegungen und zu gesellschaftlichen Veränderungen, die auch durch soziale Bewegungen angestoßen wurden. Eine zentrale Erkenntnis lautet, dass Frauen (und Männer) eine heterogene soziale Gruppe darstellen; eine weitere, dass die gesellschaftliche Situation sich seit den 1980er Jahren gewandelt hat. Geschlechterverhältnisse sind in Bewegung geraten, bei-

spielsweise durch Veränderungen im Familienrecht oder durch die gestiegene Bildungs- und Erwerbsbeteiligung von Frauen in Westdeutschland
und die politische Wende in der DDR. Wie grundlegend dieser Wandel
im Hinblick auf die Veränderung von Ungleichheitsstrukturen im Geschlechterverhältnis ist, ist allerdings höchst umstritten (Wetterer 2003).

Auch Manuela Boatca verweist auf gesellschaftlichen Wandel. Veränderungen im Geschlechterverhältnis, so die These der Autorin, gehen
mit einer veränderten Beziehung zwischen Gewalt und Geschlecht einher.
Sie macht das an quantitativen Daten zum Anstieg der Gewalttaten von
Frauen fest. Es sind internationale Daten über den Anstieg von Gewalt
von Frauen in Partnerschaften – ein Beispiel, das derzeit immer wieder
angeführt wird, um den Wandel im Geschlechterverhältnis zu belegen.
Kritisch zu bedenken ist dabei aber zweierlei: Die Erhebung valider Daten, insbesondere zum Aufkommen von häuslicher Gewalt ist methodisch
sehr anspruchsvoll und hoch störanfällig, insbesondere in repräsentativ
angelegten, quantitativen Designs; darauf weist Carol Hagemann-White
überzeugend hin (2002). Vor allem aber stellt sich die Frage, ob der eigent-
liche Wandel nicht eher darin zu sehen ist, dass wir mittlerweile in der
Lage sind, die Gewalttaten von Frauen überhaupt wahrzunehmen und
Wissenschaft sich zunehmend bemühen muss, ihren verzerrten Blick zu
revidieren (Bock 2003). Das geht auch damit einher, Männer als Opfer
wahrnehmen zu lernen, was eine nicht minder schwere Erschütterung der
Geschlechterordnung darstellt (Bereswill 2004; Lenz /Meier 2002).

Ob die Gewaltakte von Frauen und Mädchen Ausdruck ihrer veränderten Lebenslagen sind und damit auch auf ihr verändertes Verhältnis
zu sich selbst verweisen, ist eine offene Frage, auf die es aufgrund fort-
laufender Ungleichzeitigkeiten im sich wandelnden Geschlechterverhältnis keine eindeutige Antwort gibt. Die Frage lässt sich in die Tiefe verfolgen, wenn wir verstehende, also qualitative Verfahren heranziehen, um
die Selbstdeutungen von Täterinnen zu rekonstruieren. Die Soziologin
Kirsten Bruhns (2002, 2003) hat diesen fallverstehenden Zugang zu den
Selbstaussagen von gewalttätigen Mädchen aus verschiedenen Jugendgruppen gewählt und zwar längsschnittlich, also über den Abstand von
mehreren Jahren. Kirsten Bruhns und Svendy Wittmann (2002) arbeiten
heraus, dass die Mädchen um die althergebrachte Zuordnung von Gewalt zu Männlichkeit wissen und diese zurückzuweisen in der Lage sind:
In ihren Cliquen finden sie eine Möglichkeit, „gewaltintegrierende Weiblichkeitsbilder" (Bruhns 2002: 191) zu artikulieren, vor allem aber diese
gemeinsam zu entwickeln.

Trotz dieses Befundes ist Kirsten Bruhns vorsichtig, was allgemeine

Aussagen über einen generellen Wandel anbetrifft: „Angesichts der zeitlichen Fristigkeit und der sozialen Exkludiertheit der informellen Referenzrahmen subkultureller Gruppen lassen sich keine verlässlichen Aussagen zur Bedeutung hier entwickelter Weiblichkeitskonzepte für die Entwicklung der gesellschaftlichen Geschlechterordnung treffen" (2003: 228).
Denn auch die hier zu Wort kommenden Mädchen verfolgen gleichzeitig
traditionelle Lebensentwürfe als Frauen im Berufs- und Familiensystem,
mit denen sie sich zwangsläufig in Widerspruch zu ihren gewaltnahen
Selbstentwürfen als junge Frauen begeben.

Die hier vertretene Relativierung von Wandel verweist auch darauf,
dass die Einschätzung, wie tief Phänomene des Wandels greifen, davon
abhängt, welchen Ausschnitt von gesellschaftlichem Wandel Forschung in
den Blick nimmt und auf welche Dimensionen von Geschlecht dabei Bezug genommen wird. Dieser Gedanke wird im folgenden Abschnitt weiter konkretisiert, indem verschiedene Bedeutungsfacetten von Geschlecht
in Bezug zu Gewalt und Geschlecht gesetzt werden.

3. Die verschiedenen Dimensionen der Beziehung
zwischen Geschlecht und Geschlecht

Die Reflexion auf den Film hat eine doppelte Denkbewegung frei gelegt,
was den wissenschaftlichen wie praktischen Umgang mit der konkreten
Gewalt von Frauen anbetrifft. Es ist die stete Hin- und Herbewegung
zwischen zwei sehr unterschiedlichen Blickwinkeln auf Geschlechterfragen. Einmal sind wir aufgefordert, uns auf die kritische Dekonstruktion von geschlechtsbezogenen Zuschreibungen zu konzentrieren: In der
Folge werden frauen- oder männertypische Zuschreibungen oder Verhaltensweisen radikal in Frage gestellt: Geschlechterdifferenz wird als
Resultat sozialer Zuschreibungen entlarvt, die mit Hierarchien, also mit
Auf- und Abwertungen einhergehen. Hierbei wird *Geschlecht als soziale
Konstruktion* begriffen. Der zweite Blickwinkel, der in dieser konstrukti-
vistischen Auffassung nicht aufgeht, zielt auf die deutliche Benennung
von Ungleichheiten im Geschlechterverhältnis und zwar zu Ungunsten
von Frauen. Werden beide Blickwinkel zusammen gedacht, verstricken
wir uns in einem unauflöslichen Dilemma: Aus einer sozialkonstrukti-
vistischen Perspektive soll Geschlechterdifferenz aufgelöst werden, aus
einer sozialstrukturellen Perspektive fragen wir gezielt nach „Frauen"
und „Männern" und setzen damit Differenz voraus, allerdings auf einer
ganz anderen Analyseebene, weil nicht Interaktionsprozesse, sondern

verfestigte Strukturen der Ungleichheit in den Blick genommen werden – damit verbunden ist die Konzeption von *Geschlecht als Strukturkategorie* (Becker-Schmidt 2000). Das angedeutete Dilemma verweist auf die bisher ungelöste Herausforderung, interaktions- und strukturtheoretische Ansätze zu Geschlecht stärker zu integrieren. Rein forschungspragmatisch können wir auf keine der beiden Untersuchungsperspektiven verzichten, soll das Verhältnis zwischen Gewalt und Geschlecht einer umfassenden Analyse unterzogen werden.

Unter dem Blickwinkel, dass Geschlecht eine soziale Konstruktion ist, ist immer wieder zu betonen: Gewalt hat kein Geschlecht – es gibt keine weibliche oder männliche Gewalt. Im alltäglichen Herstellungsprozess von Geschlecht existiert aber eine enge Beziehung zwischen Gewalt und Geschlecht, das ist empirisch unzweifelhaft. Aus dem gesellschaftstheoretischen Blickwinkel, dass Geschlecht eine Strukturkategorie ist, ergibt sich, dass Geschlecht ein gesellschaftlicher Platzanweiser ist und Geschlechterverhältnisse und Gewaltverhältnisse ineinander verschränkt sind.[1]

So fragt sich auf der Ebene von *Geschlechterverhältnissen*, die Regina Becker-Schmidt und Axeli Knapp (1995, 16 f.) als Regeln und Organisationsprinzipien definieren, durch welche Geschlechtsgruppen gesellschaftlich zueinander ins Verhältnis gesetzt werden: Wie ist die Beziehung zwischen Gewalt und Geschlecht in gesellschaftliche Organisationsprinzipien eingebunden? Solche Prinzipien sind beispielsweise Formen der Verrechtlichung einer Gesellschaft, die Gewalt legitimieren oder eingrenzen: Als Beispiel lässt sich der umkämpfte Tatbestand der Vergewaltigung in der Ehe anführen. Aber auch die unterschiedlichen Formen sozialer Kontrolle gegenüber Frauen und Männern sind der Ausdruck ihrer differenten Positionen im Geschlechterverhältnis. Entsprechend weist die Kriminologin Lydia Seus (1998) auf den Zusammenhang zwischen schichtspezifischen und geschlechtsspezifischen Mustern hin, mit denen junge Frauen und junge Männer vor Gericht konfrontiert sind. Sie kommt zu dem Schluss, dass der soziale Status von Menschen die konkrete Form der akzeptierten Weiblichkeit und Männlichkeit unterlegt: Die Konstruktion einer traditionellen Weiblichkeit von Arbeitertöchtern, so Seus, blockiert die Fortsetzung von Delinquenz über die Jugendphase hinaus. Dies interpretiert die Autorin als einen Anpassungsmechanismus von Frauen, der mit ihrer untergeordneten gesellschaftlichen Position einhergeht: „Beide

---

1   Die folgenden Überlegungen sind begrifflich an einen Überblick von Regina Becker-Schmidt und Gudrun Knapp (1995: 16–18) angelehnt.

Phänomene, der stärkere Ausschluss von der Teilhabe an Macht, Erfolg und hohem Status sowie die höhere Konformität haben u.a. ihre Wurzeln in der spezifischen Verortung von Frauen in der privaten Sphäre und in den daraus folgenden Kontrollmechanismen" (46). Dass junge Frauen und junge Männer unterschiedlichen Kontrollmechanismen unterliegen und diese Mechanismen Frauen und Männern unterschiedliche Zugänge zu verschiedenen gesellschaftlichen Sphären ermöglichen, ist eine zentrale Erkenntnis feministischer Forschung, die auch im eingangs zitierten Filmbeispiel eine Rolle spielt.

Auf der Ebene der *kulturellen Konstruktion von Geschlecht* stellt sich nun die Frage: Wie korrespondieren kulturelle Ideale von Weiblichkeit und Männlichkeit und gesellschaftliche Gewaltbilder miteinander? Solche Ideale sind historisch tradiert und unterliegen Veränderungen. Dieser Wandel verläuft nicht linear, sondern ungleichzeitig. Das bedeutet, wir haben es immer mit einem Neben- und Durcheinander von Bildern zu tun. Auch deshalb ist es nicht einfach, auszumachen, ob das grundlegende Muster, dass Gewalt kulturell mit Männlichkeit assoziiert wird, sich aufzulösen beginnt.

Aus einer subjektbezogenen Perspektive ist nach der Bedeutung von *Geschlechtsidentitäten* und sozialen Handlungsmustern zu fragen: In welcher Beziehung stehen individuelle Handlungsmuster, die mit Geschlecht verbunden sind, zu solchen von Gewalt? Konkret gefragt: Wie erleben Frauen ihre Taten im Bezug auf ihre Selbstbilder und Selbstempfindungen „als Frau"? Wie überbrücken sie den Widerspruch zwischen Weiblichkeitsvorschriften und ihren Gewaltakten? Solche Fragen lassen sich gut an den derzeitigen Forschungsarbeiten zu gewaltbereiten Mädchen durchspielen (Bruhns 2002, 2003).

Die zuletzt aufgeworfenen Fragen nach den Handlungs- und Identitätskonflikten von Mädchen und Frauen rücken die Bedeutung von Geschlecht für die biografischen Orientierungen von Menschen in den Mittelpunkt. Soziales Handeln ist nicht einfach Ausdruck gesellschaftlicher Verhältnisse oder Strukturen. Die biografische Aneignung von Geschlecht ist ein vielschichtiger und in sich sehr widersprüchlicher Vorgang. Dabei sind die eigensinnigen Potenziale von Menschen lebenslang mit gesellschaftlichen Strukturvorgaben konfrontiert, ohne die Wechselbeziehung zwischen solchen Vorgaben und den eigenen Bedürfnissen immer bewusst wahrgenommen und gestaltet werden kann (Becker-Schmidt/ Knapp 1987; Bereswill 2006).

Auf die Unterschiede und die Gemeinsamkeiten in den Lebensentwürfen von Frauen und Männern zu reflektieren, setzt erneut eine doppelte Denkbewegung voraus. Einerseits gilt es, die gesellschaftlichen Erwartungshorizonte im Blick zu behalten, vor denen Menschen handeln. Andererseits ist es von großer Bedeutung, den eigenen Blick offen zu halten für die konflikthafte Gestaltung sozialer Zwänge, Chancen und Risiken. „Weiblichkeit" und „Männlichkeit" sind keine reibungslosen Identitätskategorien. Ganz im Gegenteil: Die biografische Verarbeitung der sozialen Bedeutungen von Geschlechterdifferenz stellt ein lebenslanges Konfliktpotenzial dar. Für Frauen, deren Verhalten deutlich von Weiblichkeitserwartungen abweicht, verschärfen sich solche Konflikte, darüber täuscht auch der allseits heraufbeschworene Wandel in den Geschlechterbeziehungen nicht hinweg.

4. Den „doppelten Blick" offen halten: in Widersprüchen agieren und an Konflikten ansetzen

Die Überlegungen in diesem Text sind auf Geschlecht als eine Analysekategorie konzentriert. Solche Perspektiven können nicht im Verhältnis Eins zu Eins auf die Praxis der Sozialen Arbeit übersetzt werden. Sie gewähren aber wichtige Reflexionsmöglichkeiten für die Handlungsorientierungen im Umgang mit gewalttätigen oder bewaltbereiten Frauen (oder Männern[2]), ohne dass dies mit ganz neuen Konzepten verbunden ist. Im Kontext der hohen Bedeutung, die der biografischen Verarbeitung von Konflikten, auch im Umgang mit der Aneignung und Gestaltung von Geschlecht zuzurechnen ist, sind Fall verstehende Zugänge, die eine biografische Perspektive einbeziehen weiter zu entwickeln. Entscheidend ist dabei allerdings, dass Biografien nicht als schlüssige Karrieren „von einem Ausgangspunkt bis hin zur Tat" gelesen werden – eine Verführung, die in Institutionen sozialer Kontrolle groß ist. Wird stattdessen bei den biografischen Konflikten von Frauen angesetzt – bei den Ungereimtheiten, bei Brüchen und bei ihren eigenen Bildern von Weiblichkeit – lässt sich erschließen, welchen Sinn Gewalthandeln im Kontext ihrer lebensgeschichtlichen Prozesse hat. Die Frage nach dem subjektiven, biografischen Sinn von Gewalt deckt Bedeutungen auf, die oftmals hinter den

---

2   Im folgenden Ausblick wird darauf verzichtet, die Argumente auf Frauen wie Männer bezogen durchzuspielen. Dies erfolgt zum einen aus Platzgründen, zum anderen wird damit aber auch auf eine weitere Komplexitätssteigerung verzichtet. Die folgenden Überlegungen gehen allerdings weder davon aus, dass nur Frauen mit Frauen arbeiten sollten, auch wenn sie sich – aufgrund des Ausgangsbeispiels – auf Frauen konzentrieren. Geschlecht wird damit auch nicht auf Frauen reduziert.

kulturellen Bedeutungen von Gewalt und Geschlecht verborgen bleiben. Zugleich eröffnet ein biografischer Zugang zu den Handlungsmustern von Menschen auch einen Zugang zu ihren Potenzialen, Wünschen und Selbstutopien, die nicht in gängigen Zuschreibungen von vergeschlechtlichter Devianz aufgehen. Damit verbunden ist ein verstehender Zugang zur Beziehung zwischen Weiblichkeit und Gewalt, der diese Beziehung aus Sicht der betreffenden Frau selbst rekonstruiert. Hier liegt aus meiner Sicht der Schlüssel für eine Arbeit mit und an den Widersprüchen, in denen Frauen sich auch gegenwärtig bewegen müssen – die professionellen Frauen nicht ausgeschlossen.

Dieser Zugang bringt professionelle Frauen zwangsläufig in Kontakt mit ihren eigenen Weiblichkeitsvorstellungen und Konflikten. Geschlecht als eine Handlungskategorie zu begreifen, bedeutet, sich selbst in alltägliche Herstellungsmuster von Geschlechterdifferenz und Konflikte zu verstricken. Dabei merken wir, dass wir solche Muster zwar durchschauen lernen, sie aber deshalb nicht auflösen können. Die eigenen Handlungsstrategien im Umgang mit Geschlechterdifferenz können immer erst nachträglich reflexiv werden. Deshalb bieten die theoretischen Analysen der Frauen- und Geschlechterforschung einen guten Referenzrahmen für solche Reflexionen auf die eigene Praxis, unmittelbare Handlungsrezepte bieten sie nicht. Ganz im Gegenteil: Sie halten nicht einmal eindeutige Antworten auf grundsätzliche Fragen bereit. Stattdessen fordern theoretische und empirische Differenzierungen immer neue Perspektivwechsel heraus: Einen doppelten Blick auf Weiblichkeitszuschreibungen und auf die konkreten Lebenslagen von Frauen zu praktizieren, erfordert professionelle Selbstreflexion, um eigene Wahrnehmungsmuster und Konflikte im Umgang mit dem Widerspruch zwischen Weiblichkeit und Gewalthandeln zu hinterfragen. Diese kritisch-reflexive Haltung im Bezug auf eigene und im institutionellen Umfeld kursierende Weiblichkeitserwartungen und -bilder bildet eine wichtige Basis für die Arbeit mit Frauen, die auf extreme Weise von gesellschaftlichen Erwartungen abweichen. Mit ihnen in Beziehung zu treten, bedeutet, mit ihren Konflikten in Berührung zu geraten, sie zu spüren und in Gegenübertragungsreaktionen auszuagieren (Nadig 1998).

Dies widerfährt auch der professionellen Frau im Film: Die Psychiaterin erlebt einen Prozess, der in der Ethnopsychoanalyse als ein „sozialer Tod" (Nadig 1986; Bereswill/Ehlert 1996) bezeichnet wird: ihre Identitätsstützen brechen weg, ihr Gefühl zu sich selbst und ihre Sicherheit im Umgang mit den Geschlechterbeziehungen schwindet. Ihre Krise ist verbunden mit dem Bild eines utopischen Zwischenraums: Sie ist *nicht mehr*, wer sie einmal war und *noch nicht*, wer sie nach dem Konflikt mit der eigenen Professionalität sein wird. In diesem Moment des Aufbruchs einer Professionellen in die Ungewissheit eines anderen Umgangs mit weiblicher Autonomie liegt der utopische Gehalt des Films: Frauen sind „mehr" und „anders" als Weiblichkeitsklischees ihnen unterstellen (Becker-Schmidt/ Knapp 1987). Das gilt auch für Frauen, die durch abweichendes Verhalten aufgefallen und dadurch besonders stark auf Klischees zurück geworfen sind.

Literatur

Althoff, Martina/Bereswill, Mechthild/Riegraf, Birgit (2001): Feministische Methodologien und Methoden. Traditionen, Konzepte, Erörterungen. Band 2 der Lehrbuchreihe zur sozialwissenschaftlichen Frauen- und Geschlechterforschung. Opladen

Becker-Schmidt, Regina (2000): Frauenforschung, Geschlechterforschung, Geschlechterverhältnisforschung. In: Dies./Knapp, Gudrun-Axeli: Feministische Theorien zur Einführung. Hamburg. S. 14–62

Becker-Schmidt, Regina/Gudrun-Axeli Knapp (1995): Einleitung. In: Becker-Schmidt, Regina und Gudrun-Axeli Knapp (Hg.): Das Geschlechterverhältnis in den Sozialwissenschaften. Frankfurt/New York. S. 16–18

Becker-Schmidt, Regina (1993): Geschlechterdifferenz – Geschlechterverhältnis: Soziale Dimensionen des Begriffs „Geschlecht". In: Zeitschrift für Frauenforschung 11, Heft 1/2, S. 37–46

Becker-Schmidt, Regina/Knapp, Gudrun-Axeli (1987): Geschlechtertrennung – Geschlechterdifferenz. Suchbewegungen sozialen Lernens. Bonn

Bereswill, Mechthild (2006): Die biografische Verarbeitung des Freiheitsentzugs. Eine qualitative Längsschnittstudie zu den Gefängniserfahrungen männlicher Jugendlicher und Heranwachsender. Interdisziplinäre Beiträge zur kriminologischen Forschung. Baden-Baden (im Druck)

Bereswill, Mechthild (2004): „The Society of Captives" – Formierungen von Männlichkeit im Gefängnis. Aktuelle Bezüge zur Gefängnisforschung von Gresham M. Sykes. In: Kriminologisches Journal, 36. Jg., 2004, Heft 2, S. 92–108

Bereswill, Mechthild (2003): Gewalt als männliche Ressource? – Theoretische und empirische Differenzierungen am Beispiel junger Männer mit Hafterfahrungen. In: Lamnek, Siegfried/Boatca, Manuela (Hg.): Geschlecht Gewalt Gesellschaft. Otto-von-Freising-Tagungen der Katholischen Universität Eichstätt-Ingolstadt, Band 4, S. 123–137. Opladen

Bereswill, Mechthild/Ehlert, Gudrun (1996): Alleinreisende Frauen zwischen Selbst- und Welterfahrung. Königstein/Taunus.

Boatca, Manuela (2003): Kulturcode Gewalt. In: Lamnek, Siegfried/Boatca, Manuela (Hg.): Geschlecht Gewalt Gesellschaft. Otto-von-Freising-Tagungen der Katholischen Universität Eichstätt-Ingolstadt, Band 4, S. 55–70. Opladen

Bock, Michael (2003): „Natürlich nehmen wir den Mann mit". Über Faktenresistenz und Immunisierungsstrategien bei häuslicher Gewalt. In: Lamnek, Siegfried/Boatca, Manuela (Hg.): Geschlecht Gewalt Gesellschaft. Otto-von-Freising-Tagungen der Katholischen Universität Eichstätt-Ingolstadt, Band 4, S. 179–194. Opladen

Bruhns, Kirsten (2002): Gewaltbereitschaft von Mädchen – Wandlungen im Geschlechterverhältnis. In: Dackweiler, Regina-Maria/Schäfer, Reinhild (Hg.): Gewalt-Verhältnisse. Feministische Perspektiven auf Geschlecht und Gewalt, S. 171–197. Frankfurt/New York

Bruhns, Kirsten (2003): Mädchen in gewaltbereiten Jugendgruppen: Gewaltbereitschaft als Geschlechterkonstruktion. In: Lamnek, Siegfried/Boatca, Manuela (Hg.): Geschlecht Gewalt Gesellschaft. Otto-von-Freising-Tagungen der Katholischen Universität Eichstätt-Ingolstadt, Band 4, S. 215–230. Opladen

Bruhns, Kirsten/Wittmann, Svendy (2002): „Ich meine, mit Gewalt kannst du dir Respekt verschaffen". Mädchen in gewaltbereiten Jugendgruppen. Opladen

Hagemann-White, Carol (2002): Gewalt im Geschlechterverhältnis als Gegenstand sozialwissenschaftlicher Forschung und Theoriebildung: Rückblick, gegenwärtiger Stand, Ausblick. In: Dackweiler, Regina-Maria/Schäfer, Reinhild (Hg.): Gewalt-Verhältnisse. Feministische Perspektiven auf Geschlecht und Gewalt, S. 29–52.. Frankfurt/New York

Hagemann-White, Carol (1994): Der Umgang mit Zweigeschlechtlichkeit als Forschungsaufgabe. In: Diezinger, Angelika/Kitzer, Hedwig/Anker, Ingrid/Bingel, Irma/Haas, Erika/Odierna, Simone (Hg.): Erfahrung mit Methode. Forum Frauenforschung, Band 8. Schriftenreihe der Sektion Frauenforschung in der DGS. Freiburg. S. 301–318

Hagemann-White, Carol (1993): Die Konstrukteure des Geschlechts auf frischer Tat ertappt? Methodische Konsequenzen aus einer theoretischen Einsicht. In: Feministische Studien 2 (19), S. 68–78

Hirschauer, Stefan (1993): Dekonstruktion und Rekonstruktion. Plädoyer für die Erforschung des Bekannten. In: Feministische Studien 2 (19): 55–67

Gildemeister, Regine (2000): Geschlechterforschung (gender studies). In: Flick, Uwe/von Kardorff, Ernst/Steinke, Ines (Hg.): Qualitative Sozialforschung. Ein Handbuch. Reinbek. S. 213–223

Kelle, Helga (2001): „Ich bin der die das macht". Oder: Über die Schwierigkeit „doing gender"-Prozesse zu erforschen. In: Feministische Studien 2 (19), S. 37–56

Lenz, Hans-Joachim/Meier, Christoph (2002): Männliche Opfererfahrungen. Tutzinger Materialie Nr. 88

Meuser, Michael (2002): „Doing Masculinity" – Zur Geschlechtslogik männlichen Gewalthandelns. In: Dackweiler, Regina-Maria/Schäfer, Reinhild (Hg.): Gewalt-Verhältnisse. Feministische Perspektiven auf Geschlecht und Gewalt. Frankfurt/New York. S. 53–78

Nadig, Maya (1986): Die verborgene Kultur der Frau. Ethnopsychoanalytische Gespräche mit Bäuerinnen in Mexiko. Frankfurt

Nadig, Maya (1998): Die Dokumentation des Konstruktionsprozesses. Theorie- und Praxisfragen in Ethnologie und Ethnopsychoanalyse heute. In: Völger, Gisela (Hg.): Sie und er. Frauenmacht und Männerherrschaft im Kulturvergleich. Köln (Rautenstrauch Joest Museum). S. 77–84

Popp, Ulrike (2003): Das Ignorieren „weiblicher Gewalt" als Strategie zur Aufrechterhaltung der sozialen Konstruktion von männlichen Tätern. In: Lamnek, Siegfried/Boatca, Manuela (Hg.): Geschlecht Gewalt Gesellschaft. Otto-von-Freising-Tagungen der Katholischen Universität Eichstätt-Ingolstadt, Band 4. Opladen S. 195–211

Schröttle, Monika (2002): Reflexionen zum Thema aus feministischer Sicht. In: Lenz, Hans-Joachim/Meier, Christoph : Männliche Opfererfahrungen. Tutzinger Materialie Nr. 88, S. 117–124

Seus, Lydia (1998): Men's Theories and Women's Lives. In: Brücker, Margrit (Hg.): Wenn Forschende ein Geschlecht haben. Bulletin Nr. 2, Lausanne

Wetterer, Angelika (1995): Dekonstruktion und Alltagshandeln. Die (möglichen) Grenzen der Vergeschlechtlichung von Berufsarbeit. In: Wetterer, Angelika (Hg.): Die soziale Konstruktion von Geschlecht in Professionalisierungsprozessen. Frankfurt/New York. S. 223–246

Wetterer, Angelika (2003): Rhetorische Modernisierung: Das Verschwinden der Ungleichheit aus dem zeitgenössischen Differenzwissen. In: Knapp, Gudrun-Axeli/Wetterer, Angelika (Hg.): Achsen der Differenz. Gesellschaftstheorie und feministische Kritik II. Münster. S. 286–319

Sanftmütige Männer – dominante Frauen: Wut und Aggression unter der Geschlechterperspektive[1]

Brigitte Bauer

Ein sanftmütiger Mann, eine dominante Frau – eine große Palette von Verhaltensweisen bei beiden Geschlechtern in all den verschiedenen Färbungen und Facetten, auch im Umgang mit *Wut und Aggression.* Wut und Aggression, die Bewegung in unser Leben bringen, Turbulenzen, Streit und Versöhnung, Kampf, Mord und Totschlag, Schmerz, aber auch Lust, vielleicht sogar innigste Nähe, Durchsetzung und Selbstbehauptung, erscheinen unauflösbar mit der Geschlechterfrage verknüpft.

Für alle, die mit den Themen Wut und Aggression praxisbezogen in den unterschiedlichen Tätigkeitsfeldern Sozialer Arbeit zu tun haben, dürfte eine sowohl theoretische als auch sehr persönliche Auseinandersetzung fruchtbar, ja sogar unerlässlich sein. Warum, das möchte dieser Text nahe legen.

Die Thematik Wut und Aggression unter der Geschlechterperspektive legt eine ganz besondere Form der Auseinandersetzung nahe, die auch den folgenden Text kennzeichnet: Eine Vielfalt theoretischer Konzepte und Argumentationsfiguren stehen nebeneinander mit dem Effekt, vielleicht sogar einer gewissen Widersprüchlichkeit, die den Leser, die Leserin verwundern könnte. Der nicht glatt gebürstete Text spiegelt nach Meinung der Verfasserin den gegenwärtigen Stand der theoretischen Diskurse wider: unabgeschlossen und widersprüchlich.

Zunächst sei zur Verständigung und Klärung der Begriffe Wut und Aggression eine „geschlechtsneutrale Definition" versucht.

Denn, wie Christiane Micus (2002) in ihrer Untersuchung aufweist und zur Diskussion stellt, scheinen Frauen und Männer mit dem Begriff Aggression – hier insbesondere in Beziehungen – teilweise recht unterschiedliche Vorstellungen zu verbinden. Frauen denken eher an die eige-

1 Einen herzlichen Dank an Barbara Becker für die kritische Lektüre dieses Textes und an Ulrich W. Dannecker.

ne Selbstbehauptung und an Grenzsetzungen gegenüber anderen – das betont auch Claudia Leeb (1998) –, Männer denken eher an „Schlagabtausch" (Micus 2002: 245).

Bei Männern und bei Jungen gehe es häufig eher um Wettbewerb; das Rivalisieren und das Siegen stehen hier eher im Vordergrund und werden stärker mit dem aggressiven Verhaltensrepertoire verknüpft als bei Frauen und Mädchen – so die These.[2]

Auch Anneliese Buchta (2004) betont die Notwendigkeit, „weibliche" Aggression zu beschreiben und von „männlicher" Aggression – die in den theoretischen Modellen zur Aggression stets im Mittelpunkt stehe – zu unterscheiden. Die Diskussion und Bestimmung „weiblicher" Aggression vollzieht Buchta vor dem Hintergrund psychoanalytisch fundierter theoretischer Erklärungsansätze und fragt dabei insbesondere nach den Konsequenzen für den therapeutischen Prozess und für die Beziehung zur Klientin.

Definitionen, die in der Psychologie momentan weitgehend auf Konsens stoßen – und die sich, wie von etlichen Autorinnen kritisiert wird, zumeist an „männlichen Konzepten" orientieren –, bezeichnen solche Verhaltensweisen als aggressiv, die schädigen, verletzen, zerstören, trennen, entzweien Menschen oder Dinge, die für einen anderen Menschen wichtig und bedeutungsvoll sind, und die andere Menschen in Angst versetzen oder schwächen. Es sind solche Verhaltensweisen, die absichtsvoll verletzen, körperlich oder seelisch, bzw. eine Verletzung wird mit in Kauf genommen. Diese verletzenden Verhaltensweisen können offen, verdeckt oder auch nur in der Phantasie ausgelebt werden.

Es gibt eine breite Palette von Verhaltensweisen, die als aggressiv interpretiert werden können, von offen und laut und heiß bis hin zu schweigend, sprachlos, wortlos, kalt. Sprachverweigerung, gar totales Schweigen können ebenso zerstörend, verletzend sein wie brüllende Worttiraden.

Aggression und Wut werden im Alltagsverständnis häufig miteinander verwechselt oder gleichgesetzt. Nicht so in den meisten theoretischen Erklärungsansätzen.

Wut, ein intensiver Affekt, gehört zur Ausstattung unseres Organismus. Wir brauchen die *Wut*, die mit Erregungssteigerung verbunden ist, zum Überleben. *Ohne heiße Wutreaktionen keine Lebendigkeit.* Und auch keine Möglichkeit, sich als ein Selbst zu erleben, das bestimmt, was es möchte. Die mit Wut verbundene Energiesteigerung kann sehr produktiv eingesetzt werden zur Veränderung einer als unangenehm erlebten Situ-

---

2   Vgl. auch Kleiter 2002

ation. Wut gibt Schubkraft zum Handeln. Wer wütend ist, muss jedoch nicht aggressiv werden, angreifend, verletzend, gar zerstörend.

Wie sich Wut zeigt und in Verhalten umsetzt, ist vor allem eine Frage des persönlichen Stils, der schon früh erworben und dann immer mehr persönlich ausgestaltet wird zu einem individuellen *Wut- und Aggressionsstil*, und dieses stellt eine immerwährende Aufgabe dar, die in der eigenen Lebensgeschichte einen hohen Stellenwert hat – für Frauen und für Männer.

Doch auch *aggressives* Verhalten ist nicht immer nur als destruktiv zu bewerten. Es kann ausgesprochen konstruktiv sein, sich abzugrenzen, sich zu behaupten, zumeist einhergehend mit Wut, wenn beispielsweise die eigenen Grenzen – wie es erlebt wird – nicht respektiert und überschritten wurden oder bei einem Gefühl von Unrecht und Ungerechtigkeit als Auflehnung im Kampf um Veränderung.

Aggressives Verhalten in Form einer starken Selbstbehauptung, die dem anderen Grenzen setzt und die eigenen bewahrt, ist *lebensnotwendig*. Eine solche Selbstbehauptung kann dann jedoch von den Menschen, auf die sie sich bezieht, als verletzend, als aggressiv empfunden werden. Interessant ist hier, wie unterschiedlich ein vergleichbares sich selbst behauptendes Verhalten dann von anderen beurteilt wird, je nachdem ob es sich um einen weiblichen oder um einen männlichen Menschen handelt, der sich selbst behauptet, oder auch von denen, die das Verhalten beobachten oder auf die sich die Selbstbehauptung gar bezieht, Frauen oder Männer ...

Wenn Wut und Aggression unlösbar mit der „Geschlechterfrage" verknüpft erscheinen, so sei nun die Frage nach dem „Geschlecht" gestellt.

Den Diskurs der Geschlechterfrage charakterisieren zutiefst kontroverse Erklärungsansätze und Theorien. Schon bei der Definition des Begriffes *„Geschlecht"* scheiden sich die Geister.

„Sex beginnt im Kopf", so ein immer wieder zu lesendes Fazit der Sexualforschung.

Das trifft auch den Kern der „Geschlechterfrage". „Sex", wie das biologische Geschlecht quasi als natürlich vorgegebener Geschlechtskörper definiert wird, und „Gender", das sozial konstruierte Geschlecht, beginnen im Kopf.

Die an der unterschiedlichen Biologie des männlichen und weiblichen Menschen vorrangig orientierten Erklärungsansätze, von Kritikern häufig als Biologismus bezeichnet, gehen von natürlich vorgegebenen Geschlechtsunterschieden aus, und demzufolge werden Unterschiede im aggressiven Verhalten zwischen männlichen und weiblichen Menschen als „biologisch unterfüttert" betrachtet.

Dabei greift „die konventionelle psychologische Forschung (...) für den Fall gefundener Geschlechterunterschiede besonders schnell zu biologischen Erklärungen" (Schmerl 1999: 98).

Bis Ende der 1970er Jahre überwogen Erklärungen, die das unterschiedliche Wesen der Geschlechter, insbesondere auch das angeblich so unterschiedliche aggressive Verhalten, als *biologisch-genetisch* bedingt betonten. So wurde auch von Herrard Schenk (1979) noch als ein biologisch bedingter Geschlechtsunterschied die Aggressivität aufgeführt.

„Es kann als gesichert gelten, dass Männer im Allgemeinen mehr aggressive Verhaltensweisen zeigen als Frauen, und dass ein größerer Teil der von ihnen gezeigten Aggressionen sich antisozial äußern" (Schenk 1979: 19). „Schließlich gibt es Belege dafür, dass die Aggressivität mit dem Geschlechtshormon Testosteron zusammenhängt" (Schenk 1979: 23).

Scheithauer (2003) bringt es nach einer sehr detaillierten methodischen Prüfung umfangreicher Forschungsliteratur zum „aggressiven Verhalten von Jungen und Mädchen" so auf den Punkt: „Eine ausgeprägtere Aggressivität bei Jungen und Männern gehörte stets zu den fundierten Geschlechtsunterschieden ... (Hyde 1986), aufgrund unterschiedlicher biologischer Prozesse" (Scheithauer 2003: 14).

Es überwog lange Zeit in der Forschungsliteratur das Bild vom aggressiven und delinquenten Jungen und dem nicht – oder nur vermindert – aggressiven Mädchen.

Jungen und Männer galten über Jahrzehnte hinweg als aggressiver als Mädchen und Frauen.

Werden die Untersuchungen genauer analysiert, so sind diese Aussagen der generell größeren Aggressivität der Jungen und Männer nicht haltbar, denn es scheint insbesondere die *Form* des aggressiven Verhaltens unterschiedlich zu sein. Die Untersuchungsergebnisse wurden zumeist so zusammengefasst, dass sich Jungen und Männer eher offen und körperlich, Mädchen und Frauen hingegen eher indirekt und verbal aggressiv verhalten.

Eine in der Forschungsliteratur immer wieder aufgeführte Geschlechterdifferenz lautet: „Boys may use their fists to fight, but at least it's over with quickly; girls use their tongues, and it goes on forever". (Galen/ Underwood 1997, zitiert nach Scheithauer 2003: 13).

Die direkt und offen wütend und aggressiv reagierenden Jungen, die halt auch mal zuschlagen, und die hinterhältig zickigen und auf ewig nachtragenden Mädchen?

Ist das nicht vielleicht wieder nur ein Vorurteil, das durch methodische Untersuchungsfehler nahe gelegt wurde (vgl. Scheithauer 2003:

36–37)[3] und ungeprüft in der Literatur zum aggressiven Verhalten von Jungen und Mädchen weiter getragen wird?

Gäbe es tatsächlich geschlechter-differenzielle genetisch verankerte Aggressionsarten, so läge die Befürchtung auf der Hand, dass sich das aggressive Verhalten von Jungen und Männern – da zur biologisch-organismischen Ausstattung gehörend – nur schwerlich verändern ließe[4]. Die Menschheit wäre „zur Aggression verdammt" (Selg 1979).

Werden die Untersuchungsergebnisse von Forschungen zum aggressiven Verhalten unter den theoretischen Vorannahmen der *biologischen Erklärungsansätze* in detaillierten Meta-Analysen geprüft, so sind diese Ergebnisse sehr uneindeutig und widersprüchlich (vgl. Scheithauer 2003).

White (1983, zitiert nach Scheithauer 2003: 69) stellt nach Durchsicht von interkulturellen Studien in 78 Gesellschaften heraus, dass sich weniger Unterschiede im Ausmaß der Aggression zwischen Frauen und Männern zeigen als eher in den *Formen und Zielen* aggressiven Verhaltens.

Auch Christiane Micus (2002) betont nach Analyse einschlägiger Untersuchungen, dass sich das Potenzial zu aggressivem Verhalten bei Jungen und Mädchen, Männern und Frauen nicht unterscheide, das aggressive Verhalten werde lediglich entsprechend den Normen und Werten der Kultur unterschiedlich, d.h. geschlechtsdifferenzierend ausgeformt.

Claudia Leeb (1998) thematisiert in ihrer Untersuchung „Die Zerstörung des Mythos von der friedfertigen Frau". Die Standards unserer Kultur machten es Frauen schwer, sich offen aggressiv zu verhalten, insbesondere wenn es um Abgrenzungen, Grenzsetzungen gegen Übergriffe und Unzumutbarkeiten gehe.

Das allerdings wurde von Herrard Schenk auch schon 1979 erwogen und diskutiert (Schenk 1979: 19).

Das Fazit aus den bisher vorliegenden vielfältigen sehr unterschiedlich angelegten Untersuchungen zum Thema Aggression, Wut und die Geschlechterfrage:

---

3 Scheithauer (2003) nämlich schlussfolgert, dass Untersuchungen und Einzelfalldarstellungen mit Jungen dominieren und offen – körperlich gezeigtes Verhalten schlicht und simpel im Zentrum der Untersuchung steht. Die Aggressionsforschung bei Mädchen und Frauen hingegen scheint sich noch im „Embryonalstadium" zu befinden, da die Anzahl von Untersuchungen vergleichsweise verschwindend gering sei.

4 Wenn diese Hypothese zutrifft, dann müssten sich in allen Kulturen über alle Zeiten hinweg männliche Menschen aggressiver verhalten als weibliche – und zwar offen körperlich aggressiv reagierend.

Die Unterschiede im aggressiven Verhalten und im Umgang mit Wut erscheinen innerhalb eines Geschlechtes deutlich größer zu sein als zwischen den Geschlechtern.

Eine an das *biologische Geschlecht* gekoppelte genetische Disposition dürfte wohl eher nicht für ein unterschiedliches Ausmaß an aggressiven Verhaltensweisen bei Jungen und Mädchen, Frauen und Männern verantwortlich gemacht werden können. Die kulturellen Standards hingegen scheinen bedeutsamer zu sein für die Sozialisation aggressiven Verhaltens als eine zwischen den Geschlechtern differenzierende genetische Disposition.

Die Kategorie biologisches Geschlecht (sex) als quasi natürlich vorgegebener Geschlechtskörper wurde im Geschlechterdiskurs mittlerweile grundsätzlich in Frage gestellt.

Die amerikanische Rhetorikprofessorin Judith Butler (1991/1997), eine der führenden Theoretikerinnen in der De- Konstruktionsdebatte, weist sogar das *biologische Geschlecht (sex)* ebenso wie das *soziale Geschlecht (gender)* als kulturelle Konstruktion auf.

Denn wie die wenigen biologisch tatsächlich vorgegebenen leiblichen Unterschiede zwischen den Geschlechtern gedeutet und gehandhabt werden, werde wesentlich von der Kultur selbst mit ihren Werten und Normen bestimmt. Wir finden uns in einem bis in die Tiefe hinein durch die Kultur strukturierten, materialisierten Körper vor. Der Körper mit seinen biologischen Gegebenheiten stelle einen von der Kultur geschriebenen Text dar, der tief in die Materialität des Körpers eingeschrieben worden sei. „Sex ist immer schon Gender gewesen" (Butler 1991: 26).

Die Bilder von dem unterschiedlichen Wesen der Geschlechter tragen zu einer „Zwangsfesselung" zu einem der beiden Geschlechter bei, von der Butler spricht, mit all den kaum zu überwindenden Festlegungen auf Denken, Fühlen und Verhalten, mit denen Frauen und Männer zu kämpfen haben, die sich von diesen Fesselungen befreien wollen. Der Diskurs stellt die Macht dar, die uns bindet. „Es handelt sich (...) um einen Nexus von Macht und Diskurs" (Butler 1997: 309).

Diese kulturellen Mythen und Geschlechterstereotype sind zutiefst mit den kulturellen Standards im Umgang mit Wut und Aggression verwoben mit großer Durchschlagkraft für das Denken, Fühlen und Verhalten im Alltag, aber auch für den wissenschaftlichen Diskurs[5] und ziehen sich selbstverständlich auch durch die Forschungsliteratur zum aggressiven Verhalten, wie schon dargelegt wurde.

---

5 Die Stereotypenforschung kann dazu aufgrund einschlägiger Ergebnisse umfangreiches Material zusammentragen (vgl. beispielsweise Eckes 1997; Gottburgsen 2000).

„Ironischerweise ist eine der Ähnlichkeiten der Geschlechter, dass sie beide, Frauen wie Männer, an Geschlechtsunterschiede glauben" (Schmerl 1999: 20).

Hier kleine Kostproben auch aus vergangenen Zeiten:

„So will der Mann das Weib friedlich, – aber gerade das Weib ist wesentlich unfriedlich, gleich der Katze, so gut es sich auch auf den Anschein des Friedens eingeübt hat." (Nietzsche 1885: 81, zitiert nach Leeb 1998: 1).

Freud drückte nur ein wenig später als Nietzsche die grundlegende Unterschiedlichkeit zwischen den Geschlechtern immer wieder mit anderen Worten aus, gipfelnd in dem berühmt gewordenen Satz „Was will das Weib?"

„Der Todestrieb wohnt vor allem den Männern inne, die Frau hingegen ist qua Natur das friedfertigere Geschlecht." (Freud, zitiert nach Micus 2002: 35)

Mit dieser These setzte sich später die Psychoanalytikerin Margarete Mitscherlich (1985) auseinander und kam zu ganz anderen Schlussfolgerungen, sich damit auch kritisch abgrenzend von dem offiziellen psychoanalytischen Geschlechterdiskurs.

Die subjektiven Vorannahmen und theoretischen Perspektiven der Autoren und Autorinnen gehen in hohem Maße in die Thematik „Wut und Aggression unter der Geschlechterperspektive" mit ein und bestimmen die Ergebnisse wissenschaftlicher Untersuchungen und die theoretischen Diskurse nicht unmaßgeblich. Das Geschlecht der Autoren und Autorinnen scheint dabei eine ganz besondere Rolle zu spielen.

In etlichen Untersuchungen – nicht nur zum aggressiven Verhalten – wurde die durchschlagende Auswirkung von Geschlechterstereotypen auf die Wahrnehmung im Alltag, aber auch in der Forschung nachgewiesen: Das Geschlecht der Untersucher sowie auch das vermeintliche Geschlecht der Untersuchten stand in einem direkten Zusammenhang zu den Ergebnissen der Studien.

Zur Illustration sei ein Experiment dargestellt, das diesen *Beobachtereffekt* direkt überprüft: Erwachsene Beurteiler sollten die Reaktionen von 5 weiblichen und 5 männlichen Kleinkindern in Situationen beschreiben, in denen sich ein Fremder näherte. Die Beobachter wurden über das Geschlecht falsch informiert. Sie berichteten bei den als Jungen bezeichneten Kindern – unabhängig vom wahren Geschlecht – sehr viel häufiger, dass diese Wutreaktionen gezeigt hätten!

Untersuchungen anderer Autoren – mit ähnlichen Täuschungen der Beobachter – bestätigen diesen Effekt, dass bei den als Jungen bezeichneten Kindern sehr viel häufiger Wutreaktionen, bei den als Mädchen bezeichneten Kindern „Ängstlichkeit" beobachtet wurde.

> *„Männliche Forscher kommen beispielsweise vermehrt zu dem Schluss, dass Frauen leichter zu beeinflussen sind als Männer, Frauen hingegen kommen mit höherer Wahrscheinlichkeit zu dem Schluss, dass Frauen sensibler dafür sind, nonverbale Hinweisreize oder den Gesichtsausdruck von Personen zu deuten"* (Scheithauer 2003: 108).

Solchen Wahrnehmungstäuschungen unterliegen auch in hohem Maße Eltern, die je nach Geschlecht ihres Kindes sehr unterschiedlich mit ihren Säuglingen umgehen,

Eltern bezeichneten neugeborene Mädchen bei gleichem Gewicht und gleicher Größe als weicher, feingliedriger, kleiner als Eltern das bei ihren ebenso großen und ebenso schweren neugeborenen Söhnen taten (vgl. Scheithauer 2003: 108).

Frauen und Männer scheinen Verhalten immer wieder sehr unterschiedlich wahrzunehmen, zu interpretieren und zu bewerten, je nachdem ob sie die Person, die sie sehen und beurteilen, für ein Mädchen oder einen Jungen, für einen Mann oder eine Frau halten.

Im Problemkreis der häuslichen Gewalt *verdichtet sich offensichtlich* der Beobachtereffekt.

Lange Zeit wurde häusliche Gewalt nur als *Männergewalt* bezeichnet. Untersuchungsergebnisse stützten denn auch über lange Jahre die These von der „Männergewalt in den eigenen vier Wänden", sodass es für eine Frau gefährlicher erschien, sich zu Hause aufzuhalten (sofern sie einen Partner im gleichen Haushalt hatte) als über die Straße zu gehen und von einem Auto erfasst zu werden.

„Dass Frauen Täterinnen und Männer Opfer sein können und dass es sich hierbei nicht um Einzelfälle handelt, scheint die Grundfeste des Geschlechterbildes vieler Forschenden so zu erschüttern, dass sie geradezu panisch nach Argumenten und Wegen suchen, welche die Erkenntnisse relativieren sollen – statt sie erst einmal als Weltbild erschütternd zu Kenntnis zu nehmen"(Walter 2004: 48).

Bei den Untersuchungen zur häuslichen Gewalt stoßen eklatante Widersprüche in den Daten zur Gewaltausübung von Männern und Frauen und der Interpretation dieser Daten aufeinander.

Theoretische Erklärungsansätze zu Aggression und Gewalt, Untersuchungsdesigns, Methoden der Befragung und die Interpretationen und Bewertungen des befragten Verhaltens unterscheiden sich teils erheblich und stehen offensichtlich in Zusammenhang mit differierenden Ergebnissen und Interpretationen dieser Ergebnisse, so dass Autoren teils zu entgegen gesetzten Aussagen über Opfer und Täter kommen.[6/7] Nicht zuletzt ist auch das Geschlecht der Autoren und Autorinnen selbst von ausschlaggebender Bedeutung.

Das doing gender greift auch in Wissenschaft und Forschung, wie die kleine Auswahl an Untersuchungen zum „Beobachtereffekt" bei der Thematik Aggression und Wut zeigt.

In dem von Candace West und Don Zimmermann (1987) erstmals formulierten und schwer übersetzbaren Begriff *doing gender,* der mittlerweile zu so einem gebräuchlichen Terminus geworden ist, dass er gar nicht mehr übersetzt zu werden braucht, wird die alltägliche gemeinsame Herstellung der kulturell verankerten Zweigeschlechtlichkeit in der polarisierenden Unterschiedlichkeit, die interaktive Konstruktion der Geschlechter-Differenz benannt, mit weit reichenden Konsequenzen auch für das Thema *Aggression, Wut und die Geschlechterfrage.*

Die diversen theoretischen Erklärungsansätze zum doing gender stimmen darin überein, dass für männliche und weibliche Menschen über kommunikative Prozesse vom ersten bis zum letzten Tag ihres Lebens unterschiedliche Beziehungsumwelten geschaffen werden, *gendered environments,* die weitreichende Folgen für Biografie, Identität, Selbstkonzept, Lebensplanung und auch für den persönlichen Stil im Umgang mit *Wut und Aggression* haben, und, wie dargelegt, auch wissenschaftliche Fragestellungen und Untersuchungsergebnisse in hohem Maße beeinflussen und einfärben. *Doing gender* verweist auf die über Jahrtausende unterschiedlichen Lebenswelten mit ihren für Frauen und Männer spezifischen emotionalen und funktionalen Aufgaben und Rollen, wie Reproduktion und Produktion, die in den *Geschlechterrollen* Niederschlag gefunden haben (vgl. Eagly 2000).

Mit den Geschlechterrollen dürften unterschiedliche Wut – und Aggressionsstile verknüpft sein. Es scheint ein enger Zusammenhang zwischen dem Ausmaß der angestrebten „Männlichkeit" bzw. „Weiblichkeit" und dem Umgang mit Wut und Aggression zu bestehen.

---

6   Vgl. beispielsweise Lamnek/Ottermann 2004; Gelles 2002; Bundesministerium für Familie, Senioren, Frauen und Jugend (2002–2004).

7   Auch in den neuen Untersuchungen des Bundesministeriums für Familie, Senioren, Frauen und Jugend „Gemeinsam gegen häusliche Gewalt. Kooperation, Intervention, Begleitforschung" (2002–2004) wird betont, dass Männer und Frauen mit Aggression und mit Gewalt teilweise so unterschiedliche Vorstellungen zu verknüpfen scheinen, dass für Männer und Frauen eigens für jedes Geschlecht getrennt konstruierte Fragebögen entwickelt wurden, um für beide Geschlechter aussagekräftige Ergebnisse zu erhalten.

„Männer werden sich demnach aggressiver verhalten als Frauen, da die männliche Geschlechterrolle Aggression in mehrfacher Hinsicht ermutigt, während die weibliche Geschlechterrolle Aggression annähernd vollständig negativ bewertet" (Scheithauert 2003: 108).

Aggression hat eine größere Affinität zu der männlichen als zu der weiblichen *Geschlechterrolle*.

Dominanzverhalten, Durchsetzungsvermögen und Unabhängigkeit, wenn nötig, auch mit der Faust auf den Tisch zu schlagen, werden dem Mann eher zugestanden, ja vielleicht sogar von ihm auch immer wieder erwartet. Für die Selbstbehauptung eines Jungen oder eines Mannes eine nicht ungünstige Chance, die durch das biologische Geschlecht und die Erwartungen, die dadurch abgerufen werden, vorgeebnet erscheint. Die Erwartungen von außen werden nicht selten schließlich in das eigene Bild von sich selbst übernommen. Und „Selbstzuschreibungen" erhöhen die Sicherheit, sich angemessen zu verhalten.

Die Identifikation mit den männlichen Rollenstereotypen kann mit einem höheren Risiko für ausagierende Verhaltensweisen, negativen Reaktionen in Folge von Ärger und mit antisozialem Verhalten einhergehen (vgl. Scheithauer 2003: 87).

Dann bieten sich aggressive Verhaltensweisen in schwierigen Situationen geradezu als wenig konstruktive Lösungsversuche an. Auch Depressionen äußern sich – aufgrund der Rollenstereotype der Geschlechterrolle – bei vielen Männern in Form von Aggressionen. Anstatt ihre trostlosen Gefühle und Körperreaktionen wahrzunehmen, „übermannt die Kranken unvermittelt die Wut. Sie misshandeln Frau und Kind oder rasen waghalsig über die Autobahn" (Die Tageszeitung, taz, vom 6.10.2005).

Männer scheinen in viel stärkerem Ausmaß als Frauen gesundheitsschädliche Risiken einzugehen, um eine heterosexuelle männliche Geschlechtsidentität entwickeln und aufrechterhalten zu können, mit der Gefahr, häufiger durch Unfälle ums Leben zu kommen. Auch die signifikant höhere Rate geglückter Selbstmorde beim männlichen Geschlecht wirft ein Schlaglicht auf die besondere Form der „gewalttätigen" Verarbeitung von Lebensproblemen bei Männern.

Entscheidend für eine breite Palette solcher als „männlich" bewerteter Verhaltensweisen scheint zu sein, wie stark sich ein Mann oder auch eine Frau mit der männlichen Geschlechterrolle identifiziert und sie als Leitlinie für das eigene Verhalten übernimmt. Interessant, dass offensichtlich gar nicht so selten von Mädchen geäußert wird, lieber ein Junge sein zu wollen (vgl. Becker-Schmidt 1995). Aber welcher Junge würde schon offen eingestehen, lieber ein Mädchen sein zu wollen?

Gender, das von der Frau oder dem Mann persönlich ausgestaltete „Geschlecht", kann in der Stärke der Identifikation mit der weiblichen oder männlichen Geschlechterrolle sehr variieren, so dass unterschiedliche und sehr differenzierte persönliche „Gender-Fassungen" von männlichen und weiblichen Menschen gelebt werden, die auch mit individuellen „Wut-" und „Aggressionsstilen" verbunden sein dürften.

Je stärker sich ein Junge oder ein Mann mit den männlichen Rollenstereotypen identifiziert und diese in das eigene Selbstkonzept übernimmt, desto anfälliger scheint er für aggressives Verhalten zu werden, genauer formuliert, für bestimmte Formen aggressiven Verhaltens (vgl. auch Kleiter 2002).

Je geringer das Selbstwertgefühl, desto problematischer dürfte die Übernahme von Rollenstereotypen in das eigene Selbstkonzept sein.

Dafür sprechen auch die Ergebnisse der Erfahrungsberichte und der Interviews mit gewalttätigen Jugendlichen und jungen Männern (Weidner/Kilb/Kreft 2000), die die Niederlage eines anderen Menschen, wie sie es selbst beschrieben haben, zum eigenen Auftanken ihres (sehr wenig stabilen) Selbstwertgefühles brauchen. Diese jungen Männer formen für sich die männliche Geschlechterrolle zum Bild „des harten starken Mannes, der keine weichen Gefühle kennt" aus. Die männliche Geschlechterrolle wird, wenn sie zum Auftanken eines schwächelnden Selbstwertgefühles gebraucht wird, gehärtet" und auf die Spitze getrieben, was eine pointiert „männliche Beziehungsumwelt" nach sich zieht, in der Gefühle, Mitgefühl, Selbstreflexion keinen Raum haben. Wie die Interviews mit betroffenen männlichen jungen Erwachsenen aufwiesen, ein direktes Erbe aus der eigenen Biografie, in welcher Erfahrungen mit männlicher Gewalt dominierten.

Da an die weibliche Geschlechterrolle teilweise geradezu entgegen gesetzte Erwartungen gestellt werden als an die männliche Geschlechterrolle, nämlich Friedfertigkeit, Sanftmütigkeit, Warmherzigkeit, Mitgefühl, Pflegeverhalten sowie das empathische Verstehen anderer Menschen, stellt sich die Frage: Und wie steht es um die Selbstbehauptung, die auch mit aggressiver Abgrenzung verbunden sein kann, bei Frauen, die sich von der weiblichen Geschlechterrolle nur wenig distanzieren? Welcher „Wut- und Aggressionsstil" scheint vorprogrammiert?

Damit setzt sich *Christiane Micus* (2002) in ihrer Untersuchung an Frauen und Männern auseinander und kommt zu interessanten Antworten:

> *„Die weibliche Sehnsucht nach Verständigung, verbunden mit der Hoffnung, die Dinge klären zu können, ist mit hohen Erwartungen überfrachtet. Dieser Wunsch, die Konfliktsituationen unmittelbar und miteinander zu klären, hat auch seine Grenzen. Auch in engen Beziehungen ist es nicht möglich, sich „vollständig" über Gefühle des Ärgers auszutauschen. Nicht alles kann in Interaktionen angesprochen und verarbeitet werden, sondern es scheint ebenso erforderlich, Verletzungen zum einen mit sich alleine zu „verarbeiten", zum anderen auch Dinge ungeklärt und unausgesprochen stehen zu lassen."* (Micus 2002: 245).

Dass sich hier allerdings ein sozialer Wandel in zahlreichen europäischen Ländern abzuzeichnen scheint, lassen nicht nur neuere Untersuchungen zum aggressiven Verhalten vermuten (vgl. Scheithauer 2003).

Hier deutet sich eine Distanzierung von der konventionellen weiblichen Geschlechterrolle an, die Spuren im Selbstkonzept und Selbstwertgefühl hinterlässt.

Zwischen der *Identifikation mit den Rollenstereotypen* der gewählten Geschlechterrolle, *Selbstkonzept und Selbstwertgefühl* dürfte ein enger Zusammenhang bestehen mit unterschiedlichen Konsequenzen für den individuellen *Wut- und Aggressionsstil.*

Für Männer könnte das bedeuten, dass sie sich weniger „männlich aggressiv" gebärden, und für Frauen, dass sie auch „mächtig" sein dürfen, wenn sie sich von der vorgegebenen eng umschriebenen Geschlechterrolle eher distanzieren.[8]

Eine dominante Frau, die ihren Machtanspruch offen vertritt, braucht ziemlich viel Selbstbewusstsein und ein bewusst sanftmütiger Mann auch?

Quintessenz?

Wut und Aggression im Zusammenklang mit Sex und Gender, eine vitale Thematik, die „Zündstoff" in sich birgt, eine Thematik voller Kontroversen und offen gebliebener Fragen. Die eigenen Bilder und subjektiven Konzepte – „Das Geschlecht beginnt im Kopf" – stehen auf dem Prüfstand in den Auseinandersetzungen mit Wut und Aggression, insbesondere mit dem individuellen Wut- und Aggressionsstil als Frau und als Mann. Wo und Wann? Im Studium und in der beruflichen Supervision, in kollegialen Beratungsgruppen, mit Männern und Frauen und in vielen lebhaften durchaus auch strittigen Diskussionen ...

---

8   Vgl. das Androgyniekonzept von Bem 1974/1981, u.a. dargestellt in: Kleiter 2002: 59, 88–92

Literatur

Becker-Schmidt, Regina (1995): Von Jungen, die keine Mädchen und von Mädchen, die gerne Jungen sein wollten. Geschlechtsspezifische Umwege auf der Suche nach Identität. In: Becker-Schmidt, Regina/Knapp, Gudrun-Axeli (Hg.): Das Geschlechterverhältnis als Gegenstand der Sozialwissenschaften. Frankfurt. S. 220–246

Bem, Sandra (1974): The measurement of psychological androgyny. Journal of Consulting Psychology, 42/2, 155–162

Bem, Sandra (1981): Bem Sex Role Inventory professional manual. Palo Alto, CA: Consulting Psychologist Press

Bischof-Köhler, Doris (2002: Von Natur aus anders. Die Psychologie der Geschlechtsunterschiede. Stuttgart

Boekle, Bettina/Ruf, Michael (Hg.) (2004): Eine Frage des Geschlechte. Ein Gender-Reader. Wiesbaden

Buchta, Anneliese (2004): Aggression von Frauen. Entwicklungspsychologie, Psychodynamik und Psychotherapie. Stuttgart

Bundesministerium für Familie, Senioren, Frauen und Jugend: Gemeinsam gegen häusliche Gewalt. Kooperation, Intervention, Begleitforschung. 2002–2004

Butler, Judith (1991): Das Unbehagen der Geschlechter. Gender Studies. Frankfurt

Butler, Judith (1997): Körper von Gewicht. Gender Studies. Frankfurt

Eagly, Alice H./Wood, Wendy/Diekman, Amanda B. (2000): Social Role Theory of Sex Differences and Similarities: A Current Appraisal. In: Eckes, Thomas/Trautner, Hans M.: The Developmental Social Psychology of Gender. Lawrence Erlbaum Associates, Publishers: Mahwah, New Jersey, London. S. 123–174

Eckes, Thomas (1997): Geschlechterstereotype. Frau und Mann in sozialpsychologischer Sicht. Pfaffenweiler

Gelles, Richard J. (2002): Gewalt in der Familie. In: Heitmeyer, Wilhelm/Hagan, John (Hg.): Internationales Handbuch der Gewaltforschung. Wiesbaden. S. 1043–1077

Gottburgsen, Anja (2000): Stereotype Muster des sprachlichen doing gender. Eine empirische Untersuchung. Wiesbaden

Kleiter, Ekkehard F. (2002): Gender und Aggression. Männliche und weibliche Aggression im Rahmen der Sozialpersönlichkeit bei Jugendlichen und Erwachsenen. Weinheim/Basel

Lamnek, Siegfried/Ottermann, Reiner (2004): Tatort Familie: Häusliche Gewalt im gesellschaftlichen Kontext. Opladen

Leeb, Claudia (1998): Die Zerstörung des Mythos von der friedfertigen Frau. Frankfurt

Micus, Christiane (2002): Friedfertige Frauen und wütende Männer. Theorien und Ergebnisse zum Umgang der Geschlechter mit Aggression. Weinheim/München

Mitscherlich, Margarete (1985): Die friedfertige Frau. Frankfurt

Scheithauer, Herbert (2003): Aggressives Verhalten von Jungen und Mädchen. Göttingen

Schmerl, Christiane (1999): Der Prinz und die Kröte. Feminismus und deutsche Psychologie – Versuch einer Zwischenbilanz. In: Dausien, Bettina/Herrmann, Martina/Oechsle, Mechthild/Schmerl, Christiane/Stein-Hilbers, Marlene (Hg): Erkenntnisprojekt Geschlecht. Opladen. S. 95–112

Schenk, Herrard (1979): Geschlechtsrollenwandel und Sexismus. Zur Sozialpsychologie geschlechtsspezifischen Verhaltens. Weinheim/Basel

Selg, Herbert (Hg.) (1979): Zur Aggression verdammt? Psychologische Ansätze einer Friedenforschung. Stuttgart/Berlin

Selg, Herbert/Mees Ulrich/Berg, Detlef (1997): Psychologie der Aggressivität. Göttingen

Schmitt, Cosima (2005): Auch echte Kerle brauchen Ärzte. Männergesundheit und Frauendiagnosen. Die Tageszeitung vom 6.10.2005. Berlin

Walter, Willi (2004): Genderforschung gleich Frauenforschung? Verschwinden des Geschlechts oder neue Erkenntnisdimension? In: Boekle, Bettina/Ruf, Michael (Hg). S. 39–54

Weidner, Jens/Kilb, Rainer/Kreft, Dieter (Hg.) (2000): Gewalt im Griff. Bd.1: Neue Formen des Anti-Aggressivitätstrainings. 2. Aufl. Weinheim/Basel

West, Candace/Zimmermann, Don (1987): Doing Gender. In: Gender and Society, Jg. 1, S.125–151

„Der Frauenknast" –
Entmystifizierung einer Organisation

Irma Jansen

Walter – lesbisch –, stark, brutal und mit Herz, ist eine der Hauptfiguren in der RTL Fernsehserie „Hinter Gittern – der Frauenknast". Die vorherrschenden Charaktere der Serie bedienen alle Klischees über Frauen, die aus der Rolle fallen und über einen Kontrollrahmen, der sich zwischen lustvollem Sadismus und „helfen wollen bis zur Selbstaufgabe", bewegt. Die Täterinnenprofile orientieren sich an den „brutal Verrohten", die selbst lustvoll unterdrücken und dabei eher männliche Attribute auf sich vereinen und den „armen Naiven", die eigentlich unschuldig aus Abhängigkeitsverhältnissen heraus in diese schwierige Lebenslage gekommen sind.

Der Frauenknast scheint die Fantasien um eine erschreckende und gleichzeitig erregende Form „entarteter" Weiblichkeit anzuregen, die regelmäßig eine Mischung aus Sexualität, Verlockung, Brutalität und Hilflosigkeit enthüllt. Attribute wie lesbisch, attraktiv, verlockend, durchtrieben, abhängig, geil und gefährlich verbinden sich mit den Vorstellungen über diese „Anderen" Frauen, die hier hinter Gitterstäben, im ungefährlichen Abstand zu betrachten sind. Was sind sie denn nun?

„Großgewordene minderjährige Drogenprostituierte mit kriminellen Backround. In der Wurzel verdorben, durch leicht (fertigen) Gewinn verführt, den Drogen verfallen und dann noch im Übergriff auf die männliche Domäne der Kriminalität" (...) „Oder sind sie vielleicht doch das feminine fascinosum, die wahre Eva-Hure, die wir Männer patriarchalisch-zölibatär hinter der jungfräulichen Maria schon immer gesucht und gefürchtet haben?" (Quensel in: Jansen 1999: 9)

Ein verstehend analysierender Blick hinter die Gitterstäbe entmystifiziert den Frauenknast, macht ihn zu einem Ort, der auf weibliche Lebenswelten verweist, die gekennzeichnet sind von sozialer Benachteiligung, psychosozialer Belastung und gesellschaftlicher Ausgrenzungspolitik.

1. Jugendliche Frauen in Haft

Wenn im Folgenden von jugendlichen Frauen die Rede ist, dann sind
dies in der Regel diejenigen, die als Jugendliche oder Heranwachsende
verurteilt, in Justizvollzugsanstalten eine Haftstrafe verbüßen. Sie sind
zum Zeitpunkt ihrer Tat zwischen 14 und 21 Jahre alt gewesen. Im Jahres-
durchschnitt befinden sich ca. 270 (BKS 2004/2005) dieser Bezugsgruppe
im bundesdeutschen Jugendstrafvollzug. Bei der Erhebung von Eckdaten
beginnt es jedoch bereits geschlechtsbezogen problematisch zu werden.
Wenn es auch Materialien zum Thema Frauenkriminalität gibt, so ist
zum Einen die Mehrzahl der Untersuchungen im Bereich Kriminalität
und Devianz auf männliche Täter ausgerichtet, zum Anderen beziehen
sich vorliegende Untersuchungen eher auf erwachsene Frauen, bzw. sub-
sumieren sie die jugendlichen Frauen unter die Gesamtgruppe „krimi-
nelle Frauen" (vgl. Einsele 1994; Fischer-Jehle 1991; Maelicke 1995; Klopp
2003). Für den Frauenstrafvollzug ist die Anzahl differenzierter Untersuchungen, die die Geschlechtsperspektive herausarbeiten und sich mit
der spezifischen Lebensrealität jugendlicher Gefangener beschäftigen
verschwindend gering (vgl. Jansen u.a. 2006; Jansen 2003; Jansen 1999;
Jansen/Schreiber 1994).

Dabei ist eine Ungleichstellung jugendlicher straffällig gewordener
Frauen bereits vor der Inhaftierung in der Verurteilungspraxis der Ge-
richte sichtbar. Wenige Untersuchungen machen deutlich, dass es bei der
Verurteilung eine Geschlechterpraxis gibt, bei der Mädchen z.B. weniger
hart bestraft werden als junge Männer, wenn es um so genannte unter-
rangige Delikte geht (vgl. Jansen 1999; Fischer-Jehle 1991; Smaus 1999).
Andererseits werden Mädchen und Frauen für sogenannte Kapitaldelikte
in der Regel härter bestraft als männliche Täter, was darauf hinweist, dass
sie einem besonderen Sanktionsdruck unterliegen. Frauen und Mädchen,
die den zugeschriebenen Charaktermerkmalen des Weiblichen nicht entsprechen, wird eine besondere Härte, Verrohung oder Verwahrlosung unterstellt. Dass ein geschlechtstypischer Blick von Richtern, Richterinnen
und Jugendämtern bereits bei der Einschätzung der Gefährdung von Kindern und Jugendlichen besteht, machen Untersuchungen zur geschlossenen Unterbringung deutlich (vgl. v. Wolffersdorff u.a. 1996; Pankhofer
1997; Permien/Zink 1998).

Bei den Mädchen sind die Einweisungsgründe überwiegend (neben
dem chronischen Weglaufen) an subkulturelle Gefährdungen gekoppelt,
die bei einem Aufenthalt im Prostitutionsmilieu, Punkercliquen, Drogenszene oder homosexuellen Kreisen gesehen werden: „Wären die Mädchen

männlich oder Erwachsene, wären sie nicht in einer geschlossenen Unterbringung untergebracht" (vgl. Pankhofer 1997).

Hier wird deutlich, dass Mechanismen sozialer Kontrolle gegenüber Mädchen intensiver ausgeprägt sind. Diese stehen im Kontext der Sozialisation erheblich mehr unter Kontrolle der Eltern und erleben, dass Normvorstellungen bzgl. weiblichen Verhaltens wesentlich enger gesteckt werden (vgl. Smaus 1993, 1994, 1999; Franke 2000). Hinzu kommt, dass abweichendes Verhalten von Frauen und Mädchen vorwiegend nicht durch das Strafrecht, sondern durch Instanzen wie die Medizin oder die Psychiatrie kontrolliert wird (vgl. Smaus 1993). Überwiegend werden Mädchen und Frauen aber im Privatbereich durch Mütter, Väter, Brüder und Ehemänner kontrolliert (vgl. Smaus 1993; Mischau 1997).

Die Zurückhaltung der Richter und Richterinnen gegenüber den Mädchen in der Verhängung einer Haftstrafe ist sicherlich im Wesentlichen darauf zurückzuführen, dass die verurteilten Mädchen (anders als bei den Jungen) eine positive Sozialprognose aufweisen. Ihre sozialen Bezüge und persönlichen Lebenszusammenhänge zeigen häufiger eine gewisse Stabilität durch die Ankopplung an familiale Kontexte oder bestehende Bildungs- und Ausbildungszusammenhänge. Strafmildernd kommt bei den Mädchen und Frauen hinzu, dass Gewalthandeln bei ihnen seltener einen elementaren Aspekt der zu verurteilenden Delikte ausmacht. Jedoch trifft die möglicherweise entstehende Kopplung von mehreren Bewährungsstrafen häufig Mädchen, die von den bestehenden Angeboten der Jugendhilfe nicht erreicht werden, die sich isolieren oder auf bewährte Cliquenkontexte und kriminalisierte Bewältigungsstrategien zurückgreifen. So bleibt die Dynamik ihrer vielfältigen Problemlagen (häusliche Gewalt, schlechte Infrastruktur, desolate soziale Netzwerke, psychische Problemlagen, Drogenabhängigkeit) ohne entsprechende Hilfsangebote bestehen. Ohne soziale Unterstützung durch niedrigschwellig flankierende, mädchenspezifische, Lebensfeld bezogenen Angebote (vgl. Bitzan/ Daigler 2004), scheinen diese Jugendlichen zwischen den Institutionen der Jugendhilfe und der Psychiatrie zu pendeln und dabei aufgrund ihrer sozialen Situation bzw. ihrer subkulturellen Zugehörigkeit zwangsläufig erneut kriminalisiert zu werden.

Eine spätere Haftstrafe (die immer mit dem Widerruf der bestehenden Bewährungsstrafen verbunden ist), führt in der Folge dazu, dass sehr junge Mädchen zum Teil schon als 15-jährige Erstinhaftierte wegen wiederholter Beschaffungskriminalität, Drogengebrauch, Diebstahl und Betrug langstrafig einsitzen.

Dies hat zur Folge, dass die Mädchen aus ihren regionalen Kontexten und Vernetzungen für einen längeren Zeitraum herausgerissen werden. Es kommt zur Trennung von der Familie, den entsprechenden Bildungseinrichtungen, dem Freundeskreis und den bereits bestehenden und involvierten Hilfesystemen. Dies wird noch verschärft durch die Situation, dass die inhaftierten Mädchen überwiegend in großer Entfernung von ihrem Wohnort in den wenigen Jugendabteilungen der Bundesländer untergebracht sind.

Obwohl Jugendhilfe und Strafrechtspflege sich in den letzten Jahren erheblich mit pädagogischen Maßnahmen für kriminalisierte Jugendliche beschäftigt haben, stehen kaum ausreichend differenzierte, mädchenspezifische Angebote im Kontext von Haftvermeidung zur Verfügung. Die seit den 1980iger Jahren erheblich modifizierten und aktuellen Antiaggressivitäts- und Coolnesstrainings sind z.B. im Kontext männlichen Gewalthandelns entstanden und orientieren sich nach wie vor überwiegend an männlichen Strukturen gewalttätigen Handelns (vgl. Weidner/Kilb 2004).

Kommt es zur Verhängung einer Haftstrafe, so fallen die Bedingungen im Vollzug zwischen jugendlichen Frauen und jugendlichen Männern extrem auseinander (vgl. Dünkel u.a. 1998). Jugendliche Frauen werden z.B. wesentlich seltener vorzeitig aus der Haft entlassen als gleichaltrige, männliche Inhaftierte. Während es in einigen Bundesländern (z.B. Bremen) die Regel zu sein scheint, jugendliche Männer nach ca. 1/3 ihrer Haftstrafe zur Bewährung zu entlassen, ist es hingegen üblich, die im Erwachsenenvollzug vorgesehene Prüfung der Entlassung nach Verbüßung von 2/3 der Haftstrafe, auf die jugendlichen Mädchen zu übertragen.

Es wird deutlich, dass ein eigenständiger Jugendvollzug an Frauen in Deutschland nicht vorgesehen ist: Was für den Frauenstrafvollzug zurecht beanstandet wird – die häufige Ankoppelung an den Männervollzug und die Subsumierung unter die Regeln, die sich auf männliche Kriminalitätsstrukturen beziehen- trifft für die jugendlichen Frauen doppelt zu:

Sie sind den Frauenstrafanstalten zugeteilt und wenn sie Glück haben sind diese Frauenstrafanstalten eigenständig; in seltenen Fällen verfügen sie über eine eigene Jugendabteilung. Einen vollständig unabhängigen, eigenständigen und offenen Jugendvollzug für weibliche Inhaftierte, gibt es in der Bundesrepublik nicht.

Pointiert gesagt: alle über die Jahre erkämpften Sonderausstattungen für Bildung und Betreuung im Jugendstrafvollzug, die dem besonderen Entwicklungsstatus der Jugendphase geschuldet und mit dem ausdrücklichem Erziehungsbezug im JGG verankert sind, gelten zum Teil für den

Vollzug an jugendlichen Männern. An den jugendlichen Frauen gehen sie (in den meisten Bundesländern) jedoch vorbei.

2. Psycho-soziale Belastungsstrukturen der inhaftierten Mädchen

Es steht außer Frage, dass der Strafvollzug als eine auf Überwachen und Strafen orientierte Institution mit seinen Ritualen, Regeln, entindividualisierenden, disziplinierenden Strukturen nicht der geeignete Ort pädagogischer Prozesse ist. Trotzdem erscheint es mir erforderlich eine Perspektive von Resozialisierung und Rehabilitation zu entwickeln, ohne den realistischen Blick auf den pragmatischen Alltag einer Strafanstalt zu verlieren und den schwierigen Balanceakt zwischen Hilfe und Kontrolle zu verleugnen.

Deutlich treten bei der Klientel inhaftierter Mädchen – ebenso wie bei den Mädchen im Rahmen der Geschlossenen Heimunterbringung – (vgl. Pankhofer 1997; Permien/Zink 1998) vielfältige Momente psycho-sozialer Belastung auf, die den Alltag in der Institution prägen und die in den resozialisierenden Konzepten Berücksichtigung finden müssen.

Die Biografien der Jugendlichen erscheinen geprägt durch frühen Drogenkonsum, durch Prostitution und Gewalt. Die Lebensgeschichten sind gekennzeichnet durch chronifizierte, lang andauernde Formen der Verwahrlosung innerhalb der Herkunftsfamilien. Diese sehr frühen Traumatisierungen äußern sich insbesondere im Selbstbild und in der Selbstwahrnehmung der Mädchen. So berichteten die von mir langjährig betreuten delinquenten Mädchen immer wieder über erhebliche Störungsmomente im Selbstbezug (sich nicht fühlen können, sich nicht wertschätzen können, sich selbst fremd sein). Häufig zeigen die Mädchen Störungsmomente im Selbstbezug, die artikuliert werden im Gesamtbereich von Kontakt, Bindung und Beziehung. Diese von ihnen oft als Existenzbedrohung erlebten Zustände verweisen auf frühe Engpässe in der Entwicklung, bei denen die Existenz der Person nur zum Preis der Selbstaufgabe gesichert werden konnte (um z.B. die aggressiven Attacken der Eltern zu mildern, bzw. sie zu überstehen, gehen die Kinder in die völlige Anpassung).

Die von den Mädchen geschilderten Erfahrungen belegen vielfach traumatisierte Lebensumstände im desolaten Gesamtmilieu, sowie internalisierte Selbstbilder vom Böse- Dumm- und Schlecht sein. Aufgrund der beschriebenen Erfahrungen in den Herkunftsfamilien erscheint der Verlust von Autonomie für die hier beschriebene Klientel als ständig gegenwärtige Bedrohung.

Typische Bewältigungsmuster der Mädchen scheinen neben Formen der Selbstbeschädigung (ritzen, schneiden, schaben), neben Überanpassung und/oder einem exzessiven Drogengebrauch unterschiedliche Formen gewalttätigen Verhaltens zu sein.

3. Gewalthandeln inhaftierter Mädchen und Frauen

Ca. 4 % der inhaftierten Jugendlichen sind explizit wegen Gewalttaten im Spektrum von schwerer Körperverletzung, Mord, Totschlag, gemeinschaftlicher sexueller Nötigung verurteilt. Ausgeübt wurden diese Straftaten entweder allein, mit Partnern, Freund/Freundin oder in einer Gruppe.

Daneben gibt es im Kontext des Frauenstrafvollzugs ein breites Spektrum von Gewaltbereitschaft, die sich innerhalb des Lebensraums Strafvollzug manifestiert wie auch in der Biografie der Mädchen, was die psycho-sozialen Anamnesen der inhaftierten Mädchen bestätigen (vgl. Jansen 1999; Jansen u.a. 2006).

Viele Mädchen berichten davon, dass sie immer Waffen zu ihrem eigenen Schutz bei sich tragen. Sie sind durchaus häufiger in Schlägereien verwickelt oder finden es nicht ungewöhnlich sich zu prügeln. Auch in ihren eigenen Lebensbeziehungen ist die tätliche Auseinandersetzung, ggf. auch unter Alkohol oder Drogen nicht etwas Besonderes.

Gewalt stellt bei einigen Mädchen ein durchaus akzeptiertes und notwendiges Mittel der Alltagsbewältigung dar. Sie äußert sich im aggressiven Agieren (Beschimpfungen), im Tragen von Waffen (Messer, Pistolen, Schlagringe und schwere Stiefel mit Stahlkappen) und in dem Anschluss an gemischt- oder gleichgeschlechtliche gewaltbereite Gruppen. Unter den Stressbedingungen eines problematischen Alltags (auf der Straße leben, sich prostituieren unter gefährlichen Bedingungen, Drogen beschaffen müssen), zeigt sich die Gewaltförmigkeit dieser Mädchen (Sachbeschädigungen, lautes provokantes Agieren) auch in ihrer Entlastungsfunktion (vgl. Bodenmüller1996, 2004).

Im subkulturellen Lebensraum einer Haftanstalt zählt die Fähigkeit zum gewaltbereiten Handeln zu den hoch bewerteten und angesehenen Durchsetzungskompetenzen der Anführerinnen, die im Jargon der Jugendlichen „den Macker" machen können, das heißt die Verhaltensweisen produzieren, die als männlich definiert werden und die sich auch in den Sinnzusammenhängen männlicher Identitätskonstruktionen und männlicher Selbstbilder bewegen. Das heißt es geht es um Fragen der beleidigten Ehre, des Absteckens von Territorien und der angstfreien, eher lustbesetzten Ausübung von Macht (vgl. Findeisen/Kersten 1999; Bufort 2001).

Bei den Mädchen und Frauen zeigt sich dabei ein interessanter Widerspruch zwischen Toleranz von Gewalt als männlichem Muster auf der einen und der Distanz von Gewalt aus weiblicher Perspektive auf der anderen Seite. So wird eine gewaltbereite Anführerin einerseits als unweiblich attribuiert (zumal dann, wenn sie ihre Gewaltbereitschaft noch durch männlich definierte Bewegungen, massig-schweres Auftreten und wenig Wertlegen auf weibliches traditionelles Styling und Verhalten, unterstreicht). Andererseits wird sie in ihrer Fähigkeit zur Unterdrückung und Machtausübung in scheinbarer Angstlosigkeit bewundert und begehrt (wie außerhalb des Strafvollzugs die Männer), wenn auch diese Verhaltensmuster für die meisten Frauen selbst kein erstrebenswertes Identitätsmuster darstellen. Dabei spielt es wahrscheinlich auch eine Rolle, das männliche und weibliche Rollenmuster in unterprivilegierten Verhältnissen wesentlich weniger Variationen zulassen als in den gehobeneren Schichten.

Besonders hervorzuheben ist, dass die Bereitschaft, Konflikte gewalttätig zu lösen, bei den 14- bis 18-jährigen Mädchen deutlich höher ist als bei den erwachsenen Frauen – dieses Phänomen ist der Jugendphase zuzuschreiben und zeigt sich ebenso bei gewaltbereiten Männern (vgl. Böhnisch 1999). Dabei handelt es sich bei den Jugendlichen jedoch eher um aktionszentrierte und lust- und spannungsbetonte Handlungen (spontane Schlägereien, laute Beschimpfungen bzw. lustvolle Planung und Durchführungen gewalttätiger Aktionen).

Bei den erwachsenen Frauen im Strafvollzug geht es eher um klar definierte und hoch bewertete Konfliktlagen z.B. des Eintreibens von Schulden oder zielgerichtet geplante Formen der Unterdrückung und Ausbeutung. Hervorhebenswert ist, dass die aktiv gewaltbereiten Frauen im Strafvollzug sich (durchaus im Gegensatz zum Männervollzug) gewöhnlich nicht aus den Frauen rekrutieren, die z.B. wegen Mord oder Totschlag eine Haftstrafe verbüßen. Dies liegt möglicherweise daran, dass es sich bei den verurteilten Straftäterinnen überwiegend um Beziehungstäterinnen handelt, die aus Krisensituationen im langfristigen Verlauf einer Beziehung gehandelt haben (vgl. Jansen 1999).

Bei den jugendlichen Frauen befinden sich auch Mädchen, die sich eindeutig rechtem, rassistischem Gedankengut zuordnen, sich als Angehörige rechter Gruppen bekennen und innerhalb dieser Gruppen vor ihrer Inhaftierung fremdenfeindlich aktiv gewesen sind. Von ihnen abzugrenzen sind die rassistisch und sexistisch abwertenden Verhaltensweisen anderer

Frauen, die sich selbst jedoch nicht notwendigerweise als rechtsmotiviert bezeichnen würden und ihr Selbstbild auch nicht stützen durch die von Rechten besetzten Symbole wie z.b. Hitlergruß, Hakenkreuze, Runenzeichen usw.

Angesichts des im Strafvollzug unübersehbar hohen Anteils von Strafgefangenen mit Migrationshintergrund, entstehen besonders im Hinblick auf rassistische Abwertungsstrukturen interessante Konstellationen:

Die für die rechtsradikale Ideologie typischen rassistischen Abwertungsstrategien gegenüber Menschen mit anderer Hautfarbe richten sich von Seiten der Gefangenen häufig gegen andere Gefangene, die der Sprache nicht mächtig, bzw. kulturell verunsichert erschienen, da sie sich erst kurz in Deutschland aufhalten. Dazu gehörten z.b. Frauen aus der illegalen Prostitution, Thailänderinnen, Osteuropäerinnen und Schwarzafrikanerinnen.

Rassistisch abwertende Sprachmuster im Kontext des Frauenstrafvollzugs scheinen daher eher auf Sozialisationserfahrungen im Armutsmilieu als auf ideologisch verankerte rassistische Positionen hinzuweisen, wobei ich mich hier in meinem Armutsbegriff sowohl auf ökonomische als auch auf kulturelle Armut beziehe (vgl. Chasse u.a. 2003; Klocke/Hurrelmann 2002).

• *Widersprüchliche Anforderungen an weibliche Identität*

Die Phänomene gewalttätigen Handelns dieser Klientel zeichnen sich ab vor einem bestimmten gesellschaftlichen Hintergrund, der gekennzeichnet ist durch eine Vielfalt von Widersprüchen. So steht die Klientel häufig vor der für sie kaum lösbaren Aufgabe gesellschaftlich hoch bewertete Ziele – Eintrittskarten für soziale Anerkennung – wie Mobilität, interessant, gebildet, schön und besonders zu sein, angesichts ihrer unzureichenden Ressourcen nicht mit legalen Mitteln erreichen zu können. Aus einer solchen permanenten Überforderung entsteht zusätzlicher Stress, der von den Kindern und Jugendlichen (zusätzlich zu ihrer desolaten Lebenslage) bewältigt werden muss.

Ein sichtbares Bewältigungsmuster psycho-sozial belasteter Jugendlicher besteht in dem Verzicht auf soziale Anerkennung durch legale Zugangsweisen, zugunsten der Integration in subkulturelle Lebensfelder mit eigener Lebensideologie. In diesem Zusammenhang erscheinen tradierte Moral- und Ethikvorstellungen ebenso wie traditionelle Bilder vom guten Leben (Familie, Beziehung, Kinder, Beruf, Karriere usw.) als vorübergehend außer Kraft gesetzt. Dabei scheinen Mädchen den widersprüchlichen Verhältnissen in besonders scharfer Form ausgesetzt und geraten in schwierige Rollenkonfusionen: Einerseits selbstbewusst, erfolgreich, selbständig, lautstark und unerschrocken sein zu sollen; andererseits hinreichend weiblich, um die den Frauen zugedachte soziale Verantwortung abzudecken. Vor dem kulturellen Hintergrund ihres Milieus erscheint ihre Gewaltförmigkeit als konsequenter Versuch, es den Männern gleich zu tun, auszubrechen aus festgelegten Passivitätsmustern, als Versuch die weibliche Opferposition zugunsten einer attraktiveren Täterrolle aufzugeben. Auch die inhaftierten Mädchen haben Vorbilder, die ihren Lebensstil prägen und weit über Pippi Langstrumpf hinausgehen: Lara Croft, Madonna z.B. zeigen, was Frauen und Mädchen sich nehmen bzw. herausnehmen können. Aber auch in den Medien wird nicht mehr die „nette Kleine" propagiert, sondern selbstbewusste attraktive Frauen, die sich nicht scheuen ihre teilweise provozierenden, evtl. sogar selbstschädigenden oder aggressiven Lebenseinstellungen zu präsentieren. Selbstbewusstsein über Macht ist zum herrschenden Stil geworden: Aufmerksamkeit bekommen, Mut sich unbeliebt zu machen. Mädchen können sich anscheinend zunehmend besser mit männlich attribuierten Rollenmustern identifizieren. Neben Selbstsicherheit und Emotionalität werden auch Härte, Stärke und Durchsetzungsfähigkeit betont. Die Handlungsstrategien sehen dabei allerdings in den kulturell differenten Szenen und Milieus und vor dem Hintergrund der jeweiligen individuellen Ressourcen unterschiedlich aus. Offene Gewalt kann dabei eine Strategie bilden.

• *Opfer und Täterin*

Es mag zunächst erstaunen, dass Mädchen, die in der Regel auf traumatisierende Gewalterfahrungen zurückblicken können und zum anderen oft mit Männern liiert sind, die ihnen gegenüber gewalttätig agieren, nun ihrerseits selbst gewalttätig sind oder die Gewalttätigkeit ihrer männlichen Gruppenmitglieder aktiv unterstützen und gut heißen.

Die Biografien gewaltbereiter Mädchen zeigen uns, dass sie in ihrer Kindheit immer wieder Gewalthandlungen an sich oder gegen Andere erfahren haben (vgl. Bruhns/Wittmann 2002; Köttig 2004). Darüber hinaus haben sie wenig konstruktiven Umgang mit Konflikten erlebt und es entspricht einem bekannten Handlungsmuster, Konflikte mit Gewalt zu lösen und negative Emotionen über Gewalttätigkeit auszuleben. In Misshandlungen und sexuellem Missbrauch erfahren die Mädchen die Ohnmacht als Kind und als weibliches Kind gegenüber dem (in der Regel) männlichen Missbraucher. Eine Identifikation mit den Müttern würde sie in der

Regel in ein passives und selbstschädigendes Handlungsmuster zwingen (z.B. Sucht und psychische Erkrankung). Mädchen arbeiten innerhalb bestimmter Gruppenzusammenhänge genauso an ihrem Ruf wie Jungen. Es geht um Gangreviere, um Stolz und Ehre. Gewalt bedeutet Kontrolle und Macht über Andere. Durch die Entwicklung eines gewalttätigen Rufes gelingt es aus der unterlegenen Opferposition auszusteigen („sich nichts gefallen lassen", „sich Respekt verschaffen"). Dies wird umso gravierender, wenn die subkulturellen Kontexte die Möglichkeiten sozialer Integration verhindern und die Mitglieder dieser Kontexte eine Integration in andere, gesellschaftlich anerkannte Kontexte nicht mehr anstreben (vgl. Böhnisch 1999; Findeisen/ Kersten 1999,Bitzan 2000).

Anita Heiliger konstruiert aus feministischer Perspektive einen weiteren Bedeutungszusammenhang von Opferposition und Rechtsradikalität von Frauen: Obwohl die Gewalterfahrungen der Frauen sich auf die eigenen männlichen Bezugspersonen richten, wird deren Gewaltpotential verschoben und dem Fremden zugeordnet. Der gewalttätige Freund oder Ehemann erscheint in dieser Perspektive als Beschützer und es scheint aushaltbarer zu sein, die reale Gewalt nach außen zu projizieren als sie im eigenen System zu entlarven. Schließlich scheint mir die besondere Beziehungsorientiertheit von Frauen einen weiteren wesentlichen Faktor darzustellen, der Frauen als Schwestern, Freundinnen und Ehefrauen von Aktivisten in der rechten Szene festhält (vgl. Heiliger 2000).

4. Pädagogische Angebote im Kontext der Haft

Insbesondere im Jugendstrafvollzug spielt Bildung als resozialisierende Kraft eine große Rolle. Dem wird in vielen Jugendstrafanstalten für männliche Jugendliche auch durch eine Vielzahl von Bildungs- und Ausbildungsmöglichkeiten Rechnung getragen. Doch obwohl jugendliche Mädchen im Gegensatz zu männlichen Jugendlichen häufig noch recht gute Vorbedingungen für Aus- und Fortbildung mitbringen, sind ihre Bildungsmöglichkeiten im Rahmen der Haft völlig unzureichend. Eine überwiegende Orientierung an traditionellen Bildungsbiografien einschließlich der üblichen Lerndidaktiken und interaktiven Zugangsweisen zur konstruierten „Normalschülerin" würde die inhaftierten Mädchen verfehlen und sie aufgrund ihrer Distanz zu schulischen Lernformen in Widerstandsformen drängen.

Wenn Bildungsangebote aber – wie im JGG vorgesehen – zu einem stabilisierenden Baustein der Biografie werden sollen, ist es erforderlich die spezifische Lebenssituation und biografische Wirklichkeit der Frauen und Mädchen zu analysieren, zu verstehen und Bildung darauf auszurichten. Es gilt anzuerkennen, dass die Mädchen bereits komplexe Bildungsprozesse durchlaufen und sich Kompetenzen der Lebensbewältigung und Lebensstile herausgebildet haben, die nicht losgelöst zu sehen sind vom biografischen Hintergrund im Kontext sozialer Benachteiligung und geschlechtstypischer Strukturbildung.

So sind die hier von mir in den Blick genommenen Mädchen in der Regel doppelt von Benachteiligungen betroffen, die sich zum einen auf die attribuierten Geschlechtsrollenzuschreibungen und zum anderen auf biografische Mangelsituationen und Traumatisierungen im Lebenskontext beziehen.

Ergebnisse der Genderforschung haben in den letzten Jahren hinreichend gesichert, dass Mädchen im Rahmen einer geschlechtstypischen Sozialisation insbesondere im Hinblick auf die Entfaltung von Kompetenzen außerhalb der tradierten Rollendefinitionen Einschränkungen gegenüber Jungen erfahren. (vgl. Hageman-White 1984; Bilden 1980; Popp 2002). So wird deutlich, dass Mädchen die Fertigkeiten, die in der Gesellschaft zur Durchsetzung eigener Interessen sinnvoll sind und hoch bewertet werden (offensive Selbstdarstellung und Explorationsverhalten in Bezug auf Karriereplanung) aufgrund vorhandener und oft fest gefügter Rollenbilder nur schwer erlernen können. Diese mangelnde Rollenflexibilität betrifft Kinder aus belasteten und randständigen Familien besonders, da traditionelle Rollenzuweisungen in einem verunsichernden Gesamtmilieu Stabilität versprechen. Das Freisetzen aus tradierten Rollenmodellen erscheint jedoch als Privileg nur erreichbar über die klassischen schulischen Bildungswege, an denen diese Klientel zunehmend weniger partizipiert und in der Folge scheitert (vgl. Schreiber-Kittl/Schröpfer 2002; PISA-Studie 2003; Sachverständigenkommission Zwölfter Kinder und Jugendbericht 2005).

Die innerhalb der Familien verstärkte Aufsicht und Kontrolle der Mädchen (vor allem in der Pubertät), behindert zusätzlich das Streben nach Selbständigkeit und lässt in den Mädchen ein Gefühl vom „Handeln als Abhängige" entstehen. (vgl. Bilden 1980). Dieses Grunderleben wirkt sich insbesondere auf das Entstehen von Handlungskompetenz aus, die eine grundständige Voraussetzung für die Bewältigung von Leistungsanforderungen darstellt (vgl. Hurrelmann 1994).

So herrschen in Problemfamilien trotz gesellschaftlicher Veränderungsprozesse immer noch besonders rigide geschlechtsrollentypische Erwartungen an die Mädchen (vgl. Tillmann 1989; Hurrelmann 1994).

Auch bestimmt die soziale Herkunft nach wie vor die Freundschafts- und Cliquenkontexte der jugendlichen Mädchen, die vorwiegend aus ähnlichen soziokulturellen Lebenswelten stammen, in deren Zusammenhängen Mädchen in der Regel patriarchalen Gesetzen unterworfen sind (vgl. Zielke 1993; Bodenmüller 1996, 2002; Jansen 1999):

> *„Subkulturelle Gruppenkontexte sind überwiegend männlich dominiert und erwarten oft von den Mädchen die Unterwerfung unter ein patriarchalisches Normsystem (So müssen Mädchen in einigen Zusammenhängen als Sexualobjekte und in anderen zum Schmierestehen bei Einbrüchen oder zum Geldanschaffen über Prostitution herhalten" (Jansen 1999: 83).*

5. Bildung und Rekonstruktion der Lebensgeschichte

Im 12. Kinder und Jugendbericht wurde ebenso wie in der PISA Studie 2003 deutlich, dass Kinder aus bildungsfernen Familien, aus Familien mit Migrationshintergrund und aus Familien, die von Armut betroffen sind, überproportional häufig Schulschwierigkeiten haben. Dabei verweisen neuere Forschungsarbeiten (vgl. Rauschenbach u.a. 2006) auf formelle und informelle Lernwelten von Kindern und Jugendlichen. Während sich die Bildungsforschung traditionell nach wie vor an der Schule als Ort von Bildung orientiert, fokussieren Sozialisationstheoretiker auf außerschulische Lern- und Bildungsorte (vgl. Rauschenbach u.a. ebd.). Nachhilfe, Sport, ästhetische Bildung, Fitness, Theater u.a. gleichen die Defizite an persönlicher und sozialer Kompetenz aus, die im Kontext traditioneller Schulbildung nicht hinreichend vermittelt werden. Für die Kinder aus schwierigen Verhältnissen ergibt sich daraus eine doppelte Benachteiligung:

– Die Schule als traditioneller Bildungsort ist offenbar nicht dazu in der Lage, ihnen grundlegende Kompetenzen für eine gelungene Teilhabe an der Gesellschaft zu vermitteln, sondern unterstützt durch frühe Aussortierung die Verankerung von Gefühlen des Versagens und der Desintegration (vgl. Schreiber-Kittl/Schröpfer 2002).
– Die ausgleichenden Angebote informeller Bildung sind in der Regel kostenpflichtig und für diese Kinder und Jugendlichen nur schwer finanzierbar. Die gelungene Teilhabe setzt häufig schon eine entsprechende schulische und familiäre Grundbildung voraus.

So ist es zu verstehen, dass diese informellen Bildungsangebote überwiegend von Schülern- und Schülerinnen wahrgenommen werden, die ohnehin relativ gute familiale und schulische Ausgangspositionen haben.

Familiale, Bildung fördernde Faktoren werden in so genannten Selbstbestimmungstheorien klassifiziert anhand der Dimensionen *Autonomiegewährung* (Förderung der Exploration und Selbständigkeit, Beteiligung an Entscheidungen), *Struktur* (klar formulierte, begründete und konsistent vertretene Regeln, Grenzen und Erwartungen) und *Involviertheit* (Interesse an und Wissen über allgemeine und bereichsspezifische Erfahrungen, Aktivitäten und Interessen des Kindes. Die Analysen der Familienzusammenhänge inhaftierter Mädchen weisen in allen 3 Kategorien erhebliche Einschränkungen auf (Jansen 1998/2003; Jansen u.a. 2006).

Informelle Lernorte der psychosozial belasteten Kinder und Jugendlichen sind in der Regel an Cliquen und Szenekontexte gebunden, die ihrer Lebenswelt näher sind und in denen sie Gefühle von Scheitern und Desintegration kompensieren können (Bütov 2005).

Im Hinblick auf die Bildungsbiografien devianter Mädchen werden für die Planung sozialpädagogischer Interventionen

– die Bedeutung einer rekonstruktiven Fallarbeit,
– sowie die darauf aufbauenden, noch nicht absehbaren Konsequenzen für eine szenisch und aktional orientierte Bildungsarbeit deutlich.

Das was pädagogische Arbeit für inhaftierte Mädchen an protektiven Wirkfaktoren bereitstellen kann, muss erlebbar sein und nicht nur rational einsichtig. Es muss emotional erfahrbar und leiblich konkret sein. Wenn im Kontext pädagogischer Zielsetzungen mit dieser Klientel die Rede ist von Verlässlichkeit, von Wertschätzung, von Respekt, von gewährender und grenzziehender Fürsorge, dann dürfen diese Ziele nicht in einer Art Wertidealismus vermittelt werden, sondern in einem erfahrbaren Geschehen, dass eine Neukonstellation der alten Erfahrungen möglich macht und damit auch alternative Verarbeitungsmuster freisetzt. Szenen von Macht und Ohnmacht, von Übergriff und fehlender Empathie können nur durch alternative, vital erlebte Szenen verflüssigt und in ihrer determinierenden Kraft geschwächt werden.

6. Exkurs: Familie und Bildungsmotivation

Die Bildungsgeschichte der inhaftierten Klientel umfasst Bereiche des Lebenszusammenhanges, die in der zugänglichen Forschungsliteratur bearbeitet werden in der Analyse des Zusammenhangs von:

– Familie und Motivation
– Emotionale Entwicklung und misslingende Sozialisation (vgl. Hurrelmann 1994; Suess/ u.a. 2001).

Die jeweiligen Beobachtungen sind dabei nicht allein dimensioniert durch kognitiv sprachliche Bereiche wie: Differenzierungsfähigkeit, Fähigkeit zu analysieren und neue Synthesen zu erstellen, Probleme zu lösen, oder soziale Fähigkeiten wie z.b. Kontaktbereitschaft, Dauer und Qualität von Beziehungen und anderes. Sie umfassen auch weitere Identität schaffende Bereiche wie z.b. Werte (Einstellungen zur Wahrheit, zum Tod, zur Mitmenschlichkeit, Gerechtigkeit u.a.). Die grundsätzliche Problematik: Die Frage, wie beeinflusst familiale Sozialisation die Lernmotivation und die Bildungsaspiration von Jugendlichen, lässt sich im Hinblick auf die Klientel der psycho-sozial belasteten jugendlichen Mädchen nur biografisch-rekonstruktiv beantworten. Die Frage nach dem Zusammenhang von Familiensozialisation und schulischer Sozialisation bedarf offensichtlich einer Theoriekonstruktion, die sowohl objektive wie subjektive Faktoren der Persönlichkeitsentwicklung einbezieht. Persönlichkeitsentwicklung wird dabei verstanden als interaktive und kommunikative Organisation von Merkmalen, Eigenschaften, Einstellungen, Handlungskompetenzen und Selbstkonzepten während der gesamten Biografie. Trotz deutlich werdender Fortschritte in der sozialwissenschaftlichen Analyse des ultrakomplexen Zusammenhangs von familialer Sozialisation und Bildung sind geschlechtsspezifische Ansätze für die Bildungsarbeit mit devianten Mädchen kaum vertreten. Zusammenhänge von sozialer Schicht und Lernmotivation werden auch in neueren Untersuchungen bestätigt (vgl. Klocke/Hurrelmann 2002; Wild/Wild 1997), aber eine genaue Analyse der Lebenslagen inhaftierter Mädchen bedarf des Blicks auf die strukturierte Dynamik der Familienmitglieder, das heißt z.b. auf das familiale Rollensystem, das vermittelnde Funktionen zwischen Arbeits- und Lebenserfahrungen der Eltern und der Persönlichkeitsbildung der Kinder einnimmt. Die Entwicklung Lebenslauf bezogener Krankheits- und Gesundheitstheorien (Antonovsky 1997; Petzold 1993) hat wesentliche Richtungen angezeigt, die die umfassenden Auswirkungen von Risikofaktoren in prävalent-pathogenen Milieus untersuchen. Die Klientel der devianten Mädchen erweist sich im Lichte dieser Theorien als durchgängig in ihrem Entwicklungskontinuum beschädigt. Wie die jeweilige Manifestation dieser Schäden auf phänomenaler und auf struktureller Ebene erfasst wird, hängt ab von den metatheoretischen Modellen, die zum Verstehen, bzw. Erklären der Lebensprozesse der Klientel herangezogen werden. In einer integrativen Sichtweise zeigt sich die Notwendigkeit, eine Fülle von Faktoren für ein sehr komplexes Biografiemodell heranzuziehen. Unter dem Aspekt Lebenslauf bezogener Forschung zeigt sich zwar bei der psycho-sozial belasteten Klientel eine „Heterogenität von Kausalitäten" aber es zeigen sich auch charakteristische und geschlechtsspezifische „Ketten adversiver und kritischer Ereignisse", die ihrerseits negative Potenzen entfalten können und in dieser Hinsicht als „disfunktionale Kompensationen" bewertet werden müssen. Das so entstehende komplexe Gewebe von Einflussgrößen muss aber in seiner biografischen Bedeutung erfasst und verstanden werden. Darauf verweisen eindringlich Studien qualitativer Sozialforschung zu Lebenserfahrungen und zur Lebenswelt psycho-sozial belasteter weiblicher Jugendlicher (Hartwig 1990/1996; Pfennig 1996; Hartwig/Hensen 2003; Birtsch u.a. 1996; Reinhard/Weiler 2003; Bodenmüller 2002).

Bildungskonzeptionen in der Arbeit mit dieser Klientel werden sich daher vermehrt mit den geschlechtsspezifisch zu wertenden pathogenen Beziehungskonstellationen und ihren spezifischen Coping- und Abwehrmustern befassen müssen, wenn sie zum protektiven Moment in der Biografie dieser Klientel werden sollen.

7. Ressourcenorientierte Bildungsarbeit mit inhaftierten Mädchen und Frauen

Wenn auch eine Analyse der biografisch vermittelten äußeren und inneren Beschädigungsstrukturen notwendig erscheint um diese Klientel in ihrem Sosein zu verstehen, so muss doch insbesondere unter den Aspekten von Effektivität und Produktivität in der Planung und Konzeption pädagogischer Interventionen diese Klientel ebenso unter einer Ressourcenperspektive gesehen werden, um Entwicklungschancen durch Bildungsangebote zu sichern. Der Ressourcenbegriff hat insbesondere in den anwendungsorientierten Wissenschaften (Sozialpädagogik, Familientherapie, Organisationsentwicklung) zunehmend Verbreitung gefunden (vgl. Klemenz 2003). Die vielfältige Verwendbarkeit des Ressourcenbegriffs hat den Vorteil, dass er sich auf unterschiedliche theoretische Bezugssysteme beziehen lässt: systemische, entwicklungspsychologische, alltagstheoretische, persönlichkeitstheoretische u.a. Er hat jedoch den Nachteil, dass er relativ vage ist, da er nicht fixiert ist auf *eine* Theorieebene. Dadurch bekommt er leicht „inflationäre Züge" und erhält in einigen Zusammenhängen schlichten Rezeptcharakter: „Schaut auf eure Stärken", „Nutzt eure Chancen", „Nutzt eure Kreativität".

Im Einzelfall ist dagegen sehr differenziert die Frage zu stellen, was den Mädchen an Eigen- und Fremdressourcen zur Verfügung steht, was an sozialem Netzwerk, an physischer Konstitution, an materiellen Mitteln, an Bildung, Lebenserfahrung und Bewältigungsstrategien. Ressourcen sind nicht allein Hilfsmittel in Notsituationen, sondern generalisierte gute Quellen, die in der Lage sein sollten sowohl Notsituationen abzufedern wie auch Potentiale bereitzustellen für eine befriedigende Lebensgestaltung, für neue Entwicklungsaufgaben. Dabei ist es notwendig, der emotionalen Bewertung, der subjektiven Interpretation von Ressourcen Beachtung zu schenken, denn wir können nicht davon ausgehen, dass bei dieser Klientel schulische Bildung von vorne herein als kognitive, emotionale und wohlmöglich materielle Ressource bewertet wird.

Bildungsarbeit mit den inhaftierten Mädchen und Frauen geschieht vor dem Hintergrund der individuellen Lebenserfahrungen und der Situation Strafvollzug. Der Bildungsprozess ist bestimmt durch die Abwehrmuster der Klientel bis in ihre Selbstwahrnehmungs- und Handlungsmuster hinein (Denkstörungen, Mangel an Empathie, Bedürfnisdiffusionen, Impulskontrollverlust, chronifizierte Grundstimmungen von Depression u.a.). Bildungsarbeit und Diagnostik sind letztlich nicht voneinander zu trennen. Bildungsarbeit mit devianter Klientel beansprucht daher die Bedeutung einer wesentlichen psycho-sozialen Intervention, die über die kognitive Aneignung sozial relevanter Wissensbestände hinausgeht. Sie kann sogar unter den restriktiven Bedingungen des Gefängnisses zur Quelle des sozialen Supports werden, wenn die Problemlagen der Klientel nicht normativ abgewertet, sondern in ihren Ursachen und Wirkungen diagnostisch eingeschätzt werden, wenn ihre Manifestationen (Verhaltenssymptome) eingeordnet und in ihren Folgen zumindest gelindert werden können.

In den Bildungszusammenhängen innerhalb der Justizvollzugsanstalten werden traditionell bestimmte, typische Bildungsmöglichkeiten angeboten. Die Justiz geht davon aus, dass Resozialisierung geknüpft ist an kognitive und soziale Kompetenzen, die angebildet werden sollen. Bei der Ausgestaltung dieses Bildungsprozesses orientiert sich der Strafvollzug an dem im JGG vorgesehenen Erziehungsgedanken. Darüber was Erziehung für diese Klientel bedeutet, wozu erzogen werden soll, wie und unter welchen qualitativen Standards erzogen werden soll – all diese Fragen beantwortet das JGG nicht – und bis heute existiert kein eigenständiges Strafvollzugsgesetz für Jugendliche. So ist es auch zu verstehen, dass die pädagogischen Standards in deutschen Jugendvollzugsanstalten insgesamt sehr unterschiedlich ausfallen. Während in der Justizvollzugsanstalt für Jugendliche in Hameln (Niedersachsen) etwa 18 Jugendliche von einem Sozialarbeiter/einer Sozialarbeiterin betreut werden, müssen sich in Thüringen 130 Jugendliche einen Sozialarbeiter/eine Sozialarbeiterin teilen.

Im Kontext des Jugendstrafvollzugs existieren – bei aller Unterschiedlichkeit der Ausstattung – dennoch feste um nicht zu sagen starre Vorstellungen über eine Erziehung, die insbesondere bei jugendlichen Delinquenten an Struktur und Disziplin orientiert sein soll. Insbesondere beim Personal des allgemeinen Vollzugsdienstes dominiert häufig die Meinung, der Königsweg der Erziehung sei dann beschritten, wenn inhaftierte Mädchen in die Anpassung gebracht werden, damit sie ein Gespür für das bekommen, was als Ordnung, Recht und Unrecht gilt. Dass die Klientel häufig Struktur braucht, um sich zu stabilisieren, soll nicht bestritten werden. Die Vermittlung dieser Struktur jedoch kann sich nur aus einer annehmenden Haltung heraus entwickeln, aus einem gezielten interaktiven Prozess. Die Bedeutung von Beziehung in ihren unterschiedlichen Qualitäten, wird auch in der konfrontativen Pädagogik akzentuiert (Weidner/Kilb 2004; Wolters 2004).

8. Zur derzeitigen Situation von Bildungsmaßnahmen im Jugendstrafvollzug für Frauen

Die Bildungs- und Ausbildungsstandards für weibliche Inhaftierte erscheinen derzeit desolat. Aufgrund der geringen Gesamtzahl inhaftierter Mädchen, werden für sie kaum Ausbildungsmöglichkeiten angeboten. Dies erscheint auch deshalb besonders tragisch, weil die jugendlichen Mädchen durchaus längere Haftstrafen verbüßen die nicht pädagogisch genutzt werden können. Auch das Bereitstellen und Nachholen schulischer Qualifikationen (Hauptschulabschluss, Realschule, Gymnasium) ist kaum möglich. Aufgrund der geringen Anzahl der inhaftierten Mädchen werden kaum Justizeigene Maßnahmen angeboten, die Beschulung ermöglichen. Möglichkeiten an koedukativen Maßnahmen innerhalb und außerhalb der JVA teilzunehmen sind mit besonderen Problemen verbunden (vgl. Hartwig 1996), die ich im Folgenden aufzeige:

– Aufgrund der geschlechtstypischen Bewältigungsmuster, haben die inhaftierten Mädchen einerseits häufig Sucht- und Abhängigkeitsstrukturen entwickelt, andererseits bringen sie im Vergleich zu männlichen Jugendlichen eine relativ hohe Leistungs- und Lernbereitschaft mit.

– Aufgrund der bestehenden Suchtstrukturen haben die Mädchen große Schwierigkeiten ihre Freigaben (die nötig sind, wenn eine Maßnahme außerhalb der JVA besucht werden soll) zu behalten, häufig positive Befunde (THC Opiate) bei Urinkontrollen festgestellt werden.

– Aufgrund geschlechtstypischer Erfahrungen mit der Einschränkung von Autonomie haben sie häufig große Schwierigkeiten, sich an die Anweisungen von Lehrkräften und Bediensteten zu halten, dabei zeigen sie sich widerständiger und kritischer als die männlichen Jugendlichen.

– Die Mädchen gehen entwicklungs- aber auch schädigungsbedingt sehr schnell sexuelle Beziehungen ein, von denen sie in der Folge mehr als ihre männlichen Mitschüler absorbiert werden.

– Sie sind dem Druck ihrer Sonderrolle in koedukativen Gruppen, in denen sie gewöhnlich die Minderheit sind, nicht gewachsen und versuchen ihr geringes Selbstgefühl eher durch sexualisierte Auffälligkeit zu überspielen während sie ihre eigentlich überlegenen Leistungsmöglichkeiten zurück halten müssen.

– Die Lehrkräfte erscheinen ohne hinreichend ausgewiesene Kompetenz für den Umgang mit dieser Klientel überfordert. Dies manifestiert sich häufig in einem Unverständnis gegenüber den provokanten Verweigerungen der Mädchen, die mit entsprechenden Disziplinarmaßnahmen beantwortet werden (Jansen/Schreiber 1994).

Diese Art von Benachteiligung kann im Kontext des Strafvollzugs aufgrund fehlenden Personals und fehlender Mädchen spezifischer Konzepte kaum aufgefangen und begleitet werden.

Neben schulischen Bildungsangeboten und den damit verbundenen Problemlagen verdienen genderspezifische Seminare zur Selbstentwicklung besondere Beachtung.

Derartige im Strafvollzug angebotene Seminare beruhen auf Freiwilligkeit und werden von den Mädchen und Frauen durchaus angenommen. Neben den damit verbundenen Problemen (ungesicherte Finanzierung, Vorbehalte gegenüber externen Trainern und Trainerinnen) stoßen einige Konzepte emanzipativer Selbstentwicklung in der Arbeit mit inhaftierten Mädchen an Grenzen. Ausgerichtet auf Frauen und Mädchen, die sich selbstbewusst durch Bildung aus ihrer zugedachten Rolle befreien wollen, verfehlen sie die je eigene Lebenswelt inhaftierter Mädchen und nehmen wichtige Themen in diesen oft katastrophischen Lebenskontexten nicht auf wie z. B:

– Abwertungs- und Idealisierungsmuster in Beziehungen,
– Abhängigkeit in Beziehungen,
– Gewalt- und Missbrauchserfahrungen,

- Leben in der Haft,
- Leben mit der Sucht.

Unter den von mir genannten Perspektiven zerfällt der Medienmythos eines Frauenstrafvollzugs als aufregender Kessel hochkochender Leidenschaften. Was bleibt ist ein Kontext verdichteter Leidenserfahrungen von Frauen und Mädchen, sozialpolitisch nachrangig und devianzpädagogisch vernachlässigt.

Literatur

Antonovsky, Aron (1997): Salutogenese. Tübingen

Bilden, Helga (1980): Geschlechtsspezifische Sozialisation. In: Hurrelmann, Klaus/Ulich, Dieter (Hg.): Handbuch der Sozialisationsforschung. Weinheim

Bitzan, Renate (2000): Selbstbilder rechter Frauen. Tübingen

Bitzan, Maria/Daigler, Claudia (2004): Eigensinn und Einmischung. Grundlagen parteilicher Mädchenarbeit. 2. Aufl. München

Birtsch, Vera/Hartwig, Luise/Retza, Burglinde (Hg.) (1996): Mädchenwelten – Mädchenpädagogik. Perspektiven zur Mädchenarbeit in der Jugendhilfe. Frankfurt

Bütov, Birgit (2005): Mädchen in Cliquen. Weinheim

Bruhns, Kirsten/Wittmann, Svendy (2002): Ich meine mit Gewalt kannst du dir Respekt verschaffen. Mädchen und junge Frauen in gewaltbereiten Gruppen. Opladen

Chasse, Karl-August/Zander, Margherita/Rasch, Konstanze (2003): Meine Familie ist arm. Opladen

Bodenmüller, Martina (1996): Mädchen und junge Frauen ohne Wohnung. In: Kind-Jugend-Gesellschaft, 2

Bodenmüller, Martina (2002): Wenn Jugendliche auf der Straße erwachsen werden. In: Sozial Extra, Jg. 2002, S. 27–31

Böhnisch, Lothar (1999): Abweichendes Verhalten. Weinheim

Bufort, Bill (2001): Geil auf Gewalt. München

Dünkel, Frieder/van Kalmthout, Anton/Schüler-Springorum, Horst (1997): Entwicklungstendenzen und Reformstrategien im Jugendstrafrecht im europäischen Vergleich. Band 2. Mönchengladbach

Einsele, Helga (1994): Mein Leben mit Frauen in Haft. Stuttgart

Findeisen, Hans-Volkmar/Kersten, Joachim (1999): Der Kick und die Ehre. München

Fischer-Jehle, Petra (1991): Frauen im Strafvollzug. Bonn

Franke, Kirsten (2000): Frauen und Kriminalität. Eine kritische Analyse kriminologischer und soziologischer Theorien. Konstanz

Hageman-Withe, Carol (1984): Sozialisation: weiblich-männlich? Opladen

Heiliger, Anita (2000): Täterstrategien und Prävention. München

Hartwig, Luise/Hensen Gregor (2003): Sexueller Missbrauch und Jugendhilfe. Weinheim

Hartwig, Luise (1996): Koedukation: Ein Fluch für Mädchen?. In: Birtsch,Vera./Hartwig, Luise/ Retza, Burglinde (Hg.): Mädchenwelten-Mädchenpädagogik. Heidelberg

Hartwig, Luise (1990): Sexuelle Gewalterfahrungen von Mädchen. Weinheim

Hurrelmann, Klaus (1994): Einführung in die Sozialisationstheorie. Weinheim/Basel

Jansen, Irma (1998): Hure-Flittchen-Böses Kind. In: Zeitschrift für Transaktions Analyse, 1,2

Jansen, Irma (1999): Mädchen in Haft. Opladen

Jansen, Irma/Schreiber, Werner (1994): „Die Mädchen sind wieder frech geworden". In: Monatschrift für Kriminalität und Strafrechtsreform, 3

Jansen, Irma (2003): Verwahrlosungsstrukturen und Delinquenz – Perspektiven sozialpädagogischen Handelns mit einer belasteten Klientel. In: Flock, Wigbert/Jungblut, Hans-Joachim/Lapetina, Agustin u.a.: Kinder und Jugendhilfe in Deutschland und Uruguay. Münster. S. 169–183

Jansen, Irma/Peters, Oliver/Schreiber, Werner (2006): Devianzpädagogische Analysen. Norderstedt

Klemenz, Bodo (2003): Ressourcenorientierte Diagnostik und Intervention bei Kindern und Jugendlichen. Tübingen

Klocke, Andreas/Hurrelmann Klaus (Hg.) (2002): Kinder und Jugendliche in Armut. Wiesbaden

Klopp, Anne-Marie (Hg.) (2003): Frauenstrafvollzug. Frauen im Strafvollzug in Europa. Weimar

Köttig, Michaela (2004): Lebensgeschichten von rechtsextrem orientierten Mädchen und jungen Frauen. Gießen

Maelicke, Hannelore (1995): Ist Frauenvollzug Männersache? Baden-Baden

Mischau, Anina (1997): Frauenforschung und feministische Ansätze in der Kriminologie: Dargestellt am Beispiel kriminologischer Theorien zur Kriminalität von Frauen. Pfaffenweiler

Pankhofer, Sabine (1997): Freiheit hinter Mauern, Mädchen in geschlossenen Heimen. München

Permien, Hanna/Zink, Gabriela (1998): Endstation Straße? Straßenkarrieren aus der Sicht von Jugendlichen. München

Petzold, Hilarion/Goffin, J./Oudhof, J (1993): Protektive Faktoren und Prozesse – die positive Perspektive in die longitudinalen klinischen Entwicklungspsychologie und ihre Umsetzung in die Praxis der integrativen Therapie. In: Petzold, Hilarion/Sieper, Johanna (Hg.): Integration und Kreation, Bd. 1. Paderborn

Petzold, Hilarion (1993): Integrative Therapie. Bd. 1–3. Paderborn

Pfennig, Gabiele (1996): Lebenswelt Bahnhof. Neuwied

Pisa Studie (2003) Prenzel, Manfred/Baumert, Jürgen/Blum, Werner u.a.: PISA Konsortium Deutschland, Zusammenfassung

Polizeiliche Kriminalstatistik 2005 (PKS)

Popp, Ulrike (2002): Geschlechtersozialisation und schulische Gewalt. Weinheim

Quensel, Stephan (1999): Vorwort in: Irma Jansen, Mädchen in Haft. Leverkusen

Rauschenbach, Thomas/Düx, Wieben/Sass, Erich (Hg.): (2006): Informelles Lernen im Jugendalter. München

Reinhard, Antje/Weiler, Barbara (2003): Mädchenarbeit in der stationären Jugendhilfe. Berlin

Sachverständigenkommission Zwölfter Kinder- und Jugendbericht (Hg.) (2005): Kompetenzerwerb von Kindern und Jugendlichen im Schulalter. München

Smaus, Gerlinda (1993): Soziale Kontrolle und Geschlechterverhältnis. In: Frehsee/Löschper/Schumann (Hg.): Strafrecht, Soziale Kontrolle, soziale Disziplinierung. Opladen

Smaus, Gerlinda (1994): Physische Gewalt und die Macht des Patriarchats. In: Kriminologisches Journal 2, S. 82–104

Smaus, Gerlinda (1999): Das Geschlecht des Strafrechts. In: Rust, Ursula (Hg.): Juristinnen an den Hochschulen – Frauenrecht in Lehre und Forschung. Baden-Baden. S. 182–196

Suess, Gerhard/Scheurer-Englisch, Hermann/Pfeifer, Walter-Karl (2001): Bindungstheorie und Familiendynamik. Gießen

Schreiber-Kittl, Maria/Schröpfer, Heike (2002): Abgeschrieben. München

Tillmann, Klaus (1989): Sozialisationstheorien. Berlin

Weidner, Jens/Kilb, Rainer (Hg.) (2004): Konfrontative Pädagogik. Wiesbaden

Wolffersdorff, Christian von/Sprau-Kuhlen, Vera/Kersten, Joachim (1996): Geschlossene Unterbringung in Heimen. Kapitulation der Jugendhilfe? München

Wolters, Jörg-Michael (2004): Konfrontative Pädagogik – oder: Verstehen allein genügt nicht. In: Weidner, Jens/Kilb, Rainer (Hg.): Konfrontative Pädagogik. Wiesbaden

Wild, Elke/Wild, Klaus-Peter (1997): Familiale Sozialisation und schulische Lernmotivation. In: Zeitschrift für Pädagogik, 1

Ziehlke, Brigitte (1993): Deviante Jugendliche. Opladen

Familie, Geschlechterkonstruktionen und Soziale Arbeit

Christiane Rohleder

1. Die bedeutsamste soziale Organisation der Geschlechterverhältnisse oder ein geschlechtsneutrales Eltern-Kind-System? – Gender und Familie

Soziale Arbeit mit Familien stellt eines der Arbeitsfelder dar, in denen Fragen gesellschaftlicher Geschlechterverhältnisse wie sozialer Geschlechterkonstruktionen eine zentrale Rolle spielen, bildet die Institution Familie doch immer noch die „bedeutsamste soziale Organisation der Relationen zwischen Frau und Mann" (Helfferich 2004: 53). Genderaspekte betreffen dabei einerseits die Frage, wie Mädchen und Jungen in der Familie ihre Geschlechtsidentität erwerben[1] und andererseits welche Bedeutung gesellschaftlichen Geschlechterverhältnissen für die Gestaltung der familiären Beziehungskonstellationen zukommt. Denn trotz Aufweichung bipolarer normativer Erwartungen an männliche und weibliche Geschlechtscharaktere und einer deutlich gestiegenen Bildungs- und Berufsbeteiligung von Frauen gehen weiterhin mit der Familiengründung bedeutsame gesellschaftliche Prozesse der Retraditionalisierung der Geschlechterverhältnisse einher, die für Frauen eine schlechtere Integration am Arbeitsmarkt wie eine defizitäre sozialrechtliche Absicherung nach sich ziehen. Dementsprechend gilt „die Familie für Frauen (als, d. V.) eine Quelle der Benachteiligung" (Gruber 2001: 103).

Die mit einer Familiengründung häufig einhergehende geschlechtsspezifische Arbeitsteilung ist einerseits Ergebnis struktureller Rahmenbedingungen am Arbeitsmarkt und in der außerfamiliären Kinderbetreuung, andererseits wirken in ihnen kulturelle Deutungsmuster und geschlechtsspezifische Konstruktionen, die durch das aktive Handeln von Männern und Frauen, von Müttern und Vätern in den individuellen Familienarrangements produziert und reproduziert werden (Nentwich

---

1 Da insbesondere zu dem Aspekt, wie Mädchen und Jungen in familiären Sozialisations- und Erziehungsprozessen ihre Geschlechtlichkeit herausbilden, im deutschsprachigen Raum kaum neuere Untersuchungen vorliegen (Micus-Loos/Schütze 2004), bleibt er im Rahmen des Beitrags unberücksichtigt.

2000). Soziale Arbeit mit Familien muss sich somit immer auch als Soziale Arbeit an und mit Geschlechterkonstrukten verstehen, da diese die Gestaltung der elterlichen Paarbeziehung, das Selbstverständnis als Mutter und Vater, aber auch die professionelle Wahrnehmung „guter" oder „problematischer" Elternschaft nicht unberührt lassen. Dementsprechend wäre zu vermuten, dass Genderaspekte in der Familienarbeit thematisch allgegenwärtig sein müssten, aber in vielen Publikationen zum Thema gelingt es den Autorinnen und Autoren, geschlechtsneutral von Eltern und Kindern als Hauptakteuren von Familie zu sprechen und Konflikte und Herausforderungen in und für Familien außerhalb der bestehenden Geschlechterordnung zu problematisieren (vgl. z.B. Textor 1998).[2] Auch wenn der vorliegenden Fachliteratur ein impliziter Maternalismus unterstellt wird – es werde von Eltern gesprochen, aber Mütter seien gemeint (Matzner 2005: 598) –, erweisen sich häufig weder die Thematisierung der Vaterrolle noch die Art der Bezugnahme auf Lebenslagemerkmale von Frauen als befriedigend.

Für die Soziale Arbeit stellt sich damit die Aufgabe, die strukturellen Rahmungen, aber auch die geschlechtsspezifisch unterschiedlichen Handlungs- und Deutungsmuster, die Männer und Frauen in Familienbeziehungen und -konflikte mit einbringen, stärker mitzureflektieren, wobei diese Berücksichtigung zugleich nicht zu einer Verfestigung von geschlechtsspezifischen Stereotypen beitragen darf.

Im Rahmen des vorliegenden Beitrags wird es nicht gelingen, die Bandbreite der Herausforderungen, denen sich Soziale Arbeit mit Familien gegenüber sieht, einer systematischen Analyse der Wirkung von Geschlechterverhältnissen zu unterziehen. Vielmehr soll die These im Mittelpunkt stehen, dass Weiblichkeits- und Männlichkeitskonstruktionen bereits die Familiengründung und die frühe innerfamiliäre Aufgabenteilung mit beeinflussen und damit Strukturen geschaffen werden, die z.T. späteren Familienkonflikten zu Grunde liegen. Dies hat zur Konsequenz, dass ein möglichst frühzeitiger geschlechtsbewusster Zugang der Sozialen Arbeit zu Müttern wie Vätern sinnvoll erscheint.

---

2 So thematisiert Martin Textor (1998) in seiner Einführung zum Sammelband „Hilfen für Familien" Geschlechterverhältnisse ein einziges Mal im Zusammenhang mit vermeintlich aus der steigenden Erwerbstätigkeit von Müttern resultierenden Problemen. „Viele berufstätige Frauen leiden unter der Mehrfachbelastung durch Beruf, Hausarbeit und Kinderziehung, sind gestresst und gereizt, haben Probleme mit der Sicherstellung einer kontinuierlichen Kinderbetreuung." (Textor 1998: 8) Väter werden explizit nicht erwähnt.

2. Die Retraditionalisierung von Geschlechterverhältnissen im Prozess der Familiengründung

Sozialer Arbeit kommt im Feld der Familienhilfe primär die Aufgabe zu, bei der Prävention und Bewältigung von familiären Belastungssituationen und Konflikten unterstützend und entlastend tätig zu werden, das Kindeswohl zu schützen und die Erziehungskompetenz der Eltern zu stärken. Vor dem Hintergrund der, auch im europäischen Vergleich, niedrigen Geburtenziffern in Deutschland (BMFSFJ 2005a: 219) und der steigenden Zahl kinderloser Frauen (Henry-Huthmacher/Hoffmann 2005: 23) entwickelt sich allerdings in den letzten Jahren ein neuer Auftrag an die Soziale Arbeit. Sie soll Entscheidungen für eine Familiengründung wie für weitere Kinder überhaupt erst *mit* ermöglichen, und zwar vorrangig über den quantitativen und qualitativen Ausbau der Kindertagesbetreuung mit dem Ziel der besseren Vereinbarkeit von Familie und Beruf für Frauen (DIHK 2005; BMFSFJ 2005b; 46 ff.; Robert-Bosch-Stiftung 2005; Henry-Huthmacher/Hoffmann 2005).

Die niedrigen Fertilitätsraten in Deutschland wurden dabei lange Zeit ausschließlich als Folge der gestiegenen Bildungs- und Erwerbsbeteiligung von Frauen und der schlechten Vereinbarkeit von Familie und Beruf für Frauen identifiziert (Nave-Herz 1994: 31 ff.). Denn obwohl inzwischen die Erwerbsbeteiligung von Männern und Frauen ohne betreuungsbedürftige Kinder in Deutschland als relativ egalitär gilt (BMFSFJ 2005a: 273), lässt bereits ein Kind unter 15 Jahren die Erwerbsquote bei 25- bis 54-jährigen Frauen auf 70 % sinken, während sie bei Männern auf 92 % steigt (a.a.O.: 274). Noch deutlicher wird die unterschiedliche Erwerbsbeteiligung der Geschlechter, bezieht man das Alter und die Zahl der Kinder sowie die ausgeübten Beschäftigungsverhältnisse in die Betrachtung mit ein. Daten des Mikrozensus folgend (a.a.O.: 283 f.), waren 2004 in den alten Bundesländern 87,5 % der Männer, aber nur 29 % der Frauen mit Kindern unter 3 Jahren erwerbstätig. Darüber hinaus hängt die Arbeitsmarktintegration von Frauen mit Kindern ganz wesentlich von der Zahl der Kinder ab. Je größer die Familie, desto niedriger ist in den alten Bundesländern die Erwerbsquote von Frauen (a.a.O.: 287). Schließlich verbirgt sich hinter den Erwerbsquoten eine geschlechtspezifisch unterschiedliche Einbindung in den Arbeitsmarkt. Die gestiegene Erwerbsbeteiligung von Müttern basiert in Westdeutschland vor allem auf hohen Teilzeitquoten. So liegt 2004 die Teilzeitquote von erwerbstätigen Müttern mit einem Kind in den alten Bundesländern bei knapp 60 % und steigt bei zwei und mehr Kindern auf über 73 % an (a.a.O.: 289).

Die Erwerbsbeteiligung von Müttern wird dabei von regionalen Faktoren sowie Unterschieden im Bildungsniveau und beruflichem Status beeinflusst. So finden sich z.b. aufgrund der besseren Infrastruktur im Bereich der außerhäusigen Kinderbetreuung und einer positiveren Einstellung zur Erwerbstätigkeit von Müttern in Ostdeutschland höhere Erwerbs- und Vollzeitquoten bei Frauen mit Kindern. Auch die Höhe des Bildungsniveaus hat einen entscheidenden Einfluss auf die Ausgestaltung der Vereinbarkeit von Familie und Beruf. Frauen mit niedrigen Bildungsabschlüssen wählen eher ein Drei-Phasen-Modell, in dem die Rückkehr in den Beruf erst bei einem späteren Lebensalter der Kinder stattfindet. Höher qualifizierte Frauen realisieren demgegenüber häufiger ein Simultanmodell, indem, nicht selten unter zu Hilfenahme von privaten Dienstleistungen wie Tagesmüttern, Kinderfrauen und Haushaltshilfen, Erwerbstätigkeit und Familie unter einen Hut gebracht werden (Peukert 2004: 267).

Ein zentraler Erklärungsfaktor für die schlechte Vereinbarkeit von Familie und Beruf in Deutschland sind quantitative und qualitative Mängel des bestehenden Kinderbetreuungsangebotes. Dies betrifft zunächst die im internationalen Vergleich erschreckend niedrige Versorgungsquote mit Betreuungsplätzen für Kinder unter drei Jahren (Rürup/Gruescu 2003: 32). Darüber hinaus fehlt es den Angeboten häufig an zeitlicher Flexibilität. Eine bundesweite Kindertagesstättenbefragung der Deutschen Industrie- und Handelskammer kommt zu dem Ergebnis, dass bei den Öffnungszeiten der Einrichtungen gravierende Mängel bestehen. Öffnungszeiten über 18:00 Uhr hinaus, ganzjährige Öffnung der Einrichtung ohne Ferienpausen, Betreuungsangebote am Samstag und eine selbstverständliche Übermittagsbetreuung seien noch nicht normaler Standard der Kindertagesbetreuung in Deutschland (DIHK 2005).

Komplementär zur ungleichen Verteilung der Erwerbsarbeit zwischen Vätern und Müttern gestaltet sich die Verteilung der unbezahlten Arbeit in Haushalt und Kindererziehung. Zwar hat sich zwischen den Geschlechtern in den letzten Jahren eine sukzessive Annäherung beim Umfang der unbezahlten Arbeit vollzogen.[3] Aber noch immer erbringen insbesondere Frauen das Gros der Arbeit in Haushalt, Kinderziehung/-betreuung sowie Pflege von Angehörigen, und Putzen, Bügeln, Wäsche waschen oder auch Kochen verbleiben vorrangig ihre Aufgaben (Statistisches Bundesamt 2003: 15 ff.; Döge 2005: 238 f.; Zulehner/Volz 1999: 261).

---

3   Diese Annäherung beruht allerdings vor allem auf einer 10%igen Reduzierung des Zeitaufwandes für Haushalt und Familie auf Seiten von Frauen mit Kindern (Statistisches Bundesamt 2003: 14).

Auch in der Betreuung und Versorgung von Kindern bestehen trotz eines Wandels von Vaterschaftskonzepten in Richtung einer stärkeren Partizipation weiterhin Unterschiede zwischen den Geschlechtern fort. Väter geben wesentlich häufiger an, sich in den so genannten „leisure activities", d.h. in der Freizeitgestaltung, im Spiel oder bei Spaziergängen zu engagieren, während Körperpflege, Hausaufgabenbetreuung, Besuche beim Kinderarzt oder bei Elternsprechtagen deutlich seltener von ihnen genannt werden (Zulehner/Volz 1999: 262). Auch bezüglich der Verteilung unbezahlter Arbeit zwischen den Geschlechtern finden sich Einflüsse der Sozialschicht- und Berufszugehörigkeit. Einer Sekundärauswertung der Zeitbudgetstudie des Statistischen Bundesamtes zufolge ist z.b. die Beteiligung an der Kinderbetreuung bei Männern, die im Non-Profit-Bereich arbeiten, besonders ausgeprägt, und Beamte und männliche Arbeiter sind aktiver als andere männliche Erwerbstätige im Haushalt (Döge 2005: 238 f.). Somit haben sich soziale Männlichkeitskonstrukte im Hinblick auf den Stellenwert und das Engagement in Beruf und Familie zwar pluralisiert. Der „neue" Mann ist stärker im Familienalltag anwesend und weitet seine Aktivitäten auch auf „weibliche" Haushaltsaufgaben und die „pflegerisch-unsaubere" Versorgung der Kinder aus. Allerdings macht der Männlichkeitstyp „neuer Mann" einer Studie von Paul M. Zulehner und Rainer Volz (1999: 51) folgend nur einen Anteil von ca. 20 % an allen Männern aus und die Mehrheit der Männer sind weiterhin vor allem Erwerbsmänner. Demzufolge wird häufig skeptisch beurteilt, inwiefern tatsächlich von grundlegenden Wandlungsprozessen im männlichen Verhalten gesprochen werden kann oder ob dieses sich nicht vielmehr durch eine „verbale(n) Aufgeschlossenheit bei weitgehender Verhaltensstarre auszeichne" (Oberndorf/Rost 2002, zitiert nach Peukert 2004: 287).

Angesichts dieser empirischen Datenlage wird vermutet, dass die Egalitätsansprüche von Frauen in Konflikt mit den bestehenden Familienrealitäten geraten und junge Familien nicht selten an diesen Konflikten scheitern (Sachverständigenkommission 7. Familiebericht 2005: 11). Untersuchungen, die auch Veränderungen der Partnerschaftsqualität nach einer Familiengründung und im Familienverlauf berücksichtigen, zeigen, dass die ungleiche Aufgabenteilung zwischen den Geschlechtern sowohl an sich Unzufriedenheit hervorruft, aber auch negative Auswirkungen auf die Partnerschaftsqualität hat (Fthenakis/Minsel 2001: 13). Dies mag ein Faktor sein, der u.a. für die ungleiche Geschlechterrelation bei der Beantragung einer Scheidung eine Rolle spielt: 2003 wurden 57 % aller Scheidungen von Frauen beantragt und nur 36 % von Männern, der Rest wurde gemeinsam beantragt. (BMFSFJ 2005a: 256).

Familiäre Arbeitsteilung als Ausdruck von „Doing gender"

Zu beachten ist, dass Entscheidungen für die Aufgabenteilung in der Partnerschaft nicht allein Ergebnis struktureller Zwänge und fragloser Rollenvorgaben ist, sondern komplexer Aushandlungsprozesse, die von Männlichkeits- und Weiblichkeitskonstruktionen beeinflusst sind. Diese Konstruktionen werden in Prozessen des „doing gender" (West/Zimmermann 1987) von beiden Geschlechtern getragen. Der Begriff „doing gender" meint, dass im kulturellen System der Zweigeschlechtlichkeit Individuen ein Interesse daran haben, eindeutig als Mann und als Frau erkannt zu werden und sich auch deswegen in ihrem alltäglichen Verhalten an bestehenden sozialen Erwartungen orientieren, um durch ihr Handeln Männlichkeit oder Weiblichkeit zu demonstrieren. Aber nicht nur das Verhalten, sondern auch die Wahrnehmung der Handlungen des Gegenübers erfolgen entlang bestehender sozialer Geschlechterkategorien mit dem Ergebnis, dass gleiches Handeln je nach Geschlechtszugehörigkeit des Handelnden unterschiedlich wahrgenommen und beurteilt wird. Das Konzept des doing gender betont damit die aktive, tagtägliche Beteiligung der Akteurinnen und Akteure an der Produktion und Reproduktion der Geschlechterverhältnisse.

Doing gender dokumentiert sich in Familiengründungsprozessen z.B. darin, dass das temporäre Ausscheiden aus dem Erwerbsleben und eine anschließende Teilzeitberufstätigkeit, mehrheitlich nicht als struktureller Zwang wahrgenommen wird, sondern ein von vielen jungen Frauen zunächst positiv bewertetes Modell ist (Zulehner/Volz 1999: 146; BMFSFJ 2005a: 300). Insbesondere für das erste Lebensjahr geht über die Hälfte der 18- bis 44-jährigen Frauen davon aus, dass vor allem die Mutter das Kind tagsüber betreuen soll und Vollzeitberufstätigkeit in der Kleinkindphase wird weiterhin von berufstätigen wie nichtberufstätigen Frauen eher abgelehnt. (Institut für Demoskopie Allensbach 2004: 53 f.). Diese so genannte Haltung des Maternalismus ist in Deutschland in den alten Bundesländern noch relativ tief verankert und wird auch für den schleppenden Ausbau der Kindertagesbetreuung mit verantwortlich gemacht (OECD 2004: 18).

Vor diesem Hintergrund lassen sich in Studien zu Reproduktionsentscheidungen und familiärer Arbeitsteilung bei Paaren unterschiedlichster Sozialschichtzugehörigkeit Argumentationsmuster rekonstruieren, in denen die Retraditionalisierung der geschlechtsspezifischen Arbeitsteilung nach der Geburt des ersten Kindes als „natürlich" und nicht begründungspflichtig erscheint, wobei „Mutter sein" als quasi natürliche Eigenschaft der Frau und zugleich als unvereinbar mit Berufstätigkeit gesehen wird. Über die Analogiebildung von „Frau/Mutter" und „Mann/Vater" werde nach Julia Nentwich (2000: 117) eine fundamentale Geschlechterdifferenz konstruiert, über die in Paarbeziehungen die Aufgabenteilung zwischen den Geschlechtern immer wieder legitimiert und reproduziert wird.

Männlich und weiblich konnotierte Aufgabenbereiche werden dabei nicht nur als Zumutung empfunden, sondern mit ihnen verbinden sich auch Kompetenzzuschreibungen und Möglichkeiten, Männlichkeit und Weiblichkeit zu demonstrieren. Die Folge ist ein widersprüchliches Agieren der Akteurinnen und Akteure in den Geschlechterverhältnissen. So klagen z.B. Frauen einerseits zunehmend über die geringe Beteiligung von Männern an der Hausarbeit, schreiben sich zugleich aber die wesentlich besseren Kompetenzen hierfür zu und sind z.B. häufiger als Männer der Meinung, die in Anspruchnahme der Elternzeit passe nicht zu Männern (Döge 2005: 245). Michael Matzner (2004: 33 f.) stellt in einem Überblick über den derzeitigen Stand der Väterforschung eine qualitative Studie aus dem anglo-amerikanischen Raum von Kathryn Backett vor, die verdeutlicht, wie in der Paarinteraktion die väterliche Beteiligung an der Kindererziehung ganz entscheidend durch die Partnerinnen und in ihrem Sinne gesteuert wurde. Legitimiert wurde diese Praxis dadurch, dass beide Elternteile von einem größeren Kompetenzvorsprung der Mutter ausgingen. Zwar betonten alle Mütter, dass ihnen eine enge Beziehung zwischen Vater und Kind(ern) wichtig sei. Zugleich gingen sie latent davon aus, dass Vätern Fürsorgetätigkeiten nicht so gut gelingen würden und vermieden es häufig, die Väter allein mit den Kindern zu lassen, obwohl gerade diese Erfahrungen als ganz entscheidend für den Aufbau einer eigenständigen Vater-Kind-Beziehung gelten. Verständlich werden diese den verbalisierten Egalitätsansprüchen scheinbar zuwiderlaufenden Handlungsmuster, analysiert man sie als Strategien des doing gender – so, wie über die Abgrenzung gegenüber Sorgetätigkeiten Männlichkeit inszeniert wird, lässt sich Weiblichkeit über die besondere Kompetenz für Fürsorge demonstrieren.

3. Auch Männer haben Vereinbarkeitsprobleme

Die Rolle der Väter in Familiengründungsprozessen ist bislang weitgehend unberücksichtigt geblieben, obwohl die bestehende Geschlechterordnung das Verhältnis von Männern zur Familiengründung ebenfalls fundamental beeinflusst. Hier reproduzieren sich in der Forschung wie der Praxis der Sozialen Arbeit gesellschaftliche Stereotype, in denen allein Frauen über Schwangerschaft, Gebären und Stillen ein direkter Bezug zum Kind zugesprochen und dementsprechend vor allem der weibliche Kinderwunsch als ausschlaggebend für reproduktive Entscheidungen gesehen wird (Helfferich 2005: 57). Männer tauchen demgegenüber „lediglich als erklärende Kovariaten des Verhaltens von Frauen auf, nicht aber als eigenständige Subjekte im Prozess der Familiengründung" (Hank/ Tölke 2005: 9).

Aktuelle Studien zeigen, dass nicht nur Frauen zunehmend kinderlos bleiben, sondern dass auch Vaterschaft unattraktiver zu werden scheint. Empirische Indikatoren sind erstens die deutlich zeitverzögerte Realisierung der Erstvaterschaft im Vergleich zur Erstmutterschaft und zweitens die Vermutung, dass in den derzeit mittleren Alterskohorten der prozentuale Anteil dauerhaft kinderlos bleibender Männer höher ausfallen wird als der dauerhaft kinderloser Frauen. Einer am Deutschen Institut für Wirtschaftsforschung durchgeführten Analyse der Daten des sozio-ökonomischen Panels folgend, sind in der Altersgruppe der 45- bis 50-Jährigen 25,6 % der Männer und 13 % der Frauen und bei den 50- bis 55-Jährigen 18,1 % der Männer und 15,5 % der Frauen kinderlos (Schmitt 2004: 6). Zwar bestehen für die biologische Vaterschaft wesentlich weichere Grenzen als für die biologische Mutterschaft, allerdings scheinen soziale Altersgrenzen für eine Erstvaterschaft durchaus wirksam zu sein.[4] Deswegen wird davon ausgegangen, dass die in den Altersgruppen ab Mitte vierzig zwischen den Geschlechtern zu Tage tretenden Unterschiede in der Tendenz auch bestehen bleiben werden (Schmitt 2005: 23).

Sowohl die zeitliche Verzögerung der Vaterschaft als auch die Kinderlosigkeit von Männern wird in Zusammenhang mit ihrer Erwerbspartizipation gesehen. Unter den (noch) kinderlosen Männern finden sich einerseits ein besonders hoher Prozentsatz mit Abitur und andererseits ein hoher Anteil ohne Bildungsabschluss bzw. mit niedrigem Einkommen (a.a.O.: 27). Darüber hinaus wirken sich Phasen der Nichterwerbstätigkeit, wie z.B. Arbeitslosigkeit oder Ausbildung, aber auch Phasen beruflicher Unsicherheit, z.B. beim Schritt in eine Selbstständigkeit oder bei durch berufliche Aufstiege gekennzeichnete Karrieren, negativ auf die Realisierung einer Erstvaterschaft von Männern aus (Kurz 2005: 194; Tölke, 2005: 115; Tölke/Diewald 2003: 369). Verschiedene Studien kommen zu dem Er-

---

4   Die Wahrscheinlichkeit, dass Männer später als mit 35 Jahren das erste Mal Vater werden, ist signifikant rückläufig (Tölke 2005: 114) und ab dem Alter von 45 ist eine Erstvaterschaft selten zu finden (Schmitt 2005: 19).

gebnis, „dass für Männer eine Familiengründung erst dann in Betracht kommt, wenn die ökonomische Absicherung einer Familie – beispielsweise im Rahmen einer Vollzeit-Beschäftigung – gewährleistet werden kann. Für die Frauen ist dieser Befund dagegen nicht zu konstatieren." (Schmitt 2005: 40). D.h., obwohl junge kinderlose Frauen und Männer zu etwa gleichen Teilen erwerbstätig sind und obwohl die familiäre Arbeitsteilung nicht mehr Ergebnis selbstverständlicher sozialer Routinen, sondern Ergebnis von Aushandlungsprozessen ist, scheint sich für viele Männer mit einer Familiengründung doch immer noch mehr oder weniger bewusst[5] die Vorstellung des Familienernährers zu verbinden. Dies verwundert nicht, führt man sich die bestehenden Lohndifferenzen zwischen Männern und Frauen, die derzeitigen Strukturen der Kinderbetreuung und des Arbeitsmarktes, den Wunsch vieler Mütter nach Unterbrechung bzw. Reduktion der Berufstätigkeit bei kleinen Kindern sowie die steuerlichen Anreize für ein Alleinernährermodell vor Augen. Aber es verdeutlicht auch, dass für das generative Verhalten wie für das spätere Agieren in der Familie der Frage, wie Männer und Frauen sich als Eltern sehen, eine wichtige Bedeutung zukommt.

In diesem Zusammenhang kommt eine quantitative Studie von Yve Stöbel-Richter und Elmar Brähler (2000) zu dem Ergebnis, dass sich Männer und Frauen sowohl im Hinblick auf die Stärke als auch auf die Bestimmungsfaktoren ihres Kinderwunsches unterscheiden. Männer thematisieren häufiger als Frauen die negativen Konsequenzen einer Elternschaft, z.B. hinsichtlich der persönlichen Einschränkungen oder auch der finanziellen Kosten, während für Frauen soziale Stereotypen, der Wunsch nach emotionaler Stabilisierung sowie eine geringere Furcht vor persönlichen Einschränkungen größere Bedeutung haben. Auch qualitative Untersuchungen kommen zu dem Ergebnis, dass selbst bei Männern mit einer ausgeprägt positiven Haltung zu Kindern und sehr unterschiedlich motivierten Kinderwünschen, „kulturell wirksame Skripte von Vaterschaft" (von der Lippe 2005: 57) eher negative Konnotationen zu haben scheinen. „Auf die Frage nach Vorstellungen zum Übergang zur Vaterschaft werden von den Männern häufig zuerst eine Reihe einschränkender oder belastender Dinge benannt: Rücksichtnahme, Schlafmangel, persönliches Zurückstecken, Anstrengungen tauchen üblicherweise *vor* Freude, Stolz oder Liebe zum Kind in den Erzählungen auf." (Ebd.) Vaterschaft erscheint aus

---

5   Mehr oder weniger bewusst deswegen, weil auf die Frage nach der Vorstellung von Vaterschaft ein höherer Prozentsatz kinderloser Männer und Väter stärker die Rolle des Vaters als Erzieher betont als die Ernährerrolle (Fthenakis/Minsel 2001: 8).

Sicht der Befragten als das „Tragen von Belastungen auf starken Schultern", während sie im Hinblick auf Mutterschaft vor allem die exklusive und innige Beziehung zwischen Mutter und Kind thematisieren, die den potentiellen Vätern selbst nicht in gleicher Art offen zu stehen scheint.

Die kulturellen Skripte von Vaterschaft und die Bedeutung von Familie im männlichen Lebenslauf unterscheiden sich wiederum entlang regionaler, ethnischer oder auch sozialgruppenspezifischer Einflüsse. Cornelia Helfferich u.a. (2005) arbeiten im Rahmen einer qualitativen Studie über Väter mit Hauptschulabschluss heraus, wie Familiengründungen und Familienpraktiken von Männern in Zusammenhang mit der symbolischen Herstellung von Männlichkeit stehen. So wird in der Gruppe niedrig qualifizierter Männer unabhängig vom Zeitpunkt der Familiengründung diese als Zäsur konstruiert, die die eher durch kollektive Männerzusammenhänge (Cliquen, Vereine, „Kumpel") und das Sammeln von Erfahrungen geprägte männliche Jugendzeit beendet (a.a.O.: 78 ff.). Vater werden setzt damit nicht nur eine ökonomische Absicherung voraus, sondern auch das Gefühl, die Freiheiten der Jugend im Hinblick auf Freizeit- und Beziehungsgestaltung ausreichend genutzt zu haben, genug ge- und erlebt zu haben, um dann die mit der Familiengründung assoziierten Einschränkungen akzeptieren zu können.

Zudem findet sich in nahezu allen Erzählungen der niedrig qualifizierten Männer „eine Aufteilung der Welt in eine Männer- und eine Frauen-/Familienalltagswelt" (a.a.O.: 82). Der Grad der bipolaren Konstruktion dieser getrennten Geschlechterwelten fällt jedoch unterschiedlich stark aus. Während in einem so genannten „offenen Muster" die „Männerwelt" vor allem die Jugendzeit prägt, mit der Familiengründung aber einer eher egalitär konstruierten, an Kooperation und Zusammenarbeit der Geschlechter orientierten Familienwelt weicht, zeichnet sich das Deutungsmuster der „getrennten Welten" dadurch aus, dass die Frauen-/Familienwelt in Opposition zur Männerwelt steht. In den biografischen Erzählungen ist die „Männerwelt" bereits in der Kindheit u.a. durch Zuschreibungen wie draußen-Freiheit-Fußball-Abenteuer charakterisiert. Demgegenüber verbinden sich mit der Frauen-/Familienwelt eher negative Assoziationen wie drinnen-Sorge-Stubenhocken-Einschränkung (ebd.). Für Männer mit dem Deutungsmuster „getrennte Welten" stellt sich mit der Familiengründung dementsprechend die schwierige Aufgabe, an der Frauen-/Familienwelt zu partizipieren, ohne jedoch dadurch Männlichkeit zu verlieren. Die Hinwendung zu und Identifikation mit männertypischen Berufen einerseits und ein familienorientiertes Selbstverständnis als Ernährer andererseits, das zwar Unternehmungen mit den Kindern vorsieht – entspricht dies doch der Männerwelt draußen-Freiheit-Abenteuer – aber das „Kümmern" und „Sorgen" den Frauen überlässt, stellt einen Lösungsversuch für diesen Zwiespalt dar (a.a.O.: 88).

Die in der Sozialen Arbeit beklagte Abwesenheit von Vätern in sozial benachteiligten Familien und ihre bedingte Kooperationsbereitschaft lässt sich mit Hilfe des Rekurses auf zugrunde liegende Männlichkeitskonstrukte besser verstehen und muss sich der Herausforderung stellen, auch in diesen Familienkonzepten Anknüpfungspunkte auf Seiten der Väter für die Motivation von Verantwortungsübernahme zu finden.

Höher qualifizierte Männer weisen demgegenüber laut Helfferich u.a. in ihren Erzählungen über Vaterschaft und Familiengründung stärker psychologisierende und entwicklungsorientierte Biografiekonzepte auf und ihre Männlichkeitskonstrukte basieren weniger stark auf Abgrenzung von der Frauen-/Familienwelt (a.a.O.: 92). Dies bedeutet nicht automatisch, dass für höher qualifizierte Männer die Entscheidung zur Vaterschaft per se unproblematischer ist. Die qualitativen Daten einer Längsschnittuntersuchung zum Thema „Statuspassagen in die Erwerbstätigkeit" (Kühn 2005) zeigen, dass die Mehrheit der befragten Männer[6] sich nicht in der Lage sah, trotz eines Kinderwunsches den Übergang in die Elternschaft zu planen. Ursächlich hierfür waren aus Sicht der Befragten vorrangig Vereinbarkeitsprobleme von Beruf und Familie, und zwar erstens hohe zeitliche Anforderungen im Beruf, die mit den eigenen Ansprüchen an eine aktive Vaterschaft kollidieren, zweitens offene oder auch unsichere Planungsperspektiven, da die derzeitige Berufssituation durch ausgeprägte Mobilitäts- und Flexibilitätsanforderungen gekennzeichnet ist, und drittens Unzufriedenheit mit der eigenen beruflichen Entwicklung und das Gefühl, dass eine Familiengründung einen grundlegenden beruflichen Richtungswechsel verunmöglichen würde (a.a.O.: 139 ff.).

Wenn auch in sehr unterschiedlichen Ausprägungen, sind Familiengründung und Vaterschaft für Männer ebenfalls biografische Entscheidungssituationen, die sowohl von strukturellen Rahmenbedingungen des Arbeitsmarktes als auch von gesellschaftlichen Männlichkeitskonstruktionen beeinflusst sind. Die These, dass für Männer die Vereinbarkeit von Beruf und Familie problemlos ist, sie für Frauen jedoch eine gesellschaftliche Benachteiligungsstruktur darstellt, erweist sich für kinderlose Männer sowie Väter als nur bedingt richtig. Vielmehr entsteht der Eindruck,

---

6   Die qualitative Studie berücksichtigt Absolventen aus den sechs beliebtesten Ausbildungsberufen aus dem Handwerk und dem Dienstleistungsbereich: Maschinenschlosser, KfZ-Mechaniker, Friseur, Bank-, Büro- und Einzelhandelskaufleute.

dass aus Sicht von Männern die Entscheidung für eine Familiengründung ebenfalls konfliktbehaftet ist und Vaterschaft zunehmend unattraktiver zu werden scheint (Sachverständigenkommission für den 7. Familienbericht 2005: 11).

Deutlich wird zudem, dass allein politökonomische und arbeitsmarkttheoretische Ansätze das unterschiedliche Engagement der Geschlechter in Familie und Beruf nicht erklären, sondern der kulturelle Kontext, die in der Geschlechterordnung enthaltenen Normierungen und Erwartungen an „gute Mütter" und „gute Väter" sowie Entwürfe von Männlichkeit und Weiblichkeit das individuelle und kollektive Handeln, aber auch den Aktionsrahmen von Institutionen und wohlfahrtsstaatliche Arrangements bestimmen (Gerhard 2003: 54 f.).

Familiengründungen und Familienarrangements dienen auch der symbolischen Darstellung und Vergegenwärtigung von Männlichkeit und Weiblichkeit und damit der Inszenierung von Geschlechterdifferenzen. Sie erscheinen den Beteiligten dementsprechend nicht nur als Ergebnis struktureller Zwänge, sondern zumindest zu Beginn als selbst gewählt und bejaht. Dies schließt jedoch nicht aus, dass gerade diese Strukturen selbst oder nachhaltige Überforderungen der Familie zu einem späteren Zeitpunkt zu Paarkonflikten führen können, in denen sich die Partner die unterschiedliche Einbindung in Familie und Beruf wechselseitig zum Vorwurf machen. Angesichts der anscheinend zunehmenden Vorbehalte und Vereinbarkeitsfragen aufseiten von Männern erscheint es notwendig, diese stärker als dies bislang der Fall war, in familienpolitischen Überlegungen, aber auch bei der konzeptionellen Gestaltung des Systems sozialer Hilfen zu berücksichtigen.

4.   Väter in der Sozialen Arbeit – eine Leerstelle?

4.1 *Präventive Arbeit mit Familien durch frühzeitige Einbindung der Väter*

Familiäre Konflikte sind strukturell wie symbolisch in Form von Weiblichkeits- und Männlichkeitskonstrukten z.T. bereits im Gründungsprozess von Familien angelegt und zwar aufseiten von Frauen wie von Männern. Ein Grundproblem der Sozialen Arbeit mit Familien scheint darin zu bestehen, dass familiäre Geschlechterverhältnisse erst dann in den Focus der Sozialen Arbeit kommen, wenn die Geschlechterstrukturen ihr destruktives Potenzial bereits entwickelt haben, obwohl mögliche Konfliktlinien schon sehr früh grundgelegt werden. Insbesondere der gezielten Ansprache und Einbindung von Vätern wird zudem nur wenig Aufmerksamkeit geschenkt.

Vor diesem Hintergrund wird zum einen diskutiert, bereits im Kindes- und Jugendalter Kompetenzerweiterungen für Mädchen wie Jungen zu ermöglichen, die die Berufsorientierung von Mädchen stärken und Jungen einen positiven Zugang zu fürsorglichen Tätigkeiten eröffnen (Sachverständigenkommission 7. Familienbericht 2005: 11). Derartige Konzepte in der Kinder- und Jugendarbeit werden jedoch nur erfolgreich sein, wenn die Angebote für Jungen von Männern durchgeführt werden, weil angesichts der negativen Verbindung von Sorgen und Weiblichkeit gerade in der Phase der Entwicklung einer männlichen Geschlechtsidentität Jungen fürsorgliche Haltungen meist nur von Männern übernehmen. Des Weiteren scheint es sinnvoll, Väter wesentlich frühzeitiger in Einrichtungen der Sozialen Arbeit anzusprechen und einzubinden. Eine Bestandsaufnahme der Väterarbeit in Nordrhein-Westfalen (Verlinden 2004) kommt zu dem Ergebnis, dass Väter insgesamt noch sehr selten von Einrichtungen der Sozialen Arbeit als Zielgruppe angesprochen werden und derzeit am häufigsten durch Geburtsvorbereitungskurse erreicht werden (a.a.O.: 40). Ursächlich hierfür ist, dass gerade bei den ersten Transitionen, d.h. den Wandlungsprozessen von der Partnerschaft zur Familie, in Form von Schwangerschaft, Geburt und erstem „Vatern", Männer eine erhöhte Offenheit für Informationen und Angebote zur Stärkung ihrer Kompetenzen als Vater und Partner zeigen (a.a.O.: 16). In der Geburtsvorbereitung werden nach Angaben der Einrichtungen zwar Themen wie „Väter mit Säugling oder Kleinkindern" (95 %) „Väter und Schwangerschaft" (89 %), „Vaterrolle, Männerrolle" (67 %) sowie „Väter und Elternzeit" (61 %) angesprochen, allerdings konzentrieren sich die Kurse doch in erster Linie auf die Gestaltung von Schwangerschaft, Geburt und die Vermittlung von Grundfertigkeiten in der Säuglingspflege. Geburtsvorbereitungskurse wären dabei sehr gute Schnittstellen, um mit Paaren auch Aspekte der beruflichen und häuslichen Arbeitsteilung, der Möglichkeiten einer geteilten Elternzeit sowie latente oder offene Vaterschafts- und Mutterschaftskonstrukte zu thematisieren. Ziel wäre, Paare möglichst frühzeitig auf bestehende „Geschlechterfallen" aufmerksam und diese kommunizierbar zu machen sowie alternative Handlungsmöglichkeiten zu reflektieren, denn gerade in der Anfangsphase der Familie „werden die Weichen für Erziehungskompetenz in der Familie und für die Balance Familie-Beruf-Freizeit gestellt" (a.a.O.: 68).

Während vor der Geburt angehende Väter somit noch häufig angesprochen werden, kann dies für den Bereich der Betreuungsangebote für

Kinder ab 3 Jahren – dem zweiten Arbeitsfeld, in dem mittlerweile nahezu
flächendeckend Mütter und Väter erreicht werden könnten – nicht gesagt
werden. Obwohl für die Bestandsaufnahme zur Väterarbeit in NRW davon auszugehen ist, dass vor allem dem Thema aufgeschlossene Einrichtungen an der Befragung teilgenommen haben, verfügten drei Viertel der
in der Untersuchung erfassten 50 Kinderbetreuungsangebote nicht über
eine konzeptionell verankerte Väterarbeit. Nur in 20 % der Einrichtungen
wurde Väterarbeit als eigenständiger sozialpädagogischer Bereich gesehen (a.a.O.: 50) und die Befragungsergebnisse erwecken den Eindruck,
dass viele Kindertageseinrichtungen Alltagskontakte zu Vätern als „Väterarbeit" etikettieren. Direkte Angebote für Väter finden sich wenn, dann im
Bereich von erlebnispädagogischen Maßnahmen und Vater-Kind-Kursen
bzw. Vater-Kind-Aktionen (a.a.O.: 55). Generell wird jedoch die Chance
verpasst, Väter gezielter anzusprechen und kontinuierlicher von institutioneller Seite in den Erziehungsprozess einzubinden. „Fachkräfte von
‚Kindertageseinrichtungen' agieren gegenüber Vätern oft nur informie-
rend in Bezug auf deren Kinder und auf allgemeine Erziehungsfragen.
Vaterschaft ist in der Regel kein herausragendes Thema in Kindergärten
und Horten" (a.a.O.: 48).

Die bestehenden Chancen für eine präventive Arbeit mit Müttern und
Vätern im Hinblick auf die Vermeidung von Geschlechterfallen und die
stärkere Einbeziehung von Vätern in Erziehungsverantwortung und Fürsorge werden somit bislang in zentralen Einrichtungen der Sozialen Arbeit noch zu wenig gesehen und genutzt.

4.2 Väterarbeit in Trennungs- und Scheidungssituationen

Von den von Martin Verlinden untersuchten Arbeitsfeldern wiesen Einrichtungen der Familienberatung[7] Väterarbeit am häufigsten als eigenständigen Arbeitsbereich aus, wobei die dominanten Zielgruppen der Angebote „Väter in Beziehungskrisen, Trennung und Scheidung", „getrennt
lebende Väter" und „erziehende Väter mit neuer Partnerin" waren (a.a.O.:
58 ff.). Väterarbeit richtet sich somit vorrangig an Männer, deren Familien-
projekt vor dem Scheitern steht bzw. bereits gescheitert ist. Demgegenüber sind Väter in der Inanspruchnahme von Erziehungsberatung deutlich
unterrepräsentiert. Dies wird einerseits auf männliche Handlungsmuster,
andererseits auf Vorurteilsstrukturen der Fachkräfte zurückgeführt, die

---

7   Hierunter fallen Beratungsstellen mit verschiedenen Schwerpunkten, wie z.b. Familie,
     Erziehung, Schule, Schwangerschaft, Sexualität (Verlinden 2004: 57).

häufig den Beitrag von Vätern zum Konfliktgeschehen eher als Konflikt verschärfend, denn Konflikt lösend einschätzen würden (Matzner 2005: 595 f.). Die Thematisierung von Geschlechterverhältnissen in der Sozialen Arbeit erfolge, wenn überhaupt, dann erst im Konfliktfall. Lothar Böhnisch und Heide Funk (2002: 150) erklären das damit, dass im „normalen" Familienalltag das hierarchische Geschlechterverhältnis zwischen Paaren in der Regel produktiv ausbalanciert sei. Erst bei nachhaltigen Überforderungen der Familie würden die in die sozialen Geschlechterverhältnisse eingelassenen unterschiedlichen Konzepte von Familie, Vaterschaft und Mutterschaft eine zusätzliche ungünstige Eigendynamik entwickeln. Ursächlich hierfür sei, „dass die Verständigungs- und Konfliktstruktur der Familie anderen Logiken folgt, als denen der Arbeitswelt. So werden soziale Konflikte, die außerhalb der Familie eigentlich durch Verfahren gelöst werden müssten, in die Intimstruktur der Familie umgesetzt, werden zu tiefenpsychologischen Ängsten und Bedürftigkeiten, die dann nicht mehr rational entwirrbar sind. Wie oft erleben es Sozialarbeiterinnen und Sozialarbeiter, dass Männer und Frauen von sich sagen, dass sie sich bei dem, was sie getan (...) haben, ‚selbst nicht mehr gekannt' haben" (a.a.O.: 151). In der Jugendhilfe auftretende Familienkonflikte werden dementsprechend auf eine freigesetzte Geschlechterdynamik in der Familie zurückgeführt, die der Reflexion zugänglich gemacht werden müsste.

Insbesondere im Zusammenhang mit häuslicher Gewalt komme die destruktive Dynamik der hierarchischen Geschlechterverhältnisse zum Tragen. Da ein zentrales Merkmal sozialer Männlichkeitskonstrukte die Leugnung von Bedürftigkeit und Ängsten ist, können familiäre Konfliktsituationen bei Männern zur Aktivierung gewalttätigen Handelns führen: Einerseits haben sie häufig nicht gelernt, ihre Bedürfnisse zu artikulieren, andererseits aber erwarten sie die selbstverständliche emotionale Unterstützung von ihrer Familie. Gewalt wird dann eingesetzt, um vermeintlich legitime Ansprüche zu realisieren.

Die Erkenntnis, dass Familienbeziehungen und -konflikte auch durch sich zuspitzende Strukturen des hierarchischen Geschlechterverhältnisses entscheidend mit beeinflusst werden, erfordert von einer geschlechtsreflektierten Sozialarbeit die Rekonstruktion der Art und Weise, wie „familienbiografische Überforderungssituationen das in der Familie steckende Gewaltverhältnis in einer Art und Weise aktiviert haben, dass es sozial destruktiv wirken musste" (a.a.O.: 150). Darüber hinaus sei es notwendig, über Einzelarbeit mit Müttern und Vätern, aber auch in systemischen Settings Männern und Frauen einen Zugang zu sich und den verleugneten Bedürfnissen und Ängsten zu ermöglichen mit dem Ziel der

„Aufbrechung der geschlechtshierarchischen Versäulungen und (der, d. V.) Ermunterung zur Veränderung der Geschlechtsrollen" (a.a.O.: 152). Für alle bislang diskutierten geschlechtsbewussten Zugänge zur Sozialen Arbeit mit Familie gilt dabei, dass idealerweise die Angebote durch gemischtgeschlechtliche Fachkräfteteams realisiert werden sollten, um insbesondere Vätern über eine gleichgeschlechtliche Bezugsperson Identifikation und einen Anker in der „Männerwelt" zu ermöglichen. Insbesondere bei der Arbeit mit sozial benachteiligten Familien scheint ein gleichgeschlechtlicher Ansprechpartner wichtig zu sein, da die „sorgende Sozialarbeiterin" einerseits von männlichen Klienten mit der bedrohlichen Frauen-/Familienwelt identifiziert und abgelehnt werden kann und andererseits weibliche Fachkräfte Gefahr laufen, angesichts der häufig zunächst geringen Bereitschaft zur Kooperation von Vätern unbewusste Koalitionen mit den Müttern einzugehen, durch die die Väter noch stärker aus dem Familiengeschehen wie dem Hilfeprozess ausgegrenzt werden (Matzner 2005: 597).

An der Arbeit mit Trennungs- und Scheidungsfamilien zeigt sich jedoch auch die gesamte Ambivalenz und Vielschichtigkeit einer geschlechtsreflektierten Sozialen Arbeit. So beklagen sich einerseits Väter zunehmend offensiver darüber, dass trotz der Reform des Kindschaftsrechts im Jahr 1998[8] ihre emotionale Lage sowie die Vater-Kind-Beziehung in Scheidungs- und Sorgerechtsverfahren weiterhin häufig nur wenig Wertschätzung durch Mitarbeiterinnen und Mitarbeiter des Jugendamtes erfahren und Väter sich auf die Rolle des Besuchs- und Zahlvaters reduziert fühlen (Dorn 2002; Matzner 2005: 598 ff.).

Umgekehrt wird aus dem Arbeitsfeld „Häusliche Gewalt gegen Frauen und Kinder" moniert, dass das neue Kindschaftsrecht zu väterfreundlich sei. Der größere rechtliche Druck, nach einer Trennung gemeinsame sorge- und umgangsrechtliche Regelungen zu finden, erschwere den Schutz von Frauen und Kindern vor gewalttätigen Partnern und Vätern (Kavemann 2001: 46 ff.). Bei häuslicher Gewalt sei mit der räumlichen Trennung die Gewaltausübung häufig nicht beendet, sondern gerade die Trennungsphase erweise sich für einen Teil der betroffenen Frauen als die gefährlichste. Bei gemeinsamem Sorge- und Umgangsrecht würden z.T. die Übergabesituationen von Vätern genutzt, um erneut und nicht

---

8   Die Intention der Reform des Kindschaftsrechtes 1998 besteht drin, die Rechte der Kinder auf beide Elternteile zu stärken. Dies betrifft sowohl die Gleichstellung von ehelichen und nichtehelichen Kindern als auch die möglichst gemeinsame Erziehungsverantwortung der Eltern nach einer Trennung.

selten in Anwesenheit der Kinder gewalttätig zu werden. Vor diesem Hintergrund versuchen Frauen, das alleinige Sorgerecht für ihre Kinder zu erwirken, um sich selbst zu schützen sowie den Kindern zusätzliche traumatisierende Erlebnisse zu ersparen. In Sorge- und Umgangsrechtsstreitigkeiten wird die Ausübung häuslicher Gewalt aber kaum bei der Entscheidung über die elterliche Sorge als Begründungsfaktor herangezogen. Vielmehr werden Gewalttätigkeiten als „einmalige Aussetzer" in der Trennungsphase bewertet, die auf vorübergehende „Kommunikationsschwierigkeiten" zurückzuführen seien (Kindler u.a. 2004: 1242). Dabei zeigen neuere Forschungsergebnisse, dass, auch wenn Kinder selber keine Gewalt erfahren, bereits die Zeugenschaft von Gewalt gegen die eigene Mutter bei ihnen zu langfristigen Beeinträchtigungen führen kann (a.a.O.: 1245). Die Qualität von Vaterschaft lässt sich somit nicht allein am Verhältnis zu den Kindern festmachen, sondern auch an der Art der Gestaltung der Paarbeziehung. Diese Aspekte werden im neuen väterzentrierten Benachteiligungsdiskurs zumeist nicht thematisiert, obwohl angesichts der hohen Rate von 25 % Frauen in Deutschland, die in einer ihrer (Ex-)Partnerschaften mindestens einmal sexuelle und/oder körperliche Gewalt erfahren haben (BMFSFJ 2004: 29)[9] zu vermuten ist, dass gerade in hochstrittigen Sorgerechtsverfahren häusliche Gewalt eine Rolle spielen kann. Eine gezieltere Väterarbeit, die um die emotionalen Vereinseitigungen, die mit sozialen Männlichkeitskonstrukten einhergehen, weiß, aber zugleich die bestehenden Machtverhältnisse zwischen den Geschlechtern mitreflektiert und Männer nicht aus der Verantwortung für ihr gewalttätiges Handeln entlässt, könnte Männern Zugänge zu sich selbst eröffnen und damit sowohl dem Kindeswohl als auch dem Schutz von Frauen vor Gewalt dienen.

5. Fazit

Der vorliegende Aufsatz kann das Thema „Familie, Geschlechterkonstruktionen und Soziale Arbeit" nur anreißen, erste Widersprüche und Ambivalenzen aufzeigen. Deutlich wird jedoch, dass Soziale Arbeit mit Familien immer auch Arbeit an Geschlechterverhältnissen und Geschlechterkonstruktionen ist. Angebotsstrukturen wie Konzepte der So-

---

9   Der Prozentsatz der deutschen Frauen, die in ihren bisherigen Partnerschaften mehr als zehn und bis zu vierzig Gewaltsituationen erlebt haben, liegt mit 8,2 % ebenfalls recht hoch (Heidrich/Rohleder 2005: 205).

zialen Arbeit mit Familien müssen dementsprechend kritisch darauf hin befragt werden, ob sie dieser Tatsache ausreichend Rechnung tragen. Eine geschlechterbewusste Soziale Arbeit mit Familien stellt dabei hohe Anforderungen an die Reflexivität der Fachkräfte. Diese müssen immer in Rechnung stellen, dass das kulturelle System der Zweigeschlechtlichkeit sowie hierarchische Geschlechterverhältnisse gerade über die Institution Familie produziert und reproduziert werden und die Interaktion zwischen den Partnern sowie zwischen Eltern und Kindern mit beeinflussen. Zugleich gilt es aber auch, eigene verfestigte Mütter- und Väterkonstrukte kritisch zu reflektieren, um nicht Gefahr zu laufen, durch das professionelle Handeln zur Verfestigung bestehender Verhältnisse beizutragen.

Literatur

Böhnisch, Lothar/Funk, Heide (2002): Soziale Arbeit und Geschlecht. Theoretische und praktische Orientierungen. Weinheim und München

Bundesministerium für Familie, Senioren, Frauen und Jugend (BMFSFJ) (Hg.) (2004): Lebenssituation, Sicherheit und Gesundheit von Frauen in Deutschland. Eine repräsentative Untersuchung zu Gewalt gegen Frauen in Deutschland. Berlin

Bundesministerium für Familie, Senioren, Frauen und Jugend (BMFSFJ) (2005a): 1. Datenreport zur Gleichstellung von Frauen und Männern in der Bundesrepublik Deutschland. Berlin. www. bmfsfj.de/Publikationen/genderreport/root.html

Bundesministerium für Familie, Senioren, Frauen und Jugend (BMFSFJ) (2005b): Zwölfter Kinder- und Jugendbericht. Bericht über die Lebenssituation junger Menschen und die Leistungen der Kinder- und Jugendhilfe in Deutschland. Berlin

Deutscher Industrie- und Handelskammertag (DIHK) (2005): Zukunftsfaktor Kinderbetreuung. Mehr Freiraum für Beruf und Familie. Ergebnisse einer DIHK-Kitabefragung. www.dihk.de/in- halt/download/kinderbetreuung.pdf

Döge, Peter (2005): Schaustelle Mann – Kontinuitäten und Bruchlinien im Männerleben am Beginn des 21. Jahrhunderts. In: Krall, Hannes (Hg.): Jungen- und Männerarbeit. Bildung, Beratung und Begegnung auf der „Baustelle Mann". Wiesbaden. S. 267–249

Dorn, Dieter (2002): Väter in Trennung und Scheidung nach der Kindschaftsrechtsreform. Ein Erfahrungsbericht aus der Väterberatung. In: Heinrich-Böll-Stiftung (Hg.): Vater werden, Vater sein, Vater bleiben. Psychosoziale, rechtliche und politische Rahmenbedingungen. Dokumentation einer Fachtagung der Heinrich-Böll-Stiftung und des „Forum Männer in Theorie und Praxis der Geschlechterverhältnisse" am 24./25. Mai 2002. Berlin

Fthenakis, Wassilios/Minsel, Beate (2001): Die Rolle des Vaters in der Familie. Hg.: Bundesministerium für Familie, Senioren, Frauen und Jugend. Berlin

Gerhard, Ute (2003): Mütter zwischen Individualisierung und Institution: Kulturelle Leitbilder in der Wohlfahrtspolitik. In: Gerhard, Ute/Knijn, Trudie/Weckwert, Anja (Hg.): Erwerbstätige Mütter. Ein europäischer Vergleich. München. S. 53–84

Gruber, Christiane (2001): Familie und Familienpolitik. Aspekte einer an Egalität orientierten Familienpolitik. In: Gruber, Christiane/Fröschl, Elfriede (Hg.): Gender-Aspekte in der Sozialen Arbeit. Wien. S. 99–118

*Hank, Karsten/Tölke, Angelika (2005): Das „vernachlässigte" Geschlecht in der Familienforschung:
Untersuchungen zu Partnerschaft und Elternschaft bei Männern. In: Tölke, Angelika/Hank,
Karsten (Hg.): Männer – Das „vernachlässigte" Geschlecht in der Familienforschung. Wies-
baden. S. 7–17*

*Heidrich, Martin/Rohleder, Christiane (2005): Soziale Arbeit und Häusliche Gewalt. Ein Arbeitsfeld
im Umbruch. In: Hasenjürgen, Brigitte/Rohleder, Christiane (Hg.): Gender im sozialen Kontext.
Perspektiven für die soziale Arbeit. Leverkusen. S. 201–233*

*Helfferich, Cornelia (2005): „männer leben" und „frauen leben" – Der „kleine Unterschied" in der
Familienforschung. In: Bundeszentrale für gesundheitliche Aufklärung (Hg.): männer leben.
Familienplanung und Lebensläufe von Männern – Kontinuitäten und Wandel. Köln. S. 53–61*

*Helfferich, Cornelia/Klindworth, Heike/Krumm, Silvia/Walter, Wolfgang (2005): Familienentwick-
lung als Transformation von Männlichkeit. In: Tölke, Angelika/Hank, Karsten (Hg.): Männer
– Das „vernachlässigte" Geschlecht in der Familienforschung. Wiesbaden. S. 71–97*

*Henry-Huthmacher, Christine/Hoffmann, Elisabeth (2005): Familienreport 2005. Arbeitspapier der
Konrad-Adenauer-Stiftung 151/2006. www.kas.de/db_files/dokumente/arbeitspapiere/7_doku-
ment_dok_pdf_7767_1.pdf*

*Institut für Demoskopie Allensbach (2004): Einflussfaktoren auf die Geburtenrate. Ergebnisse einer
Repräsentativbefragung der 18- bis 44-jährigen Bevölkerung. Allensbach am Bodensee www.
ifd-allensbach.de/pdf/akt_0407.pdf*

*Kavemann, Barbara (2001): Kinder und häusliche Gewalt – Kinder misshandelter Mütter. Vortrag
Frauenhausfachforum 15.11.2000. In: Korrespondenzblatt, H. 2, 36–55*

*Kindler, Heinz/Salzgeber, Joseph/Fichtner, Jörg/Werner, Annegret (2004): Familiäre Gewalt und Um-
gang. In: Zeitschrift für das gesamte Familienrecht, 51. Jg., H. 16, S. 1241–1252*

*Kühn, Thomas (2005): Die Bedeutung von Familiengründung für die Biografiegestaltung junger
Männer. In: Tölke, Angelika/Hank, Karsten (Hg.): Männer – Das „vernachlässigte" Geschlecht
in der Familienforschung. Wiesbaden. S. 127–151*

*Kurz, Karin (2005): Die Familiengründung von Männern im Partnerschaftskontext. In: Tölke,
Angelika; Hank, Karsten (Hg.): Männer – Das „vernachlässigte" Geschlecht in der Familienforschung. Wiesbaden. S. 178–197*

*Lippe, Holger von der (2005): Dimensionen und Determinanten des Kinderwunsches von Männern
in Ostdeutschland in den 1990er Jahren. In: Tölke, Angelika/Hank, Karsten (Hg.): Männer
– Das „vernachlässigte" Geschlecht in der Familienforschung. Wiesbaden. S. 44–70*

Männer gegen Männergewalt (2002) (Hg.): Handbuch der Gewaltberatung, Hamburg

*Matzner, Michael (2005): Väter – eine noch unerschlossene Ressource und Zielgruppe in der Sozialen
Arbeit mit Kindern und ihren Familien. In: Neue Praxis 35. Jg., H. 6, S. 587–610*

Matzner, Michael (2004): Vaterschaft aus der Sicht von Vätern. Wiesbaden

*Micus-Loos, Christiane/Schütze, Yvonne (2004): Gender in der Familienerziehung. In: Glaser, Edith/
Klika, Dorle/Prengel, Annedore (Hg.): Handbuch Gender und Erziehungswissenschaften. Bad
Heilbrunn. S. 349–361*

Nave-Herz , Rosemarie (1994): Familie heute. Darmstadt

*Nentwich, Julia C. (2000): Wie Mütter und Väter „gemacht" werden – Konstruktionen von Ge-
schlecht bei der Rollenverteilung in Familien. In: Zeitschrift für Frauenforschung und Geschlechterstudien, 18. Jg., H. 3, S. 96–121*

*OECD (2004): Die Politik der frühkindlichen Betreuung, Bildung und Erziehung in der Bundesre-
publik Deutschland. Ein Länderbericht der Organisation für wirtschaftliche Zusammenarbeit
und Entwicklung (OECD). http://www.bmfsfj.de/RedaktionBMFSFJ/Pressestelle/Pdf-Anlagen/
oecd-studie-kinderbetreuung,property=pdf.pdf*

Peukert, Rüdiger (2004): Familienformen im sozialen Wandel. 5. Aufl. Wiesbaden

Robert-Bosch-Stiftung (2005): Starke Familie. Bericht der Kommission „Familie und demographischer Wandel". www.bosch-stiftung.de/download/02050100_starke_familie.pdf

Rürup, Bert/Gruescu, Sandra (2003): Nachhaltige Familienpolitik im Interesse einer aktiven Bevölkerungsentwicklung. Gutachten im Auftrag des Bundesministeriums für Familie, Senioren, Frauen und Jugend. Berlin

Sachverständigenkommission für den 7. Familienbericht (2005): Zukunft: Familie. Ergebnisse aus dem 7. Familienbericht. Berlin

Schmitt, Christian (2004): Kinderlose Männer in Deutschland – Eine sozialstrukturelle Bestimmung auf der Basis des sozio-ökonomischen Panels. Hg. vom Deutschen Institut für Wirtschaftsforschung. Materialien 34. Berlin

Schmitt, Christian (2005): Kinderlosigkeit bei Männern – Geschlechtsspezifische Determinanten ausbleibender Elternschaft. In: Tölke, Angelika/Hank, Karsten (Hg.): Männer – Das „vernachlässigte" Geschlecht in der Familienforschung. Wiesbaden. S. 18–43

Statistisches Bundesamt (2003): Wo bleibt die Zeit? Die Zeitverwendung der Bevölkerung in Deutschland 2001/02. Wiesbaden

Stöbel-Richter, Yve/Brähler, Elmar (2000): Persönliche Kinderwunschmotive und Einstellungen zum Kinderwunsch in Ost- und Westdeutschland. Ergebnisse einer Repräsentativbefragung. In: Brähler, Elmar/Felder, Hildegard/Strauß, Bernhard (Hg.): Fruchtbarkeitsstörungen. Göttingen. S. 72–89

Textor, Martin R. (1998): Zur Einführung: Familienleben, Familienprobleme, Familienpolitik. In: Textor, Martin R. (Hg.): Hilfen für Familien. Eine Einführung für psychosoziale Berufe. Weinheim/Basel. S. 7–26

Tölke, Angelika (2005): Die Bedeutung von Herkunftsfamilie, Berufsbiographie und Partnerschaft für den Übergang zur Ehe und Vaterschaft. In: Tölke, Angelika/Hank, Karsten (Hg.): Männer – Das „vernachlässigte" Geschlecht in der Familienforschung. Wiesbaden. S. 98–126

Tölke, Angelika/Diewald, Martin (2003): Berufsbiografische Unsicherheiten und der Übergang zur Elternschaft bei Männern. In: Bien, Walter/Marbach, Jan H. (Hg.): Partnerschaft und Familiengründung. Ergebnisse der dritten Welle des Familien-Survey. Opladen. S. 349–384

Verlinden, Martin (2004): Väterarbeit in NRW. Bestandsaufnahme und Perspektiven. Hg. vom Ministerium für Gesundheit, Soziales, Frauen und Familie NRW. Düsseldorf

West, Candance/Zimmermann, Don H. (1987): Doing gender. In: Gender and Society 1, S. 125–151

Zulehner, Paul M./Volz, Rainer (1999): Männer im Aufbruch. Wie Deutschlands Männer sich selbst und wie Frauen sie sehen. Ein Forschungsbericht. 3. Aufl. Ostfildern

Soziale Arbeit und Gesundheit – Innovationspotenziale einer genderbezogenen Betrachtungsweise

Monika Weber

Das Arbeitsfeld „*Soziale Arbeit und Gesundheit*" hat in der Fachdiskussion der vergangenen zehn Jahre verstärkt an Aufmerksamkeit und Profil gewonnen. Die Zahl der Veröffentlichungen zum Thema steigt kontinuierlich an (vgl. z.B. Homfeldt/Hünersdorf 1997; Sting/Zurhorst 2000; Homfeldt u.a. 2002). In immer mehr Studiengängen können sich Sozialarbeiterinnen und Sozialarbeiter für die Arbeit im Gesundheitswesen qualifizieren. Über das Für und Wider einer „klinischen Sozialarbeit" wird diskutiert (vgl. Dörr 2002b). Einerseits sind diese Entwicklungen Ausdruck eines Bedeutungszuwachses und eines erstarkenden Selbstbewusstseins der Sozialen Arbeit im Gesundheitssektor, die dort mit sozialmedizinischer Perspektive nach den sozialen Bedingungs- und Folgezusammenhängen von Krankheit und Gesundheit fragt; andererseits nehmen aber auch die klassischen Arbeitsfelder der Sozialen Arbeit zunehmend die Gesundheit ihrer Adressatinnen und Adressaten in den Blick und beleuchten ihre Arbeit unter dem Aspekt von Prävention und Gesundheitsförderung (für den Bereich der Kinder- und Jugendhilfe vgl. exemplarisch BMFSFJ 2002: 218 ff.).

Die Erscheinungsformen von Gesundheit und Krankheit, die Inanspruchnahme gesundheitlicher Leistungen und nicht zuletzt die Reaktionsweisen des Gesundheitssystems werden dabei auch wesentlich durch die Kategorie Geschlecht geprägt – diese Erkenntnis ist mittlerweile durch zahlreiche Forschungsergebnisse untermauert (vgl. den Überblick bei Hurrelmann/Kolip 2002). Die damit verbundene Einsicht, dass die Berücksichtigung geschlechtsspezifischer Einflussfaktoren auf Gesundheit und Krankheit ein Qualitätsmerkmal einer bedarfsgerechten und effektiven gesundheitlichen Versorgung ist, findet sukzessiven Eingang in Medizin und Gesundheitswesen. So hat die Bundesregierung in ihrem „Bericht zur gesundheitlichen Situation von Frauen in Deutschland" (BMFSFJ 2001) den aktuellen Stand der Frauengesundheitsforschung zusammenfassen lassen und diesen zum Anlass genommen, die Gesundheitsberichterstattung des Bundes seither geschlechterdifferenziert auszurichten (vgl. RKI

2003: 19 ff.). Die Konferenz der Gesundheitsminister und -ministerinnen
der Länder hat sich ebenfalls bereits im Jahr 2001 dafür ausgesprochen,
die „besonderen Belange von Frauen und Männern als Voraussetzung für
eine qualitätsgesicherte, wirksame Diagnostik und Behandlung" stärker
zu berücksichtigen und die Beteiligten in Politik, Gesundheitswesen und
Wissenschaft aufgefordert, zur Bewusstseinsbildung im Sinne des Gender
Mainstreaming in Bezug auf Gesundheit und Krankheit beizutragen.[1] Für
die Medizin fasst der Sammelband von Anita Rieder und Brigitte Lohff
„gender medizin" (2004) erstmals den Forschungsstand zu Gender-As-
pekten in den verschiedenen medizinischen Fachrichtungen zusammen;
Fachzeitschriften greifen das Thema verstärkt auf[2] und im Februar 2006
findet der erste weltweite Kongress „Gender-specific medicine" in Berlin
statt (http://www.gendermedicine.com/).

Die Fachdiskussion um „Soziale Arbeit und Gesundheit" scheint von
diesen Entwicklungen bisher noch weitgehend unberührt. Veröffentlichungen, Sammelbände und Überblicksartikel zum Thema lassen bisher
-mit wenigen Ausnahmen (vgl. Dörr 2002a) – eine *Gender-Perspektive* ver-
missen. Der systematische Einbezug der Kategorie Geschlecht stellt deshalb für die Fachdiskussion um Soziale Arbeit und Gesundheit eine Herausforderung dar.

Mit dem Ziel, die Aspekte „Soziale Arbeit – Gesundheit – Geschlecht"
zusammen zu denken, skizziere ich deshalb im Folgenden die wesentlichen Entwicklungslinien und Forschungsergebnisse geschlechterdifferenzierter Gesundheitsforschung, um diese für die Weiterentwicklung
sozialer Arbeit im Gesundheitsbereich nutzbar zu machen. Unter der
übergeordneten Fragestellung, welchen Erkenntnisgewinn Konzepte und
Theorien der Geschlechterforschung für die soziale Arbeit bringen können, werde ich

1. einführend die Bezüge zwischen sozialer Arbeit, Geschlecht und Gesundheit beleuchten,
2. zentrale Diskussionslinien geschlechterdifferenzierter Gesundheitsforschung skizzieren, und
3. daraus einige Perspektiven für eine gendersensible soziale Arbeit im
   Gesundheitsbereich entwickeln.

---

1   Vgl. Beschluss der 74. Gesundheitsministerkonferenz der Länder vom 22.6.2001, TOP
    7.1, www.gmkonline.de
2   vgl. z.B. klinikarzt 1/2006 – Schwerpunkt FrauenGesundheit; Dr. med. Mabuse Nr. 159:
    Januar/Februar 2006 – Schwerpunkt Männer, Frauen, Gesundheit; Zeitschrift „mana-
    ged care" 7/2005 – Schwerpunkt Gender Health

1. Themenaufriss

Die *Geschichte der Sozialen Arbeit* ist von ihrem Beginn an eng mit dem Handlungsfeld Gesundheit verknüpft: Gesundheitsfürsorge und speziell Hygieneaufklärung waren wichtige Handlungsfelder schon der entstehenden Sozialarbeit Anfang des 20. Jahrhunderts. Wie u.a. die historischen Analysen von Christoph Sachße (1994) zeigen, war dieser Konstitutionsprozess durchaus auch im Bereich Gesundheit von geschlechterpolitischen Vorstellungen durchzogen. An Männer und Frauen wurden bezüglich der Hygiene unterschiedliche Funktionen und Gratifikationen herangetragen: So wurde der Hausfrau als Garantin aller Hygiene in der Familie Anerkennung verheißen, wenn es ihr gelingen sollte, den „Peinlichkeitsstandard" ihrer Kinder zu modifizieren; dem männlichen Fabrikarbeiter hingegen wurde Reinlichkeit mit dem Ausblick auf gesellschaftlichen Aufstieg nahe gebracht (vgl. Hünersdorf 2002). Die Bezüge zwischen Sozialer Arbeit, Gesundheit und Geschlecht haben also durchaus eine lange Tradition.

Die Mitwirkung auch der Sozialen Arbeit an der Eugenik und der Rassenhygiene während des Nationalsozialismus hat die Beschäftigung mit dem Thema Gesundheit seitens der Profession nachhaltig in Verruf gebracht. Lange Zeit galt die Beschäftigung mit dem Thema Gesundheit als eher anrüchig. In den letzten zwei Jahrzehnten ist jedoch eine deutliche Trendwende zu beobachten.

Für den Bedeutungszuwachs, den das Thema Gesundheit im Bereich Sozialer Arbeit erfährt, sind vor allem drei Entwicklungen ausschlaggebend:

– Mit dem *Anstieg der Zivilisationskrankheiten* stieß ein überwiegend biomedizinisch geprägtes Verständnis von Gesundheit und Krankheit an Grenzen. Die Zunahme von Übergewicht, Bluthochdruck etc. ließ sich nur unter Bezugnahme auf die sich wandelnden Lebensumstände und Lebensweisen erklären. Die Sensibilität für die auch soziale Bedingtheit von Gesundheit und Krankheit stieg an.

– Auf ihrer Konferenz in Ottawa 1986 formulierte die Weltgesundheitskonferenz WHO entsprechend ein ganzheitliches Konzept von Gesundheitsförderung – die so genannte *Ottawa-Charta* –, deren Umsetzung als gesamtgesellschaftliche Aufgabe begriffen wurde. Alle Menschen sollen befähigt werden, ihr größtmögliches Gesundheitspotenzial zu verwirklichen. Der Herstellung von Chancengleichheit kommt damit in diesem Konzept eine besondere Bedeutung zu. „Gesundheitsförderung zielt auf einen Prozess, allen Menschen ein höheres

Maß an Selbstbestimmung über ihre Gesundheit zu ermöglichen und
sie damit zur Stärkung ihrer Gesundheit zu befähigen. (...) Gesundheit
steht für ein positives Konzept, das in gleicher Weise die Bedeutung
sozialer und individueller Ressourcen für die Gesundheit betont wie
die körperlichen Fähigkeiten. Die Verantwortung für Gesundheitsförderung liegt deshalb nicht nur bei dem Gesundheitssektor sondern
bei allen Politikbereichen und zielt über die Entwicklung gesünderer
Lebensweisen hinaus auf die Förderung von umfassendem Wohlbefinden hin." (WHO 1986).

– Bald darauf erfuhr der so genannte *salutogenetische Ansatz*, den der
amerikanisch-israelische Medizinsoziologe Aaron Antonovsky in den
1980er Jahren (1979, 1983) entwickelt hat, auch in Deutschland wachsende Aufmerksamkeit (1997). Antonovsky fordert, nicht vorrangig
darauf zu schauen, was Menschen krank macht (Pathogenese), sondern eher zu fragen, was sie gesund erhält (Salutogenese). Gesundheit und Krankheit werden in seinem Modell nicht als Dichotomie,
sondern als Kontinuum beschrieben; der Blick auf die Risikofaktoren
und negativen Stressoren durch den Blick auf die Ressourcen und die
gesundheitsfördernden Wirkungen von Stressoren ergänzt.

Vor diesem Hintergrund setzt sich zunehmend ein Verständnis von
Gesundheit durch, das Gesundheit als wesentlich auch durch soziale Lebensumstände bestimmte Kategorie begreift. Methoden und Konzepte
wie Empowerment, Setting-Ansatz etc. halten Einzug in die Gesundheitsförderung. Diese greift damit auf das klassische Methodenrepertoire der
Sozialen Arbeit zurück. Entsprechend wächst die Bedeutung der Sozialen
Arbeit für die Umsetzung ganzheitlicher Gesundheitsförderung und die
Bearbeitung von Problemlagen im Kontext von Gesundheit und Krankheit.

Gesundheit erweist sich gerade auch für die Soziale Arbeit als *Wachs-
tumsbranche*. Nach Angaben von Hans Günther Homfeldt (2002a) sind
heute ca. 25 % aller Sozialarbeiterinnen und Sozialarbeiter in Feldern des
Gesundheitswesens beschäftigt. Er unterscheidet drei Handlungsfelder:

1. die Arbeit von Sozialarbeiterinnen und Sozialarbeitern in *Einrichtungen des Gesundheitswesens*, dazu gehören der Sozialdienst im Krankenhaus und in Rehabilitationskliniken, der sozialpsychiatrische
Dienst, Tätigkeiten im öffentlichen Gesundheitsdienst etc.[3]

---

3 Die Arbeit unmittelbar mit psychisch oder körperlich erkrankten Menschen wird in
Teilen der Diskussion auch als „klinische Sozialarbeit" bezeichnet (vgl. Dörr 2002b).

2. die *Gesundheitsförderung in außersozialpädagogischen Arbeitsfeldern* wie z.b. Gesundheitsförderung in der Schule oder im Betrieb o.ä. und

3. die *Gesundheitsförderung in den klassischen Arbeitsfeldern der sozialen Arbeit* wie Kinder- und Jugendhilfe, Wohnungslosenhilfe o.ä.

Über alle Handlungsfelder hinweg richtet die Soziale Arbeit ihren Blick vor allem auf benachteiligte Personengruppen; gemeinsames Ziel ist es, Lebensbedingungen gesundheitsförderlicher zu gestalten und die Ressourcen der Einzelnen und der Settings für die Gesundherhaltung zu aktivieren.

Dass Lebensbedingungen und Ressourcen geschlechtsspezifisch ausgeprägt sind und die *Kategorie Geschlecht* somit eine *wesentliche Bezugsgröße Sozialer Arbeit* ist, gehört mittlerweile zum Standardwissen der Profession. Eine wachsende Zahl von Publikationen zielt auf eine stärkere Verknüpfung der Sozialen Arbeit mit den Erkenntnissen und Theorien der Frauen- und Geschlechterforschung und eine systematische Integration der Gender-Perspektive in die Theorie, Methodik und Praxis der Sozialen Arbeit (vgl. z.b. Gruber/Fröschl 2001; Göttert/Walser 2002; Mogge-Grotjahn 2004; Hasenjürgen/Rohleder 2005). In diesen Sammelbänden finden sich auch einige Beiträge zum Themenfeld Gesundheit (vgl. Flügge 2001; Hoff/Klein 2005; Hörning 2005).

Erkenntnisse zu der Bedeutung von Geschlecht für Gesundheit und Krankheit liegen vor allem aus dem Bereich der *Gesundheitswissenschaften/ Public Health* vor (vgl. Maschewsky-Schneider 1997; Hurrelmann/Kolip 2002; Kuhlmann/Kolip 2005). Die Entwicklung geschlechterdifferenzierter Gesundheitsforschung erweist sich ebenfalls als eng verzahnt mit der Theorieentwicklung im Bereich der Frauen- und Geschlechterforschung. Vor allem bei der Frage nach der Inanspruchnahme von Gesundheitsleistungen wird in diesem Kontext gelegentlich auf die Soziale Arbeit Bezug genommen (vgl. Strauß u.a. 2002).

Die Profilierung sozialer Arbeit im Gesundheitssektor, die Theorien der Frauen- und Geschlechterforschung und die Erkenntnisse geschlechterdifferenzierter Gesundheitsforschung sind somit die zentralen Bezugspunkte für einen systematischen Zugang zu einer genderbezogenen Betrachtungsweise von Sozialer Arbeit und Gesundheit. Ich gebe im Folgenden einen Überblick über die zentralen Diskussionslinien und Ergebnisse geschlechterdifferenzierter Gesundheitsforschung. Dabei gehe ich von den zentralen Theorieansätzen und Paradigmen der Frauen- und Geschlechterforschung aus und befrage diese auf ihre je spezifischen Leistungen und weiterführenden Fragen für die geschlechterdifferenzierte

Forschung im Bereich Public Health. Die Darstellung orientiert sich chronologisch an der Entwicklung der Frauen- und Geschlechterforschung. Die vorgestellten Fragestellungen bzw. Paradigmen haben sich jedoch keinesfalls zeitlich abgelöst, sondern existieren bis heute *parallel nebeneinander* in unterschiedlichen Zusammenhängen und werden noch immer diskutiert.

2. Diskurse der Geschlechterforschung und ihre Rolle für die Betrachtung von Gesundheit und Krankheit

2.1 Geschlechterverhältnisse –
Die Anfänge in der Frauengesundheitsbewegung

Ausgangspunkt einer kritischen Auseinandersetzung mit den Zusammenhängen von Gesundheit und Geschlecht war die *Frauengesundheitsbewegung* (vgl. Flügge 2001; BMFSFJ 2001: 581 ff.; Kuhlmann/Kolip 2005: 31 ff.). Mit Themen wie § 218 „Mein Bauch gehört mir" und Gewalt gegen Frauen forderte sie das Selbstbestimmungsrecht von Frauen über ihren Körper und ihre Sexualität ein. Das Geschlechterverhältnis wurde im Kontext kritischer Theorie als Herrschaftsverhältnis entlarvt, die Beschneidung der Rechte von Frauen auf körperliche und sexuelle Selbstbestimmung als strukturelle Diskriminierung angeklagt. In diesem Zuge kritisierte die Frauengesundheitsbewegung auch die so genannte *Pathologisierung und Medikalisierung von Frauen* in der Medizin und im Gesundheitswesen. Kritisiert wurde,

1. dass das Gesundheitswesen von der Norm „Mann" ausgeht, der gegenüber Frauen nur als „das ganz Andere", als „Abweichung" oder als „defizitär" wahrgenommen werden,
2. dass Frauen zu Objekten von Behandlung gemacht werden und zumeist männliche Ärzte hierarchisch als Experten über Körper von Frauen entscheiden und
3. körperliche Umbruchphasen im Leben der Frau wie Pubertät, Schwangerschaft und Geburt, Menopausen nicht als natürliche Lebensereignisse gewertet werden, sondern zu krankhaften Krisen abstempelt werden.

Das Gesundheitssystem rückte als gesellschaftliche Institution in den Blick, die Chancenungleichheiten fortschreibt. Das Buch des Frauengesundheitskollektivs Boston „Unser Körper – Unser Leben" (BWHC 1973) setzte auf die Selbsterfahrung und Selbstvergewisserung von Frauen und die Rückbesinnung auf ihre eigenen Kompetenzen im Hinblick auf Körper und Gesundheit. Als Alternative entstanden auch in Deutschland seit Mitte der 70er Jahre *Frauengesundheitszentren*, die alternatives Wissen und alternative Heilmethoden von Frauen für Frauen zur Verfügung stellen.

Es ist das *Verdienst* der Frauengesundheitsbewegung, eine kritische Auseinandersetzung mit dem Blick auf und dem Umgang mit Frauen im Gesundheitswesen initiiert zu haben und die Kategorie Geschlecht als bedeutsam in den gesundheitspolitischen Diskurs eingeführt zu haben. Sie hat auf Versorgungsdefizite aufmerksam gemacht und Alternativen entwickelt.[4]

Ellen Kuhlmann und Petra Kolip (2005: 220 und 48) weisen zudem darauf hin, dass die für die Arbeit in den Frauengesundheitszentren handlungsleitenden Prinzipen wie Selbstbestimmung, Empowerment, Information und Transparenz heute zum professionellen Selbstverständnis von Medizin (und Sozialarbeit, M. W.) gehören und die dort entwickelten Konzepte heute als ‚informed consent‘ bzw. ‚shared-decision-making‘, ‚community care‘, integrative Versorgung richtungsweisend für Reformen im Gesundheitswesen sind. Die Frauengesundheitsbewegung hat somit Pionierarbeit geleistet. „Der Anteil der Frauengesundheitsbewegung an diesen wichtigen Veränderungen ist jedoch weitgehend in Vergessenheit geraten und bleibt hinter den neuen Begriffskreationen verborgen." (ebd.: 220).

Mit dem Fokus der Frauenbewegung auf gesellschaftliche Machtverhältnisse zwischen den Geschlechtern und der Arbeit in den Frauengesundheitszentren stellten sich aber auch neue Fragen: So hat die Frauenbewegung die geschlechtsspezifische Arbeitsteilung zwischen Erwerbs- und Familienarbeit, stereotype Bilder von Männlichkeit und Weiblichkeit und die Gewalt gegen Frauen als wesentliche Unterdrückungsmechanismen entlarvt. Unbeantwortet blieb aber zunächst die Frage, wie diese sich konkret auf die Gesundheitschancen und auf die Mortalität und Morbidität von Frauen auswirken.

---

4   Vor allem die Entwicklungen in der Geburtshilfe (Rooming In, Möglichkeiten der ambulanten Geburt und der Hausgeburt, Anwesenheit des Partners etc.) belegen, dass Frauen als Nutzerinnen nachhaltige strukturelle Veränderungen und neue Versorgungskonzepte durchsetzen konnten. (vgl. Kuhlmann/Kolip 2005: 49)

2.2 Sex – gender: Die Frauengesundheitsforschung findet Eingang in die Gesundheitswissenschaften

Mit der Frauengesundheitsbewegung etablierte sich auch an den Hochschulen eine Frauengesundheitsforschung – zunächst im Bereich der Psychologie, die u.a. danach fragte, wie Erfahrungen von Gewalt und Unterdrückung psychisch verarbeitet werden und damit den Blick auf die Subjektivität und Eigenaktivität der Frau legte. Die Etablierung der Gesundheitswissenschaften seit den 1980er Jahren führte schließlich zu einer Ausweitung der Frauengesundheitsforschung. Der Blick weitete sich von der Konzentration auf Frauen auf die Unterschiede zwischen den Geschlechtern.

Der Frauengesundheitsbericht der Bundesregierung aus dem Jahr 2001 (BMFSFJ 2001) fasst den *Forschungsstand* zusammen (vgl. dazu auch MFJFG NRW 2000; Hurrelmann/Kolip 2002). Demnach gibt es Unterschiede zwischen Männern und Frauen

–   hinsichtlich ihres *Gesundheitsbewusstseins*, d.h. in dem, was sie unter Gesundheit verstehen und wann für sie gesundheitliche Aspekte relevant werden. Während Männer ,Gesundheit' vor allem über die ,Abwesenheit von Krankheit' und über ihre Leistungsfähigkeit definieren, verfolgen Frauen tendenziell ein ganzheitlicheres Konzept von Gesundheit, in dem das eigene Körpererleben und das Wohlbefinden unter Einbezug der gesamten Lebenssituation zentrale Kategorien darstellen (vgl. BMFSFJ 2001: 189). Frauen zeigen tendenziell eine höhere Aufmerksamkeit ihrem Körper gegenüber und schätzen ihren Gesundheitszustand subjektiv schlechter ein als Männer (vgl. MFJFG NRW 2000: 33). Inwieweit dieser Unterschied tatsächlich auf ein höheres Maß an Beschwerden schließen lässt und inwieweit er geschlechtsspezifische Erwartungshaltungen widerspiegelt und Ausdruck einer höheren Bereitschaft von Frauen ist, gesundheitliche Probleme zu thematisieren, kann dabei nicht eindeutig geklärt werden.

–   hinsichtlich ihres *Gesundheitsverhaltens und der Inanspruchnahme von Gesundheitsleistungen*, d.h. was sie tun, um ihre Gesundheit zu erhalten, aber auch wie sie sie durch riskante Verhaltensweisen gefährden. Hier zeigt sich z.b., dass nahezu jede zweite Frau, aber nur jeder zehnte Mann Krebsfrüherkennungsuntersuchungen in Anspruch nimmt (vgl. MFJFG NRW 2000: 210). Umgekehrt ist die Geschlechterverteilung bei den riskanten Verhaltensweisen: Je stärker die Konsummuster von Drogen, desto höher der Anteil der Männer (vgl. ebd.: 40). So rauchen zwar prozentual in den jüngeren Altersgruppen mittlerweile ebenso viele junge Frauen wie junge Männer; Männer rauchen aber pro Tag mehr Zigaretten.

– hinsichtlich ihres *Krankheitsspektrums*, d.h. von welchen Krankheiten sie betroffen sind: An fast allen chronischen Krankheiten wie z.B. koronare Herzerkrankungen, Diabetes etc. erkranken Frauen prozentual häufiger als Männer. Dieser Unterschied ist zum überwiegenden Teil auf die höhere Lebenserwartung von Frauen zurückzuführen, denn diese Krankheiten treten häufiger in höherem Alter auf. Eklatante Unterschiede sind hingegen im psychischen und psychosomatischen Bereich festzustellen: Von psychischen Krankheiten sind Frauen doppelt so häufig, von Depression gar dreimal so häufig betroffen (vgl. MFJFG NRW 2000: 216 ff.). Bei den Essstörungen sind 90 % der Betroffenen weiblich, bei Magersucht sogar 95 %. Und unterschiedlich auch die Geschlechterverteilung bei den Suchterkrankungen: während von den Alkoholabhängigen 75 % Männer sind, sind umgekehrt von den Medikamentenabhängigen 75 % Frauen (vgl. BMFSFJ 2001: 199 ff.).

– hinsichtlich ihrer *Krankheitsbewältigung*, d.h. was sie tun, um mit einer Krankheit fertig zu werden. Frauen nehmen signifikant häufiger ärztliche Hilfe in Anspruch, dieses gilt vor allem in höherem Alter: Während beispielsweise bei Frauen die Häufigkeit des Arztbesuchs mit der höheren Anfälligkeit für Krankheiten im Alter steigt, ist diese Relation bei Männern keinesfalls gleichermaßen ausgeprägt (MFJFG NRW 2000: 35 f.).

Wo liegen die Ursachen für diese Unterschiede? Für die Erklärung erweist sich die in den 1980er Jahren in der Frauen- und Geschlechterforschung eingeführte Differenzierung zwischen ,*sex'* (*biologisches Geschlecht*) und ,*gender'* (*soziales Geschlecht*) als hilfreich. Frauen und Männer haben nicht nur unterschiedliche biologische-anatomische (,sex')Voraussetzungen, die die Unterschiede in Mortalität und Morbidität bedingen. Vielmehr ist ein Blick auf nach wie vor wirksame Geschlechtsrollenbilder und die unterschiedlichen sozialen Rahmenbedingungen, unter denen Frauen und Männer leben (,gender') und die je spezifische Gesundheitsrisiken bergen, notwendig, um die Differenzen zu verstehen.

Hinsichtlich der *biologisch-anatomischen Voraussetzungen* stellt Sarah Payne (2001) z.B. fest, dass die steigende Lungenkrebsrate von Frauen nicht nur auf den steigenden Anteil von Raucherinnen zurückzuführen ist, sondern ihre Ursache auch darin hat, dass die weibliche Lunge anfälliger auf die Exposition durch Tabakrauch reagiert – darin zeigt sich beispielhaft der Einfluss von ‚sex'.

Gender-Einflüsse zeigen sich z.b. bei der hohen Rate von Männern, die aufgrund von Unfällen, Verletzungen, Drogen und Suizid versterben: In der Altersgruppe der 20- bis 34-Jährigen sterben Männer viermal so häufig wie Frauen aus genau diesen Gründen. Zurückzuführen ist dieses zum einen auf das höhere Verletzungs- und Unfallrisiko in den so genannten typischen Männerberufen wie Kraftfahrer, Bergbau etc. (Lebenslagen). Zum anderen führen aber auch nach wie vor wirksame Geschlechtsrollenstereotype wie „Ein Indianer kennt keinen Schmerz", „Ein richtiger Mann, der hält was aus" dazu, dass Männer durch riskante Verhaltensweisen ihre Risikobereitschaft, Härte und Furchtlosigkeit sich und anderen unter Beweis stellen – häufig mit gesundheitsschädigenden oder lebensbedrohlichen Folgen.

Bei den Frauen spielen Gender-Einflüsse z.b. als Gründe für ihre höhere Betroffenheit von psychischen Erkrankungen eine Rolle: Diese sind bei Frauen überproportional häufig zurückzuführen auf Gewalterfahrungen im unmittelbaren familiären oder häuslichen Umfeld (Lebenslagen) (Hagemann-White/Bohne 2003). Der Anteil von Frauen, die Gewalterfahrungen gemacht haben, ist in Psychiatrien, aber auch in Suchtkliniken o.ä. signifikant erhöht. Hinzu kommt, dass Weiblichkeitsbilder, die z.b. das Ausagieren von Aggressionen Frauen weniger zugestehen als Männern, Frauen und Mädchen eher nach innen und gegen sich selbst gerichtete Verarbeitungsmuster nahe legen. Auch die Tatsache, dass es sich bei Essstörungen weitgehend um eine ‚Frauenkrankheit' handelt, kann nur verstanden werden, wenn herrschende Schönheitsideale für Frauen berücksichtigt werden.

Welcher Erkenntnisgewinn ist mit der sex-gender-Perspektive verknüpft? Ein Verdienst der geschlechterdifferenzierten sozialepidemiologischen Forschung und Gesundheitsberichterstattung ist es vor allem, das Wissen erweitert, Chancenungleichheiten im Gesundheitswesen empirisch untermauert und das in den Gesundheitswissenschaften vorherrschende *biopsychosoziale Modell von Gesundheit* um geschlechtsspezifische Einflussfaktoren (vgl. Degenhardt/Thiele 2002) ergänzt zu haben.

Kritisch anzumerken ist, dass die Intention, die Bedeutung der Kategorie Geschlecht für Gesundheit und Krankheit bei Frauen und Männern zu unterstreichen, zum Teil dazu führt, die Geschlechterdifferenzen über zu bewerten und die Gemeinsamkeiten zwischen Männern und Frauen als auch die Differenzen unter Frauen bzw. unter Männern auszublenden. So weisen z.B. die subjektiven Einschätzungen ihres Gesundheitszustandes bei Männern und Frauen auch durchaus Gemeinsamkeiten auf; die Unterschiede treten verstärkt erst im höheren Alter auf und sie sind darüber hinaus nicht nur durch die Kategorie Geschlecht, sondern vor allem auch durch Faktoren wie soziale Schicht, Erwerbstätigkeit und Familienstand mitbestimmt (vgl. BMFSFJ 2001: 189). Das führt gleich hinein in die nächste Debatte: die Frage nach dem Verhältnis von Gleichheit und Differenz.

2.3 Gleichheit und Differenz: Soziale Ungleichheit, Geschlecht und Gesundheit

Die Frage nach Gleichheit und Differenz beschäftigt sowohl

- die *Frauen- und Geschlechterforschung*, die vor allem seit Anfang der neunziger Jahre verstärkt nach Gemeinsamkeiten und Unterschieden sowohl zwischen den Geschlechtern als auch unter Frauen fragt (z.B. Gerhard u.a. 1990),
- die sich etablierende *Männerforschung*, die wie Robert Connells Konzept hegemonialer Männlichkeit (vgl. Connell 1995) die Differenzen unter Männern in den Blick nimmt
- und nicht zuletzt die *Gesundheitswissenschaften*, die am Thema „Soziale Ungleichheit und Gesundheit" nachweisen, dass soziale Benachteiligung in der Regel – d.h. vor allem wenn keine protektiven Ressourcen aktiviert werden können – mit einer geringeren Lebenserwartung und einem schlechteren Gesundheitszustand einher geht (vgl. Mielck 2002).

Die übergreifende Fragestellung über alle Disziplinen hinweg lautet, in welchem Verhältnis die Kategorie Geschlecht zu anderen sozialen Einflussfaktoren wie Ethnie, Schicht, Alter steht.

Wie diese Faktoren sich wechselseitig beeinflussen, konnte die Gesundheitsforschung u.a. am Beispiel der *Lebenserwartung* aufzeigen: Mit einer Lebenserwartung von über 80 Jahren leben Frauen insgesamt gesehen etwa sechs Jahre länger als Männer (vgl. MFJFG NRW 2000: 29 ff. und 66 ff.). Was die Zahl der Lebensjahre ohne gesundheitliche Einschränkungen angeht, zeigt sich indes kein Unterschied: Frauen leben länger, aber nicht unbedingt besser. Dieses gilt sowohl, wenn man die Gesamtheit der Frauen und Männer miteinander vergleicht als auch wenn man Frauen und Männer gleicher Sozialmerkmale betrachtet: Eine Ärztin hat eine höhere Lebenserwartung als ein Arzt, eine Hilfsarbeiterin gleichermaßen verglichen mit einem männlichen Hilfsarbeiter. Bei gleichzeitiger Betrachtung von Geschlecht und beruflicher Stellung zeigt sich aber auch, dass der Faktor Geschlecht nicht durchgängig dominant ist: So hat der männliche Arzt eine höhere Lebenserwartung als die ungelernte Arbeiterin.

Soziale und geschlechtsspezifische Ungleichheiten stehen in einem *Wechselverhältnis* und beeinflussen sich gegenseitig: Die Kategorie Geschlecht begründet Unterschiede in Wissen, Macht, Geld und Prestige; und umgekehrt ist soziale Ungleichheit immer auch geschlechtsspezifisch ausgeprägt. Aus diesen Ungleichheiten wiederum resultieren Unterschiede in den gesundheitlichen Belastungen, in den Bewältigungsressourcen, im Gesundheitsverhalten und in der gesundheitlichen Versorgung, die sich letztlich auf Mortalität und Morbidität auswirken (vgl. Mielck 2000). Die Kategorie Geschlecht beeinflusst also sowohl die Ursachen als auch die Erscheinungsformen sozialer und gesundheitlicher Ungleichheit (vgl. Babitsch 2005).

Die *doppelte Perspektive auf die Gemeinsamkeiten und Unterschiede* zwischen den Geschlechtern wie auch innerhalb der Geschlechtergruppen zeigt, dass die Unterschiede unter Frauen bzw. Männern z.T. größer sind als die Unterschiede zwischen beiden. Diese Perspektive schärft die Wahrnehmung dafür, dass es zur Herstellung von Chancengleichheit immer einer doppelten Strategie bedarf: es gilt geschlechtsspezifisch relevante Unterschiede in den biologisch-anatomischen Voraussetzungen und den Lebenslagen zu berücksichtigen und darauf spezifische Antworten zu entwickeln; es gilt aber gleichermaßen, Geschlechterstereotypen abzubauen, d.h. keine Unterschiede zu machen, wo diese nicht sachlich gerechtfertigt sind und Gleiches auch tatsächlich gleich zu behandeln. Beispielhaft zeigt sich die Notwendigkeit einer solchen doppelten Perspektive am Thema *Herzinfarkt*: Aufzulösen ist das Stereotyp, dass Herzinfarkt weitgehend als ‚Männerkrankheit‘ gilt, verstellt dieses doch den Blick auf die ebenfalls hohe Betroffenheit von Frauen, insbesondere in höheren Altersstufen, und markiert damit eine Zugangsbarriere für eine adäquate gesundheitliche Versorgung.[5] Gleichzeitig gilt es aber den Unterschied zu berücksichtigen, dass sich der Herzinfarkt bei Männern tendenziell eher mit Schmerzen in der Schulter und im Arm, bei Frauen hingegen häufig mit Übelkeit und Erbrechen ankündigt (vgl. MFJFG NRW 2000: 181 ff.).

Praktisch relevant geworden ist die Frage von Gleichheit und Differenz gerade bei den Tarifen privater Kranken- oder Rentenversicherungen, wo Frauen bisher höhere Beiträge zahlen mussten als Männer, weil sie

---

5   Nach einem akuten Herzinfarkt versterben weitaus mehr Frauen (44 %) als Männer (31 %), bevor sie ein Krankenhaus erreichen (MFJFG NRW 2000).

vermeintlich höhere Kosten verursachten: Aktuelle Ergebnisse der Gesundheitsforschung kommen nun aber zu dem Ergebnis, dass sich bei den Kosten, die für Frauen und Männer aufgewandt werden, gar keine geschlechtsspezifischen Unterschiede zeigen – vorausgesetzt, die Kosten für Schwangerschaft und Geburt werden nicht einseitig nur den Frauen zugerechnet und die Daten werden altersstandardisiert, d.h. die durch die höhere Lebenserwartung von Frauen anfallenden Gesundheitskosten werden statistisch nivelliert (vgl. Rothgang/Glaeske 2005). Dieses Ergebnis hat gerade zur Einführung der Unisex-Tarife in der privaten Renten- und Krankenversicherung zum 1.1.2006 geführt; unterschiedliche Tarife dürfen nur noch erhoben werden, wenn die Versicherungsgesellschaften ihrerseits nachweisen können, dass – ohne die Kosten für Schwangerschaft und Geburt – Frauen tatsächlich mehr Kosten verursachen.[6]

Mit der Erkenntnis, dass die Differenzen unter Frauen bzw. Männern zum Teil größer sind als die Unterschiede zwischen den Geschlechtern zeigt sich auch, dass „männlich – weiblich" nicht zwei Pole sind, sondern dass „gender" eher ein Kontinuum zugeschriebener und gelebter Männlichkeiten und Weiblichkeiten darstellt. Damit stellt sich aber die Frage, wie sich trotz der Vielfalt von Männer- und Frauenleben die tief in Denken, Fühlen und Handeln verankerte Geschlechterdualität „Männer sind vom Mars, Frauen von der Venus" (Evatt 2003), die „Kultur der Zweigeschlechtlichkeit" (Hagemann-White 1984) so hartnäckig hält. Dieser Frage gehen Ansätze nach, die nach der sozialen Konstruktion von Geschlecht fragen.

2.4 Doing gender: Interaktionen im Gesundheitswesen und geschlechtsspezifische somatische Kulturen

Der *Konstruktivisimus bzw. Dekonstruktivismus* (vgl. z.B. Butler 1991, 1995) geht davon aus, dass Geschlecht keine feststehende Größe, kein starres Merkmal einer Person ist, sondern dass in einem stetigen Prozess gesellschaftlich ausgehandelt wird, was unter Männlichkeit und Weiblichkeit zu verstehen ist und welche Anforderungen mit dem weiblichen oder männlichen Geschlecht verbunden werden. In den Fokus rücken damit die gesellschaftlichen Prozesse, wie Geschlecht sozial konstruiert wird. In die bundesdeutsche Genderforschung ist dieser Gedanke bereits 1984 von Carol Hagemann-White eingebracht worden; erst die Weiterentwicklung

---

6   Vgl. EU-Richtlinie 2004/113/EG, http://www.frauengesundheit-nrw.de/aktuell/download/richtlinie-2-geschlechterpropertyp.pdf

durch Regine Gildemeister und Angelika Wetterer (1992) hat aber dann eine breitere Denktradition begründet.

Prozesse sozialer Konstruktion von Geschlecht zeigen sich im Gesundheitswesen zum einen auf der Ebene der *Geschlechterverhältnisse:* Die bisher als selbstverständlich geltenden höheren Versicherungsprämien für Frauen beispielsweise entwerfen und reproduzieren den Mythos, dass Frauen das kränkere und teurere Geschlecht seien. Die soziale Konstruktion von Geschlecht wirkt aber auch daran mit, wie z.b. Diagnosen zustande kommen: Männer werden tendenziell häufiger organisch, Frauen hingegen psychosomatisch diagnostiziert (vgl. MFJFG NRW 2000) – das ist ein sehr stabiler Befund frauenspezifischer bzw. geschlechterdifferenzierender Gesundheitsforschung. Wirksam werden hier u.a. die unterschiedlichen Gesundheitskonzepte von Männern und Frauen: Eine Frau, die über chronische Schmerzen klagt, aber aufgrund ihres Verständnisses und Empfindens von Krankheit auch auf ihre momentan vielleicht belastete Lebenssituation Bezug nimmt, verlässt die Arztpraxis tendenziell eher mit einem Psychopharmaka, als der Mann, der ebenfalls über Schmerzen klagt, diese aber vor allem im Kontext von Leistungseinschränkungen thematisiert.

Prozesse sozialer Konstruktion laufen somit auch auf der Ebene der *Interaktion* ab, die z.B. Erving Goffman (1994) und Candace West und Don H. Zimmerman (1991) gründlicher untersucht haben. Sie gehen davon aus, dass Männer und Frauen sich in der Interaktion nicht nur von gesellschaftlich vorherrschenden Vorstellungen von Männlichkeit und Weiblichkeit leiten lassen, sondern dass sie auch ihre eigene Geschlechtsidentität immer wieder situativ herstellen, indem sie sich ein bestimmtes Bild als Mann oder Frau nach außen präsentieren. West/Zimmerman bezeichnen diesen Prozess mit dem Begriff „doing gender".

Auch dieser Ansatz hat für die *Gesundheitsforschung* eine weiterführende Perspektive eröffnet: So zeigen Petra Kolip und Klaus Hurrelmann (2002), dass sich gesundheitsrelevante Verhaltensweisen immer auch als Versuch verstehen lassen, die interaktive Konstruktion und Darstellung von Weiblichkeit und Männlichkeit zu unterstützen. Wirksam wird dabei, dass bestimmte Verhaltensweisen geschlechtlich aufgeladen oder kodiert sind. Viel Bier, harte Spirituosen, filterlose oder selbst gedrehte Zigaretten, Fleisch sind männlich besetzt; Light-Zigaretten, Sekt und Likör, Salat, Joghurt und Obst hingegen sind eher Symbole für Weiblichkeit (Kuhlmann/Kolip 2005: 102 f.).

Mädchen und Jungen, Männer und Frauen greifen auf diese Symbole zurück, um von sich ein bestimmtes Bild von Weiblichkeit oder Männlichkeit zu entwerfen. Jungen, die z.b. auf Zigarettenmarken zurückgreifen, die das Image des Western-Cowboys bedienen, präsentieren sich eher analog zu herkömmlichen Männlichkeitsbildern von Freiheitsdrang und Abenteuerlust; Mädchen, die auf die gleiche Marke zurückgreifen, grenzen sich mit dieser Wahl hingegen eher von traditionellen Bildern von Weiblichkeit ab. Je nach Situation können dabei unterschiedliche Darstellungsmodi aktiviert werden.

Ansätze zur sozialen und interaktiven Konstruktion von Geschlecht können somit einerseits Unterschiede im Suchtmittelkonsum, im Ernährungsverhalten oder auch in der Inanspruchnahme von Präventionsangeboten erklären. Sie zeigen, dass nicht das Geschlecht vordergründig darüber bestimmt, wie gesundheitsriskant oder -förderlich sich jemand verhält, sondern dass der Rückgriff auf bestimmte gesundheitsförderliche bzw. -riskante Verhaltensweisen erfolgt, um die eigene Geschlechtsidentität zu konstruieren und zu kommunizieren. So bieten diese Erklärungsansätze und Forschungsergebnisse ein Potenzial für die Weiterentwicklung von Maßnahmen zur Prävention und Gesundheitsförderung, indem das identitätsstiftende Moment gesundheitsrelevanter Verhaltensweisen hervorgehoben wird (vgl. Kuhlmann/Kolip 2005: 24).

Welche Bedeutung dem Körper in diesen Prozessen zukommt, wird erst in jüngster Zeit verstärkt in den gender studies thematisiert. Dabei geht es u.a. um die Frage, inwieweit auch das Körpererleben und Körperempfinden sozial konstruiert ist. Historisch lässt sich z.B. zeigen, dass die Vorstellung einer im Körper wandernden Gebärmutter oder das Konzept der Eingeschlechtlichkeit von Laqueur, das den Frauenkörper als nach innen gekehrten Männerkörper begriff, das jeweils zeitgenössische Körperempfinden nachweisbar prägte. Gleichzeitig bleibt aber der Körper wichtiger Bezugspunkt für die geschlechtliche Identitätsbildung und es wird somit auch der Frage nachgegangen, in welchem Verhältnis soziale Konstruktionen und leibliche Erfahrungen stehen (vgl. ebd.: 64 ff.). Die verstärkte Thematisierung des Körpers in den gender studies verläuft dabei parallel zu einer – gänzlich anders gearteten – Rückbesinnung auf den Körper in Medizin und Gesundheitsforschung: Mit der Entschlüsselung des menschlichen Genoms wird hier wieder verstärkt auf biomedizinische Fragen und Erklärungsansätzen zurückgegriffen. Beide Entwicklungen und Diskussionslinien sind bisher nicht miteinander vermittelt.

Ein weiterer Schwerpunkt der gender studies liegt derzeit auf der Frage, wie Geschlechterverhältnisse in Gesellschaft und Organisationen, doing gender-Prozesse in der Interaktion und vorherrschende Bilder von Männlichkeit und Weiblichkeit ineinander greifen. Diese Diskussionen sind jedoch bisher ebenfalls nicht auf ihre Anwendungsmöglichkeiten für eine geschlechterdifferenzierte Gesundheitsforschung überprüft worden. Damit bin ich am Schluss des Überblicks angekommen und möchte abschließend daraus einige Perspektiven für das Handlungsfeld „Soziale Arbeit und Gesundheit" ableiten.

3. Konsequenzen für die Soziale Arbeit

Eine geschlechterdifferenzierte Perspektive auf Gesundheit und Krankheit wirft zum einen im Sinne des Gender Mainstreaming Fragen nach *Chancengleichheit* im Gesundheitssystem auf: Haben Männer und Frauen gleichermaßen Zugang zu den Leistungen und Angeboten gesundheitlicher Versorgung? Erfahren ihre je spezifischen Bedarfe Aufmerksamkeit? Welche einschränkenden Geschlechterstereotype werden im Gesundheitssystem reproduziert? Wie sind Frauen und Männer z.B. in den Berufen des Gesundheitssystems repräsentiert? Geschlechterdifferenzierung ist aber gleichermaßen eine Frage von Qualität: Wie sind Männer und Frauen jeweils betroffen? Welche Ansatzpunkte für Prävention und Gesundheitsförderung, Versorgung und Rehabilitation sind daraus abzuleiten? Erst eine geschlechterdifferenzierende Perspektive macht Handlungsbedarfe differenziert sichtbar und ermöglicht passgenaue Lösungen und einen effektiveren und bedarfsgenaueren Einsatz von Ressourcen ermöglicht (vgl. Jahn 2004).[7]

Anhand exemplarischer Beispiele für die vier aufgezeigten Diskussionslinien, möchte ich abschließend zeigen, welche Frage- und Aufgabestellungen sich aus diesen Debatten für genderbezogene Ansätze im Bereich Soziale Arbeit und Gesundheit ableiten lassen:

1. *die Frage der Geschlechterverhältnisse, d.h. der gesellschaftlichen Macht-und Aufgabenverteilung zwischen Männern und Frauen:*
   Im Gesundheitswesen findet derzeit eine Ambulantisierung von Gesundheitsleistungen statt: Operationen werden immer häufiger ambulant durchgeführt, durch die Einführung der Fallpauschalen (DRG) in den Krankenhäusern kommt es zu einer Verkürzung der Liegezeiten. Dadurch steigt andererseits der Aufwand für häusliche Pflege, die wiederum zum weit überwiegenden Teil von Frauen geleistet wird. Damit Reformen im Gesundheitswesen nicht implizit auf einer geschlechtsspezifischen Arbeitsteilung aufbauen und diese

---

7   zum Download unter http://www.bips.uni-bremen.de/data/jahn_gm_2004.pdf

stabilisieren, indem sie die notwendigen häuslichen Pflegeleistungen stillschweigend voraussetzen und ausblenden, kann es eine Aufgabe sozialer Arbeit sein, auf die Zumutungen, die mit dieser Entwicklung für Frauen und Familien verbunden sind, sozialpolitisch aufmerksam zu machen.

2. *die Unterscheidung zwischen biologischem und sozialem Geschlecht:*
   Soziale Arbeit hat in vielen Arbeitsfeldern mit benachteiligten Personengruppen zu tun; hier potenzieren sich oft gesundheitliche und geschlechtsspezifische Benachteiligungen. Mit ihrer Kenntnis der Lebenswelten hat die Soziale Arbeit ein besonderes Potenzial in der interdisziplinären Kooperation mit Medizinerinnen und Mediziner die Gender-Aspekte von Lebenslagen zu thematisieren. Themen sind hier z.B. Gewalterfahrungen von Frauen – Gewalterfahrungen von Männern, Armut von Alleinerziehenden etc. und deren jeweiligen gesundheitlichen Auswirkungen. Auffallend ist, dass gerade in den Bereichen, wo Gender-Differenzen auch quantitativ deutlich feststellbar sind wie in der Psychiatrie oder in Suchtkliniken, die interdisziplinäre Kooperation mit der Sozialen Arbeit bereits als Qualitätsmerkmal etabliert und verankert ist.

3. *die Fage nach Gleichheit und Differenz*
   Aus dieser Debatte lässt sich lernen, spezifischen Bedarfen besondere Aufmerksamkeit zu schenken, aber auch Gleiches nicht unterschiedlich zu behandeln. Wer z.B. die Kinder betreut und wer häusliche Pflege leistet, ist keine Frage des Geschlechts, sondern eine Frage der Arbeitsteilung. Zwar übernehmen mehrheitlich Frauen Aufgaben der Kindererziehung, aber auch Väter haben Kinder und für sie können Fragen der Kinderbetreuung ebenfalls relevant werden. Und bei verheirateten Männern kann nicht automatisch vorausgesetzt werden, dass Frauen die ambulante weitergehende Pflege sicherstellen können. Um hier vorhandene Strukturen nicht zu zementieren, gilt es z.B. im Überleitungsmanagement des Sozialdienstes in Kliniken bei Männern und Frauen gleichermaßen danach zu fragen, wer die Kinder betreut und wer die weitere Pflege sicherstellt, damit beide Geschlechter gleichermaßen Entlastung in der Nachbehandlungsphase erhalten.

4. *die Perspektive auf Geschlecht als soziale Konstruktion*
   Aus dieser Debatte lassen sich unmittelbar praktische Anregungen für Gesundheitsförderung und die Durchführung von Präventionsmaßnahmen ableiten, die für die Soziale Arbeit ein wichtiges Handlungsfeld sind (vgl. Altgeld/Kolip 2006). Inhaltlich gilt es, in den Pro-

grammen und Angeboten auf die Vorstellungen von Männlichkeit
und Weiblichkeit, die mit bestimmten gesundheitsriskanten oder -
relevanten Verhaltensweisen verbunden sind, ausdrücklich Bezug zu
nehmen und diese stärker in den Vordergrund zu rücken. So kann
es nicht gelingen, gesundheitsriskantes Verhalten von Männern zu
reduzieren oder Männer verstärkt zur Teilnahme an gesundheitsfördernden Angeboten zu gewinnen, wenn nicht thematisiert wird, welche Konstruktionen von Männlichkeit mit diesen Verhaltensweisen
verknüpft werden. In ähnlicher Weise gilt es z.b. in der Tabakpräven-
tion bei Frauen und Mädchen die Angst vor Gewichtszunahme, die
soziale Funktion des Rauchens in der Clique oder das mit dem Rauchen verbundene Image der modernen und emanzipierten Frau anzusprechen. Beispielhaft sind hier u.a. die geschlechterdifferenzierten
Broschüren zur Förderung des Nichtrauchens, die von der Bundeszentrale für gesundheitliche Aufklärung[8] herausgegeben werden.

Für die weitere Professionalisierung der Sozialen Arbeit im Gesundheitsbereich eröffnet eine genderbezogene Sichtweise spannende Ansatzpunkte und Perspektiven. Dass diese zukünftig verstärkt Berücksichtigung finden in der Fachdiskussion, ist nicht nur wünschenswert, sondern
angesichts der Anforderungen des Gender Mainstreaming und der Qualitätsentwicklung auch eine fachliche Notwendigkeit.

Literatur

*Altgeld, Thomas/Kolip, Petra (Hg.) (2006): Geschlechtergerechte Gesundheitsförderung und Präven-
tion. Theoretische Grundlagen und Modelle guter Praxis. Weinheim*

*Antonovsky, Aaron (1979): Health, Stress and Coping: New Perspectives on Mental and Physical
Well-Being. San Francisco*

*Antonovsky, Aaron (1983): Unraveling the Mystery of Health. How People Manage Stress and Stay
Well. San Francisco*

*Antonovsky, Aaron (1997): Salutogenese. Zur Entmystifizierung der Gesundheit. Dt. erweiterte
Herausgabe von Alexa Franke. Tübingen*

Babitsch, Birgit (2005): Soziale Ungleichheit, Geschlecht und Gesundheit. Bern u.a.

*BMFSFJ – Bundesministerium für Familie, Senioren, Frauen und Jugend (Hg.) (2001): Bericht zur
gesundheitlichen Situation von Frauen in Deutschland. Eine Bestandsaufnahme unter Berücksichtigung der unterschiedlichen Entwicklung in West- und Ostdeutschland. Berlin*

---

8   Die Broschüren heißen u.a. „rauchfrei – Stop Smoking – boys" und „rauchfrei – Stop
    Smoking – girls" und können über www.bzga.de bestellt werden.

BMFSFJ – *Bundesministerium für Familie, Senioren, Frauen und Jugend (Hg.) (2002): 11. Kinder- und Jugendbericht. Bericht über die Lebenssituation junger Menschen und die Leistungen der Kinder- und Jugendhilfe in Deutschland. Berlin*

Butler, Judith (1995): *Körper von Gewicht. Die diskursiven Grenzen des Geschlechts. Berlin*

Butler, Judith (1991): *Das Unbehagen der Geschlechter. Frankfurt*

BWHC – *The Boston Women's Health Book Collective (1973): Our Bodies, Our Selves. New York (deutsch: Unser Körper, unser Leben. Reinbek 1980)*

Connell, Robert W. (1995): *Neue Richtungen für Geschlechtertheorie. Männlichkeitsforschung und Geschlechterpolitik. In: Armbruster, L. Christoph/Müller, Ursula/Stein-Hilbers, Marlene (Hg.): Neue Horizonte? Sozialwissenschaftliche Forschung über Geschlechter und Geschlechterverhältnisse. Opladen . S. 61–84*

Degenhardt, Annette/Thiele, Andreas (2002): *Biomedizinische und biopsychosoziale Modelle. In: Hurrelmann/Kolip, a. a. O.: S. 87–103*

Dörr, Margret (2002a): *Gesundheit und die soziale Differenz – Die Genderperspektive. In: Homfeldt u.a. 2002, a.a.O.*

Dörr, Margret (Hg.) (2002b): *Klinische Sozialarbeit – eine notwendige Kontroverse. Baltmannsweiler*

Evatt, Cris (2003): *Männer sind vom Mars, Frauen von der Venus. München*

Flügge, Sibylla (2001): *Frauen und Gesundheit. In: Gruber/Fröschl, a. a. O.: S. 145–166*

Gerhard, Ute u.a. (Hg.) (1990): *Differenz und Gleichheit. Menschenrechte haben (k)ein Geschlecht. Frankfurt*

Gildemeister, Regine/Wetterer, Angelika (1992): *Wie Geschlechter gemacht werden. Die soziale Konstruktion der Zweigeschlechtlichkeit und ihre Reifizierung in der Frauenforschung. In: Knapp, Gudrun-Axeli/Wetterer, Angelika (Hg.): Traditionen Brüche. Entwicklungen feministischer Theorie. Freiburg*

Göttert, Margit/Walser, Karin (Hg.) (2002): *Gender und soziale Praxis. Königstein*

Goffman, Erving (1994): *Interaktion und Geschlecht. Frankfurt/New York*

Gruber, Christine/Fröschl, Elfriede (Hg.) (2001): *Gender-Aspekte in der sozialen Arbeit. Wien*

Hagemann-White, Carol (1984): *Sozialisation: weiblich – männlich? Opladen*

Hagemann-White, Carol/Bohne, Sabine (2003): *Versorgungsbedarf und Anforderungen an Professionelle im Gesundheitswesen im Problembereich Gewalt gegen Frauen. Expertise für die Enquetekommission „Zukunft einer frauengerechten Gesundheitsversorgung in NRW". Osnabrück und Düsseldorf*

Hasenjürgen, Brigitte/Rohleder, Christiane (Hg.) (2005): *Geschlecht im sozialen Kontext. Perspektiven für die soziale Arbeit. Opladen*

Hörning, Martin (2005): *Von Massagesöckchen und Schamanenmedizin. Über die genderspezifische Berichterstattung von Medizinthemen in Frauenzeitschriften. In: Hasenjürgen/Rohleder, a. a. O.: S. 133–144*

Hoff, Tanja/Klein, Michael (2005): *Geschlechtsspezifische Unterschiede bei Kindern aus suchtbelasteten Familien. In: Hasenjürgen/Rohleder, a. a. O.: S. 89–114*

Homfeldt, Hans-Günther/Hünersdorf, Bettina (Hg.) (1997): *Soziale Arbeit und Gesundheit. Neuwied*

Homfeldt, Günther (2002a): *Soziale Arbeit im Gesundheitswesen und in der Gesundheitsförderung. In: Thole, Werner (Hg.): Grundriss Soziale Arbeit. Ein einführendes Handbuch. Opladen. S. 317–330*

Homfeldt, Günther u.a. (Hg.) (2002b): Studienbuch Gesundheit. Soziale Differenz – Strategien – Wissenschaftliche Disziplinen. Neuwied

Hünersdorf, Bettina (2002): Soziale Arbeit und Gesundheit. In: Homfeldt u.a. (2002b) a. a. O.: S. 229–250

Hurrelmann, Klaus/Kolip, Petra (Hg.) (2002): Geschlecht, Gesundheit und Krankheit. Männer und Frauen im Vergleich. Bern

Jahn, Ingeborg (2004): Gender Mainstreaming im Gesundheitsbereich. Materialien zur systematischen Berücksichtigung der Kategorie Geschlecht. Hg. vom Ministerium für Gesundheit, Soziales, Familie und Frauen NRW. Düsseldorf

Kuhlmann, Ellen/Kolip Petra (2005): Gender und Public Health. Grundlegende Orientierungen für Forschung, Praxis und Politik. Weinheim und München

Maschewsky-Schneider, Ulrike (1997): Frauen sind anders krank. Weinheim

MFJFG – Ministerium für Frauen, Jugend, Familie und Gesundheit des Landes Nordrhein Westfalen (2000): Gesundheit von Frauen und Männern. Düsseldorf

Mielck, Andreas (2000): Soziale Ungleichheit und Gesundheit. Bern

Mielck, Andreas (2002): Soziale Ungleichheit und Gesundheit. In: Hurrelmann/Kolip, a. a. O.: 387–402

Mogge-Grotjahn, Hildegard (2004): Gender, Sex und Gender Studies. Eine Einführung. Freiburg

Payne, Sarah (2001): „Smoke like a man, die like a man." A review of the relationship between gender, sex and lung cancer. In: Social Science and Medicine, 53: S. 1067–1080

Rieder, Anita/Lohff, Brigitte (Hg.) (2004): gender medizin. Geschlechtsspezifische Aspekte für die klinische Praxis. Wien/New York

Rothgang, Heinz/Glaeske, Gerd (2005): Differenzierung privater Krankenversicherungstarife nach Geschlecht: Bestandsaufnahme, Probleme, Optionen. Gutachten des Zentrums für Sozialpolitik Bremen im Auftrag des Bundesministeriums für Familie, Senioren, Frauen und Jugend. Bremen

RKI – Robert-Koch-Institut (Hg.) (2003): Gesundheitsberichterstattung des Bundes. Handbuch für Autorinnen und Autoren von Berichtsbeiträgen. Berlin

Sachße, Christoph (1994): Mütterlichkeit als Beruf. Sozialarbeit, Sozialreform und Frauenbewegung 1871–1929. Weinheim

Schulze Christa/Welters, Ludger (1998): Geschlechts- und altersspezifisches Gesundheitsverständnis. In: Flick, Uwe (Hg.): Wann fühlen wir uns gesund? Subjektive Vorstellungen von Gesundheit und Krankheit. Weinheim. S. 88–104

Sting, Stephan/Zurhorst, Günther (Hg.) (2000): Gesundheit und Soziale Arbeit. Gesundheit und Gesundheitsförderung in den Praxisfeldern Sozialer Arbeit. Weinheim

Strauß, Bernhard/Hartung, Johanna/Kächele, Horst (2002): Geschlechtsspezifische Inanspruchnahme von Psychotherapie und Sozialer Arbeit. In: Hurrelmann/Kolip, a. a. O.: S. 533–547

West, Candace/Zimmerman, Don H. (1991): Doing Gender. In: Lorber, Judith/Farell, Susan A. (Hg.): The Social Construction of Gender, S. 13–37. Newbury Park

WHO – Word Health Organisation (1986): Ottawa Charter for Health Promotion. Ottawa (deutsche Übersetzung vgl. http://www.euro.who.int/AboutWHO/Policy/20010827_2?language=German)

Gender und Suchtkrankenhilfe

Christel Zenker

Einleitung

Der vom Bundeskabinett 2003 beschlossene Aktionsplan *Drogen und Sucht* beschreibt als ein Ziel die Umsetzung von *Gender Mainstreaming* in der Sucht- und Drogenpolitik, weil kulturelle Muster von Weiblichkeit und Männlichkeit zu unterschiedlichen Präferenzen von psychoaktiven Substanzen als auch Konsummustern bei Frauen und Männern führen (Die Drogenbeauftragte der Bundesregierung 2003: 19). Die Idee des Gender Mainstreaming wurde 1985 auf der 3. Weltfrauenkonferenz der Vereinten Nationen (UN) entwickelt und international verbreitet. 1995 verpflichteten sich die UN, 1996 die Europäische Union und 1999 die Bundesregierung Gender Mainstreaming als Leitprinzip und prozessorientierte Querschnittsaufgabe, mit dem Ziel der Geschlechtergleichstellung, zu fördern. ‚Gender' ist im Englischen das kulturell und sozial determinierte Geschlecht, ‚Sex' das biologische. ‚Mainstreaming' bezeichnet einen fortlaufenden Prozess, der es ermöglichen soll, bei allen politischen Entscheidungen, aller Ressorts und Organisationen, von der Planung bis zur Überprüfung von Maßnahmen, die Ausgangsbedingungen und Auswirkungen auf die Geschlechter zu berücksichtigen (Die Bundesregierung 2003).

Auch das Suchtkrankenhilfesystem ist aufgerufen, in seinen unterschiedlichen Organisationen, in Prävention, Beratung, Behandlung und Rehabilitation, strukturell und inhaltlich Gender Mainstreaming umzusetzen. Um dieses Ziel zu erreichen, muss Genderkompetenz vorhanden sein, nämlich entsprechende Motivation und entsprechendes Wissen und Können bei den Akteuren. Die Genderthematik ist bisher kein systematischer Bestandteil in Aus- und Weiterbildungen. Die Motivation für Gender-Suchtarbeit entwickelt sich langsam, eher auf der Ebene der vor Ort Handelnden als auf Trägerebene. Wissenschaftlich gesichertes Know How gibt es bisher kaum, wohl aber Erfahrungswissen. Nutzbare Wissensbestände sind auch in den angrenzenden Wissenschaften vorhanden, z.b. Soziologie und Psychologie, weshalb eine interdisziplinär orientierte Forschung, mit der Entwicklung multifaktorieller Theoriemodelle, gefordert wird (MFJFG NRW 2000: 26).

In diesem Beitrag wird das aktuelle Wissen über die Rolle von Gender beim Drogenkonsum (legal und illegal), den Abhängigkeitserkrankungen und Suchtverhaltensweisen (z.b. Essstörungen) vorgestellt und entsprechende Ziele werden abgeleitet.

1. Gesundheit/Krankheit und Gender

In der Medizin hat sich ein „genderfreies" Verständnis durchgesetzt, begründet in der biologischen wertneutralen Medizinwissenschaft: Im Mittelpunkt des Interesses stehen die Krankheiten. Ihre Entstehung, Verlauf und Therapie werden unabhängig vom Symptomträger und seiner Umwelt wahrgenommen. Männer stellen in der Medizin traditionell die Norm dar. Das soziokulturell determinierte männliche Geschlecht wird aber, genau wie das weibliche, entweder nicht berücksichtigt oder medikalisiert, wie z.B. die weiblichen Lebensphasen, die als rein biologisches Geschehen gesehen werden.

Das Wissen über den Einfluss des sozio-kulturellen Geschlechtes auf Entstehung und Verlauf von Gesundheitsstörungen ist sporadisch bzw. das vorhandene Wissen führt noch viel zu selten zu veränderten Handlungsstrategien der beteiligten Professionen. Bei Frauen und Männern gibt es Unterschiede bezüglich ihres Körperbewusstseins und Gesundheitsverhaltens, bei den Krankheitshäufigkeiten und der Inanspruchnahme der Gesundheitsversorgung, meist zu Ungunsten der Männer. Aber auch Krankenbehandlungen und die Wahl der Gesundheitsberufe sind von Selbstkonzepten und Rollenbildern bei Frauen und Männern beeinflusst. Frauen erleiden seltener als Männer Herzinfarkte, die Sterberate wegen eines Herzinfarktes ist bei ihnen aber höher, weil sie u.a. ihre Beschwerden anders als Männer (die Norm) schildern (Bundesministerium für Familie, Senioren Frauen und Jugend 2002; Gesundheitsberichterstattung 2004). Männer wiederum sind aus biologischen, kulturellen und sozialen Gründen in ihrer Gesundheit gefährdeter als Frauen, z.B. ist bei in 2001 geborenen Jungen die durchschnittliche Lebenserwartung um ca. 6 Jahre niedriger als bei Mädchen (WHO-Health Data 2004). Der Einfluss des sozialen Geschlechtes wird besonders deutlich bei den Selbsttötungen: Männer verüben mehr Suizide als Frauen, Frauen mehr Suizidversuche als Männer.

2. Konsum und Suchtdaten

Der Konsum psychotroper Substanzen kann zu körperlichen und seelischen Gesundheitsstörungen führen. Nach ICD-10 werden unterschiedliche Formen des übermäßigen Konsums legaler oder illegaler Drogen unterschieden: Die körperliche oder seelische *Schädigung* ohne Abhängigkeit, das ist das Auftreten von Erkrankungen, die auf einen Drogenkonsum zurückführbar sind, *Missbrauch* oder *riskanter Konsum*, Vorstufen der Abhängigkeit, bei denen der übermäßige Konsum trotz psychosomatosozialer Probleme fortgesetzt wird.

Das *Abhängigkeitssyndrom* (Sucht), mit körperlichen, Verhaltens- und kognitiven Phänomenen, beeinflusst Denken, Fühlen und Handeln negativ. Sucht ist eine seelische Erkrankung. Sie ist geprägt vom unbezwingbaren Wunsch zum Konsum, von der Steigerung der konsumierten Mengen, von Entzugserscheinungen und sozialen Beeinträchtigungen (WHO 1993: 87).

Es kann festgestellt werden, dass Mädchen und Frauen sich dem männlichen Konsumverhalten annähern, beim Hochkonsum und den Abhängigkeitserkrankungen zeigen sich jedoch deutliche Geschlechterdifferenzen, sowohl bei Jugendlichen wie Erwachsenen zu Ungunsten der Männer.

- *Tabak:*
  Ca. 65 % der Raucher von mehr als 20 Zigaretten/Tag sind Männer. Ca. 120.000 Personen versterben jährlich an den Folgen des Tabakkonsums, das sind 22 % aller Todesfälle bei den Männern und 5 % aller Todesfälle bei den Frauen (Kraus/Augustin 2001; Thamm/Junge 2003: 19-36; Meyer/John 2003).
  Der Raucheranteil ist bei den 12- bis 17-jährigen Mädchen deutlicher angestiegen als bei den Jungen, am deutlichsten bei den ostdeutschen Mädchen (Bundeszentrale für gesundheitliche Aufklärung 2001). Mehr als 20 Zigaretten/Tag haben 4 % der Schüler und 3 % der Schülerinnen der 9. und 10. Jahrgangsstufe geraucht (Kraus u.a. 2004).

- *Alkohol:*
  Ca. 65 % der auffälligen Alkoholkonsumenten sind Männer (riskanter, gefährlicher und Hochkonsum). Jährlich versterben ca. 40 000 Personen an den Folgen des Alkoholkonsums, davon sind 76 % Männer (Kraus/Augustin 2001; Meyer/John 2003).
  Bei den 12- bis 25-Jährigen ist der Alkoholkonsum, verglichen mit 1993, rückläufig, bei den jungen Männern deutlicher als bei den jun-

gen Frauen. Aber: Mehr als 120 g Reinalkohol tranken 2001 6 % der jungen Frauen, aber 22 % der jungen Männer (Bundeszentrale für gesundheitliche Aufklärung 2001).

- *Illegale Drogen:*
  Ca. 65 % der auffälligen Konsumenten illegaler Drogen sind Männer. Bei den Drogentoten sind die Männer, verglichen mit ihrem Anteil in der Drogenszene, konstant überrepräsentiert. 2003 waren 83 % der Drogentoten Männer (Kraus/Augustin 2001; Gesundheitsberichterstattung 2004). Regelmäßigen Konsum illegaler Drogen, von denen 96 % auf den Cannabiskonsum entfallen, gaben 3 % der männlichen und 2 % der weiblichen Jugendlichen an (Bundeszentrale für gesundheitliche Aufklärung 2001).

- *Medikamente:*
  Ca. 65 % aller Medikamentenabhängigen sind Frauen (Kraus/Augustin 2001).

- *Stoffungebundene Süchte:*
  Essstörungen und Glücksspiel werden nach ICD-10 nicht als Suchterkrankungen sondern als Verhaltensauffälligkeiten mit körperlichen Störungen bzw. als Impulskontrollstörungen klassifiziert.

- *Glücksspiel:*
  Ca. 66 % der pathologischen Glücksspieler sind Männer (Meyer 2003).

- *Essstörungen:*
  In der Suchtkrankenhilfe werden Essstörungen überwiegend als psychosomatische Erkrankungen mit Suchtcharakter wahrgenommen. Bei der Anorexie und Bulimie beträgt das Verhältnis von Frauen zu Männern ca. 20:1. Jedoch sind schon 33 % aller Patienten mit Binge-Eating-Disorder Männer (BED: Essattacken, aber ohne „reinigende" Handlungen, wie z.B. Erbrechen), mit steigender Tendenz (Herpertz 2003).

3. Ursachen der Sucht

Den psychosozialen Belastungen in Kindheit und Jugend kommen größere Bedeutungen zu als denen im späteren Leben, vor allem deshalb, weil im höheren Alter die Unterscheidung zwischen den Ursachen der Sucht und ihren Wirkungen, d.h. Begleiterscheinungen oder Folgestörungen, schwer fällt.

Negative soziale Faktoren in der Kindheit und Jugend scheinen die Suchtentstehung zu fördern. Beschrieben werden soziale Benachteiligungen, wie schlechte Schulbildung und unregelmäßige Arbeitseinkünfte der Eltern, aber auch Kindheitsereignisse, die mit Verlusterfahrungen verbunden sind, z.b. Familienunvollständigkeit, Fremdunterbringung und häufige Umzüge. Suchtprobleme bei den Eltern werden als typisch für Suchtkranke beiderlei Geschlechts beschrieben (Zenker/Lang 1995; Krausz u.a. 1998; Zenker u.a. 2002a).

Alle Formen der Gewalt werden als ursächlich für Suchtentwicklungen beschrieben, Süchtige sind davon häufiger betroffen als die Allgemeinbevölkerung. Gewalt wirkt als Suchtursache auch unabhängig von anderen sozialen Faktoren. Ca. 30 % der süchtigen Frauen und Männer geben körperliche Gewalterfahrungen an, während mehr Frauen (45 %) als Männer (16 %) von sexueller Gewalt in Kindheit und Jugend betroffen sind. Zunehmend rückt seelische Gewalt in Form von Demütigung, emotionaler Kälte und einengender Überbehütung oder mangelnder Grenzsetzung als wichtigster, weil am häufigsten genannter Risikofaktor, ins Bewusstsein (Zenker u.a. 2002b: 108-109; Reddemann 2003; Kuhn 2003; Rosen u.a. 2002). Innerhalb der Gruppe der Abhängigen weisen diejenigen mit Gewalterfahrungen negativere Merkmale auf als Suchtkranke ohne diese Erfahrungen. Das gilt für den im Leben frühzeitigen Suchtbeginn, die zerstörerischeren Konsumformen und Verhaltensweisen, für seelische Begleiterkrankungen (Komorbidität) und negativere Therapieergebnisse (Rosen u.a. 2002; Reddemann 2003; Kuhn 2003).

Bei Frauen und Männern können darüber hinaus sozio-kulturelle Faktoren für Suchtentwicklungen benannt werden, die unabhängig von spezifischen Belastungen wirken. Als Sucht fördernd wurden seit den 1980er Jahren die Abhängigkeiten und Fremdbestimmungen, in denen Frauen aufwachsen und später leben, beschrieben (Merfert-Diete/Soltau 1984: 16-18). Andererseits ist in den letzten Jahren ein Konvergenz genanntes Phänomen zu beobachten, das die Genderlücke, die geschlechtsabhängigen Differenzen bezüglich des Konsums und der Abhängigkeitserkrankungen zwischen Frauen und Männern kleiner werden lässt (Zilberman u.a. 2003). So nimmt die Prävalenz des Tabak- und Alkoholkonsums bei den (jungen) Frauen zu und nähert sich dem der Männer an bzw. übersteigt ihn, demgegenüber sind zunehmend Jungen und Männer von Essstörungen betroffen. Verantwortlich dafür scheinen die sich angleichenden (konvergierenden) Lebensentwürfe von Frauen und Männern zu sein, die mit einer Veränderung der tradierten Geschlechtsrollen einhergehen, was bedeutet, dass diese Rollen auch Schutz bieten.

Die höheren Prävalenzen bei Medikamentenabhängigkeit und Essstörungen weisen auf tradierte „typisch" weibliche, negative Verhaltensweisen hin, nämlich die Instrumentalisierung des Körpers für Schönheit bei den Essstörungen und die Unauffälligkeit des Agierens bei der Medikamentenabhängigkeit.

Die soziale Konstruktion von Männlichkeit ist durch ein Selbstkonzept bestimmt, das Körper und Psyche in den Dienst von Leistung, Konkurrenz und Anerkennung sowie Stärke und Macht stellt. Dazu gehört ein externalisierendes Verhalten, das sich auch beim (zu vielen) Trinken in der Öffentlichkeit zeigt: „Doing gender with drugs" (Violi 2003). Männer schreiben dem Alkoholgenuss umfassend positive Effekte zu, auch noch lange nachdem sich negative Folgewirkungen eingestellt haben. Durch den Konsum psychoaktiver Substanzen wollen sie Genuss- und Arbeitsfähigkeit steigern und negative Empfindungen, z.b. Versagensängste, reduzieren (Satre/Knight 2001).

Hervorgehoben wird seit kurzem, dass süchtige Männer in ihrer Kindheit und Jugend oft keine bzw. keine positiven Vorbilder hatten, da es keine oder nur wenige erwachsene Männer innerhalb ihrer primären und sekundären Sozialisationsinstanzen gegeben hat. Sie wurden von der (allein erziehenden) Mutter, der Kindergärtnerin und der Grundschullehrerin erzogen. Sehr oft waren die anwesenden (süchtigen) Väter den Erziehungsaufgaben nicht gewachsen und haben ihren Söhnen wenig Emotionalität, aber oft Gewalt als soziale Normen vermittelt (Koch-Möhr 2005).

4. Geschlechtstypische Besonderheiten bei Sucht

Die typischen suchtbegleitenden Erkrankungen wie Intoxikationen, pathologische Räusche und Delirien treten bei Männern etwas häufiger als bei Frauen auf (Arnold u.a. 1999), was auf das risikoreichere Konsumieren der Männer, Quantität und Qualität betreffend, zurückzuführen ist.

Bei *Frauen* wird bei Suchtentwicklung und Sucht der *Teleskopeffekt* beobachtet. Sie entwickeln bei übermäßigem Konsum schneller als Männer Folgeerkrankungen und das Abhängigkeitssyndrom, weil sie aus biologischen Gründen Drogen schlechter abbauen können und aus sozio-kulturellen Gründen schneller als Männer diskriminiert und isoliert werden.

Beide Geschlechter bestreiten den Konsum illegaler Drogen durch Dealen und Diebstähle. Anders als Männer gehen viele der Frauen auch der

Prostitution nach, wodurch sie, neben der seelischen Belastung, zusätzlich dem Risiko von Geschlechtskrankheiten, HIV-Infektionen und Gewalt ausgesetzt sind. Süchtige Männer begehen häufiger als Frauen Straftaten, um ihre Sucht zu finanzieren (Zenker/Lang 1995: 93-98; Zenker u.a. 2002a). Bei einer Untersuchung im Krankenhaus hatten signifikant mehr süchtige Männer als Frauen Hafterfahrungen, unabhängig davon, ob sie legale oder illegale Drogen konsumierten (Arnold u.a. 1999: 66, 112).

Die psychische Komorbidität Abhängigkeitskranker, also das Bestehen weiterer seelischer Erkrankungen neben der Sucht, scheint eher die Regel als die Ausnahme zu sein und kommt bei Frauen häufiger vor als bei Männern. Je nach konsumierter Hauptdroge wurde bei 25-57 % stationär behandelter süchtiger Männern mindestens eine psychiatrische Zusatzerkrankung diagnostiziert, bei Frauen fanden sich Werte zwischen 38 % und 75 % (Strobl u.a. 2003). Diese Zahlen schwanken je nach Untersuchung, sie werden zum Teil auch höher angegeben. Zu bedenken ist, dass psychiatrische Diagnosen in der allgemeinen Krankenversorgung bei Frauen häufiger als bei Männern gestellt werden, sodass nicht endgültig geklärt ist, ob tatsächlich mehr suchtkranke Frauen als Männer unter komorbiden psychischen Störungen leiden. Andererseits ist bekannt, dass Gewalterfahrungen, von denen Frauen häufiger als Männer betroffen sind, wichtige Auslöser für seelische Erkrankungen sind (Weiss u.a. 2003; Reddemann 2003). Am häufigsten werden Depressionen, Angststörungen, posttraumatische Belastungsstörungen, Borderline- und Essstörungen genannt. 10 % der untersuchten süchtigen Frauen (legale und illegale Drogen) haben in einer deutschen Studie angegeben, zusätzlich unter mindestens einer pathologischen Essstörung gelitten zu haben oder zu leiden (Zenker u.a. 2002 b: 46-50). Bei Frauen scheint auch der Medikamentengebrauch (Barbiturate, Schmerzmittel, Antidepressiva, Abführmittel) höher als bei Männern zu sein, unabhängig von der Art der konsumierten Hauptdrogen (legal oder illegal) und dem Behandlungssetting, in dem diese Daten erhoben wurden. Eine Ausnahme stellen bezüglich der Geschlechterverteilung die Benzodiazepine dar (Arnold u.a. 1999: 51-101; Zenker/Lang 1995: 73-83).

Die Lebenszeitprävalenzen für begleitende seelische Störungen sind nicht nur für süchtige Frauen, verglichen mit süchtigen Männern, sondern auch für Opioidabhängige höher als für Alkoholkranke. Es ist anzunehmen, dass die Wahl des Suchtmittels eng mit der Stärke der Sucht auslösenden psychosozialen Kränkungen und Schädigungen korreliert (Strobl u.a. 2003). Je gravierender die Schädigungen waren, desto wahrscheinlicher werden Drogen konsumiert deren Wirkung auch in kleineren

Dosierungen besonders intensiv ist und desto wahrscheinlicher ist es, dass sich weitere seelische Störungen zur (inadäquaten) Beherrschung der erlittenen körperlichen und seelischen Verletzungen entwickeln. Bis heute ist strittig und oft auch im Einzelfall nicht zu klären, ob sich die zusätzlichen seelischen Störungen vor, neben oder nach der Sucht entwickelt haben. Typisch für Männer sind antisoziale Verhaltensweisen, die der Sucht vorangehen, während depressive Störungen sich bei ihnen, im Gegensatz zu den Frauen, eher nach dem Suchtbeginn entwickeln (Weiss u.a. 2003).

Partnerschaften bedeuten für süchtige Frauen oft eine weitere Belastung neben dem Drogenkonsum, da viele von ihnen einen Partner mit Drogenproblematik haben, während süchtige Männer häufiger mit nicht süchtigen Partnerinnen zusammen leben. Auch die mangelnde Unterstützung von Familie und Partner beim Ausstiegswunsch stellt für Frauen einen weiteren belastenden Faktor dar (Quaglio u.a. 2004).

Schwangerschaften süchtiger Frauen sind hohen Risiken ausgesetzt. Alkohol ist ein zellschädigendes Gift, das, dosisabhängig, zur Alkoholembryopathie mit irreversiblen Behinderungen des Kindes führen kann. Jährlich werden ca. 3.000 Kinder mit den Symptomen des fetalen Alkoholsyndroms (FAS) geboren. Beim Opioidkonsum der Schwangeren wird das ungeborene Kind Überdosierungen und Entzügen ausgesetzt. Genau wie beim Tabakkonsum der Mutter besteht die Gefahr einer Frühgeburt und Mangelentwicklung des Kindes (Kraigher u.a. 2001).

Süchtige Frauen leben häufiger als süchtige Männer mit ihren Kindern zusammen. Bei einer städtischen Totalerfassung der Konsumenten illegaler Drogen lebten 45 % der Frauen aber nur 19 % der Väter mit ihren Kindern zusammen. Drogenkonsum, schlechter Gesundheitszustand und negative Einkommensverhältnisse lassen die Problematik erahnen, denen die Mütter (und Väter) und ihre Kinder ausgesetzt sind (Zenker u.a. 2002a).

5. Suchtkrankenhilfe und Gender

Es war die Frauengesundheitsbewegung der 1970er Jahre, die durch ihre Kritik am organ- und funktionsbezogenen Wissen und Handeln der Medizin zu einer veränderten Sicht und den heute etablierten Fortschritten in den Gesundheitswissenschaften beigetragen hat. Geprägt wurden Begriffe wie Empowerment, subjektive Gesundheit und psychosoziale Determinanten von Gesundheit und Krankheit (Meier 2003).

In Suchtfachkliniken sind zwischen 70-80 % der Patienten Männer. Ihrer nicht nur quantitativen Dominanz steht der mangelnde Selbstbehauptungswillen der unterrepräsentierten Frauen gegenüber. Frauenbelange wurden und werden deshalb selten berücksichtigt, Frauenthemen, wie etwa sexuelle Gewalterfahrungen, kaum thematisiert.

In der Suchtkrankenhilfe wurden deshalb in den letzten 20 Jahren differenzierte Angebote von Frauen für Frauen entwickelt, sie reichen von Frauen- und Müttergruppen, über Indikationsgruppen, in denen frauenrelevante Themen bearbeitet werden, bis zu Frauen-Stationen und Frauenfachkliniken. Ihr Ziel ist es, den Frauen Rückzugs- und Schutzräume anzubieten. Obwohl akzeptiert, gelten diese Angebote noch immer als alternativ, was zu einer Abgrenzungsideologie einerseits der Suchthelferinnen und andererseits der Suchthelfer und Institutionen geführt hat. Die notwendige und allgemein gültige Implementation dieser Angebote ist bisher nicht erfolgt. Der alternative Aspekt entfällt dann, wenn sich die Angebote auf die akzeptierte Rolle der Frauen beziehen: Zunehmend werden Mütter (und Väter) mit ihren Kindern in Suchtfachkliniken aufgenommen. Diese Entwicklung wurde auch durch ökonomische Überlegungen gestützt. Süchtige Frauen begeben sich auch deshalb seltener als Männer in stationäre Entwöhnungstherapien, weil sie ihre Kinder zu Hause nicht angemessen versorgt glauben oder wissen.

Geschlechtsspezifische Suchtarbeit ist Frauen-Suchtarbeit. Die Männer bleiben, trotz ihrer Überzahl, vorwiegend in nicht hinterfragten gesellschaftlich determinierten Rollen stecken und werden selten darin unterstützt eine positive männliche Identität zu entwickeln. U.a. auch wegen der von der Medizin geprägten Sichtweise, dass die Sucht und nicht der süchtige Mensch behandelt wird. Männern angemessene wissenschaftliche Untersuchungen zur Sucht existieren in Deutschland nicht. Behandlungskonzepte für und empirische Berichte über süchtige Männer sind die Ausnahme in der Suchtarbeit. Seit ca. zwei Jahren existiert jedoch eine Männer-Sucht-Bewegung in Deutschland.

In der Suchtkrankenhilfe finden sich zudem die aus der medizinischen Krankenversorgung bekannten Geschlechterverteilungen. Etwa zwei Drittel der Mitarbeiter sind Frauen, während ca. 80 % der Leitungsstellen mit Männern besetzt sind (Strobl u.a. 2003).

Bei der Berücksichtigung und Implementation von Gender besteht die Gefahr, der neuen Sichtweise alles unterzuordnen, wie dies auch von anderen neuen Bewegungen bekannt ist und sicherlich auch in der Frauen-Sucht-Bewegung eine Rolle gespielt hat und noch spielt. Geschlecht ist jedoch nur ein Aspekt neben weiteren differenzierenden Determinanten wie Alter, soziale Lage, Bildung und ethnisch-religiöser Hintergrund. Darüber hinaus ist es wichtig, Unterschiede auch innerhalb der jeweiligen Geschlechtsgruppe zu berücksichtigen.

6. Exkurs: Ergebnisse einer Studie zur Differenzierung weiblicher Sucht

Seit den 1990er Jahren werden, vor allem in der angloamerikanischen Literatur, zwei Typen von Süchtigen unterschieden: Typ A stellt eine weniger belastete Gruppe dar, Typ B eine Gruppe, die sich durch familiäre Sucht, schwere kindliche Störungen, frühen Suchtbeginn, schweren Suchtverlauf mit häufigen Rückfällen und hohe seelische Komorbidität auszeichnet. Frauen wurden vor allem dem Typ A zugeordnet (Babor u.a. 1992; Feingold u.a. 1996).

An einer in Deutschland durchgeführten Untersuchung haben sich 46 überwiegend gemischtgeschlechtlich belegte Suchtfachkliniken beteiligt, von den dort angesprochenen Frauen (N=1.204) 75 %. Die den Auswertungen zu Grunde liegende Stichprobe beträgt 908 süchtige Frauen, das sind 36 % der 2.500 im Jahr 2000 stationär behandelten Frauen.

Aus den Angaben zur Familiensituation, den Ereignissen in Kindheit und Jugend bis zum 16. Lebensjahr sowie den Daten zur individuellen Suchtgeschichte konnten vier Gruppen gebildet werden, die sich durch das Lebensalter beim Einstieg in die Sucht bzw. die Art und Menge der konsumierten Drogen und Suchtverhaltensweisen unterscheiden. Je jünger die Frauen beim ersten Suchtverhalten waren, desto eher waren sie durch negative Erfahrungen in ihrer Kindheit bzw. Jugend belastet. Die am stärksten belastete Gruppe mit einem Suchtbeginn vor dem 13. Lebensjahr zeichnete sich durch ein sprunghaftes polytoxikomanes Verhalten aus, bei dem im Lebensverlauf mal Essstörungen, mal legale und besonders auch illegale Drogen bzw. alle genannten Suchtverhaltensweisen zusammen eine Rolle spielten. Die am geringsten belastete Gruppe war durch einen Suchteinstieg nach dem 30. Lebensjahr und ausschließlichen Alkoholkonsum gekennzeichnet.

Beispielhaft werden folgend die Merkmale *familiäre Suchtbelastung, Gewalterfahrungen, psychische Komorbidität* und die *persönlichen Einschätzungen* der Frauen als differenzierende Gruppenmerkmale vorgestellt.

64 % aller Frauen gaben *Suchtprobleme bei Eltern und/oder Geschwistern und/oder Großeltern* an. Es waren aber 79 % der bei Suchteinstieg Jüngsten,

im Gegensatz zu 43 % der bei Suchtbeginn Ältesten, die unter einer familiären Suchtproblematik litten.

74 % der 908 Frauen haben seelische, körperliche bzw. sexuelle *Gewalt* in ihrer Kindheit bzw. Jugend bis zum 16. Lebensjahr erfahren. Dabei schwanken die Werte in den einzelnen Gruppen erheblich. In ihrer Kindheit bzw. Jugend haben 88 % derjenigen, die vor dem 13. Lebensjahr mit der Sucht begannen gegenüber 53 % derjenigen, die nach dem 30. Lebensjahr mit der Sucht begannen irgendeine Form von Gewalt erlebt.

62 % der Frauen gaben seelische, 53 % körperliche und 34 % sexuelle *Gewalterfahrungen* an. Es sind aber 51 % der bei Suchteinstieg Jüngsten, verglichen mit 19 % der bei Suchteinstieg Ältesten, die über sexuelle Gewalterfahrungen verfügen. Dieses Belastungsmuster gilt auch für seelische und körperliche Gewalt und darüber hinaus für die Häufigkeit der jeweils erlittenen Gewalt und die Anzahl der Täter. In 64 % der Fälle waren Familienmitglieder am sexuellen Missbrauch beteiligt.

Auch *seelische Komorbidität* zeigt, neben dem Suchtverhalten, die typischen unterschiedlichen Belastungen: Frauen mit Suchtbeginn in jungen Jahren geben häufiger als Frauen mit spätem Suchtbeginn an, sich durch Depressionen, massive Ängste, Panikattacken, psychotische und/ oder Persönlichkeitsstörungen beeinträchtigt gefühlt zu haben.

Statistisch signifikante Unterschiede zwischen den Gruppen zeigen sich weiterhin, wenn die Frauen ihr *Leben bilanzieren*. Es sind wiederum die Jüngsten, die häufiger als die bei Suchtbeginn Ältesten angeben, dass sie unter Einsamkeit leiden, keine Vertrauensperson haben, sich nicht unterstützt fühlen und gern ein anderes Leben führen wollen. Sie glauben auch signifikant seltener, dass in ihrem Leben, bis auf die Sucht, alles in Ordnung sei. Für ihre Sucht machen die Frauen, die vor dem 13. Lebensjahr mit der Sucht begannen, deutlich häufiger als diejenigen, die bei Suchtbeginn älter als 30 Jahre waren, ihre mangelnde Ich-Stärke und geringes Selbstwertgefühl sowie negative Gefühle, neben belastenden und zerstörerischen Erfahrungen, verantwortlich (Zenker u.a. 2002b).

Für süchtige Männer stehen entsprechende Differenzierungen noch aus. Klar ist jedoch, dass es auch bei ihnen unterschiedlich belastete Gruppen gibt, die, genau wie bei den Frauen, differenzierte beraterische und therapeutische Vorgehensweisen erfordern. Für ein angemessenes therapeutisches Vorgehen wäre es aber wichtig zu wissen, welche Erfahrungen bei ihnen zur Suchtentwicklung beigetragen haben. Die Erkenntnisse über bis heute tabuisierte sexuelle Missbrauchserfahrungen bei süchtigen Männern sind erst in den letzten Jahren ins wissenschaftliche Blickfeld geraten (Kuhn 2003).

Auf Grund der vorgestellten Erkenntnisse wird klar, dass es *die* süchtige Frau (und den süchtigen Mann) nicht gibt. Spezifische Risikokonstellationen kennzeichnen die Subgruppen, treffen aber nicht für alle Personen einer Subgruppe zu, weil das Wissen über die Stärke der Risiken und über protektive Faktoren begrenzt ist.

Möglicherweise finden sich mehr therapeutisch relevante Gemeinsamkeiten zwischen alkoholkranken Frauen und Männern als zwischen alkoholkranken Frauen (bzw. Männern) und Frauen (bzw. Männern), die polytoxikoman konsumieren. Bei der Differenzierung nach Suchtstoffen und -verhaltensweisen ist es jedoch wichtig, die unterschiedlichen Hilfen geschlechtstypisch auszugestalten. Zurzeit findet sich eine *verbindliche*, d.h. für alle Angebote geltende Differenzierung der therapeutischen oder beraterischen Angebote weder bezüglich der Suchtmittel noch bezüglich der Geschlechter.

7. Prävention und Therapie

Die Genderperspektive wurde bisher am systematischsten, ausgehend von der Jugendarbeit, in der Suchtprävention berücksichtigt. Dabei ist das Geschlechterverhältnis aber nicht ausgewogen: 1998 standen 13 Mädchenprojekten 2 Jungen- und 7 geschlechtsneutrale Projekte gegenüber (Franzkowiak u.a. 1998).

Gezielte präventive Angebote für Kinder süchtiger Eltern fehlen generell. Sozio- und psychotherapeutische Interventionen für Kinder und ihre süchtigen Eltern fehlen sowohl in der ambulanten wie stationären Suchtkrankenbehandlung. Bestehende Angebote, z.B. Müttergruppen, wollen vor allem entlasten bzw. einen stationären Aufenthalt ermöglichen. Sie thematisieren überwiegend nicht die Rollen von Müttern und Vätern oder deren Erziehungsverhalten, wie etwa die Weitergabe von Gewalt. Die Kinder werden betreut, z.b. in Freizeitaktivitäten, ihre möglicherweise vorhandenen negativen Erfahrungen aber nicht aufgefangen oder therapeutisch bearbeitet.

Generell sind alle geschlechtsspezifischen Angebote, auch die in der Therapie süchtiger Erwachsener, begrüßenswert und wichtig, es ist aber notwendig, diese Angebote einer aussagekräftigen und vergleichenden Dokumentation und Evaluation zu unterwerfen (Winkler 2004).

Von engagierten Therapeutinnen und Therapeuten werden Themen als geschlechtsspezifisch reklamiert, die jedoch für beide Geschlechter relevant sind, wie z.B. Kommunikation, Gefühle, Selbstwert, Identität,

Sexualität, Partnerschaft, die Beziehung zum eigenen Geschlecht, Eltern-
rolle etc. Auch Gewalt ist ein genderübergreifendes Thema, da Frauen
nicht nur Opfer und Männer nicht nur Täter sind. Nicht die Themen sind
geschlechtsspezifisch sondern wie sie in der jeweiligen Geschlechtsrolle
und wie sie individuell erfahren wurden und ob und wie sie in Beratung
und Therapie aufgegriffen werden.

Frauen profitieren eher von wenig strukturierten und gleichgeschlechtlichen Gruppen, in denen Gefühle bearbeitet werden und bei denen die
Stärkung von Selbstbewusstsein und Selbstwirksamkeit im Vordergrund
stehen. Männer entwickeln in gemischtgeschlechtlichen Gruppen eine
größere Variationsbreite im zwischenmenschlichen Umgang und zeigen
positive Therapieergebnisse in gut strukturierten Gruppen, wie etwa dem
12-Schritte-Programm der Anonymen Alkoholiker (AA) (Weiss u.a. 2003;
Hodgins u.a. 1997; Kelly 2003).

8. Schlussfolgerungen

Zur Qualitätssteigerung der Suchtarbeit ist die Berücksichtigung von
Gender in Prävention, Beratung und Therapie notwendig. Dafür müssen
kategoriales und eindimensionales Denken ebenso aufgegeben werden
wie die Leugnung von Gender-Differenzen und -Gemeinsamkeiten.

In der Prävention müssen kulturell verankerte, Sucht fördernde Verhaltensweisen, wie z.b. risikoreiches Verhalten oder schädigende Schönheitsideale, hinterfragt und neue Normen unterstützt werden. Die Ressourcen und Stärken von Mädchen und Jungen müssen aufgegriffen werden, damit sie sie für ihre geschlechtsspezifische Lebensplanung nutzen
können (Kolip 2002). Suchtgefährdete Kinder und Jugendliche brauchen
darüber hinaus eine geschlechtssensible frühzeitige Ansprache, Betreuung, Begleitung und evtl. Therapie, um zufriedene Geschlechtsrollen entwickeln zu können.

Suchtberatung muss geschlechtsspezifisch erfolgen, in der Therapie
müssen geschlechtshomogene Gruppen Standard werden. Sie können
typische Rollen, die Schutz bieten und Stärken vermitteln, unterstützen
und einen Schonraum für die Thematisierung scham- und angstbesetzte
Erfahrungen bieten. In gemischtgeschlechtlichen Gruppen müssen alle
für die Verhinderung oder Überwindung von Sucht relevanten Themen
gendersensibel bearbeitet werden. Sie sind jedoch auch wichtig, um das
jeweils andere Geschlecht besser kennen, verstehen und respektieren zu
lernen und Gemeinsamkeiten zu entdecken.

Die in der Suchtprävention, -beratung und -therapie Tätigen müssen Genderkompetenz durch die Reflexion der geschlechtsspezifischen Überzeugungen bei sich, den anderen und in Arbeitszusammenhängen durch Aus-, Fort- und Weiterbildungen erwerben. Genderspezifisches Wissen muss durch wissenschaftliche Arbeiten erweitert und vorhandenes Wissen überprüft werden. Dafür ist auch die Nutzung der Wissensbestände anderer Wissenschaftsdisziplinen und von anderen Einrichtungen notwendig, was Kooperationen erfordert.

Es muss der Gefahr begegnet werden, dass sich in Zukunft zwei feindliche Gender-Lager gegenüber stehen, die anfangen, um finanzielle Ressourcen streiten.

Gender Mainstreaming ist als Querschnittsaufgabe konzipiert, aber auch als Strategie, die die Berücksichtigung von Gender auf allen Entscheidungsebenen erfordert. Politik und Leistungserbringer, aber auch die Leitungs- und Entscheidungsebenen der Suchtfacheinrichtungen sind gefordert, in ihren Einrichtungen für Gendergerechtigkeit zu sorgen und das Thema „Gender und Sucht" als akzeptiertes und allgemein gültiges Prinzip in der Suchtkrankenhilfe und Suchtprävention zu implementieren. Die regelmäßige gendergerechte Evaluation der Arbeit und vergleichende Dokumentationen müssen Selbstverständlichkeit werden.

Literatur

Arnold, Thomas/Schmid, Martin/Simmedinger, Renate (1999): Suchthilfe im Krankenhaus. Bundesministerium für Gesundheit, Bd. 120. Baden-Baden

Babor, T. F., Hofmann, M., Del Boca, F., Hesselbrock, V. (1992): Types of alcoholics: evidence for an empirically-derived typology based on indicators of vulnerability and severity. Arch Gen Psychiatry 49: S. 599-608

Bundesministerium für Familie, Senioren, Frauen und Jugend (2002): Bericht zur gesundheitlichen Situation von Frauen in Deutschland. Stuttgart

Bundeszentrale für gesundheitliche Aufklärung (2001): Die Drogenaffinität Jugendlicher in der Bundesrepublik Deutschland. Köln

Die Bundesregierung (2003): Gender Mainstreaming. Was ist das? Bundesministerium für Familie, Senioren, Frauen und Jugend (BMFSFJ). Berlin

Die Drogenbeauftragte der Bundesregierung (2003): Aktionsplan Drogen und Sucht, S. 19. Berlin

Feingold, A./Ball, S. A./Kranzler, H. R./Rounsaville, B. J. (1996): Generalisability of the type A/ type B distinction across different psychoactive substances. Am J Drug Alcohol Abuse 3, S. 449-462

Franzkowiak, Peter/Helfferich, Cornelia/Weise, Eva (1998): Geschlechtsbezogene Suchtprävention. Bundeszentrale für gesundheitliche Aufklärung, Köln

Gesundheitsberichterstattung (2004): Herzinfarktraten. http://www.gbe-bund.de (download 26.09.04)

Herpertz, Stephan (2003): Psychotherapie der Adipositas. Deutsches Ärzteblatt 20, S. A1367-1373

Hodgins, D.C./El-Guebaly, N./Addington, J. (1997): Treatment of substance abuser: single or mixed gender programs. Addict 7, S. 805

Kelly, J.F. (2003): Self-help for substance-use disorders: History, effectiveness, knowledge gaps and research opportunities. Clin Psychol Rev 23, S. 639-663

Koch-Möhr, Rainer (2005): Männerspezifische Suchttherapie - Notwendigkeiten und Auswirkungen. Vortrag fdr-Fachtagung „Gender Mainstreaming", 9.5.05 Berlin. (koch-moehr-flammersfeld@ludwigsmuehle.de)

Kolip, Petra (2002): Geschlechterspezifisches Risikoverhalten im Jugendalter. Bundesgesundheitsblatt 45, S. 885-888

Kraigher, D., Schindler, S., Ortner, R., Fischer, G. (2001): Schwangerschaft und Substanzabhängigkeit. Gesundheitswesen 63 (Sonderheft 2) : 101-105

Kraus, Ludwig/Augustin, Rita (2001): Repräsentativerhebung zum Gebrauch psychoaktiver Substanzen bei Erwachsenen in Deutschland 2002. Sucht 47 (Sonderheft 1), S. 3-85

Kraus, Ludwig/Heppekausen Kathrin/Barrera Andrea/Orth Boris (2004): Die europäische Schülerstudie zu Alkohol und anderen Drogen (ESPAD): Befragung von Schülerinnen und Schülern der 9. und 10. Klasse in Bayern, Berlin, Brandenburg, Hessen, Mecklenburg-Vorpommern und Thüringen. IFT-Berichte Bd.141. MünchenKrausz, Michael/Degkwitz, Peter/Vertheim, Uwe (1998): Lebensereignisse und psychosoziale Belastungen bis zur Pubertät - Entwicklungsbedingungen Opiatabhängiger und ihrer „normalen" Altersgenossen. Krankheit Entwicklung 7, S. 221-230

Kuhn, Silke (2003): Gewalterfahrungen und Traumatisierungen in der Lebensgeschichte heroinabhängiger Männer. 15. Int. Suchtkongress „Trauma und Sucht". Hamburg. http//www.uke.uni-hamburg.de/

Meier, Claudia (2003): Gender Health: Policies, Praxis und Perspektiven. Aids Infothek 2: 10-17

Meyer, Christian/John, Ulrich (2003): Alkohol - Zahlen und Fakten zum Konsum. In: Deutsche Hauptstelle für Suchtfragen (Hg.) Jahrbuch Sucht 04. Geesthacht. S. 19-36.

Meyer, Gerhard (2003): Glücksspiel - Zahlen und Fakten. In: Deutsche Hauptstelle für Suchtfragen (Hg.) Jahrbuch Sucht 04. Geesthacht. S.97-111

Merfert-Diete, Christa/Soltau, Roswitha (1984): Frauen und Sucht. Die alltägliche Verstrickung in Abhängigkeit. Reinbek

Ministerium für Frauen, Jugend, Familie und Gesundheit des Landes Nordrhein-Westfalen (MFJFG) (2000): Gesundheit von Frauen und Männern in Nordrhein-Westfalen. Landesinstitut für den öffentlichen Gesundheitsdienst NRW. Bielefeld

Quaglio, Gianluca/Lugoboni, Fabio/Pajusco, Benedetta/Fornasiero, Anna/Lechi, Alessandro/Mezzelani, Paolo/Pattaro, Cristian/ Des Jarlais, Don C. (2004): Heterosexual relationships among heroin users in Italy. Drug Alc Depend (corrected proof).Science direct (download 14.07.04)

Reddemann, Luise (2003): PTSD und Sucht. 15. Int. Suchtkongress „Trauma und Sucht". Hamburg. www.uke.uni-hamburg.de (download 28.9.04)

Rosen, C. S./Qimette, P. C./Sheik, J. L. u.a. (2002): Physical and sexual abuse history and addiction treatment outcomes. Br J Psychiatry 4, S. 330-336

Satre, D. D./Knight, B. G. (2001): Alcohol expectancies and their relationship to alcohol abuse: age and sex differences. Age Mental Health 5, S. 73-83

Strobl, Michael/Klapper, Jürgen/Pelzel, Karl-Heinz u.a. (2003): Suchthilfestatistik 2002 für Deutschland. München

Thamm, Michael/Junge, Burckhard (2003): Tabak - Zahlen und Fakten zum Konsum. In: Deutsche Hauptstelle für Suchtfragen (Hg.) Jahrbuch Sucht 04. Geesthacht. S. 19-36

Violi, Enrico (2003): Männer, Männlichkeit. Aids Infothek 2, S. 18-23

Weiss, S. R. B./Kung, H. C. L./Pearson, J. L. (2003): Emerging issues in gender and ethnic differences in substance abuse and treatment. Current Womens Health Report 3, S. 245-253

Weltgesundheitsorganisation (1993): Internationale Klassifikation psychischer Störungen. ICD-10 Kapitel V (F). Hg: Dilling, Horst/Mombour, Werner/Schmidt, Martin H., Bern/Göttingen/Toronto/Seattle

WHO Health Data (2004): In: http://www.gbe-bund.de/ (download 29.9.04)

Winkler, K. (2004): Frauenspezifische Behandlung bei substanzgebundenen Störungen: Ergebnisse und Indikationen. Sucht 2, S. 121-127

Zenker, Christel/Bammann, Karin/Arendt, Sabine (2002a): Konsumverhalten, Krankheitsstatus und soziale Situation ausgewählter Gruppen von Konsumenten illegaler Drogen. Ergebnisse der vertiefenden Auswertungen zur Prävalenzschätzung des illegalen Drogenkonsums und seiner Folgen in Bremen. Abschlussbericht korrigierte Fassung. Bremen

Zenker, Christel/Bammann, Karin/Jahn, Ingeborg. (2002b): Genese und Typologisierung der Abhängigkeitserkrankungen bei Frauen, Bd. 148. Schriftenreihe des Bundesministeriums für Gesundheit und soziale Sicherung. Baden-Baden

Zenker, Christel/Lang, Peter (1995): Methadon Substitution in Bremen. Bremen

Zilberman, Monica/Tavares, Hermano/el Guebaly, Nady (2003): Gender similarities and differences: the prevalence and course of alcohol- and other substance related disorders. J Add Disease 4, S. 61-74

Kurzprofil der Autorinnen und Autoren

Brigitte Bauer

Dr., Psychologische Psychotherapeutin, seit 1993 Professorin für Sozialpsychologie und Gruppendynamik an der Fachhochschule Münster, Fachbereich Sozialwesen. Forschungsschwerpunkte bisher insbesondere im Bereich „Interaktion - Kommunikation unter der Perspektive Gender." Projekte in Biografiearbeit und Biografieforschung. Weitere Arbeitsschwerpunkte: Arbeit mit Gruppen, Psychodrama und TZI.

Alexander Bentheim

Dipl. Päd., Genderberater, Publizist. Praktische Jungenarbeit in offener Arbeit, ambulanten und stationären Einrichtungen, Bildungsarbeit. Forschungs- und Modellprojekte auf Bundes- und Länderebene zur Männer- und Jungenarbeit. Projektentwickler, Lehrbeauftragter und Fachberater zu Männer- und Jungenfragen.

Mechthild Bereswill

Privatdozentin, Dr. phil., Dipl.-Sozialwissenschaftlerin; Dipl.-Sozialarbeiterin/Sozialpädagogin; Vertretungsprofessorin für Frauen- und Geschlechterforschung an der Johann Wolfgang Goethe-Universität Frankfurt/Main; Schwerpunkte: Aktuelle Geschlechterpolitiken; Devianz und Geschlecht; Männlichkeitsforschung; qualitative Methodologien.

Kerstin Feldhoff

Dr. jur., Professorin am Fachbereich Sozialwesen der Fachhochschule Münster, Arbeits- und Forschungsschwerpunkte: Zivilrecht, Familienrecht; Betreuungsrecht, Verbraucherschutzrecht; Verbraucherinsolvenz; Europäisches und nationales Recht: Arbeits- und Sozialrecht, Antidiskriminierungsrecht, Gender-Politik

Jürgen Friedrichs

Dr., Dipl. Sozialarbeiter, Dipl. Supervisor. Geschäftsführender Leiter Jugendhilfe Bottrop e.V. – Jugend- und Drogenberatung – Fachstelle für Prävention. Lehrbeauftragter: Theorien und Methoden Sozialer Arbeit und Supervision, Arbeit in freier Praxis: Fort- und Weiterbildung; Organisationsberatung; Supervision.

Luise Hartwig

Dr., Diplompädagogin, Professorin für Erziehungswissenschaft an der Fachhochschule Münster,

Fachbereich Sozialwesen, Schwerpunkt Jugendhilfe, Frauen- und Geschlechterforschung, Beauftragte für die Weiterbildung, Erste Vorsitzende der Beratungsstelle Südviertel e. V. Münster; Forschung, Lehre und Weiterbildung zu Kindeswohlgefährdung, Frauen- und Mädchenarbeit, Gewalt in der Familie, Erziehungshilfen und (Kriminal-)Prävention.

Brigitte Hasenjürgen

Dr., Professorin für Soziologie an der Kath. Fachhochschule NW, Abt. Münster, Fachbereich Sozialwesen. Schwerpunkte in Lehre und Forschung: Geschlechterverhältnisse, Migration und soziale Ungleichheit.

Sabine Hering

Dr., Professorin für Sozialpädagogik mit dem Schwerpunkt der Geschichte im Bereich der Frauen- und Genderforschung an der Universität Siegen. Zahlreiche Publikationen zu diesem Thema. Derzeitig wichtigste Forschungsbereiche: „Geschichte der Sozialen Arbeit in Osteuropa", „Mädchen in der Heimerziehung der 1950er Jahre" und „Biographien in der jüdischen Wohlfahrt".

Irma Jansen

Dr. phil., Dipl.-Sozialpädagogin, Supervisorin, Professorin für Erziehungswissenschaft an der Fach-

hochschule Münster, Fachbereich Sozialwesen; Arbeits- und Forschungsschwerpunkte: Resozialisierung, Frauenstrafvollzug, Soziale Arbeit mit psycho-sozial belasteter Klientel im Kontext von Beratung, Bildung und Rehabilitation.

Martina Kriener

Diplom-Pädagogin, wissenschaftliche Mitarbeiterin an der Fachhochschule Münster, Fachbereich Sozialwesen; Arbeits- und Forschungsschwerpunkte: Jugendhilfe, Erziehungshilfe, Hilfeplanung, Partizipation der HilfeadressatInnen, Kinderrechte

Kirsten Ruth Muhlak

Dipl.- Sozialpädagogin/Sozialarbeiterin; staatlich examinierte Krankenschwester. Arbeitsschwerpunkte: Bildung und Gesundheit im Kontext von Armut, Migration und Geschlecht.

Andrea Reckfort

Dipl. Sozialpädagogin, beteiligt am Aufbau des Mädchenkrisenhauses und Masy - Sleep In und Offener Treff in Münster, seit neun Semestern Lehrbeauftragte im Praxisprojekt „Mädchengerechte Jugendhilfe in Münster", Mitarbeiterin im Frauenbüro der Stadt Münster, zuständig für den Bereich Mädchenarbeit mit den Schwerpunkten Jugendhilfe und

Lebensplanung, im Vorstand der LAG Mädchenarbeit NRW e. V.

Christiane Rohleder

Dr. phil, Professorin für Soziologie an der Kath. Fachhochschule NW, Abt. Münster, Fachbereich Sozialwesen. Arbeitrs- und Forschungschwerpunkte: Alterssoziologie, insbesondere freiwilliges Engagement, und Generationsbeziehungen im Alter; Gewalt gegen Frauen und Mädchen; Familiensoziologie, Soziologie der Behinderung.

Benedikt Sturzenhecker

Dr. phil., Dipl. Päd., Supervisor (DGSv), Mediator, Playing Artist, Professor für Erziehung und Bildung mit dem Schwerpunkt „Jugendarbeit" an der Fachhochschule Kiel, Fachbereich Soziale Arbeit und Gesundheit; Schwerpunkte: Jungenarbeit, Jugendarbeit als Bildung, Partizipation, Freiwilliges Engagement, Konzeptentwicklung, Professionalität in der Jugendarbeit

Monika Weber

Dr. phil., Sozialwissenschaftlerin, Arbeitsschwerpunkte: Gesundheit und Geschlecht, Gender Mainstreaming im Gesundheitswesen, geschlechtergerechte Kinder- und Jugendhilfe, Gewalt gegen Frauen und Mädchen

Norbert Wieland

Dr., Dipl. Psych./Psych. Psychotherapeut, Professor für Psychologie am Fachbereich Sozialwesen der Fachhochschule Münster mit den Forschungsschwerpunkten Schulsozialarbeit und Soziale Arbeit mit alten Menschen. Die Auseinandersetzung mit der Genderthematik resultiert aus der Beschäftigung mit Ansätzen der Jungenarbeit u.a. im Kontext der Jugendsozialarbeit.

Margherita Zander

Dr.rer. pol., M.A, Professorin für Sozialpolitik an der Fachhochschule Münster, Fachbereich Sozialwesen. Schwerpunkte in der Lehre: Sozialstaatsentwicklung, Migration, Kinderarmut, politische Bildung und Rechtsorientierung von Jugendlichen, Genderfragen; Forschungsschwerpunkt: Kinderarmut.

Christel Zenker

Dr. med., MPH, Professorin für Sozialmedizin an der Fachhochschule Münster, Fachbereich Sozialwesen; Mitglied in Fach- und Expertengremien, extensive Vortragstätigkeit mit dem Ziel der Vermittlung zwischen Forschung und Praxis. Forschungsschwerpunkte: Epidemiologie, Frauen, Gender und Gewalt

Handbücher Sozialpädagogik

Ulrich Deinet /
Benedikt Sturzenhecker (Hrsg.)

**Handbuch Offene Kinder-
und Jugendarbeit**

3., völlig überarb. Aufl. 2005. 662 S.
Geb. EUR 59,90
ISBN 3-8100-4077-0

Die dritte völlig überarbeitete Neuauflage
des „Handbuches Offene Kinder- und
Jugendarbeit" zeigt den fachlichen Entwicklungsstand dieses großen pädagogischen Feldes in der Jugendhilfe. Es dokumentiert historische Entwicklungen, analysiert die aktuelle Situation und zeigt Perspektiven für einen weiteren Veränderungs-
und Qualifizierungsprozess der Offenen
Kinder- und Jugendarbeit auf. Ziel des
Handbuches ist die Stärkung der Jugendarbeit. Das Handbuch richtet sich vor
allen Dingen an die Praktikerinnen und
Praktiker der Offenen Kinder- und Jugendarbeit. Es soll Erfahrungen der Praxis analytisch verdichten, Formen und Probleme
der Offenen Kinder- und Jugendarbeit
beschreiben, Chancen und Entwicklungsmöglichkeiten aufzeigen sowie Argumente zur fachlichen und jugendpolitischen
Sicherung des Feldes beschreiben.

Fabian Kessl / Christian Reutlinger /
Susanne Maurer / Oliver Frey (Hrsg.)

Handbuch Sozialraum

2005. ca. 655 S. Geb. ca. EUR 49,90
ISBN 3-8100-4141-6

Sozialräume stehen im Mittelpunkt sozialpolitischer, stadtplanerischer, stadtso-

ziologischer, sozialgeographischer und
sozialpädagogischer Debatten. Das Handbuch Sozialraum durchquert diese unterschiedlichen disziplinären Diskursstränge
und arbeitet die Perspektiven auf die
Sozialräume erstmals grundlegend auf.
Es ermöglicht für Studium, Praxis und
Forschung als erstes Grundlagenwerk
einen Überblick über die umfangreiche
deutschsprachige Sozialraumdebatte und
eröffnet neue Zugänge für deren konzeptionelle Erweiterung.

Gerhard Falk / Peter Heintel /
Ewald E. Krainz

**Handbuch Mediation und
Konfliktmanagement**

2005. 404 S. Geb. EUR 69,90
ISBN 3-8100-3957-8

Mediation ist ein Konfliktregelungsver-
fahren, das zunehmend und in immer
mehr gesellschaftlichen Feldern Anwendung findet. Mediation geschieht jedoch
nicht „von alleine", sondern benötigt
qualifizierte „Verfahrenshelfer". Wer aber
ist als Mediatorin oder Mediator geeignet und welche Kompetenzen sind zu
erlernen? Das Handbuch gibt hierzu Antworten zu den Themenbereichen Konfliktmanagement, Konfliktdynamik und
Regelungsprozesse. Mit der Einführung
in Lerninhalte, Methoden und das Konzept der reflexiven Qualifizierung bieten
die AutorInnen Ideen, Anregungen und
Erfahrungswerte zur Entwicklung eines
Qualifikationsprofils für Mediatorinnen
und Mediatoren.

Erhältlich im Buchhandel oder beim Verlag.
Änderungen vorbehalten. Stand: Juli 2005.

www.vs-verlag.de

VS VERLAG FÜR SOZIALWISSENSCHAFTEN

Abraham-Lincoln-Straße 46
65189 Wiesbaden
Tel. 0611.7878-722
Fax 0611.7878-400

Lehrbücher Soziale Arbeit

Hans J. Nicolini

**Kostenrechnung
für Sozialberufe**

Grundlagen – Beispiele – Übungen
2005. 155 S. Br. ca. EUR 19,90
ISBN 3-531-14600-9

Kostenrechnung wird auch im öffentlichen Dienst und bei nicht erwerbswirtschaftlich orientierten Organisationen zunehmend bedeutsam. Das Buch bietet eine Einführung für Studierende und PraktikerInnen, die nur geringe betriebswirtschaftliche Kenntnisse haben, dieses Wissen aber benötigen, um ihren künftigen oder gegenwärtigen Verantwortung in Nonprofitunternehmen gerecht werden zu können. Das erforderliche Grundlagenwissen zur Kostenrechnung steht im Mittelpunkt dieses Lehrbuchs, das durch zahlreiche Beispiele aus sozialen Einrichtungen veranschaulicht wird. Mit Hilfe von Übungsaufgaben kann das Erlernte direkt angewandt und eine neue Basis zur Bewältigung der betriebswirtschaftlichen Aufgaben in der Sozialen Arbeit geschaffen werden.

Herbert Schubert (Hrsg.)

Sozialmanagement

Zwischen Wirtschaftlichkeit
und fachlichen Zielen
2., überarb. und erw. Aufl. 2005.
355 S. Br. EUR 22,90
ISBN 3-531-14613-0

Fachkräfte in der sozialen Arbeit der Zukunft müssen sowohl der ökonomischen als auch der sozialpädagogischen Seite gerecht werden. Knapper werdende Finanzmittel müssen wirtschaftlicher eingesetzt und Arbeitsabläufe so umorganisiert werden, dass weiterhin qualitativ hochwertige Arbeit geleistet werden kann. Die AutorInnen geben grundlegende und einführende Hinweise, wie Wirtschaftlichkeit mit fachlichen sozialen Standards kompatibel gemacht werden kann, wodurch das Buch vor allem zur Ausbildung von SozialpädagogInnen herangezogen werden kann.

Erhältlich im Buchhandel oder beim Verlag.
Änderungen vorbehalten. Stand: Juli 2005.

www.vs-verlag.de

VS VERLAG FÜR SOZIALWISSENSCHAFTEN

Abraham-Lincoln-Straße 46
65189 Wiesbaden
Tel. 0611.7878-722
Fax 0611.7878-400

Suchttherapie

Hilarion Petzold / Peter Schay /
Wolfgang Ebert (Hrsg.)

Integrative Suchtherapie
Theorie, Methoden, Praxis, Forschung
2004. 535 S. Br. EUR 39,90
ISBN 3-8100-3748-6

Das Werk gibt einen breiten Überblick über moderne Theoriekonzepte, Behandlungsmodelle und -methoden, Forschung zur Qualitätssicherung in der Suchttherapie (Drogenabhängigkeit, Alkoholismus) aus hoch- und niedrigschwelligen Praxisfeldern. Die AutorInnen vertreten methodenübergreifende Konzepte der Integrativen Therapie und Psychologischer Psychotherapie, einer ganzheitlichen und differentiellen Soziotherapie und Beratung. Es kommen hier Erfahrungen und Innovationen aus einem Zeitraum von 30 Jahren zum Tragen.

Hilarion Petzold / Peter Schay /
Wolfgang Scheiblich (Hrsg.)

Integrative Suchtarbeit
Innovative Modelle, Praxisstrategien und Evaluation
2005. ca. 796 S. Br. ca. EUR 39,90
ISBN 3-531-14661-0

Die nach wie vor gravierenden gesellschaftlichen Probleme im Umgang mit Sucht, die unverändert hohe Zahl Abhängigkeitskranker und die damit verbundenen Probleme machen eine breite Übersicht über Therapiekonzepte notwendig. Die Fortschritte der Forschung und die Erfahrungen der therapeutischen Praxis

machen diese Dokumentation klinischen und psychosozialen Wissens möglich, wie sie in dieser umfassenden Form bislang nicht vorliegt. Im Kontext der aktuellen Diskussion bietet der Band „Integrative Suchtherapie II" einen umfassenden Theorie-Praxis-Überblick zu Konzepten, Methoden, Settings methodenübergreifender „biopsychosozialer" Behandlungsansätze für Suchtkranke, wie sie die „Integrative Therapie" mit ihren innovativen Ansätzen der Psycho-, Sozial-, Netzwerk-, Kreativ- und Lauftherapie oder zur Motivations-, Familien- und Traumabehandlung entwickelt hat.

Peter Schay

Innovationen in der Drogenhilfe
Beispiele alternativer Finanzierungsmöglichkeiten und inhaltlicher Weiterentwicklung
2005. ca. 150 S. Br. ca. EUR 19,90
ISBN 3-531-14539-8

In der Reflexion der Auswirkungen von „Illegalität und Kriminalität" auf die Drogenpolitik sind in den letzten Jahren neue Arbeitsansätze entstanden, die sich auf die rechtlichen Rahmenbedingungen und auf die Entkriminalisierung der Drogenabhängigen konzentrierten. Peter Schay und Nadja Wirth zeigen auf, in welches System die Arbeitsansätze in der Drogenhilfe eingebettet werden müssen, um den sich stetig verändernden Anforderungen der Klientel und der Leistungsträger gerecht werden zu können.

Erhältlich im Buchhandel oder beim Verlag.
Änderungen vorbehalten. Stand: Juli 2005.

www.vs-verlag.de

VS VERLAG FÜR SOZIALWISSENSCHAFTEN

Abraham-Lincoln-Straße 46
65189 Wiesbaden
Tel. 0611.7878-722
Fax 0611.7878-400